日本語論の構築

糸井通浩

清文堂

日本語論の構築

前言

本書はこれまでに書いてきた論文を集め、編成したものであるが、根底に「日本語」とはどういう言語なのかという問題意識を秘めているものである。一書に纏めるに当たって、もとの論文(「初出一覧」参照)に、次のような統一や修正、補説等を施している。

一、引用の人名は、敬称略で統一させて頂いた。

一、著者(糸井)は、「筆者」と記すことで統一している。

一、記述上の表現や用語を、その後の考えに基づき改めているところがある。また思わしくない記述の部分などはカットしている。

一、記述の不十分だったところやその後考えが深まったところなどについては、加除修正及び補筆をするとともに、節末に〔補説〕を加えたものがある。

一、巻末に主要用語(人名を含む)索引をつけた。但し、〔四〕章は除く。

『日本語論の構築』目次

（前言）

〔一〕私の日本語論

〔一〕

私の日本語論

一　日本語の哲学

序　本稿の狙い

タイトルに「哲学」を掲げ、意図の分かりにくい題目になっているが、まず本稿の狙いを明らかにしておきたい。世の事象の把握の仕方、さらにはそれを「言語」で認識する方法・様式が、それぞれの言語によって異なることは自ずからのことである。日本語による事象認識には、日本語で認識してきた把握の仕方や様式の歴史が結果している。本稿が取り上げる課題は、日本語による事象認識を形成する、基本的な語彙をとりあげて、日本語特有の認識構造（哲学―物の見方・考え方）を確かめてみたいところにある。

あわせて本稿の目的には、筆者が生涯にわたって携わってきた日本語の研究の過程でおいおい固まってきた、「日本語とは」という問いへの答えをまとめてみたいという狙いもある。記述の方法は、毛利可信『橋渡し英文法』（大修館書店刊）を思わせるものになるであろう。毛利の著書は、新言語理論と伝統文法の間にあるさまざまなギャップを埋めようとするもので、従来の見方と新しい理論とを繋ぐ解説を試みている。本稿は、現代の言語学における、認識の構造を捉える理論や用語が伝統的な日本語に備わっている「ことば」で置き換えられることを述べることになるであろう。

本稿で取り上げる、日本語における基本的認識語彙は次の通りである。

〔一〕「かた・かたち」

〔二〕「こと・もの・さま」

〔三〕「いま・ここ(私)」

【付記】　本稿は、同志社大学大学院の講義(日本語の視点)で考察してきたことを基に講じた、京都光華女子大学での退職ミニ講演(二〇一〇・三)、および龍谷大学文学部日本文学科創設二十周年記念講演(二〇一二・一〇)を下敷きにして書き下ろしたものである。

一　「かた」と「かたち」

(1)「かた」と「かたち」の関係

日常語では「かた」と「かたち」の意味的区別は曖昧になっているが、それでも「かた」には「型」の字をあて、「かたち」には「形」の字をあてる、というのが一般的ではあり、区別の意識はある。しかし、どれだけ区別が明確に意識されているかとなると心許ない状況である。慣用句では、「かたどうり」「かたやぶり」「かたにはまった」「かたなしだ」がある一方、「すがたかたち」「かたちをなしていない」「かたちばかりの」「かたちが整っている」等と使い、なんとなく両者に意味の区別があることを感じさせてはくれる。

しかし、両者の根底に潜んでいる意味的区別は、日本語で現象を把握する上で重要な認識―概念化を意味する基本的な語であると考える。それは、以下のように両者の意味する概念間の関係を捉える事ができるからである。まず、語源的に両者の意味的関係を確認しておきたい。

「かた」は「こと（言・事）」の母音交替形であろう。この「かた」に「ち」が結合したのが「かたち」である。「ち」は意味の未分化な段階では、生命を支える生理的な、赤い「血ち」であり、また白い「乳ち」でもあり、魂（精神）としての「霊ち」でもあった。いわば、「かた」が「ち」を持って現れたもの―つまり、生命を持ったものが「かたち」である。この「かた」と「かたち」の関係でいくつかの言語現象を捉えることができる。

⑵「かた」「かたち」を用いた事象の説明

⑵―①〈うた〉と〈歌〉の場合

〈うた〉の韻律を音数律で獲得した日本語の〈うた〉は、五音句七音句という定数による様式（定型）を持った。例えば短歌は、五七五七七というリズムをなす。この五七五七七という様式が「かた」にあたる。その「かた」（リズム）に特定のことば（これが「ち」のもと）をはめ込んで生まれてきた生命体（かたち）が〈歌〉である。短歌はすべて唯一つの共通の様式をもちながら、命つまり「かたち」を持つと、すべて異なる姿を持っているのである、と説明できる。これが、「かた」と「かたち」の関係の典型的な例になる。すべての短歌はそれぞれに異なる〈歌〉であるが、すべて同じ「かた」を持ったものである。

そもそも言葉と指示物の関係も「かた」と「かたち」で説明できる。「月」という、類似物のない普通名詞の場合はその言葉の指示物はもとから特定のものが確定しているが、一般的な普通名詞の「いぬ（犬）」という言葉の場合、その言葉で指し示される指示物は、箇々の特定の「犬」であり、指し示される犬がどの犬かは始めから特定されているわけでない。「いぬ」というものは「かた」として頭の中に概念として存在していて、その言葉で指し示される箇々の「犬」は指示物、つまり認知されるものは「かたち」である。言うまでもなく、頭の中の概念（かた）は、認知主体の経験の積み重ねによって形成されたものである。語の意味として抽象化され普遍化されて存在する、これを意味のプロトタイプと言ってもいい。

プロトタイプは一種の理想型をなす。例えば、記号としての「Ka」という音声や「か」という文字についても、実際に発音された「Ka」や書かれた「か」は「かたち」となって現れたもので、これらは物理的現象として一つとして同一なものはない。同一主体によって連続して同時的に書かれた文字「か」の複数があってもそれらは物理的に一つとして同じものはない。これが「かたち」として現象するということである。それらの「かたち」がこれは「Ka」、これは「Ka」でないと聞き取られ、あるいは「か」である「か」でないと読み取られるのは、頭の中にあるプロトタイプ(かた)としての「Ka」や「か」に照らし合わせて認知された結果である。

日本語の「ん」は、音声学的には音環境によって、［n］［m］など四種の音声が観察できるが、しかし日本語としては皆同じ/N/と認知される。前者は、より「かたち」に属し、後者/N/は音韻論では音素と呼ばれ、「かた」に属する。音声学的に異なっても音韻論的には同じと見るのである。

ソシュールのいうラングは「かた」に、パロールは「かたち」に相当すると言えようか。もっともソシュールはラングを「社会的規範」と捉えたが、「かた」は個人を超えて存在するものでなく個人の頭に存在する。他者のそれと「かた」の内質において一致するかどうかは、箇々人に形成された「かた」の普遍性に掛かっている。普遍性が高いほどコミュニケーションをスムースにするのである。この考えは時枝誠記の言語観に一致する。

(2)―② 原型と変態（あるいは変形）―認知の構造

「かた」に命を伴った「かたち」は箇々別個のものであり、別個のものとしてそれぞれ「異なり」を有する。ここに「異なるが同じだ」という認識が成り立っていることが分かる。つまり「かたち」として異なっているが、「かた」としては同一だという認識である。こういう認知の構造を早くに指摘したのがゲーテの「形態学」であった。

分かりやすい例でいうと、「鴨脚(樹)」とも書くように鴨の足に似た独特な形態を持つ銀杏(いちょう)の葉っぱ、一枚一枚は全て異なるもの、人間の指紋のように一つとして同じものは存在しない。しかし、私たちは異なる銀杏の葉っぱを同じ銀杏の葉っぱと認知できる。その認定は、私たちの頭に形成されている、銀杏の葉っぱというものの典型的な「かた」が存在していて、それに照らし合わせることによって可能にしている。ゲーテの「形態学」では、「かた」に相当するものを「原型」(タイパス)と言い、「かたち」に相当するものを「変態」(メタモルホーゼ)と呼んでいる。用語を始め、このことについては池上嘉彦[1]によるが、池上はさらにゲーテ「形態学」における二つの概念(原型と変態)の図式は、言語学で言われる「普遍的な深層構造」と「変形」(表層構造と言ってもいいか)という図式と対応すると指摘している。但し、後者も「かた」と「かたち」の対応関係にあると言ってよさそうであるが、レベルに違いがあることは、了解しておくべきであろう。

さて、このゲーテの「形態学」にみる認知の構造を民話の構造の研究に生かしたのが、プロップの『民話の形態学』であったといえようか。

具体的な異なる「話」について、同じ話だと感じたり、違う話だと感じたりするが、異なる「話」を同じ話だと感じるのは何に起因するのかという発想から始まったのが民話の構造分析だと言われる。その起因を取り出すことに成功したプロップは確信を持って「全ての魔法民話はその構造に関しては形態的に同一である」と言っている。様々な異なりを以て存在する具体的な「魔法民話」(かたち)はみな同一の構造(かた・話型)を持っているというわけである。プロップは各魔法民話の「かたち」の違いをモティーフの違いと捉え、同一の構造(「かた」)とは「行為の類型」(恒常体的なもので、ファンクション「機能」と呼んでいる)と捉えている。

具体的な例で確認するなら、「玉手箱を開けるな」(浦嶋)、「戸を開けるな」(瓜子姫)、「部屋を覗くな」(座敷童)、「機織りの場を覗くな」(鶴女房)、「お産を覗くな」(海幸山幸)とモティーフ(かたち)は異なるが、いずれも「タブー

（禁忌）」（かた・機能）であることは同一である、という捉え方をする理論である。ただし、異なる「機能」の連鎖のまとまりが一つの「話（魔法民話）」という全体をなすと捉えるわけで、この「機能（例えば「禁忌」）」は、一つの「話」に相当する「文」においては、文を直接構成する要素（「文の成分」）に当たると考えてよい。

(2)―③　知覚と観念―言葉の意味

「かた」と「かたち」の区別は、観念と知覚の区別に通うところがある。

話者が相手（対者）に表現の対象を限定的に認知させる機能を持った語を指示語といい、限定的な対象を指示物という。指示語の機能については、現場指示（ダイクシス）と文脈指示（アナフォーラ）とに区分して捉える。

現場指示は、話者と相手が同じ現場（言語場）にいて、その場で両者が知覚できる環境にある対象を指示する場合である。いわば眼前にあるものを指し示す。指示語だけでは指示機能が完遂しなくて指さしや目配せなどのしぐさが必要である。文脈指示は、口頭であろうと文面（書記）であろうと、すでに言葉で表現されたものの一部ないし全体を振り返って指示する場合である（もっとも、これから表現されるものをあらかじめ指すこともある。後方指示という）。

指示対象がどういうものかで区分するなら、現場指示の場合は知覚できるものを指し示し、文脈指示の場合は、すでに頭に蓄積された観念を指し示すと言えるので、前者は知覚（対象）指示であり、後者は観念（対象）指示であると言い換えられる。知覚と観念の対立である。日本語の指示語の歴史として指示体系は、まずは「こ」系による知覚指示と「そ」系による観念指示の区別―対立に始まったと言える。その後に知覚対象に「こ」の母音交替形の「か」系が参入してきて、知覚における対象の遠近を区別するようになった（「か」―「こ」の対立）。一方、二人称領域の存在が自立的な存在として認知されると、一人称領域との区別（差別化）を促し、「そ」系指示に二人称領域を指すという指示の機能が加わってきた、と考えられる。一人称主体にとっては他者である二人称の認識領域は想像するほかない（例「お前、水飲みたいのか」）。二人称が抱く認識内容は、一人称にとっては知覚によって認知できない領域にある。その領域を観念対象として捉えるのが、「そ」系の指示語である。

さて、指示機能によって指し示される対象は知覚対象と観念対象とに区分できることをみたが、「かた」と「かたち」の対立は、この「観念」と「知覚」の対立の一種なのである。「かた」は頭の中に形成されたものであり、「かたち」は、知覚で認知できる言語や事物であるからである。「かた」は観念であり、「かたち」は知覚されるものであるが、しかし、観念はすべて「かた」であるとは言えない。ただ、知覚されるものは「かたち」である。「かた」「かたち」の場合は、言語の記号としての文字や音声でみたように、また動植物の形態においてみたように、「かた」（観念）は、箇々に異なる「かたち」（知覚対象）の典型あるいは理想型として頭に観念化されたものであるが、指示における観念（対象）と知覚（対象）の関係について言えば、指示対象として相補関係をなす。指示する対象を二分する関係にある。

語の意味における上位概念と下位概念においても、観念と知覚の関係としては、二種がある。「りんご」（かた―リンゴというもの）は箇々の「リンゴ」（かたち）の「典型」を意味するが、「くだもの」（観念）は箇々の「くだもの」（バナナとかリンゴとか外延の各種）の「典型」をなすという関係ではない。「くだもの」という観念は、知覚される箇々のものの価値が「抽象化」されたものである。抽象と具体の関係にある。抽象化されたものは頭の中に観念としてある。この区別は「かた」と「かたち」では捉えきれない領域である。民話の構造分析が取り出した、モティーフ（可変項）と「機能」の関係も具体と抽象の関係であり、また文法における「文の成分」（主語とか述語とか）と選ばれた特定の「ことば」との関係もこれに類似する。「文の成分」は箇々の「ことば」の、文の中での働きを抽象化して捉えたものである。

民話間においては、これこれは同じ話だと認定されることがあるが、その判断は一定の「かた」の存在することが根拠になっている。この「かた」を「話型」と呼ぶ。日本での民話研究では「語り」を分類するとき、「話型」

が重視される。しかし、物語や小説といった「語り」の文学では、部分的に、ある「話型」がプレテクストとして活用されていることがあっても、同じ物語(あるいは小説)というものは存在しない(もっとも語り直し、あるいはパロディということはある)。

物語・小説という語りの文学については、物語内容(イストワール)と物語言説(ディスクール)とを区別することがある。前者は「何が」書かれているか(あるいは「何を」書いているか)を問題にし、後者は「いかに」書いてあるかを問題にする。両者の違いは、端的には前者は要約できるが、後者は要約できないということに象徴される。この違いは、「観念」と「知覚」という対立とも言えるが、「かた」と「かたち」の対立と捉えることもできる。しかし、動植物の「かた」と「かたち」にみるような、典型と具体(的実態)という関係ではない。むしろ物語内容は物語言説の抽象化と見る方が適切である。具体(的実態)と抽象という関係である。物語内容は、あらすじ・要旨に要約できるのであるが、さらに抽象化を高めれば、「主題」に行き着く。「くだもの」と箇々の「くだもの」の関係にみる抽象化ともまた異なることに注目したい。

観念と知覚という対立に関して言えば、テクスト論における「作品」と「テクスト」の関係についても言えることである。もっとも典型的な事例は古典作品の場合で、作者による原本は失われ、ただそれを筆写して書き継がれてきた転写本のみが残っている場合である。例えば、『枕草子』という作品の場合、現在版本も含め転写本はまず三巻本、能因本、前田家本、堺本の四系統本に分類される、異なる『枕草子』が存在するが、さらにそれぞれの系統に属する複数の写本(及び版本)が残っている。すべて『枕草子』という異なる「テクスト」であるが、同じ『枕草子』という「作品」である。いずれも原本の『枕草子』とは異なる『枕草子』である。異なるが同じだという認識で捉えられている。「テクスト」とは現に残る一つ一つの写本で、目で捉えられる、知覚対象である「かたち」であるが、『枕草子』という「作品」はどこにもなく、存在するのは各伝本という箇々の「テクスト」である。「作品」は頭にイメージされた、観念としての「かた」であると言えよう。読者は「かたち」としての、いずれかの「テクスト」を読むことしかできない。「作品」としての『枕草子』は、箇々の「テクスト」を通して、その背後に感じ取ることになる。このことは、版本や現代の活字本になっても基本的には変わらない。近代文学でもどの「テクスト」で読んだかは重要な意味を持っている。特に「何を」よりは「いかに」を重視した研究においては。別途古くから「テクストクリティーク」が重視されてきている。

（3）「かたち」の価値

言語を記号として捉え、その構造を明らかにしたソシュールは、言葉の意味を「差異」にみる。「差異」こそ「意味」だという。一方時枝誠記は、「意味」とは「価値」だとする。日常語で、「意味がある・ない」というのはその証しだという。「差異」こそ「価値」だということになる。

他の同類のものとの関係で、そのものがそのものである価値は、他の同類のものとの差異にこそあると言える。「差異」は「かた」が「かたち」となって現れたときに備わっているのである。「かたち」として命を持つことは、「差異」を伴うことであった。命の尊さは「差異」の価値なのだ。「かた」と「かたち」という語の認識には、こういう日本語による「哲学」を含んでいたのである。

仏教の思想を表す言葉に「白色白光」(びゃくじきびゃっこう)という用語がある。「赤色赤光」などを代表した言葉でもある。白色は白色であることに存在の価値があることを意味する。文部省唱歌の「チューリップ」という歌はこの思想に通ずる歌だと解釈できる。「咲いた咲いた　チューリップの花が　並んだ並んだ　赤白黄色　どの花みてもきれいだな」の「チューリップの花」は、幼稚園で戯れ遊ぶ子供達を象徴しているとも言われるが、それぞれの色を持って存在していて、どの色の花も(どの子供も)それぞれに可愛いと歌っていると受け取れる。仏教思想を学んだと言われる金子みすずの詩の文句に「みんなちがってみんないい」というのがあるが、同趣旨の言葉と考えていいだろう。数年前、東本願寺の烏丸通りに面した白壁に「ばらばらで一緒」という文句が大きく書かれていたことがある。絶対平等を説く仏教の思想を端的に表しているが、この思想も「かた」と「かたち」という用語を用いると説明しやすいのである。「かた」は見えないけれども有る、「かたち」となってばらばらであるが、みな同じ「かた」を持つことで「一緒」なのである。もっともこの仏教思想は、次項の二で取り上げる用語で説明する方が、より適切であると思われる。

二　「もの」「こと」「さま」

(1)　各語義と相互の関係

いわゆる形式名詞といわれる語彙は、物事を認識しそれを言語化して表現するときの基本的な認識語彙と言える。中でもより抽象性の高いのが「もの」「こと」であり、「さま」という語である。三つの関係は、端的には、「もの」が一定の「さま」を伴って「こと」をなす、ということになろう。この三つが日本語による認識における、基本中の基本的語彙であると判断して、本節では考察することになる。まずは、それぞれについて概観しておこう(2)。

〈もの〉(以下「もの」という語形を言う時は〈もの〉とする)の意味概念は多義的である。日本語では「物・もの・モノ」と表記上区別することが可能である。この利便性を活用するなら、多義的な〈もの〉はまず大きく、「物」で物質として存在するものを、「もの」で抽象的な概念としてのものを、そして「モノ」で鬼や物の怪、大物主という神なるもの、「物部」の「物」などを示す、という区別ができる。ただし、「平和」とか「法律」「愛」といった名詞として捉えられる精神的抽象的概念については、扱いがやっかいであるが、ここでは「もの」あるいは「モノ」とは捉えず、「物」として扱うことにする。古来、ここで「モノ」という表記で区別する物の怪や大物主、鬼などがなぜ〈もの〉の範疇で捉えられてきたのかという議論がなされてきたが、その問題にはここでは触れない。この節では、専ら「物」と「もの」、特に後者「もの」を主に議論することになる。

「こと」は原初において「事」であり「言」でもあるという、未分化な語であった。それは「言霊の幸う国」と言われもする「言霊信仰」を支える根源的な認識であった。例えば「ふること」は「旧辞」「古事(記)」「(先代)旧事(本紀)」「古語(拾遺)」などと二様に表記されるが、文字(漢字)で表記するに及んで「事」か「言」かの選択を迫られたことがうかがえる。「事」は「ことがら」「ものごと」などを派生させながら、「こと」のかたちのままで定着したが、「言」の方は、「ことのは(言の葉)」「ことば(言端?)」を派生させ、「事」から切り離されて「ことば(言葉)」の語で定着してきたが、なお「こと」で「言」を意味する原初も残存し続けている。今も「ねごと」「ひとりごと」「たわごと」などの語が生きている。

「さま」は「ありさま」「ざま」などの語を派生してもいるが、一方漢字「様」を当て、この音読み「やう―よう」が併存して用いられ、むしろ、「やうなり―ようだ」が助動詞として確立したことが注目される。また、名詞としても「様子」「様相」などが日常語でもよく使われるようになり、もとの「さま」は形式名詞としての用法も十分に発達しないままである。しかし、事象の認識においては、以下にも述べるように、「さま」の認識は、事象を認識する一つの側面としては欠かせない側面(要素)であることは否めない。

事象の認識という点で、「もの」「こと」「さま」は、語彙体系との対応で言うならば、「もの」は名詞に相当し、「こと」は動詞に、そして「さま」は形容語(形容詞・形容動詞・副詞)に対応するということからも、この三つが事象の認識において基本的な認識語彙であることを意味している。[3]

るのである。

しかし、なかでも特に「もの」「こと」の対立が認識上の中心であったことは、以下のような言語事象から窺える のである。

ものごとの判断を示す文末用法として「―ものなり・ものだ」「―ことなり・ことだ」が一定の様式として確立しているが、「―さまなり・さまだ」は臨時的一回的に用いられることはあっても、前者のような判断形式の文型の一つというほど自立したものではない。(4)

では、「もの」と「こと」の対立はどう捉える事ができるだろうか。

「―ものなり・ものだ」は、事象からくみ取れる、事象を支配している、いわば「理・理法」あるいは「普遍的原理」を認識しているという判断を示す。「あれこれの事象(こと)を考えてみれば、結局は……という「もの」だ、と分かる」、例えば「人生とは、つまるところ……な「もの」だ」といった判断である。漢語「理」を訓じて「ことわり」と訓む。「理」が「もの」に相当するのなら、「もの」は「ことわり」と言い換えられることを意味する。「ことわり」(の結果)が「もの」だということになる。ここに「もの」「こと」の認識における関係が露呈しているのである。「こと」を「わる」(分解する・腑分けする)ことによって、そこに見えてくるものが「もの」である。「こと」とは、箇々の具体的な事象そのもの(「ことがら」)である。「こと」が知覚できる、実際に現象として現れた事象であるとするなら、それは「かたち」に相当するのであり、「もの」はそうした事象(「かたち」)の経験を通して頭に観念化された「かた」に相当すると見ることができる。このレベルの〈もの〉は「もの」であって、「モノ」「物」ではない。「もの」「こと」を巡っては、「哲学」の学として雑誌『思想』の特集などがあったが、(5)ここでは「日本語学・日本文学史」に関わるところで論じることとする。(6)

(2)「こと」「もの」と「語り」

さて、『竹取物語』をもって「もの語り」の「出でき始めの祖」と紫式部は書いたが[7]、それ以前に「語り」が存在しなかったわけではない。藤井貞和は[8]『古事記』を「ふることぶみ」と読み[9]、「ふること」にこだわってきた。「神(かむ)語り」「海(あま)語り」(あるいは「歌語り」も)など、言い継ぎ語り継がれてきた「ふること(言・事)」という「語り」がどういう「語り」であったのかについて、それまでの「語り」とは異なることを自覚して捉えられた、平安以降の新たな「語り」である「もの語り」を視野に入れて論じている。「もの語り」登場以前では、「天語歌」(古事記)の長歌の末尾に「ことの語りごともこをば」(一〇〇他)としているように、ここに「ことの語り」という認識がみられることや「語り」としての「ふること」が「こと」であること、さらには藤井も論じているように『日本書紀』『日本霊異記』などに見られる「縁」「本縁」を古辞書類で「コトノモト」と訓んでいることから、「ふること」の「語り」を、筆者なりに「こと語り」と呼んで、「もの語り」と区別している。

それまでの「語り」が「こと語り」という性格を持つものとして、それらと何が異なる故に、それまでの「語り」と区別して、新たに登場した「語り」を「もの語り」と呼ぶようになったのか。「こと語り」と「もの語り」とはどう異なるのか。

原理的には、先に論じたように「こと」を語るとは、実際あった具体的な出来事、あるいは特定的な個別的なことを語るのである。「神話」は本来「(特定的な)今」を語るものであった。何故今ここに「神」が祀られているか、あるいは今我々がここに存在していること自体を神との関わりで語るものであった。「こと語り」には、典型的なものとして「伝説」がある。伝説は言うまでもなく、なぜ「今」があるかを語るものである。特定の物や人や地名など固有の名が存在―登場しなければ成り立たない。特定の時間と空間とで限定された「今」という特定的個別的なことがらを語るのである。「説話」もこの種に属する語りである。

一方「もの語り(物語)」とは何かについては、これまでいろいろ説かれてきた。大きくは〈もの〉が語るのか、〈もの〉を語るのか、二説に区分できるが、日本語の語構成からみると後者とみるべきである[10]。では、その〈もの〉とはなにか、ということになる。先に区別した「物」「もの」「モノ」の孰れなのかということになる。「モノ」説もあるが、私見ではやはり「もの」を「語る」とみるべきであろうと思う。端的には「人生とはこういうものだ」という「もの」(一般的真理・理法)を語るのである。「人生とは」「如何に生きるべきか」「愛とは何か」などの「答え」は「もの」に相当する。王朝人が『竹取物語』を始めとする「語り」を「もの語り」と命名する際に、そこまで認識していたとみるのは、余りに現代的分析的でありすぎるかも知れないが、直感的に「もの」(理・理法)という認識は持っていたと考えて良いと思う。特に『古今和歌集』以降の歌では、「もの」志向の知的な和歌が多く詠まれているのである。例えば、「…ものは…」「…は…ものなりけり[11]」の型を持った歌などにそのことは窺えるのである。

ただし、「もの語り」での「もの」を語る「語り方」としては、人生観や恋愛観のように直接的に「もの」を説く―解説するものではない。「こと」―登場する人物たちの「できごと」を語ることによって、それとなく「もの」を語る―「ことわる」のである。「こと」を具体的に描くことによって「もの」(「もののあはれ」とも)を感じ取らせるという方法(語り方)が「もの語り」の方法である。いわゆる「民話」(昔語り・昔話)は、「もの語り」である。その点、「こと語り」である「伝説」とは対照的である。「民話」では主要なモティーフ―いつ・どこで・だれが―が特定的でなくても「語り」は成り立っている。例えば「昔々、ある村に、お爺さんとお婆さんが住んでいました。」と設定されて語られるのが典型である。方法として「同化の文学」と称された『伊勢物語』の「昔、男」の「語り」は、「もの」を志向した語りであったと言えるだろう。その発想(精神)は、主要なモティーフに具体的な固有な名が与えられるようになっても変わらない。そして「もの」を語るという精神は、近代の小説にも受け継がれているのである。

「もの」として認識される観念を典型的に示す例に、いわゆる「もの形容詞」がある。語彙史的には、『蜻蛉日記』あたりから増え出し『源氏物語』で大量に生まれたと言われる。「ものがなし」「ものさびし」などがその例である。「もの」に後接する形容詞には主として情意形容詞が用いられた。それを「なんとなく(哀しい・さびしい)」と訳したりするが、「もの」をよく捉えた訳である。眼前の特定的具体的な「こと」に起因するとは捉えきれないから「なんとなく」であり、心の奥底からわき起こる感情であることを、接頭辞「もの」が語っている。「こと」にはこの用法はない。一方「うらがなし」「うらさびし」と「うら形容詞」が同じような意味で用いられることから、「もの」は「うら」(心・内裡)に通じていることが分かる。「もの」と「こと」の違いを知るには良い例である。

さて、「さま」は「もの」「こと」とどう関わるか。事象の認識において「もの」と「こと」は一般性の認識と個別性の認識という対立をなす関係にあるが、それらと「さま」はどう関わるのか、これは重要な課題である。が、このことは次に取り上げる「体・用・相」における「体」「用」と「相」との関係にも深く関わることなので、この課題は、次の節で考えることとする。

(3)「体・用・相」と「もの・こと・さま」

「もの・こと・さま」が文法における品詞に対応することは先に述べたが、この認識は、例えば現代日本語研究で影山太郎が「一般に、動詞は「出来事」、形容詞類は「状態」、名詞は「物」を表すとされ」ると述べる[12]ように「一般」的であろう。言うまでもないが、「出来事」はここでいう「こと」、「状態」は「さま」、「物」は「もの」と、それぞれ置き換えられる。伝統的な「国文法」用語では、「体・用・相」を当てて、「もの」は体言、「こと」は用言、「さま」は相言と、それぞれ呼んできた。但し、品詞との対応に関しては注意すべきことがある。「用言」については、活用するという形態面から動詞だけでなく、形容詞、形容動詞をも含める。そのときは「相言」をオミットして、品詞分類では「体言」「用言」だけを用いる。しかし、「用言」を「出来事」など意味の面から捉えたときは動詞だけを該当させ、例えば語彙分類などでは、形容詞、形容動詞、そして副詞類を「相言」とする。その場合、「用言」は動詞だけとなる。本稿では、「相言」を加えた三分類で考察する。「体言」は名詞(代名詞含む)、「用言」は動詞、「相言」は形容語類とすることになる。

「体・用・相」[13]は、仏教思想の用語が中国へ、そして中国から日本にもたらされた。その理論的支柱となったのは『大乗起信論』[14]であろう。この概念語が応用されたのは、文法用語としてだけではなく、早く中世の諸芸道に導入されている。能楽の理論や華道、茶道にも用いられたが、注目すべきは連歌論にみられる。[15]連歌に用いる歌語を「体の詞」「用の詞」等に区分するが、文法の「体言」「用言」とは全く異なる区分である。しかし、これらの用語を応用して文法用語にも用いられるようになったと言ってよいだろう。

筆者の理解では、仏教思想において「体」とは本体の「体」であるが、この世に存在する、唯一絶対なもの、不生(又は、不増)不滅の「仏性・心真如」を指す。「用」は「体」のはたらき・作用、「体」が姿を現す(現象化する)ことを指す。「相」は「体」が属性として備えている性功徳を指す。このように仏教思想の根本を説明するときには、「体」は「体大」と、「用」は「用大」と、「相」は「相大」と言う。しかし、この三者の関係を認識の理論化に応用するときには、単に「体」「用」「相」と言えば十分である。

「体」と「用」の関係を喩えた、分かりやすい方便に、水と波の関係がある。水であることに変わりはないが、水が動く・はたらくことによって、水の有り様はさまざまに変化する、それを波という。水が「体」であり、波が「用」である。また、月と水面に映る月の関係で説明する比喩もある。天空の「月」が「体」であり、水面に映る月は「用」である。「用」としての月は一度にたくさん現れることが可能で、例えば「田ごとの月」と言われる。

水面の月は「体」なる月の作用とみる。[16]

ところで、仏教思想では、「体・用・相」でなく「体・相・用」の順序で言われることが多いが、「相大」は「体大」（心真如）の属性である性功徳である故、「体大・相大」は一体（一如）とみるからであり、究極「体大」「用大」の二元論となる、これを「体用論」と呼ぶこともある。

「体」に備わるのが「相」（「体相」とも）と認識されているが、このことは「用」についても言えるであろう。つまり「体」の作用としての「用」が実現すれば、自ずと「用」にはある有り様が伴っているはずである。それを「用相」と言ってもいい。水という「体」が作用すると「波」になるが、波の姿は一定ではない。様々な様相（用相）を見せる。それは「用」に伴う「相」だと言える。「用」には必ず「相」が伴う。とすると、「相」とは「体」の属性であり、「用」の有り様である。「体」「用」が存在する限り、「相」は自ずと備わっているのである。ここからも「体用二元論」が成り立つことが分かる。

文法用語では、「相」を除いて「体」「用」を用い、語彙論用語では、「体」「用」「相」三位を用いて語彙分類するが、後者の「相」語彙には、「体」に関わるものと「用」に関わるものとがあることになる。「体」に関わるものとは「体言」を修飾する機能を持つ形容詞、形容動詞、そしてごく一部の副詞であり、「体言」を主語として述語になることもできる。「用」にかかわるものとは、副詞類と形容詞、形容動詞の連用形で、「用言」を修飾する機能を持っているものである。

「相」の言葉とは、具体的に名詞（体言）で示される〈もの〉が存在するとすれば、必ずある有り様をして存在しているのであり、その有り様を示す言葉である。例えば、日本では郵便ポストがあれば、それは「赤い」色をしている（近頃違う色のものもあるが）。こういう場合はいちいち「赤い」と言わなくても、郵便ポスト（「体」）には「赤い」が属性（「相」）として備わっているのである。「大きな柿」という場合は、「大きな」（「相」）は言わないとどんな

「柿」かは理解できないが、それがそこにある、特定の「柿」であれば、「大きな」は言わないまでも備わっている。では、「大きな」という「相」のことばはいつ言うのか。「柿」という情報を表現主体がどういう意図で表現するのかによって決まるのである。「相」の「ことば」とはそういう言葉である。具体的に存在する「柿」は、色々な性質（有り様）を持って存在している。伝えたい意図に応じてそれ・それらが取捨選択して取り出されて表現されるのである。

同じことは「用言」と「相」のことばとの関係にも言える。例えば、実際に「雨が降った」とする。この「雨が降った」という「こと」（現実の事態）には、さまざまな様相が備わっている。「こと」の外的条件として、存在した時と所と気象環境があり、また「こと」そのものに内在して降り方（量など程度や有り様など）が必ず伴っているのである。「用言」で示される「こと」（「用」）が実現するとそれにともなって必ずある「有り様」（「相」）が実現じているのである。そういう「相」の言葉をどこまで表現に取り出すのかは、表現主体の表現意図によって異なることになる。もっとも、「カラカラ音がする」の「カラカラ」のように「音」がしている間伴っている有り様と、「喉がからからに乾いている」の「からからに」のようにある結果の有り様の場合もあることは言うまでもないが、このことは記述文法の領域にはいる課題である。[17]

三　「いま・ここ（私）」

日本語の事態把握　以上、一、二で、日本語による事態把握において基本的な認識語彙といえる「かた・かたち」および「こと・もの・さま」という語を取り上げて、これらの語を用いての事態把握にどういう認識上の特質が見られるかを考察してきた。三では「いま・ここ（私）」という項目名にしたが、先の一、二の場合と異なり、「いま・

ここ(私)」という語の用い方の考察というより、日本語による事態把握の根底に、「いま・ここ(私)」を認知点とするという特質が見られることを述べる。「いま・ここ(私)」を「基本的な認識語彙」としてはいるが、この意味においてであると断っておかねばならない。日本語に見る言語事象の様々において、「いま・ここ(私)」という認知の視座が関わっていることを述べることになる。

こうした観点から日本語の発想と表現上の特質を原理的に捉えようとする試みは様々に行われてきた。日本語は、場面依存性の強い言語[18]、または話者中心性の言語だとか、話者の〈うち・そと〉によって表現を区分する言語[19]と言われ、〈わがこと・ひとごと〉理論[20]も提出されてきた。一方、発話者(私)の視点を重視する「視点論」の観点からの考察も幾つか提出されている[21]。なかでも筆者が今最も注目している理論は、事態把握において主観的把握を好む日本語と捉える、一連の池上嘉彦の論[22]である。以上の諸論において取り上げられ考察されてきた、日本語の諸言語事象は相互にかなり重なっている。本稿も含め、以上の一連の論考には通い合うものがある故、屋上屋を架すと取られかねないが、該当する言語事象を新たに付加もして、筆者なりの切り口(原理)から、日本語による表現の特質を説明してみたい[23]。

「いま・ここ(私)」という視座 「私」は「いま・ここ」に存在する。時間と空間の織りなす座標の「いま・ここ」に「私」は存在する。認知主体としての「私」は、「私」を「いま・ここ」にいると認知する。

日本語の「今」という認識は、デジタルな一瞬一瞬の「いま」に限定されることはなく、時間的に巾を持っている。「今さっき」「今食べたよ」「今食べている」「今食べる」「今に見ていろ」という巾である。「今のうちに」など、一定の時間を「いま」と見るか見ないかは、認知主体の「私」の主観的な(相対的な)判断に架かっている。しかし、「私」の存在は、常に絶対的に「いま」にある。

同じことが「此処」という認識にも言える。「ここ・こちら」は絶対指示の用法を持っている。「ここは日本です」「こちらは今土砂降りです」「ここはどこですか」などの「ここ・こちら」が指示する場所はどこか。言えることは、発話している認識主体の「私」がいる「ところ」を指しているということである。「発話者(私)の存在するところ」が指示内容である。その空間(「ところ」)の巾は、主観的に(相対的に)、狭くも広くもその時その時で変わるが、常に絶対的に発話者の「私」が存在していなければならない。「私」が存在している空間が「ここ」である。

日本語の表現(言語形式)には、「いま・ここ(私)」という視座による認識が反映していると見るのが本稿である。それを、「主観的把握を好む」表現[24]、と言ってもいい。しかし、もっと厳密に言うと、日本語の表現(言語形式)には、事態を認知する「主体」(「いま・ここ」の私)と認知対象の「事態」との関係そのものが反映している、つまり表現されている、ということになる。私見のオリジナリティはここにあると考えている。以下には、その事例を列挙していくことになる。

(1)「私」を基点に捉えられた時空間語

時間と空間は、次元を異にするが、日本語には同じ言葉が時間にも空間にも用いられる一連の語群がある。[25] これらの語を「時空間語」と呼ぶことにする。「よ」を「代(君が代・時代)」にも「世(世の中・世間)」にも用いるのが、[26] その例である。「ま」も同様で、「ひま(暇)」、「すきま(透き間)」などをも派生させている。さらに、漢字「間」に相当する「あいだ」、そして、「あと/さき」がある。「あと/さき」については、時間に用いる場合、時代や方言によって、未来を指すか過去を指すかが異なることがある。「まえ(前)」も時空間兼用語であるが、しかし時間に用いると「過去」を指して、「未来」を指すことはない。「まえ」は「うしろ」とペアをなす。しかし「まえ」は時空間語だが、「うしろ」には空間用法しかない。[27]「まえ」自体が「過去」を指すので、「うしろ」を時間に用いれば、当然「過去」を指すことになり、「まえ」とバッティングするからであろうか。「うち/そと」のペアについても、

「うち」は時空間兼用語であるが、「そと」は専ら空間語である。

「私」は〈いま・ここ〉に存在する。時間空間の座標軸で言えば、原点（ゼロ点）にいる。原点にいる「私」を中心に周縁が時間も空間も濃淡をなしながら無限に拡散する。私（いま・ここ）との関係において時間的・空間的な「隔たり」を認知しているのが、「あと／さき」や「よ」という先に見た語群ということになる。〈いま・ここ〉にあって時間・空間を認知する「私」と認知される時間・空間との関係において濃淡をなす「隔たり」は、時間的にも空間的にも「私」からの「隔たり」という点で同質だと言えるからである。認知する「私」を基点をする時空間の「隔たり」である。「濃」の典型は、「私」の身の回りであり、「私」の身の回りにあって「私」が直接知覚できている時空間である。その周縁には「私」の直接知覚できていない時空間がさらに濃淡をなして無限に拡散して存在する。

(2)　指示詞体系の原理

同一の指示詞が指示対象として時間をも空間をも指示できる（「あの山、あの頃」のように）。日本語の指示詞の体系は、不定詞（「いづ」系から「ど」系へ）を除くと、「こそか」体系から「こそあ」体系へと変わってきた。この体系をなす原理には、「私」（いま・ここ）を基点とする時空間の「隔たり」の識別が反映していると考えられる。現代語の「こそあ」について、発話者の「私」を基点に「近称」の「こ」、「中称」の「そ」、「遠称」の「あ」と説明されている。しかし、この体系の成立過程をみると、ことはそう単純ではなかったようである。すこしこの体系の原理を探ってみることにする。

指示詞「ここ」に絶対指示の用法があることを先に触れたが、「ここ」あるいは「こちら」の指示内容が〝「私」が存在する空間〟であり、その指示の空間は折々の場面・文脈によって広狭様々であり、一定していないが、絶対的に「私」が存在することは不可欠な条件である。同じことが二人称の「そこ」「そちら」にも見られることには注目しておきたい。さらに、「ここ」「そこ」でもってそこに存在する一人称、あるいは二人称自身を指すこともある。まず、指示詞には絶対指示の用法と相対指示の用法との二大区分が認められることになる。

資料的偏りはあるものの、上代語において「こ・そ・か」体系の確立は確認できるようだ。そのうち「か」はやや後続しての成立とみられ、「こ」の母音交替形で「こ」から分出したと解釈できる。[28]「こ」「か」の対立は、「私」を基点に空間的に近遠、または親疎の差を区別して指す。「そ」は、「こ」系と全く異なる指示詞である。両者の違いは、「こ—か」が「私」が知覚できるものを指す—これを知覚(対象)指示という—のに対して、「そ」は「私」の心に観念として存在するものを指す—これを観念(対象)指示という—と言えるようだ。知覚指示の用法と観念指示の用法に区分できるのである。[29]前者はダイクシスの機能を持ち、後者はアナホーラの機能を持つと説明できる。原初的に「こ・そ・か」は単純な三項の対立でなく、指示内容が知覚対象の場合と観念対象の場合の二重構造であったと言えるのである。言うまでもなく、二つの対象の識別は「私」においてなされる。「私」と指示対象との関係の違いに対応している。

日本語の指示詞体系を複雑にしたのは、「そ」系が知覚指示の用法を持つようになったことにある。[30]聞き手である二人称及びその領域を指す用法も持つようになった。日本語の「話し合い」のテクストにおける二人称には格別なものがある。二人称は「私」にとって他者の一人であるが、他者のなかでも格別な意識で「私」は対応する。いずれの言語においても、認知の上で人称の三区分は認められると思われるが、日本語の指示詞体系が、英語や中国語などが二項対立(This・That/这・那)であるのに対して、日本語やコリア語、タイ語などやラテン語は三項対立であるが、日本語が三項対立であることには、二人称を格別な扱いにすることと関わっているのではないかと思われる。

日本語の人称代名詞は、長く一人称代名詞（「わ・われ」など）と二人称代名詞（「な・なれ」など）だけであって、[31]三人称の人称代名詞といえる「彼・彼女」の成立は幕末から明治にかけてであると言われる。しかも指示代名詞として「あ」系に取って代わられた「か」系のお払い箱になった語形が応用されたものである。それまでは、三人称の「人物」であることを意識した時には、「このひと、そのひと、かのひと（あのひと）」のように表現されてきた。他者のなかで、二人称が格別であったことを伺わせるのである。また、現代語の「こ・そ・あ」体系について、「こ—そ」を核とする対立型と「こ—あ」を核とする融合型とに区別する理論がある。[32]前者は一人称（われ）と二人称（なんじ）とが「こ」と「そ」で対立的に指示区分される場合で、後者は一人称と二人称が「われわれ」と「こ」に融合して、「われわれ」に対する他者を「あ」（系指示語）と指示すると見る考えである。この認識の根底にも「二人称」に対する格別な認識があることが読み取れる。

「こ・そ・か（あ）」の指示代名詞の区分には、人称語に見る三区分が重なっている。[33]「こ」系は一人称（「私」）の領分を指示対象とし、「そ」系は二人称（相手・聞き手）の領分を指示対象とし、「か（あ）」系は一人称・二人称の関わらない領分を指示対象とする、これを基本とした体系をなしている。この三つの領分区分は、私（いま・ここ）との関係において認知主体である「私」が基準点になって識別される。例えば、自分の背中であっても自分自身が知覚できなくて相手（聞き手）には知覚できる時には、「背中がかゆい、掻いてくれる。うん、そこそこ」と「そ」系を用いる。自分の領分でないと判断すると客もタクシー運転手も「そこの角、曲がって」「そこの角ですね」とお互いに「そ」系を用いる。指示語の使い分けには、「私」と指示対象との関係そのものが反映するのである。

（3）表現されない「私」

本稿で展開している日本語の発想に関する私見は、時枝誠記の「言語の成立条件」（また「言語成立の外的条件」とも）にみる理論によると説明しやすい。言語が成立する上で必要な外的条件として、時枝は「主体」「場面」「素材」を指摘する。言語に関する議論で、これらの三条件は等閑に付すことはできない。言語理論に「主体」や「場面」を持ち込んだのは時枝の先駆的な功績の一つである。「主体」は言語行為をなす「主体」のことで、表現主体（話す主体・書く主体）と理解主体（聞く主体・読む主体）とがある。が、ここでは「表現主体」の場合を前提に「主体」の語を用いることにする。言語学では、「主体」と「場面」を統括して「言語場」と呼んでいるが、時枝は、それを「主体」と「場面」とに明確に区分する。[35]「場面」とは「主体」が向き合っているもの（「聞き手・相手」を中心とする状況）である。「主体」は、向き合う「場面」との関係で発話（表現）する。「主体」と「場面」との関係そのものが言語で紡ぎ出される。それが日本語のベースにある発想であり、「主体」による「主観的把握を好む日本語[36]」と捉えられる要因はここにあると言えよう。

以上にみる「主体」のスタンスは、「ひと（人）」という言葉の用い方にも現れている。「ひと」は基本的に「人間」を指すが、「私」を除いた「他者」の意味でも用いる。「私」も「ひと」であるが、「私」と対峙する（向き合う）「他者」（相手をも含む）を「ひと」と言うのである。「ひとのことは気にしない」と言ったり「わがことひとごと」と区別したりする。[37]「ひとの話を聞け」は、聞き手の側に立って聞き手からみれば他者である「私」を「ひと」と指している。

「主体」が発話し表現する。「主体」なくして発話も表現も存在しない。発話し表現すること自体が「主体」（私）の存在を示している、というスタンスに立つのが日本語である。いわば、「私」と表現するまでもない。「私」と言わなくても「私」は存在し表現されていると言えるのである。これをここでは「表現されない「私」」と呼んでおく。あるいは、「隠れている「私」」と言っても良い。一般的な説明でこれを「（「私」の）省略」と呼ぶことが多いが、本質的に「省略」とは異なる。「私」のことを「私」と明示しないが、「私」と明示しなくても「私」と分かる、理解されるのが日本語だからであり、逆に勿論「私」と表現することもあるが、それは、「私」と敢えて言わなければならない事情が場面・文脈にあるからで、一人称語（二人称語も。二人称の場合も同様な面がある）が用いられていると、むしろ用いられていることにこそ意味があると見るのが良いくらいである。

(3)─①　(語法レベルでの課題)

①　昨日、妹から許婚者を紹介されたよ。

こう聞いて、「誰の妹？」と聞き返す日本語話者はいない。①を言っている人（話者・私）の「妹」に決まっているからである。「私」（あるいは基点人物）との血縁関係を示す親族名称の場合、取り上げる親族が「私」の親族であるなら、「私の」を用いなくて済む（英語では〔my〕をつける）。先に述べたように、日本語では事象（表現素材）を、「私」との関係において表現するという発想に基づいているからである。言い換えれば、表現されたものは、まずは話者（「私」）との関係に置いて受け取られる（理解される）からである。そう受け取られて困る場合には、「次郎君の妹」などと「＊＊の妹」と言わなければならない。ただし、その場の話題の流れにおいて「次郎君の妹」が焦点化されてくると、今度は「妹」だけで「次郎君の妹」を意味することになる。つまり単に「妹」と言った時、誰の「妹」を指すかには、ヒエラルヒーが働くのである。最優先されるのが「私」（話者主体）との関係である。基本的に「私」（わがこと）と「他者」（ひとごと）を区別するのであるが、「妹」と「妹さん」、「主人」と「ご主人」、「父」と「お父上・お父さん」等々で違いを明示化することが一般的である。

親族は広義に「私」と所有関係にあるものと捉えることができるが、上記にみる法則は、所有関係の明らかな事物については広く適用されるといえよう。

②─1　どっかに眼鏡、忘れてきた。

のように「私の」がなくても誤解されることはないが、一方、「②─2　私の眼鏡、しらないか」と「私の」を付けることも多い。単に「眼鏡、しらないか」だと、「幼児じゃあるまいし、眼鏡ぐらい知っているよ」ととぼけられかねない。「眼鏡」は一般的には「私」の専有物であることがないのである（それ故、持ち物に「名札」をつけたりする）。しかし、所有関係の確定的な身体名称の場合は、親族名称と同様な用い方をすると言える。

③　昨晩階段から転げ落ちて、足を骨折しました。

④　来週、胃の手術のため入院する。

などの「足」「胃」に「私の」をつけなくても、「私の足（胃）」であると受け取ってもらえるのが、通常の日本語の会話である。

「国語」という言葉をめぐって特に戦後、「国語」か「日本語」か、と様々な議論がなされてきた。問題は、「国語」という語が、「国のことば」と言う意味の普通名詞であるはずなのに、日本語では、固有名「日本語」を意味して使われる、つまり固有名詞として用いることにある。もっとも、そもそも「国のことば」というものがあるのか（それぞれの国の「公用語」という認識は別）、という根本問題があるが、このことについてはここでは触れない。なぜ日本語では「国語」というと、即「日本語」を指していることになるのかについて、ここでは考えることにする。

親族名称や身体名称については、「妹」「足」というだけで「私の妹」「私の足」を意味することから類推できるように、話者主体である「私」を含む「（私たちの）国―日本国のことば・国語」という認識を意味する語だ、と解することができる。つまり「私たちの」が表現されていない、あるいは隠れている語と言えようか。「私」という主体が自分と「日本語」との関係を表示しているのである。「国語」は、「私」が、あるいは「私たち」が主体的に関わっている言語であるという認識が背後に存在しているのである。[38] しかし、そもそも「日本語」を「私たちの国のことば」と規定する認識に様々な問題が抱え込まれてしまうことが物議をかもす要因なのであろう。隠れている

「私たちの」という認識が前提になっていることが排他性を含んでいる。同じことが「国＊＊」の語群一般にも言えるであろう。「国産（車）」「国歌」「国旗」「国語国文」「国史」など。いずれも「私たちの」が隠れていて固有名的に用いられる。「国歌」がイコール「君が代」を、「国旗」がイコール「日の丸」を意味するのである。

（3）─②　（構文レベルの課題）

⑤　僕はうなぎだ。

日本語文法論において代表的例文として論じられてきた「象は鼻が長い」文が、「は」と「が」、あるいは主題と主語（主格）をめぐる議論を深めたが、続いてこの例文⑤が、主題（テーマ）と叙述（レーマ）をめぐる議論を展開させてきた。ここでは、例えば「僕はコーヒー」などと喫茶店で注文する時にいう会話と同種の例文⑤にも明示されている「僕は」を問題にする。

喫茶店などでコーヒーを注文したりする時、いつも「僕はコーヒー」というだろうか。単に「コーヒー」または「コーヒーね」「コーヒーを」「コーヒーにする」などと言うことが多く、「僕は」を言わないことが多い。一人の時は言うまでもなく、数人の仲間がいてもそうである。まして一人の時に「僕はコーヒー」と言ったりするとかえって滑稽であるし、幼児性が感じられもする。しかし、他者とまぎらわしい時には、「僕は」ということが必要な時もある。

同様なことは、自己紹介の時にも言える。「なになにです、よろしく」で済む。あるカーテンのコマーシャルに漫画で描かれた猫が「猫です」と名乗って画面に登場するCMがあったが、「猫です」という指定が、言っている本人（画面に登場した猫）自身についてのことであれば、「私は」「僕は」は言う必要がないのが日本語である。それが表現主体「私」と表現素材との関係そのものであるからである。

⑥　「歯が痛い。」「背中がかゆい。」「水が飲みたい。」

例文⑥のこれらの文がいきなり発話された場合、その「歯」や「背中」が、発話する「私」の「歯」「背中」であることは先に触れたが、「痛い」「かゆい」「呑みたい」という感覚感情の持ち主は、表現されていないが、一人称の「私」に関してであることが、まず聞き手に了解されるのが日本語だからだ。二人称・三人称については用いられない。今の感覚感情を直接的に表現する表出文では、その感覚感情の持ち主は一人称主体(〈いまここ〉の私)に限られる。これを構文上にみる「人称制限」という。感覚感情表出文に見られる「人称制限」は、本稿で論じている日本語の発想上の特性を最もよく示す事例の一つである。勿論、「私」を取り立てて強調したい時には、「私は」ということもあるが、基本的に「私(いま・ここ)」に関することであれば、「私(は)」を言わなくても日本語では、誤解されることはない。

構文上の「人称制限」に関して言えば、逆に、下記の例文⑦など「話し合い」のテクストにおいて、いわゆる現象描写文では、描かれる対象は三人称に限られるのである。[39]

⑦　「あ!雨が降り出した。」「今、大統領が飛行機から降りてきました。」

述語の動作あるいは状態の主体は、主格助詞「が」で示される。現象描写文とは、「私(いま・ここ)」の眼前で、新たに生じた現象を「私」が認知したままに表現する文である。

この中立叙述と言われる「が」を用いて二人称、一人称を主格にした文は作れない。もし、「が」で表現できたとしても、その「が」は取り立て性を持った、いわゆる総記の「が」の用法になる。

⑧　「(そのとき誰でもない)お前がやって来た。」「私が買いに行くよ。」

⑧のうち二人称は微妙なところがある。通常、相手(聞き手)がやって来たことに気づいた時には、「あ!ようこそ」「よく来たね」など「お前」などと二人称語で呼びかけることもない。「話し合い」関係以前であれば、相手(やがて聞き手となる)の来たことに気づくと「私」は心の中で「え?あいつが来たぞ」などとつぶやいたりする。「あい

つ」は三人称であるから、「あいつが来たぞ」は現象描写文と認められる。ある人物が二人称者として「話し合い」の相手と定まった時、現象の描写として「お前がやってきた」と言えるだろうか。やはり不自然だと思われる。

こうした制限が存在するのも、「話し合い」のテクストでは、「私（いま・ここ）」にとって「私」の存在は当然、二人称の相手（聞き手）の存在も前提になっているからで、「話し合い」のテクストでは、「私」にとって一人称者も二人称者もいわば既知の存在で、眼前の相手（二人称者）に関して、今新たに気づいた事象を、例えば「キュートなワンピース着ているね」と言って、「あなたが」とは言わないし、言うとすれば「あなたは」であり、中立叙述の「が」を用いた現象描写文にはならない。話者主体「私」と場面（聞き手）との関係を前提に表現する日本語では言うまでもないことである。

ここで、「は」と「が」についても触れておこう。取り立て助詞「は」は、常に主格助詞「が」とのみ対応するわけではないが、古来日本語の主語をめぐって「は」と「が」の使い分け―用法の違いという観点から論じられてきた。「は」は主題（題目）を示し、「が」は動作・状態の主格を示すといえるが、主格とは、事態（出来事）が持つ論理に支えられている、いわば客観的認識に基づくが、主題とは、表現主体（「私」）の主体的立場から設定されるもので、「私」による主観的なものである。いわゆる「主語・述語」関係（格関係）を包み込む「主題・叙述」関係が、日本語の文の基本構造であるが、いわば日本語文は、表現主体の「私（いま・ここ）」との関係において、〈いま・ここ〉での関心事が選択されて「主題化」されるのである。

⑨ どうか・どうぞ・せめて・どうやら・珍しく・嬉しいことに、等々

文の構造は、言表事態と言表態度の二層が入れ子型になっている。日本語文では、冒頭と末尾に言表態度が位置し、冒頭と末尾に挟まれて、中核に言表事態が記述されることになる。冒頭部には、主題（題目）の前に、感嘆語や呼びかけなどの感動詞、あるいは文副詞とも言われる主観的な副詞が置かれることがある。いずれもその後に続く叙述

内容を包み込む「文」目当ての副用語である。⑨に例示した語群が、文副詞で「評価の副詞」とも言われる。これらは、以下に叙述する言表事態について、「私」がどういう思いて捉えている事態であるかを先に示しておく主観的表現である。また、文末の言表態度と呼応する、いわゆる陳述副詞も、「私」と言表事態との関係性を示して、以下に続く叙述の有り様を誘導している。

さて、主語なし文の典型例として、広島の原爆死没者慰霊碑の前面に刻まれた「誓いのことば」が話題になる。「安らかに眠ってください　過ちは繰返しませぬから」というものである。ここにみる祈りと誓いの主体は、当然隠れている表現主体であるが、公共の場であることから、全ての「読み手」が共有するものであることが前提になっている。例えば、新幹線の車中の電光掲示板「まもなく名古屋駅です[40]」、直接の伝達者を含め、掲示板を見るものすべての旅客にとっての事態であることが前提になっていることと同じである。隠れているのは、「私」というより「私たち」と言うべきであろう。英訳では、「We will soon ....」と表示され、「We」を必要としている。

「表現内容」について、情報の新旧が問われることがあるが、新旧の識別には幾層かのレベルがあることを踏まえなければならない。情報の新旧の区別は、単に知っているかいないか、の選択ではない。言い換えると、話し手(発信者)と聞き手(受信者)の共有する情報に幾層かがあると言うことである。個別的なその場限りの情報から、一般的に常識化している(社会通念化している)情報まで、様々なレベルで情報の共有は考えられるのである。原爆の慰霊碑の表現は、少なくとも日本(語)における社会通念と理解されていることと見るべきであろう。日本語が分かる全ての読み手(不特定多数の)が、あの「祈りと誓い」の主体と見ることになる。碑の設置者はそのつもりであろう。

(3)—③　(談話・文章レベルの課題)

⑩　このうちに相違ないが、どこからはいっていいか、勝手口がなかった。
往来が狭いし、たえず人通りがあってそのたびに見とがめられているような急いた気がするし、しょうが

ない、切餅のみかげ石二枚分うちへひっこんでいる玄関へ立った。すぐそこが部屋らしい。云いあいでもないらしいが、ざわざわきんきん、調子を張ったいろんな声が筒抜けてくる。

（幸田文「流れる」）

⑩は、小説の冒頭部である。日本語を母語とするものにはなんの疑念もなくすんなりと読める表現で、格別気になることはないが、多田道太郎の指摘[41]によると、日本語に堪能な外国人が、この冒頭の一文の理解に四苦八苦したのだという。一体「主語」はどこにあるのか、どれが主語なのか、と戸惑ったのだそうだ。確かに「相違ない」の判断や「どこからはいっていいか」の戸惑い、「急いた気がする」などの感情の主体が明示されていない。同様なことは、視点論や日本語論でおなじみの次の例でも言える。

⑪　国境の長いトンネルを抜けると、雪国であった。

（川端康成「雪国」）

この冒頭文では、「抜ける」の動作主体が明示されていない。しかし、英訳[42]では「The train」が主語に置かれていて、日英語の発想の違いを示す好例になっている[43]。日本語を母語とする日本語話者には、次のような了解が前提になっていると考えられる。⑩も⑪も小説である。小説は語り手（一般には「作者」と言われることがあるが、厳密には「語り手」）が語るもの。「私」が語り手である一人称小説では、「主体」が示されていなければ、語り手の「私」自身が「主体」であると解される。（3）―②で見たように、「私」自身が関わる事柄では、「私（は・が・の・に）」といちいち断わらなくても良いのである。逆に、そうでなければ限定を加えなければならないことは言うまでもない。かくて⑩も⑪も、語り手自身が視点人物（「私」は隠れているが）となって、その経験を語っていると読めるのである。

この段階では一人称小説かと思って読者には読まれるであろう。しかし実は、⑩も⑪も、前者は「梨花」という女性が、後者では「島村」という男性が主人公で、それぞれ視点人物として描かれる三人称小説である。そのことは後になって判明する。つまり、冒頭から語り手は語りの視点を登場人物（三人称者）の視点に転移（同化）して語るという方法をとった作品だったのである。三人称小説でも、この語りの方法は格別珍しいものではない。一人称小説では語り手が「私」として登場もし、「私」が一貫して視点人物になるが、三人称小説では、語り手が「私」として登場することはない。いずれにしても、読み手(読者)は冒頭から、そこに描かれる動作行為や心情・意識の流れを登場人物の視点によるものと受け取って読む(追体験する)のが、日本語の小説である。(44)

⑫　A　からかわれているような気がする。西村は少なからず恥ずかしい。(石川達三「四十八歳の抵抗」)

B　もっとも水深のあるところに、あなたは進みたい。けれど、岸から遠く離れるのはこわい。(津島佑子「黄金の夢の歌」)

ところで、「語り」(物語・小説)言語では、人称制限の解除と言われる課題がある。日常の「話し合い」のテクストでは、「歯が痛い」「水が飲みたい」などの直接的な感覚感情の表出文は、その感覚感情の主体が発話時の一人称に限られるという人称制限があることは先に話題にしたが、それ故、「歯が痛い(よ)」「水が飲みたい(なあ)」と言えば、主体の表示がなくても、そう発話している人(「私」)の感覚感情であることは伝わるのである。ところが、「語り」のテクストである三人称小説では、三人称を主体とする文にも感覚感情表出文が用いられる(⑫A)。二人称小説では二人称主体の文にも用いられることを野村眞木夫が指摘している(45)(⑫B)。これを人称制限の解除と言う。なぜ「語り」のテクストでは解除が可能になるのか。これについてはまだ充分説明できていないのではないかと思われるが、基本的には「語り」のテクストの「視点」あるいは「焦点化」に関わる問題と考える。「語り」のテクストでは、感覚感情表出文の人称制限が解除されるとは言え、三人称小説では三人称主体の文で、二人称小説では二人称主体の文においてみられ、いずれも、いわゆる視点(あるいは焦点)人物になるような、主たる登場人物の場合に限られることに注目したい。語り手が視点を転移して(同化して)語る登場人物に限られるのである。

三人称小説の場合、登場人物は固有名や代名詞などの三人称表示で描かれるが、その人物が主人公で、視点人物である場合、三人称代名詞や固有名で主語になっている文では、その三人称表示の主語を「私・僕」などの一人称表示に変えても表現上違和感を感じない場合が多いという観察が報告され、また、三人称で主人公が描かれていても、その人物を一人称として描く小説のように読めると指摘されることがある。(46) これはどういうことであろうか。つまり、語り手が登場人物に同化して描かれるという視点論に通じることではないか。このことが「語り」における、感覚感情表出文の人称制限の解除に関わっているという見方ができよう。

⑬　あひ見ての後の心にくらぶれば昔はものを思はざりけり　（「小倉百人一首」）

みちのくの母のいのちを一目見ん一目みんとぞただにいそげる　（斎藤茂吉「赤光」）

和歌ないしは短歌は、一人称「私」の、〈いま・ここ〉における心情を詠むものである。それ故、日本語の歌では、その主体である「私」がいちいち表現されることはない。「表現されない私」の典型的な事例である。⑬の「あひ見る」「くらぶる」、そして「思はざりけり」も詠者である「私」の行為であり心情である。言うまでもなく「みちのくの母」とは、詠者である「私」の母である。もっとも『万葉集』の歌には「我（わ・われ）」「我が」が多く用いられていることが注目されている。また、平安以降の和歌でも「我が」が「我が名」「我が恋」「我が涙」などと詠まれるが、単に「名は…」「恋は…」では一般的な「名」「恋」を詠んでいると誤解されることを避けて用いることはあった。

（4）用言と「私」

日本語の形容語、品詞で言うと形容詞、形容動詞であるが、これらに属する語は基本的に認知主体「私」が認知した状態を表現する語である。情意形容詞や感覚形容詞は、「私」が場面に向き合って（接して）抱く、〈いま・ここ〉の心情や感覚で、それ故にその直接的な表出文では人称が制限される。このことは先に触れた。属性形容詞は、「私」

が向き合う事物が持っていると認知した性質を表現する。事物が有する性質であるから、客観的なものと言えそうであるが、例えば「長い・短い」「狭い・広い」などの判断に主観性はぬぐえない。主体の生活環境や経験の蓄積によって育まれた価値観に基づく判断になるからである。地域性など社会的な普遍性が認められなくはないが、「私」との関係がもろに反映する主観的な判断である。

形容動詞は、もとを質せば、状態を意味する副詞に「にあり」(かつては、語によって「とあり」とも)がついて生成されてきた語である(「さわやか+にあり」→「さわやかなり」→「さわやかだ」)。この生成過程が示すように、本来「私」が包み込まれて「ある」状況を表す語であるが、それが転用されて「事態」がもつ性質をも意味する用法へと拡大して用いられる。

⑭　彼はこのごろとても元気だ。今夜はいつもと違って静かだ。

また「状況」は観察可能な「さま」を意味する語なので、形容動詞を述語とする構文では人称が制限されることはない。⑭のように、三人称の「いま」の状況を示すことができる。

一部の動詞の用い方にも、「私(いま・ここ)」との関係性が直接反映するものがある。

⑮—1　日本が勝つと思う。そんなこと言われても困る。

⑮—1の「思う」「困る」や「分かる」「感じる」など感情・思考動詞を、⑮—1例のように、いわゆる「ル」形(原形)で用いた文は、話者主体「〈いま・ここ〉の私」の感情や思考を表現する。「私」は通常明示しなくて良い。「私」と表現対象の事態との関係において、その事態が「私」自身のことだからである。先に触れた、人称制限を持つ「感覚感情表出文」の延長上に位置するものと考えて良い。

⑮—2　日本が勝つと思っている。そんなこと言われて困っている。

このように、⑮—1の例を、状態の持続を示す「—ている」形にすると、二人称・三人称主体にも用いることができる。人称制限は消滅する。⑮―1は「今」に焦点化しての状態であるが、⑮―2は「今」も含み以前から持続している状態で、他者のことであっても「私」が外から観察可能になるからである。もっとも「私」自身のこととして、⑮―1も⑮―2も表現できるが、両者には文意味に違いがあることは言うまでもない。

余談であるが、「知る」という動詞はこの類と判定しにくい。別の振る舞いかたをする。「分かる」の方は、「君の言うこと、よく分かる」「分かる分かる」とも使い、「分かった」「分かっている」とも使える。「知る」も、「そんなこと、今初めて知った」「知っている」などは用いることできる。しかし、「知る知る」や「知った知った」などとは言えない。「知る」と「分かる」については、その用い方の違いについて「情報の縄張り理論」で説明されるところがあり、「知る」―つまり「知っているかいないか」―が「私」の縄張り内の事態に限定されるのに対して、「分かる」は「私」の縄張りを超えた事態についても用いる、ということになるようだ。しかし、両者の違いは、こうも説明できよう。物事の認知において、物事の「存在」の認知を示すのが「知る」であり、「存在」すると認知している事物・事態の「存在の実質や有り様」に関する認知を示すのが「分かる」であろう。物事の認知は、「ある／ない」のレベル、つまり「存在」の認知から始まり、その「存在」する物事についての様々なことに関する情報を認知していくことになる。その典型は、物語の語り方にある。まずは、「おじいさん、おばあさん」の存在を「が」格で示し、存在を「知った」「おじいさん、おばあさん」に関する情報が「おじいさん、おばあさん」を主題化(「は」)して語られていく。読者は次第に「おじいさん、おばあさん」のことが「分かっ」ていくのである。「知る」「分かる」は情報の認知のレベルに関わった違いに対応する。存在は認知していても、つまり知っていても分かっているかどうかは別であり、「分かる」には深浅(程度)の差が存在する。

⑯　見える、聞こえる、思える

なお、⑯に例示した知覚思考の自発動詞も、「ル」形で〈いま・ここ〉の「私」の状態を表現する動詞群である。

「私」を明示しなくても、「私」が動作の主体であることを意味しているのである。

(5) 文法機能語(助動詞)と「私」

ここでは、動詞文を中心に考える。動詞が表す事象に様々な局面が付随するが、その異なりを様々な助動詞を付加して示す。これらの助動詞群を、実質的な意味を持つ動詞に付加する文法機能語という。助動詞群はいくつかの文法範疇(機能)に整理できる。しかも動詞との関係によってそれらの文法範疇には使用する上で一定の語序が存在している。いわゆる「(助動詞の)相互承接」という。通説では次のようになる。

動詞／―ヴォイス／―(補助動詞・願望「たい」)／―アスペクト

／―認め方(事物存在の有無)／―テンス／―ムード／―ムード(終助詞)

通説の「相互承接」については様々な付説(注解)が必要であるが、今は置き、語序(「層」をなす)に見られる順序性を確認しておきたい。

1) 「詞辞論」(時枝誠記)が指摘した詞的なものから辞的なものへと層をなす。[47] 事態に備わる客観的な様相から主観的な様相へ、それによって文構造は言表事態を言表態度が包み込むという構造をなす。

2) 特に時枝の詞辞論では、ヴォイスの助動詞は助動詞と認めず、動詞の一部とみる。[48]

3) 「テンス」までは事態そのもので、「こと」を構成する。私に「こと叙述」をなすと言っているが、アスペクトまでは動詞の事態そのものの内在的様相で、さらに外在的様相が続く。「ムード」以降は発話主体の「いま・ここ」における事態に対する主観的判断を示す。「ムード(終助詞)」は、文そのものの、相手(聞き手)への投げ出し方を表出する。

以下では、『層』を追って記述する。

(5)―A　ヴォイスの選択

ものごとを描くときに、ものごとを構成する要素から主語(厳密には、「文の主格」とすべきところ)を選択する。表現主体は、そのものごとを主語にとってのものごととして捉えていることになる。いわば主語の側にたって、あるいは主語の立場に立ってものごとを捉えていることになる。こういう選択、立場の選択をヴォイス(態)と言う。日本語では、ヴォイスの選択に機能する助動詞をヴォイス(態)の助動詞と言い、現代語では、「れる・られる」「せる・させる」が受け持っている。ただし、これらの助動詞を使わないこともヴォイスの選択になる。つまり「印なし」(アンマークド)のヴォイスと「印つき」(マークド)のヴォイスとがあることになる。

なお、以下古語の「る・らる」「す・さす」でもって現代語の「れる・られる」「せる・させる」をも含めて言うことがある。

(5)―A―1受動態　さて、代表的なヴォイス(態)である受動態―受け身文のことから始めよう。日本語の受け身文は「れる・られる」を用いた構文である。ヴォイスの助動詞を用いない構文は能動態―能動文である。通説となっているものでは、日本語の受け身文には、下記のように、構文的に三種があると説明する。

a　まともな受け身文―他動詞能動文の目的語が受け身文の主語に選ばれる文

　例：次郎が太郎に殴られた。

b　持ち主の受け身文―受け身文の主語に動作の目的語の持ち主が選ばれる文

　例：花子がスリに財布を盗まれた。

c　第三者の受け身文―能動文の事態に直接関わらない第三者が主語に選ばれる文

　例：昨日僕は雨に降られた。太郎は次郎に先に花子にプロポーズされてしまった。

aを直接受け身、b、cを間接受け身とも言うが、aを「まとも」なとするのは、b、cを「まとも」でないと

見ていることを意味している。b、cから読み取れる「まともでない」と見られる特徴を取り出してみると、

1）受け身文に能動文の「を」格成分が残る。

2）受け身文の主語には「（人間を中心とする）有情物」を選ぶことを好む。

1）はこの2）の結果である。逆に、「非情物」を受け身文の主語にすること（「非情の受け身」と言われる）は少ないと言われる。能動文を構成する補語要素が「人と物」であると、先のbの例文に見るように「花子（人）」を主語に立て「財布（物）（持ち主が花子）は「を」格で残る。「物と物」であれば、言うまでもなく「非情物」が受け身文でも主語に立つ。例、庭木が台風に倒された。

3）能動文が自動詞文でも、「れる・られる」を用いて受け身文をつくる。

4）b、cの受け身文は「迷惑の受け身」（但し、褒められる場合もある）とも言われ、受け身文の主語に立つものにとって意に反する困惑した事態であることを表す。

これらが「まともでない」とされる実態である。しかし、日本語の「れる・られる」構文にとっては、こうした特徴を持つことが「まとも」なのである。aのみを「まとも」な受け身文とする捉え方では、日本語の受け身文―「れる・られる」構文の本質は見えてこない。1）〜4）の特徴も「れる・られる」構文がおのずともたらしているもので、それらも説明できる、「れる・られる」構文の本質を捉えなければならない。

(5)―A―2 「る・らる」の本質

「れる・られる」の本質を、その古語である「る・らる」によって捉えることにする。

平安時代以降「る・らる」には四つの用法が備わった。「受け身・自発・可能・尊敬」である。現在ほぼ、これらのうち「る・らる」の本質（本義）は「自発」にあるとみるのが定説になってきている（つまり「受身」ではない）。その根拠を筆者なりに整理してみると、

1）「る・らる」の古形とみられる「ゆ・らゆ」が「見ゆ」「聞こゆ」などの「ゆ」と同源とみられ、「自発」の機能を有している。

2）「る・らる」の四つの用法のうち、「尊敬」は派生したのが最も遅く確例は平安時代になってからで、「可能」も鎌倉末期ごろまでは、常に否定語を伴う「不可能」の用法しかないと言われる。むしろ「自発」の否定用法とみるのがいいといえる。[49] 残るのは、「自発」と「受け身」。

3）他動詞から自動詞を派生させる機能を持つ接辞「る」がある。例えば「刺す」から「刺さる」、「集む」から「集まる」など多数。1）の自発の接辞「ゆ」もその残存。一方自動詞から他動詞を派生させる機能を持つ接辞「す」があり、例えば、「見る」から「見す」、「浮く」から「浮かす」など多数見られる。これら自動詞を作る「る」、他動詞を作る「す」は、ヴォイスの助動詞の「る（・らる）」「す（・さす）」と同源と見ることができる。

4）現代語の「可能」表示の典型は「できる」という語であるが、これは「出で来る」を語源とする。「可能」の認識が基本的に「自発」にあったことを示している。

5）「る・らる」の根本義（本質）は、2）から自発か受け身かということになるが、後発の機能の「可能」「尊敬」用法が「自発」から説明できることからも「受け身」も「自発」から派生したと考えられるのである（後述）。

以上の理由から、「る・らる」の本質は「自発」とみることができる。「自発」とは、「おのずから生じる」の意であるが、日本語の場合、「発話主体の意思と関わりなく自然発生すること」を意味している。現代語のもう一つの「自発」、「発話主体あるいは動作主体が自らの意思によってことをなす」の意のそれとは異なることに注意したい。

(5)―A―3「す・さす」の本質　「す・さす」の本質は「使役」にある。使役文は主語（使役主）が動作主に動作を促す文である。そして「す・さす」は、他動詞を作る接辞「す」と同源と考えられる。ここでは、現代語の「せる・させる」で考察する。自動詞で、対となる他動詞を持たない自動詞の文に「せる・させる」を付加すると他動詞文的な文になる。

（1）　子供が使いに行く。

（2）　お母さんが子供に使いに行かせる。（お母さん—使役主、子供—動作主）

（3）　お母さんが子供を使いに行かせる。

（2）は他動詞的な文であるから、（2）の「子供に」は（3）のように「子供を」と「を」格に置換されやすい。さらに、（3）の「行かせる」が次のように「行かす」と他動詞化する。(50)

（4）　お母さんが子供を使いに行かす。（お母さん—動作主、子供—対象語・「を」格）

同じことは、他動詞文でも観察される。

（5）　娘が漱石を読む。（他動詞能動文）

（6）　お母さんが娘に漱石を読ませる。（他動詞使役文）

（7）　お母さんが娘に漱石を読ます。（他動詞能動文）

（6）（7）の「読む」行動の主はいずれも「娘」である。しかし、（6）では「読む」かどうかは娘の意思次第という状況を示すが、（7）では娘の意思のことは背景から退いている。「読ます」の動作主は「お母さん」である。（5）の能動文では、「こと（事態）」の成立に「お母さん」は直接的な関係はない。（6）の使役文では、（5）の「こと」の実現に第三者の「お母さん」が割り込んできている。

以上から、「せる・させる」による使役文は、自動詞、他動詞を問わず「こと（事態）」の実現への、第三者の外からの介入を示す文、つまり先の「第三者の受け身文」に習って言えば、「第三者の使役文」ということになる。

(5)―A―4ヴォイス選択の本質と「私」　日本語の受け身文は、「る・らる」構文の一用法として派生した態である。「る・らる」構文とは、ある事態(こと)を表す動詞文―それが自動詞能動文か他動詞能動文かは問わない―に「自発」を本質とする助動詞「る・らる」を付加して構成された構文と言うことになる。つまり、先のa～c(38ページ)のすべてを含んで言えることは、「ある事態(こと)」が、主語となる主体を、主語となるものの「意思」とは関わりなく自ずとその事態に巻き込んでしまう、ということを示す。主語となるものの「意思」とは関わりなく、と述べたが、そういう場合主語の意思に反している事態がことさら意識されやすい。それ故、特にb、cの場合自ずと「はた迷惑なこと・困ったこと」という感情を伴いやすいのは人情であろう。発話主体(表現主体「私」)は、自ら主語に立つ場合は勿論、そうでなくても主語側に立つ。主語側に発話主体(私)の視点を置いている。

また、「る・らる」構文の主語に立つものが、その能動文の「事態」に直接関わる構成要素かどうかも問わない。直接関わっている場合―他動詞能動文の受け身文の一部―の受け身文を特立して「まともな受け身文」と言っているに過ぎない。

日本語では「非情の受け身文」が例外的であるように言われるのは、的確なとらえ方ではない。「る・らる」構文では、主語には有情物が優先的に置かれる(a～cにみる傾向に呼応する)というべきである。「事態」を構成する要素に有情物が直接関わらない場合、例えば、台風で庭木が沢山倒れたことを「る・らる」構文で言うと、無情物の「庭木」を主語にして、「庭木が台風に倒された」(p.39参照)ということになる。ただし、「庭木」が私の所有物であると、「私」(表現主体)は主語に「庭木」を立てることになるのが、日本語の通常。これは日本語の発想に基礎づけられている。さらに、「庭木」を「私」の所有する物として被害意識を鮮明にしたいときには、「私は沢山の庭木を台風に倒された」と言うこともある(持ち主の受け身文になる)。

「す・さす」構文では、使役主には働きかけの意思を持つ有情物が主語に立つ、それが伝統的な日本語であろう。

動作主の意思と関わらず第三者（使役主）が「ある事態」の実現を強要することになる。

(5)—B　「やりもらい」構文

ここでは、「やる」「もらう」「くれる」の用い方について考える。「もらう」に対する「いただく」のように常体と敬体とがあるが、用い方については一貫するところがあるので、常体を代表させて述べる。また、本稿の「主題（ねらい）」は表現主体（「私」）との関わりであるが、その点で本動詞としての「やる」「もらう」「くれる」も補助動詞としての「〜てやる」「〜てもらう」「〜てくれる」も一貫しているので、補助動詞の場合で本稿の「主題」を巡る議論を展開することにする。但し、記述では単に「やる」「もらう」「くれる」の形で取り上げる。まとめて言うときには「授受表現語（または、授受語彙）」ということにする。

(5)—B—1ヴォイスの機能　授受表現語は、ヴォイスの機能を有する。授受表現語によって、立場が選択される。つまり授受表現の選択には何が主語に立つかが関わっているのである。というのも、授受は「利益」の与え手と受け手からなる行為であるが、日本語の授受表現は、与え手が表現主体（「私」）または表現主体側（「私側」）かそうでないかで、授受表現語を使い分けるからである。主語に立つのが与え手か受け手かで異なる。

（1）（私は）娘に人形を買ってやった。

（2）先生が生徒に文法を教えてやった。

（3）（私は）隣のおじさんにお菓子を買ってもらった。

（4）娘が友人に道を教えてもらった。

「やる」は与え手が私または私側であり、「もらう」は受け手が私または私側である。つまり、表現主体（「私」）を基点にして、利益の移行が私ないし私側から発する（離れていく）ものか、私ないし私側へと到着する（とどく）ものかの区別を表現するのである。

「私(いま・ここ)」が利益の移行の認識の基点になっていることは、先の(1)の「私は」や(3)の「私は」が表現されていなくても通じることから分かる。( )をつけた理由である。「話し合い」のテクストでは、「私」(一人称)は表現しないのが通常である。それが日本語表現の基本的発想である。

(″1) 娘に人形を買ってやった。 (″3) 隣のおじさんにお菓子を買ってもらった。

勿論、(1)の与え手が「私」でない場合、(3)の受け手が「私」でない場合は、その人物を明示しなければ、情報が十分でないことになる。

「くれる」は、利益の移行が他者から私ないし私側への方向を示すが、同じ方向を示す「もらう」と異なり、与え手の他者(非私ないし非私側)が主語に立つ。

授受表現語を「~てもらってやる」「~てやってくれる」などと、二語重ねて用いることがあり、時には次の例のように、三語とも連ねて表現することもできる。

(5) Aさんに頼んで、あの本をうちの娘に買ってもらってやってくれないかな。

(5)の事態には、四人の人物が関わっている。授受表現文では、表現される「事態」に話し手、聞き手が関わっている「話し合いのテクスト」の場合、レギュラーメンバーの「聞き手」や「話し手」がその事態にどう関わっているかは明示されなくても了解されるので、明示されないことが一般的であろう。[51] それは、授受表現が示す「利益の移行」の認識が、話し手(「私(いま・ここ)」)を基点として行われることを前提としているからである。ゲストメンバー(5)では「Aさん」「うちの娘」は明示される。(5)の場合、「~てくれる」が(5)全体の事態の利益の移動を示し、聞き手(たとえば「君」)から話し手(「私」)へと利益の移動があることを示している。「~てやる」は聞き手(私側の人物として)から「うちの娘」へと、「~てもらう」はAさんから「(私側の)うちの娘」へと、それぞれ利益の移動があることを表示しているのである。このように「私」(話し手)を基点として文表現を構成するメンバーの人間関係が表示されるのである。[52]

ところで、「くれる」は、他の「やる」「もらう」とは異なる振る舞いをすることに注目したい。「やる」「もらう」は、私ないし私側の動作となるが、「くれる」は私ないし私側でない人物（他者）の動作となるという違いがあるのは言うまでもなく、「くれる」は他の二つと重ねられるとき必ず後（あるいは最後）につくという一種の相互承接が存在する。[53] しかも利益の授受の方向性を示すだけでなく、「くれる」には「与え手」に対する私（側）の感謝の念が伴っている。他の二つに比べてモダリテイ性（主観性）が強い。このことは、他の二つの場合は「〜てやりたい」「〜てもらいたい」と、私ないし私側の願望を示す助動詞「たい」と共起するが、「くれる」は普通「たい」をつけて用いることがない事実からも頷ける。[54]

（6）　＊それ私にも書いてくれたい。

と言わないのは、「くれ」「ください」の命令形に願望「たい」が含まれているからである。逆に「くれる」「くださる」には、他者にある動作を願望する思いや他者の私への動作に対しての感謝の思いが隠っている。

（5）―B―2ヴォイスの選択と「私」　ヴォイスの機能を持つ語を用いた表現と表現主体（「私」）との関係を、典型的な事例を取り上げて確認しておこう。

同じ一つの事態（「こと」）、「（先の）戦争で（私の一人の）弟が死んだ」ということを、a「戦争で弟が死んだ。」ともいえるが、そればかりでなくb「戦争で弟に死なれた。」c「戦争で弟を死なせた。」d「戦争で弟を死なせられた。」e「戦争で弟に死んでもらった。」f「戦争で弟が死んでくれた。」g「?・戦争で弟が死んでやった。」などとも表現することが可能である。中には多少ことばを付加して表現することになる場合もあるが、a〜gは同じ事態（こと）を表現している。これらのいずれを選択するかは、表現主体がこの「事態（こと）」とどう関わっているか、特にどう心理的に関わったかを細かく言い分けることになる。それが立場の選択と言われる、日本語のヴォイスの選択である。

上記は、日本語の表現の基盤を成す、「私（いま・ここ）」の視点で表現するという特質が典型的に見られる事例である。事態（こと）と表現主体との（直接的な、また心理的な）関わり方自体が表現されているのである。「やりもらい」表現にみられた、「私（いま・ここ）」を基点とする、授受の方向性に類似する機能を持つ補助動詞に「―ていく・―てくる」がある。よく知られる、この用法も典型的な日本語特有の、「私（いま・ここ）」を基点とする表現で、視点人物である表現主体（「私」）は、表示するまでもなくその存在が表現の前提になっている。それ故「私」を表現するまでもないのである（「私」を明示しなくても理解されるのが日本語である）。

また、「―てみる」についても同様なことが観察されるが、ただし、従属節中の用法（「―てみると、」など）は該当せず、「―てみる」の主体が一人称（「私」）に限られるのは、文末の主節文における用法である。(55)

（5）―C　時の認識にかかわる文法形式―時の助動詞

仮想される場合も含めて、「事物・事態」は時空間に限定されて生起する。言い換えれば、生起する「事物・事態」は特定の時間と特定の空間に存在する。存在する「事物・事態」の時間的特定性を認識して明示するのを、時の認識の表現と言う。時の認識の表現は、名詞（昔、一時間、２０１５年など）や副用語（しばらく、さっき、やがて、ながながと、など）等によってもなされるが、この節では、時の規定を最も受けやすい「動作・作用（こと）」を示すことを専らとする動詞（「こと」の生起を意味する語）に焦点を絞ることになる。動詞が意味する「動作・作用（こと）」が時との関わりでどう認識されているかを示すのが、動詞に付加する「時の助動詞」群である。

動詞の意味する「動作・作用（こと）」は、継続的か瞬間的かの、時間幅の違いをも包み込んで、始まりから終わりまでという「時間」を有する、つまり限定された時間的幅を持ち、時の流れの中の特定の時間に生起する。「時の助動詞」は、動詞に時の限定を付加するという文法的機能を持った語をいうが、時を限定する形式の選択としては、「時の助動詞」を付加しないのも選択の一つになる。「時の助動詞」を付加しない形を「ル形」と呼ぶことにする。原形とか裸形とか、また「現在形」ということもある。また、時の助動詞「タ」の付いた形を「過去形」ということが多いが、ここでは「タ形」と呼ぶ。「現在形」「過去形」という用語では、日本語の場合、本質が隠れてしまって、誤解されやすいからである。「ル形」と「時の助動詞」を付加した形とを、時の認識の文法形式とみることにする。

「動作・作用(こと)」を「時」との関係でどのように認知するかには、いくつかの側面がある。一つには、「動作・作用(こと)」の始まりから終わりまでの全体を認知するかその部分を認知するかの認識の違い(アスペクト)、二つには、「動作・作用(こと)」をいつのこととして認知しているか―認知する「今」のことか、認知する「今以前」のことか、認知する「今以後」のことか、という認知する時の違い(テンス)、三つには、「動作・作用(こと)」が一回的事態か、習慣的事態か、それとも一般論(抽象)的事態か、のいずれを認知しているかという区別(ケース)[56]が存在する。但し、一般論的事態とは、特定の「時」の束縛を受けない、時を超越して「動作・作用(こと)」が認識される場合である。例えば、「飛行機は空を飛ぶ。」は「飛行機は空を飛ぶものだ。」に相当する、「もの」認識の場合である。名詞文の「猫は動物である」などの認識も同じく「もの」認識である。

さて、本稿は、日本語による表現が、表現する事態を表現主体(私―いま・ここ)との関わりで捉えて、その関係そのものを表現するという発想を基本とすることを述べることが目的である。「時の助動詞」の用い方においてもそういう観点から説明できる原理が働いているとみており、「時の助動詞」などによる、「時」の表現に働いている原理を説明することに焦点を絞って述べる。ここでは各助動詞の意味・用法の記述的な説明は割愛する。

日本語での「時の認識と表現」の原理を捉えるとき、欠かせない観点として表現主体の認知時―「時」を認知する基点のある時―がある。認知時には、発話時と事態時の二種がある。発話時は表現主体が発話する時を「今」[57]とする。事態時は「事態」自体が生起する「時」を意味する。

以上の分析の観点を前提にして、筆者はこれまで主として「語りのテクスト」を中心に考察を重ねてきたが[58]、その考察において得た「時の助動詞の意味用法」に関する結論を以下に述べることになる。その結論は、基本的には「話し合いのテクスト」にも当てはまる原理であると考えている。

(5)―C―1現代語の「ル形」と「タ形」　まず現代語を対象に考える。時の表現に見られる対立は、「ル形」と「タ形」の対立（選択関係にあること）に象徴される。

表現主体の「今」を基点として、①「今食べた。」、②「今食べている。」、③「今食べる。」と、「今」はル形・テイル形・タ形いずれとも共起しうる。これをもってル形・テイル形・タ形のいずれをも「現在（今）」を認識する「現在形」と規定するのは的外れであることは言うまでもない。①のタ形を「過去形」というのも疑問であろう。なお存在詞の場合の「ル形」と「タ形」の選択、④「昨日ここにあったぞ。」、⑤「（今）ここにあるよ。」、⑥「明日もあるよ。」をも考慮して、ひとまず「ル形」は事態が未実現であることを、「テイル形」（アル形を含む[59]）は事態が眼前に存在することを、「タ形」は事態が実現していることを、それぞれ識別して示す文法機能を有すると規定しておこう。もっとも、タ形が示す実現した事態については、⑦「食べたのか？」の問いに対しては、⑧「もう食べた」、「まだ食べてない」と、「今」のことという認識が前提である場合と、「（結局）食べなかった」と言う答えのようにすでに「今以前」のことという認識が前提の場合とがある。後者は、⑨「昨日食べた。」「昔食べた。」などが典型で、つまりテンス「過去」と言われている場合である。

テンスに関わる「ル形」「タ形」の選択について、絶対的テンスの場合と相対的テンスの場合とがあるとされる。観察されるのは、従属節と主節からなる複文の場合である。絶対と相対という識別が何を意味するのか、複文の典型的（モデル的）例である「とき」節を従属節とする構文で確かめてみよう。

A　ソウルに行く時、関西空港で友人に会う。
B　ソウルに行く時、関西空港で友人に会った。
C　＊韓国に行く時、ソウルで友人に会う。
D　＊韓国に行く時、ソウルで友人に会った。
E　韓国に行った時、ソウルで友人に会う。
F　韓国に行った時、ソウルで友人に会った。
G　＊ソウルに行った時、関西空港で友人に会う。
H　＊ソウルに行った時、関西空港で友人に会った。

A～Hの事例は、主節の示す事態と従属節の示す事態と、時の異なる二つの事態とが一文になっている複文である。これらの事例から種々のことが分かる。

1)まず、「＊」の付かないA、B、E、Fの事例から、主節の文末(述部)の「ル形」「タ形」の選択に従属節の述部が「ル形」か「タ形」かという違いが全く関わっていないことが分かる。つまり、主節の文末(述部)の「ル形」「タ形」の選択と、従属節の述部における「ル形」「タ形」の選択とは、それぞれ異なる基準によってなされていることを意味している。

2)主節の文末(述部)では、表現主体の「発話時」を基点(認知時)として事態の実現が、「今以後」であれば「ル形」を、「今以前」であれば「タ形」を選択している。

従属節の述部では、さらにエラーの事例(＊)C、D、G、Hを加味して判断すると、主節の事態の実現時を基点にして、従属節の事態の実現時が主節の事態の実現時以前であれば「タ形」を、逆に実現時以後であれば「ル形」を選択している。今、「事態の実現時」を「事態時」というなら、従属節における「ル形」「タ形」の選択は、主節の「事態時」を基点（認知時）として選択されていることが分かる。いわば、事態と事態の時間的順序（後先・タクシス）によって、従属節の「ル形」「タ形」の選択はなされるのである。このことは、次のようなことからも納得できる。

３）「成績をあげるために〜」など「〜ル形ために」の「ため」が「目的・理由」の意になり、「勉強さぼったために〜」など「〜タ形ために」の「ため」が「結果・結末」の意になること、また「〜する前に」とはいうが「〜した前に」とは言わないし、「〜した後で」とはいうが「〜する後で」とは言わないことや、「明日学校に行った時、校長先生に会う（つもりだ）」など、明らかに未来のこと（今以後）にも従属節では「タ形」になることも、２）で見た原理で説明がつく。

４）時の認知時が、主節の述部では発話時、従属節の述部では主節の事態時、と異なるが、このことは構文構造に反映する、日本語の発想の特質に基づくのである。

〔〈ソウルに行く時、関西空港で友人に会〉う／った〕。

〈　〉は言表事態、〔　〕は言表事態を包み込んだ言表態度を示している。

言表事態では、事態そのものが備えている論理で記述が形成される。そこに事態同士の時間的順序（タクシス）も当然反映されるのである。一文全体を統括するのは主節の文末である。

さて、「ル形」「タ形」の選択で一貫していることは、ある「事態の実現」が。認知時を基点にして、「認知時以前」か「認知時以後」かの選択を受け持っているということである。ただやっかいなことは、認知時に、言表事態の事態時と言表態度の発話時、という二種が「層」をなしていることである。しかも、言表事態の事態時と言表態度の発話時との間には直截な関係は存在しない。が、「認知時以前」か「認知時以後」かで共に同じ「ル形」「タ形」を用いて選択がなされるのである。認知時を基点にして「それ以後」の実現なら「ル形」で、「それ以前」に実現しているなら「タ形」で明示する、つまり「ル形」「タ形」の違いは「未実現」か「実現」かの違いと言える。

5）ここまで不問に伏してきたが、先のC、Hに「＊」をつけているが、エラーの事例と見なさない向きもあろう。表現主体の表現意図によると言うべきか、Cの「韓国に行く時」、Hの「ソウルに行った時」を主節に対する従属節としてでなく、主節の「時格」を受け持つ句とみるなら、エラーとならないのである。例えば、それぞれを「来年・いつか」とか「去年・昔」に置き換えてなりたつ文である。その場合H文の構造は次のようになる。

〔〈ソウルに行った時、〈関西空港で友人に会っ〉〉た〕。

なお、ムードの「タ」と言われる用法について、付説しておこう。

⑩「さあ、買った買った！」などは、「さあ、食べた食べた！」という命令形から推察できるように、認知時から事態の実現した時を先取り的に想定して、それを目指すことを示すことで命令ないし要求をしている用法である。また、眼前に存在するものを見ながら⑩「なんだ、ここにあった！」という「タ形」は、眼前に今あるものが、「以前から」すでにそこにあったものであること、今そのことに気づいた気持ちを伝える。「君の名前、なんて言ったっけ？」の「タ形」も、すでに以前から知っているはずの君の名前を今失念している（から訊ねる）、という気持ちを伝えている。「君の名前、なんていうの？」と「ル形」であれば、今まで知らないでいる名前を尋ねていることになる。これらは、「タ形」が認知時以前に実現していると認識する事態を示す、という原理の、応用的な用法だと見ることができる。

（5）―C―2古典語の助動詞　筆者はこれまで主として古代の〈うた〉や〈ふみ（散文）〉の文学作品の言説を考察してきたが、そこで得てきたことを基にして、以下の記述を展開する。

古典語では、時の助動詞はじめ、時に関わる文法形式には、学校文法で過去の助動詞と言われる「き」「けり」、完了の助動詞と言われる「つ」「ぬ」「り」「たり」、それに「ル形」や「む」系の「む」「らむ」「けむ」も時の認識に関わっている。ここでは以上の語を対象とする。これらの古典語に比べて、先に見た現代語の、時に関わる文法形式が「ル形」「タ形」「―テイル・アル形」の三種であるのは、随分単純化、合理化してきたものだと言える。中には、「けむ」「らむ」のように、現代語では時の認識と主体的な推量とが切り離されたため消滅したものもあるが、文法的意味の史的変化はともかくとして、「ル形」は「ル形」で残る。あとは、「き」「けり」「つ」「ぬ」「り」「たり」の六つの助動詞が「タ形」「―テイル・アル形」の二種に引き継がれてきたことになるのである。但し、古代語から現代語への日本語の変化で際立っている現象の一つに、助詞「て」の機能の発達ということがあるが、「―テイル・―テアル」などの成立には、古典語の完了の助動詞(「リ」「タリ」)との関係だけでは捉えきれない問題があると思われる。しかし本稿ではそのことについては触れない。

1)「む」系を除き、語形(語源)から二種に区分できる。第一種は、語源的に動詞の語尾の助動詞化(文法化)したとみられる「き」「つ」「ぬ」と動詞そのものである「ル形」、第二種は、存在詞「アリ」を抱え込むと思われる「けり」「り」「たり」である。「アリ」をベースとする時の認識は、少なくとも表現主体(認知主体)が対象とする事態を眼前の事態として認識していることを意味していよう。

2)学校文法では、「き」「けり」を過去というカテゴリーで一括し、「き」を体験の過去、「けり」を伝聞の過去とするのが通説になっている。つまり両語は対立関係、選択関係にあるとみている。確かに「き」と「けり」は共起すること、つまり相互承接の関係にはない。共に連用形に接続するが、ともに連用形を持っていないから、共起することはないのである。そこで、事態が過去であることを示すのに「き」にするか「けり」にするかの二者択一の選択関係(相補関係)にあるように見える。しかし、両語の用いられ方を丁寧に観察するとき、両語が対立~選択の関係にあるとは思えないのである。結論を先に述べれば、両語は、対立~選択の関係というよりそれぞれ使用不使用の選択の原理を異にする。「き」を用いるか用いないかと、「けり」を用いるか用いないかとは、全く異なる選択原理によると考えられる。以下にそれぞれの用いられ方をまとめ、それぞれの本質的機能を突き止めてみたい。

3)次は、助動詞「けり」の代表的な事例である。

（1）昔、男ありけり（伊勢物語・第二段など）

（2）いづれの御時にか、女御、更衣あまたさぶらひたまひける中に、いとやむことなき際にはあらぬが、すぐれて時めきたまふありけり。（源氏物語・冒頭文）

（3）年の内に春は来にけり一年を去年とやいはむ今年とやいはむ（古今集・冒頭歌）

（4）八重葎茂れる宿のさびしさに人こそ見えね秋は来にけり（拾遺集・恵慶法師）

（1）（2）は、物語・説話など「語り」文学の文を象徴する、「けり」が文末に用いられた場合で、「けり」を過去の助動詞と見る代表例であり、（3）（4）は、和歌に用いられた「けり」で、通説では詠嘆の用法の「けり」とみられている。ここに大きな矛盾がある。（1）（2）の「けり」は、「けり」の統括する事態が「昔」「いづれの御時」のことであるから、「けり」が過去を示す機能を有していると言える。しかし、（3）（4）は和歌で、明らかに表現主体（古典の和歌では創作主体とは限らないが）の〈いま・ここ〉における心情を詠んでいる。「けり」の統括する事態は過去ではない、むしろ現在のことというべきである。

では（1）～（4）の「けり」に一貫している本義はどう捉えるべきか。ヒントは「けり」が存在詞「アリ」を含んでいることにある。「け」の語源は定めがたいが、今「来（く）」と見ておく。つまり「来＋あり」に由来するとみる。本来「あり」は、表現主体が「もの」の存在を〈いま・ここ〉において認知していることを示す。その機能が事態（こと）の存在にも拡大したのが助動詞としての「けり」による認識である。「語り」の「けり」はさらに拡大した用法とみるべきであろう。つまり、表現主体（語り手、または〈うた〉の表現主体）が発話時（認知時）の「今」において、「もの・こと」の存在を認知したことを示す。発話時（「いま・ここ」）において、これまで時空間にわたって認知していなかった「もの・こと」の存在を今（「私」が）認知している、あるいは認知したことを示す、主体的な表現—

モダリティ性をもった語が「けり」である。これまで存在していたにも関わらず認知していなかった「もの・こと」とは、表現主体の認識の外にあった事態、要するに知らないでいたこと、気づかずにいたことで、それは現在のことでも過去のことでもあり得る。ましてや他者の体験、伝聞で知る事態などはその最たる場合である。私見では「けり」を「気づき」を示す助動詞と規定する根拠はここにある。例えば、指定の助動詞「なり」による「〜(名詞など)+なり」構文と「〜(名詞など)+なりけり」の違いは、前者が表現主体にとっては認知済み、承知済みの事項であるときの構文であり、後者は初めて認知したあるいは自覚した事項であることを示すときの構文である。

「語り」のテクストは、阪倉篤義が指摘した枠構造理論[60]にみるように、「けり」文末文と「非けり」文末文とからなっているが、前者は、語り手(表現主体)が主体的立場をのぞかせる―私が語っているよと暗示する―文だと言って良いであろう。この点は、(2)の例の「女御、更衣あまたさぶらひたまひける中に」のような、文中の「けり」の文法的機能も基本的には変わらない。この場合、「ける」がなくて「〜たまふ中に」であっても文は成り立つ。しかし「けり」が付いていることで、語り手が「女御、更衣あまたさぶらひたま」うという事態の存在を殊更今注視させていることを読み手は読み取らなければ意味がない(一種のプロミネンス―聞き手に要注意事項とうながしていると比喩的に言えよう)。「けり」は語り手がしゃしゃり出ているところ、語り手の存在証明にもなる。草子地へとつながるのである。

「語り」の「けり」に、昔話のことばを参考にして「だったげな」を当てはめることがある。かといって「だったげな」をもって「けり」の本義とすることはできない。和歌の「けり」などには明らかに当てはまらない。しかし、「語り」の「けり」に限ってなら「だったげな」という訳はあながち的外れではない。今そういう事態を知らされた、〝実は…だった〟、という軽い驚きをこめて、聞き手に投げ出している情報なのである。「けり」はいわば、文におけるプロミネンスの機能、あるいは係助詞の機能に相当する機能を、述語成分に付加することで機能していると言っても良いだろう。

4)次は、助動詞「き」の代表的な事例である。

(5)　秋風の吹きにし日より久方のあまのかはらに立たぬ日はなし(古今集・一七三)

(6)　うたたねにこひしき人を見てしより夢てふものは頼みそめてき(古今集・五五三)

(7)　斎宮は、去年内に入り給ふべかりしを、さまざまさけることありて、この秋入り給ふ。(源氏物語・葵巻)

(8)　斎院は、御服にておりゐたまひにきかし。(源氏物語・朝顔巻冒頭)

(9)　七月にぞ后ゐ給ふめりし。(源氏物語・紅葉賀巻)

(5)(7)は、助動詞「き」が文中(従属節)に用いられた例で、(6)(8)(9)は、文末(主節)に用いられた例である。(5)(6)は、和歌の例。和歌は、表現主体(「私」)の「いま・ここ」の心情を詠む。和歌では(6)のように、動作主体(あるいは主語)が「私」(表現主体)である時、「私」をあえて詠み込まないのが通常であるから、(6)も「私」の体験を詠んだ和歌である。(7)〜(9)は、「語り」の地の文であるが、表現主体(語り手)の体験とは言えない。むしろ通常なら「けり」で語られて良いところである。もっとも『源氏物語』の「語り手」には、宮中に仕える古女房あたりが想定されていて、女房の目撃談的な語りになっていると言われることを根拠に、ここも「女房による目撃」という女房の体験であることを「き」が語っているとする説もあるようだが、あまりに強引すぎる、ご都合主義的に過ぎる見方である。

助動詞「き」は、和歌でも語りでも、主節よりも従属節((5)(7)がその例)に用いることが多く、主節((6)(8)(9)の例がそれ)に用いることは少ない。(5)(7)で従属節が「き」で統括されているのは、主節の時を認知時(「今」と見て良い)とするとき、従属節の時が明らかに「今以前」—「今」とは切れている、過ぎ去った時—であり、その時の事態であることを示すためである。つまり、語り手の語る主節の事態時を認知時(今)として、それと従属節の事態時との後先（タクシス）を認定して、より古い時の事態を「き」で示している。わかりやすく言えば、「今」の事態を語るにあたって、「今」に関わる「過ぎた時の事態」との関係で「今」の事態を語る用法なのである。事態の「語り」が時に関して立体的になるのは言うまでもない。この原理は、〈うた〉でも「語り」でも変わることはない。過ぎ去った時を、今の時と対決させる、あるいは重ねるといった描法となる。

では、「き」を（6）（8）（9）の例のように主節（文末）に用いた場合、「き」で捉えられた事態にとっての「今」（認知時）は、どう捉えたら良いのか。（6）の和歌では、単に「昔こうだった」と、過去を回想した歌になっているが、和歌である限り「私」の今の心情が詠まれていると解すべきで、そういう「今」の心情を詠むための、「き」で語られる「昔」であるはずである。（6）の歌は「今」では夢が頼みにならないという思いに駆られていることを暗に詠んでいるのであろう。「語り」の（8）（9）の場合ではどうか。「今」は、語り手が語ろうとしている事態時（認知時）を「今」としていると考えれば良い。その「今」語っている事態の時点では、もうすでにそれ以前に「あった」こととして（8）（9）は描かれている。いわば「事後報告」である。[61]（8）の朝顔巻は、秋頃を物語の現場（事態時）として語られていて、齋院交替は春の式部卿宮の死去に伴うもので、今となっては「すでにあった」こととしているのである。（9）も同様に、光源氏が宰相になった時を事態時（今）として語るが、それ以前に藤壺が后（中宮）になっていたことを示している。そしてそれは帝が配慮して、藤壺に力をつける「…強りにと思すになむありける」と、その事実を語り手は自ら納得している（「なりけり」構文）のである。[62]

助動詞「き」は、表現主体（語り手、あるいは視点人物もあり得る）が認知時（発話時、または事態時）を「今」として、提示する事態が明らかに「今以前」のことであることを示す。しかし、これでは「けり」との違いがはっきりしないが、「き」の場合は、「今」（の事態）との関係において、「き」で捉える事態が「今」につながる「過ぎ去った時」のことであることを示し、「けり」の場合は、「今」に到るまで主体の認識の領域外にあったが、その存在を「今」

において認識したことを示す。「けり」で捉えられる、過ぎ去った時の事態が、表現主体(私)の認知時の「今」に連続する事態であるかどうかは問われないのである(それ故「けり」を伝聞の過去と捉えてしまいやすい)。

5)「アリ」系の時の助動詞の内「けり」は、時空間にすでに存在していたにもかかわらず、表現主体(私)の認識領域になかった事態が「今」「私」の認識領域に入ったことを示す。いわゆる「気づき」という主体的認識である。それに対して「り」「たり」は、表現主体の認知時(今)において事態(こと)が存在していることを示す客体的認識である。

6)動詞型の時の助動詞として、「き」は「来」の文法化したものとみているが、「つ」「ぬ」については従来「うつ・すつ」あるいは「いぬ」などの動詞語尾の文法化したものと見られている。「き」と違って「つ」「ぬ」は、認識主体が認知時(今)において事態(こと)の終息(完了)または発生を認知したことを示す。そこに意識的な行為か無意識的な行為かの違いも伴っていることが認められる。

(10)「ありし文」は、かつて存在した手紙を指し、(11)「ありつる文」は、さっきあった、さっきの手紙を意味する。また、「ある文」は、そこにある手紙ということになる。

(12)　天雲のはるかなりつる桂川袖をひてても渡りぬるかな(土佐日記)

二月十六日、桂川を渡って京入りを実感したときの歌である。任期の四年間土佐国にいて故郷の桂川は、「はるかな」思いで偲んでいた川、その思いは今さっきまで桂川を渡るまで続いていたが、今やっとその思いが終息したことを「つる」は物語っている。今やっとそういう思いはなくなったと言うのである。また、京に戻ったことが実感できる桂川を無我夢中で(袖がぬれることなど気にせずに)渡ってしまっていたことを「ぬる」が意味しているのである。

助動詞「つ」は、さっきまでそうであった事態を示し、「今」はもうそうでないことを意味することを伴っている。「ぬ」の方は、例えば「花咲きぬ」「日暮れぬ」とあれば、以後場面は「咲ける―咲きたる」状況に、あるいは「夜」の状況にあることを意味する。

7)この項の最後に、「ル形」と「ム形」[63]の対立的関係を指摘しておきたい。但し助動詞「む」には多様な意味用法が備わっているので、ここでは、時の認識に関わる面についてのみを対象にしておく。言うまでもなく、ここでは特定の「時」の規定を受けない、事態の一般的な認識にかかわる場合は除いて考える。

現代語の「ル形」と古代語の「ル形」には、時の認識において大きな違いがある。現代語では「ル形」は、「今以後・未実現の事態」または存在系の動詞については「今・眼前の事態」をもさすが、古代語では、基本的に「今・眼前の事態」であることを意味し、「今以後・未実現の事態」であることは「ム形」によって示される。古代語では「ル形」と「ム形」の間に見る時の認識における対立が明確で、誤解を恐れず言えば、「ル形」は現在を示し「ム形」が未来を示す、ということになる。二者の選択は表現主体の認知時(今)が基点となっている。

その他の「む」系の用法については、次項で触れることにする。

(5)―D　ムードの助動詞

本稿の目標は、日本語は表現主体が、「私(いま・ここ)」と認知する事態との関係を表現するという性質を持つ言語であることを論じることである。その点で、この項で扱う、いわゆるムードの助動詞群は、この日本語の性質をもろに担っている語群である。ムード(あるいはモダリティ)の語(あるいは表現)とは、「言表事態」に対する「言表態度」を受け持つ語(あるいは表現)である。

(5)―D―1 「む」系の助動詞　まず「む」系の助動詞群を取り上げるが、「む」系の助動詞群はなお、事態の時の認識に関わる機能を備えてもいる。いわば、事態の「時」の規定をする「言表事態」と、表現主体が事態の「未確定」を推測するという「言表態度」とを未分化に有している。「む」「らむ」「けむ」の助動詞群である。「む」は

「今以後」の事態に関する推測をする、いわば未来推量。「らむ」は「今」の事態に関する推測をする、現在推量と言われる。「けむ」は「今以前」の事態に関する推測をする、いわば過去推量である。「けむ」はなお助動詞「き」と選択関係(確定と未確定)にあるとみられ、「き」の推量形と言っても良いであろう。「時」の規定と「未確定」の推測との未分化な状態は、現代語では合理化され、「時」の規定と「未確定」の推測とが分化して、それぞれを受け持つ専用の語が存在している。

助動詞「む」の文法機能は多様である。先に「今以後」の事態に関する推測をする、いわば未来推量、と述べたが、表現主体(私)との関係によって、「む」の受ける事態が私自身(一人称)のことであると「意志」の用法に働き、相手(二人称)のことであれば「勧誘」の用法に、「私」「相手」に関わらないこと(三人称)であれば、いわゆる「推量」の用法にそれぞれ働く、つまり古代語では未分化であったが、現代語では形式が分化しているのである。

また、事態の未確定を推測する「む」には、いわゆる「未来推量」でもなく、まして「現在推量」でもない用法もあった。「時」の特定的な規定を超えた、一般的事実や理法に関して未確定であることを示す場合である。

(13)　一年を去年とや言はむ今年とや言はむ(古今集・冒頭歌)

(14)　「ならむ」「―にやあらむ」

また、未実現の事態ではあるが、未来推量とは言えない、いわば実現が仮想された事態であることを示す用法の「む」もあった。ある事態が「仮に……とすると」「仮に……のような場合に」の意図で想定される場合である。さらに、現に実現した事態を前提にして、この仮想の「む」から派生した「まし」(「む」の形容詞形)を用いて、現に実現した事態とは逆の事態を仮想して述べる「反実仮想」の表現もある。「～ましかば～まし」の構文を典型としている。

(5)―D―2推量の終止接助動詞群　用言の終止形(但しラ変活用語は連体形)に接続する一連の助動詞群がある。終止接であることが最も言表態度に関わる助動詞であることを示している。しかもペアで三組が認められる。「べし」と「まじ」は、肯定か否定かという選択関係にある。なお、「まじ」は「ざるべし」「べからず」とも区別された。「めり」と「なり」は、事態の、聴覚による存在推量か視覚による存在推量かという対立関係にあり、「らし」と「らむ」は当初、「今」の事態の存在を推定するにおいて根拠を有しているかいないかの対立関係にあったと見て良い。しかし、時代を追ってそれぞれ対立関係にひずみが生じたようであるが、総じて表現主体と事態との関係について、認識上のきめの細かい区別がこれらの助動詞群に反映していたのである。

　肯定・否定に関しても、言表事態の「あり―なし」・「ル形―ル形＋ず」、言表態度の「べし―まじ」、「む―じ」の三層があった。

(5)―D―3現代語のムードの助動詞　古代語の助動詞「む」は、現代語では、一・二人称に用いる意志・勧誘の「う・よう」と三人称の推量の「う」になった、と見られる。しかし、三人称の推量の「う」は、「だろう」の「う」に残るだけである。むしろ三人称の推量は「だろう」とみて、「だろう」を一語の助動詞とみた方が良いと考える。古典語の「なり―ならず―ならむ」の選択関係は、現代語では「だ―でない―だろう」となる。一・二人称に用いる意志・勧誘の「う・よう」及び打ち消し意志・推量の助動詞「まい」を除くと、現代語のムードの助動詞は、「だろう」「らしい」「ようだ」「（連用接）そうだ」「（終止接）そうだ」ということになる。これらの選択（使い分け）に働く原理は、表現主体における、私（表現主体）と取り立てる「事態」に関わる情報との関係の違いにあることが見えてくる。「（終止接）そうだ」は他者からもたらされた情報（伝聞）を示し、そうした外部からの情報を基に表現主体の内部で「らしい」と判断される。情報が蓄積されて、それらが表現主体の内部で知識化してくると、判断も表現主体自身による確信的な判断になってくる、それが「ようだ」「（連用接）そうだ」であろう。つまり外部からの情報による受動的[64]（ひとごと的）判断から表現主体自身による主体的（わがこと的）判断に変わるのである。「（終止接）そうだ」→「（連用接）そうだ」、「らしい」→「ようだ」という、表現主体における認識の確信度の変化に対応していることが見て取れる。

終止接の「らしい」「そうだ」が命題に対する他者情報であることを示すのに比べて、連用接の「そうだ」、連体接の「ようだ」は、「事態」に対する表現主体の判断―事態が帯びている、置かれている状況として判断する、という客観性を目指す―と言えるだろう。また、「（連用接）そうだ」「ようだ」が判断において根拠や判断材料を踏まえているのに対して、「だろう」は、そうした判断の根拠などの有無は問わないで、幅広く推量する行為に用いる。それだけ主観的だと言える。先に「ル形」が「今以後」つまり未来のことを言うのに用いると述べたが、それは確信がある場合で、確信がないときには次の例のように「だろう」を用いる。

「明日は彼も行くよ」→「明日は彼も行くだろう」
「明日は金曜日だ」→「明日は金曜日だろう」

「情報のなわ張り理論」[65]で「知る」と「分かる」の違いが説明できるとされる[66]が、情報の管理の上で、「知る」は「事物」の存在の有無に関する知識に関わり、「分かる」は「事物」に関する理解の程度に関わる思考作用である。知っているか知らないかという選択と、分かっているか分からないかという選択とは、全くレベルを異にする選択である。この「分かる」の「事物」に関する理解の程度には、情報に対する表現主体の判断における確信度の差異も含まれると言えよう。確信度が高まれば表現主体が責任持ってする判断というニュアンスを生み出す。判断を「わがこと」化するのである。

(6)　文法機能語（助詞）と「私」―終助詞

「情報のなわ張り理論」では、終助詞「ね」「よ」の使い分けに「情報」が誰のものかが関わっていることを論じている。終助詞は聞き手（相手）目当ての助詞で、表現主体が聞き手に情報をどういう意図で投げ出しているかを明示する。「わがこと・ひとごと」理論にも通じるところがあるが、要するに「ね」「よ」も含め終助詞は、表現主体（私）が、聞き手との関係において、提示する「情報」（伝達内容）とどういう関係にあるかという、自分の立場を明示する機能を有している助詞と言えるであろう。但し、聞き手は背後に退き、表現主体の感動する気持ちを表出する、自分（という相手）目当ての感動・詠嘆の場合も含む。(67)

四 まとめ――「私（いま・ここ）」との関係を表示する日本語

「私（いま・ここ）」とは、ここでは日本語を話す、書く主体（表現主体）を指すことにする。日本語の表現が、話したり書いたりする表現素材を、「私（いま・ここ）」との関係で捉えて、つまり「私（いま・ここ）」の視点から捉えて表現するという、日本語が持つ根本的な発想に起因すると思われる日本語の事象を、以上の二、三で見てきたが、この節では、二、三で触れなかった事象をも採り上げながら、この「日本語が持つ根本的な発想」について考えてみたい。

（1） 場面依存性と日本語

（出会い頭、顔をしかめている友人に）「おはよう！どうした？」と声をかける。私が今出会った、顔をしかめている友人に「どうした？」と声をかけるだけで、相手の友人は、誰が誰に何故何のことを尋ねているか、が理解できる。このような「どうした？」のような表現を場面依存の表現という。言語表現が持っているこのような性質を場面依存性という。言語である限り大なり小なり場面依存性は伴っているものと思われるが、日本語の場合はそれが「大」であり、むしろ日本語の表現の「質」に関わる特質と言える。よく「省略」、特に「主語の省略」の見られることが日本語の特色と指摘されるが、「省略」というより場面に依存していて言わなくても済むことに依ると捉えるべきであろう。

ここで「場面」とは、時枝誠記のいう「場面」である。時枝は「言語成立の外的条件」として、三つの条件を指摘する。[68]言語を表現したり理解したりすることと見る時枝は、表現する理解する行為が成立するには、「主体」「場面」「素材」の三つの存在を条件とするという。三つは言語が成立する条件であって、言語そのものではない。「主体」とは表現する理解する主体である。聞いたり読んだりすることも言語行為であると捉えている。但し、本稿では、「主体」を主として「表現主体」の場合に限って述べることになる。「場面」は「主体」が向き合っている場である。「場面」の中心をなすのは「相手」(話し手にとっては聞き手、聞き手にとっては話し手が、それぞれ「相手」)と言える。「主体」が「場面」に向き合って表現する、そこに表現が「場面」に依存するという、「主体」と「場面」の関係性が存在する、これが場面依存性の根拠となる。なお「素材」とは、表現したり理解したりする内容で、本稿では「表現素材」に限って述べることになる。[69]「主体」と「場面」の関係は、カメラで写真をとることに類似する。「主体」は撮影者(カメラ)で「場面」は撮影の対象物であり、アングルは「主体」と「場面」との関係性を意味していると言えよう。撮られた写真には、撮影者の物の見方・感じ方などが反映している。

「場面」(=相手)と向き合った「主体」(私)の存在は、相手にとっては既に了解された、「表現」されていると言ってよい存在である。「今日はお腹が痛くてね」という表現には、そう言っている「表現主体」(お腹の痛い私)がすでに表現されているのである。

(1)　言語場と場面—話し言葉と書き言葉

時枝の「場面」は、言語学で言う「言語場」とは全く異なる。時枝では、「主体」と「場面」は対立する関係にあるが、「言語場」は、「主体」と「場面」を包括して言語の場としている。つまり例えば「会話」なら、話し手(表現主体）と聞き手（理解主体）がいるという言語場で成立する、とみる。話し手（表現主体）が客体として捉えられている。「会話」という言語場は話し手と聞き手で成り立っているのである。

日常の話し言葉（口頭言語）と書き言葉（書記言語）の有り様に大きな違いが日本語には見られる。その違いは、「主体」と「場面」の関係の違いがもたらしていると言える。話し言葉では、「主体」は「場面」を眼前にする、特定の相手を目の前にしている、と言ってもよい。表現主体は自らと相手とが了解していることは言わなくてもよい、表現しなくても了解されている。言語がダイクシス性を持つ。一方書き言葉では、相手を眼前にしていない。「主体」は相手と「言語場」を直接的には共有していない。それ故、その相手が特定的か特定的でないかで多少異なりはするが、書き言葉では、特に不特定の相手に対する場合、基本的に誰にでも分かる表現をしなければならないのである。話し言葉では言わなくても了解された事項も、書き言葉では書かなければ分からない、了解されないことになるのである。

このような話し言葉と書き言葉との違いを踏まえて、今井文男は、書き言葉では「場の場面化」[70]がなされると捉えている。冒頭の事例「おはよう！どうした？」に関して、話し言葉では「誰が誰に何故何のこと」と言った言語場を構成する諸情報素を言わなくて済むと言ったが、書き言葉では、その「誰が誰に何故何のこと」を言語化しなければならない、それを「場の場面化」と言っている。[71]「場面」を言語化する、と言ってもよいだろう。

さて、「主体」と「場面」の関係こそ日本語の表現を支える根幹にあるもので、「主体」＝「私（いま・ここ）」と「場面」との関係から日本語のことばや表現が生成されている事例を、これまでも見てきたが、ここでは「場面」の中心をなす「相手（聞き手）」との関係を重視する日本語の実態に焦点を絞って、該当する諸事象を採り上げてみたい。すでにこれまでにも日本語の表現に見られる「聞き手配慮の表現」と言われているもの[72]も、この一部をなす。

従来ことばで情報を提示するとき欠かせない情報素のことを、「５Ｗ１Ｈ」と纏めて言うことがある、日本語ではそれが「6W1H」だという指摘がある。「W」が一つ多い。それは「Whom（誰に）」だという。頷けるところがある。ただ「5W1H」が言語内要素（表現素材の中味）であるのに対して、「Whom」は言語外の要素（相手・場面）、つまり時枝の言う「外的条件」にあたるので、両者を一緒にするのは問題ではあるが、日本語の表現をなすとき、「Whom」、誰を相手にして表現するのかの配慮が欠かせないのが日本語であるという点で、日本語表現において欠かせない要素（条件）なのである。そこに常に働くのが、「私」にとってどういう「相手」なのか、「相手」がどういう状況で「私」と今関わっているのか、などの配慮であり考慮である。

（2）「I, You」のない日本語

「私」にとって「相手」がどういう関係の人であるかを考慮したことばの実態をよく示す典型は「人称詞」である。特にそのうちの「私」（表現主体）を指す「自称詞」であり、「相手」を指す「対称詞」である。沢山ある「自称詞」「対称詞」から何を選択するかは、「私」にとって「相手」がどういう関係の人であるか、に架かっている。沢山あり、細かく言い分ける故に、かえって隙間（落とし穴）ができ、普段にはなかった関係の人物に接したときなど、ふさわしい人称詞が見つからず困惑することもある。その点英語の「I, You」などは、基本的に「相手」によってことばを選択する必要が無く、ことばの便利さを発揮して合理的であるが、しかしこれでもって言語の優劣を論じる問題ではない。

因みに、「自称詞」「対称詞」のうち「一人称代名詞」「二人称代名詞」と言えるものは古代から存在したが、「三人称代名詞」と言えるものが誕生したのは、幕末から明治にかけての頃、「He, She」の翻訳語として用いられた「彼」「彼女」（但し、古くからの「かやつ」「きゃつ」などは除く）をもってして初めてであった。指示詞の体系が「こそか（あ）ど（いつ）」体系から「こそあど」体系へと移行する過程で外れた「か」系の「かれ」「かのおんな・かのじょ」の再利用だと言ってよいだろう。人称代名詞としては古くは、「表現主体（一人称）」、「相手（二人称）」をさす

語が専ら発達していたのである。(73)

(3) 敬語体系と敬意表現(ポライトネス)

日本語は「敬」表現が随分発達した言語である。しかも「敬」表現は、本稿で主張する日本語の発想の根源にあると見ている、「私(いま・ここ)」との関係を表示する日本語を具現する最も典型的な言語事象の一つでもある。そのことについて、ここでは「敬」表現を敬語体系と敬意表現に分けて考えてみよう。

敬語体系は、尊敬語、謙譲語、丁寧語からなるが、これに美化語、丁重語、ぞんざい語を加えて考えることもある。いずれにしても常体の表現に「敬意」を被せる、「被せ」の言語現象である。前者の三つについて時枝は、素材敬語(尊敬語、謙譲語)と対者敬語(丁寧語)とに分類する。しかし、いずれも「私(表現主体)」と素材の人物あるいは対者(聞き手・相手)との関係を考慮して選択される表現である。もっとも素材の人物同士の関係が「私(表現主体)」によって配慮されることもある。

中で対者敬語(丁寧語)は平安時代以降確認できるが、まさに「聞き手(相手)」配慮の敬語表現である。「侍り」「候ふ」に発して現代語の「です・ます」などの敬体に至っているが、明治以降都市化及び国際化が進み、現代社会では、日頃親しくない人や見知らぬ人との交流の機会が多くなってきて、尊敬語、謙譲語中心の敬語生活から丁寧語が重きをなす生活へとシフトしてきていると言える。

日本人の言葉遣いでは、「うち(私と親なる関係の人)」と「そと(私と疎なる関係の人)」の区別、または「わがこと」「ひとごと」の区別をすることが指摘されている。基本的に丁寧語(敬体・ですます)は、「そと(私と疎なる関係の人)」に用い、「うち(私と親なる関係の人)」には用いないと言える。現代社会では「そと(私と疎なる関係の人)」の人との交流の場が増えてきているのである。

「敬遠」ということばは「敬って遠ざける」「敬うことは、遠ざけること」の意で、本来「三歩下がって師の陰を踏まず」の精神に通ずる意味に用いているが、現代社会では「遠い人」＝「疎なる関係にある人」には敬体を用いる、の意になってきていると言える。見知らぬ人にいきなり常体（むしろ「ぞんざい体」と言うべき場合もある）で話しかけるのは、見知らぬ、疎なる関係の人を自分の「うち」なる関係の人（親なる関係の人）のように扱っていることになり、相手にとっては「失礼」なことになる。関係が親なるか疎なるかの判断は、ひとえに表現主体が自分と相手（場面）との関係をどうみるかに架かっている。

2000年末、国語審議会（当時）は、1952年告示の「これからの敬語」に替わって、「現代社会における敬意表現」を答申している。国際化社会の時代になっていることも考慮しての答申であった。「敬意表現」は場面や状況を踏まえながら、相手に配慮する表現の全てを指す。敬語のように体系的なものではないが、表現主体による相手（場面）配慮の表現である点では、丁寧語に通じるところがある。「悪いけど（…してくれない？）」「どうぞ（お先に）」「恐れ入りますが…」「電話、今いいですか」なども敬意表現である。

鈴木睦が取り上げた「丁寧表現」(74)も敬意表現に相当するもので、聞き手配慮の表現（ポライトネス）と言える。鈴木は日本語の日常語には、「聞き手の私的領域に」直接的に踏み込まないという配慮が見られることを、多くの事例を示して論じている。

例①　先生、コーヒー飲みたいですか？

例①のように、聞き手（「先生」）の望みをストレートに尋ねるような表現を、敬体が必要と判断される相手に対しては、日本語では普通避ける。「先生、コーヒーいかがですか？」などというのが一般的である。但し、友人や家族などには、例①の表現も不自然ではない。

例②　A「お茶を入れましたよ」、B「お茶が入りましたよ」

例②の例は、Aが他動詞表現、Bが自動詞表現という違いがあるが、Bの方が聞き手配慮の表現だと言われる。

Aは自分の「動作」を相手に押しつけているが、Bでは、自分の「動作」は背後に隠れ、結果として生じた「状態」だけを相手に提示しているからである。

例①、②、ほんの一例であるが、こうして「私」により、「私」と聞き手(場面)との関係を考慮して、表現の選択がなされているのが日本語の通例である。

(4) 挨拶表現―自己紹介含め

知り合い同士の日本人の出会い頭の挨拶は、「おはよう・こんにちは」あるいは「いいお湿りで」(天候)、「よお! 元気?」、「昨日はごちそうさんでした」、「いつも息子がお世話になっています」、「先日はどうも」、「どうも、どうも」などが代表的なものと言えよう。これらの表現の背後には、相手とその場を共有する確認や相手とのこれまでの個人的「つながり」を確認しあうなどの心理が働いている。(75)「いま・ここ」の「私」が「相手」との関係を確認しようとするのが「あいさつ」に籠もる精神である。昨日や過去にうけた、または今受けている恩義などや相手の不幸への見舞いや慰労のことばを掛けることも忘れてはならない、相手との関係を示す事項である。

なかでよく「どうも、どうも」が話題になるが、この語に二人の過去からの関係のすべてが込められていて、それを踏まえて二人の関係を、改めて再確認をしている「あいさつ語」だと考えられる。

自己紹介など、相手との初めての出会いの場合はどうであろうか。名乗った後、その場に集まった面々や相手と共有していると思われる話題は何かと探ったり、個人的なつながりを見つけ出そうとしたりしながら会話を進める。「つながり」の手がかりが感じられると、そこに集中して相手や面々と共有しうる事項を探り出そうとする。「つながり」(関係性)が探り当てられると、初対面ながら「世間は狭いですね」と感動することになる。二人の関係性が過去から用意されていたかのように思い、相手との関係を確固たるものにしようとする。相手との隔たりを埋めようとするのである。

(5) 応答表現—肯定文と否定文

英語の「Yes・No」、日本語の「はい(うん)・いいえ(いや)」、それぞれの用い方や使い分けにはかなりの違いがある。そのうちの肯定文と否定文で見られる違いをここでは取り上げる。一般的には次のような違いがあると言われる。

A　Can you speak English?　　君、英語、話せる?
　Yes, I can.　　うん、話せる。
　No, I can't.　　いーや、話せない。
B　Can't You speak English?　　君、英語、話せない(の)?
　Yes, I can.　　いーや、話せるよ。
　No, I can't.　　うん、話せない。

Aの肯定文の問いに対する応答は、英語も日本語も答えは「Yes—はい(うん)」「No—いいえ(いーや)」と対応している。しかしBの否定文の問いに対する応答では、応答語の肯定・否定が逆になっている。これは何を意味しているか。

A、B併せて言えることは、英語では話題の命題(ここでは、「君が英語を話せるコト」)について肯定か否定かに応答している、と言えるのに対して、日本語では、聞き手の問い方(肯定文の問いかけか否定文の問いかけか)にあわせて応答しているのである。相手に沿った応答をしていると言えよう。

相手の話に沿って聞くという姿勢は、話をうなずきながら聞く姿勢にみられ、その逆に話しながら相手に確認の念を押すかのような間投助詞[76](いわゆる「ね・さ・よ」)が存在している。

英語は話し手責任の言語で、日本語は聞き手責任の言語である、という指摘がある。一見逆のようにも思えるが、話し手(私・表現主体)の、以上みるような「聞き手(相手)」を配慮する姿勢が根底にあるとすれば、自ずと「分かっているると思っていたのに」「分かった上でのことと思っていたのに」「どうして私のことわかってくれないの」といった反応が生じるのはもっともで、「分からないのは相手が悪い」と考えがちになる。聞き手配慮の精神は、相互に「私のわかっていることは、相手もわかっている」という「共同注意」を形成するのである。

(2)　日本語は述語中心言語

1)「主語」不要論の本質

日本語のしくみ—文の組み立てを文法的に説明するのに、「主語」なる用語は不要であることを提言したのは、三上章であった。[77] 言語の類型論で文のしくみにおいては、英語などは「SVO」型、日本語などは「SOV」型であると分類されるが、「S」を日本語では「主語」と訳している。「SVO」型では、主語(S)は述語(V)と連動しており、「SV」(主語述語の関係)が文を構成する核になっている、つまり「SV—OC(補語)」構造だとされる。しかし、日本語では主語(S)が述語(V)と特定の関係を持つことなく、「SOC(補語)—V」構造であり、S(主語)もO(目的語)もその他の補語(C)同様に「補語」の一種であるとみる。「述語(V)」が文の核になっている。この日本語の文のしくみを「述語(V)中心言語」と規定することができる。[78]

文の分類は様々な角度から可能であるが、ここでは、文法論にとって基本的な分類であるものを示すとなれば、日本語の場合、述語中心性に注目した分類と言うことになる。述語の性質によって、動詞文、形容・形容動詞文(以下「形容詞文」とする)、名詞文の三種に分類される。そして、

動詞文　—「何が—どうする」の文。

形容詞文—「何が—どんなだ」の文。

名詞文　―「何が―何だ」の文。

と、文法の教科書などでモデル化されるが、ここで問題になるのが名詞文の場合。モデル文型に語を当てはめて、例えば「リンゴが果物だ」としてみる。しかし、この文はいきなり示されると違和感が残る。これが「リンゴは果物だ」なら、違和感がないのである。では先のモデル文型を「何は―どうする」「何は―どんなだ」「何は―何だ」にすればいいかというと、今度は動詞文がおかしくなる。「昔々、おじいさんとおばあさんは住んでいました」では不自然な文と言わざるを得ない。特定の「おじいさんとおばあさん」の存在を前提としているような文と感じてしまう。いきなり存在が知らされる場合は「は」でなくて「が」でなければならない。そして形容詞文についてみると、

　a「何が―どんなだ」：虫歯が痛い。

　b「何は―どんなだ」：虫歯は痛い。

a、b、どちらもいきなり言われても不自然さはない。但し、aは自分の今の特定の歯のことで、眼前の一回的事実を意味する文で、bは「虫歯」と言う病状の一般的事実を意味する文だという違いがある。動詞文では、いきなり自然な文は「が」による文(「何が―どうする」)であり、名詞文では「は」による文(「何は―何だ」)だということになる。形容詞文のaは動詞文に近く、bは名詞文に近いということになる。

以上のように日本語の文型を考える上で、係助詞とされる「は」による構文を無視することができない。係助詞「は」は取り立ての助詞とも言われるように、文を構成する特定の要素を取り立てて「主題・題目」として示す機能を持っている。「は」構文は「主題―叙述の関係」(題述関係)をなす。日本語の文のしくみを考える上で「は」構文を無視することはできないのである。「は」構文をなす助詞「は」の存在は、日本語の大きな特質である。「は」によって取り立てる語は、表現主体が、表現主体(私)と表現素材との関係を判断して取り立てるものである。

日本語文は「は」構文をなす「有題文」と「は」構文を取らない現象描写文などの「無題文」とからなるとも言える。「は」構文を取る・取らないの選択や、「は」構文で「は」によって何を取り立てる（何について述べる）かの選択は、ひとえに表現主体（私）の選択に架かっており、そこに表現主体（私）が顔を出しているとも言える。「語り」の文学などでは、「は」構文の表現に語り手の存在が感じられもするのである。

三上章の「主語不要論」を継承する金谷武洋は、述語中心性の日本語の構文の本質を、モデルで言えば、「何が（は）―どうする」、「何が（は）―どんなだ」、「何が（は）―何だ」ではなく、つまり「何が（は）」は必須の要素でなく、「どうする」、「どんなだ」、「何だ」の三構文が基本文型だと主張している。[79] そして、金谷は、日本語文法研究史で象徴的な例文「象は鼻が長い」などを巡って論争されてきた「ハとガの違い」の問題を、「疑似問題」と評している。[80] 確かに「ハ」は題述関係を構成する主題を示す係助詞であり、「ガ」は述語の主体（主格）を示す格助詞であって、構文上の文法的機能が異なる。機能の異なるものの「違い」を論じることは不毛だと言うのである。しかも三上の指摘するように、「ハ」は格助詞の「代行」という機能も有しているが、「ハ」は「ガ」格機能だけを代行するわけでもないからである。

しかし、「ハとガの違い」については、語用論的には、あるいは日本語の文法教育にとっては、決して不毛な議論ではない。特に「ガ」格の代行を兼ねた「ハ」と「ガ」との使い分けは、日常的にも意識されている課題であり、日本語文法を学習する上では、根本的な課題と考えるべきであろう。「ハとガの違い」や「ハ」構文の産出には、表現主体（私）と表現素材との関係が関わっている。

2） 助動詞の相互承接と文法範疇―「ゼロ記号」の意味するもの

◇印なしと印つき

単に「妹」と言うとき、これを印なし（アンマークド・無徴とも）の名詞とすれば、「妹さん」は印つき（マークド・

有徴とも）の名詞と呼ぶ。ここでは広義に「誰々の妹」なども「妹」に対して「印つきの妹」と捉えることにする。印なし（アンマークド）は、言語学で言う「ゼロ記号」や時枝誠記の文法用語の「零記号」も念頭に置いて考えることにする。

語や表現には、同類の語や表現と選択関係（パラディグマティックな関係）にあるものが多い。例えば、「妹」というか「妹さん」というか、あるいは「君の妹」「社長の妹」などというか、これらの選択関係の中から一つが選ばれる（同時に他は選ばれなかったことになる）。この選択は、表現主体（私）と素材である人物（誰かの妹）との関係を判断して、表現主体が行うものである。[81]

いきなり「昨日、定期入れを無くしちゃってね」と言えば、その印なしの「定期入れ」はそう言っている人（表現主体）のものであると理解されるのが通常。但し、会話の場が友人が財布を無くしてあちこち探している状況（前提）であると、「財布、見つかった？」と言うとき、その「財布」は、友人のものを指している。その場での会話の話題（主題）が優先して、印なしの表現が選ばれる。特に当該者と「所属・所有の関係」にある事項について顕著に見られる選択である。

印なしの語ないし表現が選択されるレベルには段階がある。

1）　表現主体（私・一人称）に関わる事項であるかどうか。
2）　その場で形成された話題（主題）に関わる事項であるかどうか。
3）　会話の当事者間の日頃の共有する話題に関する事項であるかどうか。
4）　社会的な通念、ないし話題に関する事項であるかどうか。

まずは、1）の段階がすべてに優先することが注目されるのである。

◇文法範疇の印なし・印つき

印つき・印なしと言うことに関して言えば、「数の区別をしない」日本語[82]の問題がある。例えば、芭蕉の句「古池や蛙飛び込む水の音」の「蛙」は単数か複数か、が英訳では問われるが、日本語の表現では単複の区別をしていないからである。しかし、

例③：「鉛筆、貸して」

先の「蛙」もこの「鉛筆」も印なしの表現であるが、印なしが「単数」を指すという言語的約束があるわけではないが、例③のように乞われて、「何本？」と確認されることは普通はなく「一本」と理解され、言った方も「一本」を意図しているのである。そうでないときは「鉛筆二、三本、貸して」などと印つきの表現をとる。言わなければ応じる方も「一本」だけ差し出すであろう。

文法範疇の表出においても、印なしと印つきの選択がある。文法機能を専ら受け持つ語に助動詞、助詞がある。それらの間には表出される後先の順序が観察されている。それを相互承接と呼ぶ。助動詞の相互承接については、助動詞が担う文法範疇（機能）間に、ほぼ次のような出現の順序があるとみられている。[83]

〔（動詞）＋ヴォイス（態）＋（願望・補助動詞）＋アスペクト（相）＋認め方（肯否）
　＋テンス（時制）＋ムード＋（ムード終助詞）〕

ヴォイスは立場を決定する機能を有すると言われる。選択されたヴォイスの形態によってそれに呼応する主格や対象格が決定されるからである。ヴォイスにノミネートされる形態には、動詞に助動詞「れる・られる」「せる・させる」の付加された形態、つまり印つきだけでなく、動詞だけの形態（いわゆる「ル形」）、つまり印なしもある。印なしの形態の場合は、能動態と呼ばれる。なお、授受の補助動詞（「あげる・もらう・くれる」系）もヴォイスにノミネートされていると考えるべきであろう。さらには、これらの複合した形態（例「―させられる」や「―てあげてくれる」など）も他の形態とヴォイスの選択関係にあると言えよう。選択関係にあるとは、実際の発話において、そ

の一つが選ばれると他の全てのヴォイス形態は選ばれなかったということになることを意味する。

認め方(肯否)という機能の場合は、印なしが「肯定」を、「ない」や「ん」など否定の助動詞のついた印つきが「否定」を意味する。

このようにすべての文法機能は、印なしの形態と印つきの形態を持っており、これらの選択関係にある形態がノミネートされているのである。例えば、

例④　太郎は、昨日の朝早く出かけた。↓述部「出かけた。」↓「でかけ＋た。」

この例④では、述部の形態は、動詞「出かける」にすでに実現の事態であることを示す「た」がついたもので、印つきだけに注目すれば、述部は「タ」形を採っているということになる。しかし、その他の文法機能も「印なし」が選択されて備わっているとみるべきなのである。ヴォイスは印なしであるから能動態(「願望・補助動詞」というオプションの機能は特に付加されていない)。アスペクトは「タ」形という印つきで、動作を全的に(完了体として)捉えていることを示している。認め方(肯否)は印なしで肯定を示す。テンスは「タ」形という印つきで、発話の現在においてはすでに(ここでは「昨日の朝」)実現していることを示していて、ここでは「過去」と捉えても自然である。ムードは印なしであるから、「……出かけた(コト)」をそのまま発話者が認めている(断定している)ことを示しているし、(ムード終助詞)も印なしで、聞き手あるいは読者に対して特別な投げ出し方ではなく、事態をそのまま報告する姿勢であることを示している。

述部に託される文法機能は印つきだけでなく、印なしも選択項目の一つとして備わっていると言える。これが日本語の述部の構造である。

さて、それぞれの文法機能に関して、印なしと印つきは選択関係にあるが、どういう用法が印なしになるのだろうか。つまりどの用法が印なしに選ばれ、何の用法が印つきで示されるのだろうか。そこに働く原理についてはま

だ掴み切れていない、今後の課題である。

もっとも、テンスについては古代語と現代語とでは異なっている。現代語では、印なしの「ル」形は、テンス「未来」を示し、テンス「現在」は印つきの「テイル」形になる(但し、「ある」など状態動詞は印なしがテンス「現在・未来」)。しかし、古代語では、印なしの「ル」形はテンス「現在」で、テンス「未来」は助動詞「む」による印つきの形態を取っていた。この点古代語の方が「私(いま・ここ)」の事態を印なしで表出していたことを意味し、日本語の本来の発想に沿っていたと言えるのである。

(3) 総まとめ—日本語の発想

言語は口頭言語が基調となる。書記言語のない言語はあっても、口頭言語のない言語はない。個々の言語主体においての言語獲得も口頭言語が先行し、言語の史的変遷もまずは口頭言語において構造的変化が起こり、それが書記言語に及んでいく。もっとも書記言語自体において独自な史的変化(文章史・文体史)は見られるし、母語以外の言語獲得の場合は別に考えるべきことである。

口頭言語は、話し手と聞き手との間に交わされるものである。話し手と聞き手とは相互に片や「言語主体」となり、片や「場面」の中心となるという関係にある。

話し手と聞き手とからなる「言語場」において、話し手にとって聞き手の「存在」は、また聞き手にとって話し手の「存在」は了解されている。日本語は、了解されている、相互の「存在」をすでに「表現」されていると理解する言語である。例えば英語の場合は、話し手と聞き手とからなる「言語場」を外から眺めて、改めて話し手も聞き手も言語にして「表現」することが要求される言語である。例えば、次のように。

日本語:「元気?」「元気だよ。」

英語：「How are you?」「I'm fine, thank you.」

話し手は、場面（聞き手・相手）との関係を考慮ないし配慮しながら「表現」する。聞き手も「聞く」という言語行為の主体となって、場面（話し手・相手）との関係を考慮しながら「理解」（応対）する。この機構は日本語に限ったことではないが、日本語は、話し手（表現主体・私）と表現素材との様々な関係を「表現」に反映させようとする傾向の強い言語である。ここで表現主体としての「私」（一人称）と素材としての「私」、また場面としての相手（二人称）と素材としての「相手」とは表現機構上全く別であることを踏まえておかねばならない。一人称も二人称も表現素材となるのである。さて、話し手（表現主体・私）と表現素材との関係は様々である。まずは、人間的関係（血縁的関係から、様々な社会的関係）、時間・空間的関係、精神的・心理的関係等々に渡る。例えば、先に見たように、[84]「ヴォイスの選択」には、同じ一つの「ことがら」の表現に様々な選択肢があるが、それらの違いは、同じ一つの「ことがら」に対する、表現主体（私）との「関係」性の様々な違いが持ち込まれているからであった。

【注】

（1）池上嘉彦「言語の構造と民話の構造」（『言語』一九八三・九号特集・民話の構造）

（2）拙稿「「こと」認識と「もの」認識」（阪倉篤義監修『論集日本文学・日本語　1上代』所収　昭和五十三年刊）、同「基本認識語彙と文体―平安和文系作品を中心として」（『国語語彙史の研究　二』所収　昭和五十六年刊）など。因みに、『枕草子』の三種の文章スタイルについて、「山は」などの類聚章段は「もの」の列挙を志向し、日記章段は「こと」を描き、随想章段は事態の「さま」に心を尽くしていると、図式的に区別できるだろう。

（3）塚原鉄雄「『暖かい』と『暖かだ』」（『口語文法講座3　ゆれている文法』明治書院）では、国語の名詞が「こと」「もの」「さま」の意義を荷担するとして、各例文を示している。

（4）「ものものし」「ことごとし」はあるが、「さまざまし」はない。「さまざまなり・だ」となる。

（5）『理想』No.509特集「ものとこと」（一九七四・一〇号）。「さま」との関係については触れるところがない。

（6）髙橋雄一（中部日本・日本語学研究会二〇一三の口頭発表レジュメ「複合辞の『ものだ』『ことだ』について」など、髙橋の諸論文）によると、現代日本語の記述文法では、「―ことだ」「―ものだ」文型を大きく名詞述語文をなす場合と複合辞文をなす場合とに区分して、それぞれの用法の分析がなされているが、特に複合辞としての用法については、ほぼ次のようになことが指摘されている。

名詞述語文の用法を受け継ぎながら、複合辞の「ものだ」文は、事態の〈一般性〉を示す用法と事態生起の〈確定性〉を示す用法が主たるもので、複合辞の「ことだ」文は、特定の事態の〈指定性〉を示す用法や事態の程度に対する〈注目〉を示す用法を有する、とする。

これらの用法は、古来の「もの」認識「こと」認識の本質から自ずと生まれてきたものと見ていいようである。

（7）『源氏物語』（絵合の巻）「物語の出で来始めの祖なる竹取の翁」。

（8）藤井貞和『物語の起源―フルコト論』（ちくま新書）、同『物語文学成立史』―スルコト・カタリ・モノガタリ』東京大学出版会）。

（9）木村紀子『古事記　声語りの記《シルシ》』（平凡社）では、本居宣長は「フルコトフミ」と訓んでいるが、「フミ」は「文」の音読みに由来する語であり、「記」を「フミ」と訓んだ例はないので、「フルコトのシルシ」と訓むのが良い、とする。

（10）「宣長の研究」とは異なり、「宣長研究」の意は「宣長を研究する」に限られるように「神語り」「歌語り」「昔語り」の「神」「歌」「昔」は「語り」の目的語と見る。

（11）拙稿「『なりけり』構文―平安朝和歌文体序説」（『京教大附高研究紀要』第六号）。

例歌：世の中の憂きもつらきも告げなくにまづ知るものは涙なりけり（古今集）、ふしなくて君がたえにし白糸はよりつきがたきものにぞありける（後撰集）など。

（12）影山太郎編『属性叙述の世界』中の「まえがき」（影山太郎）による。

（13）「用」は慣用音で「ユウ」と読む。

（14）『大乗起信論』（仏典講座22・大蔵出版　昭和五十一年再版）による。なお、久松真一「起信の課題」（久松真一著作集

⑥『経録抄』所収・理想社刊）、『大乗起信論読釈』を参照した。また「体用論」に関しては、島田虔次「体用の歴史に寄せて」（『塚本博士頌寿記念仏教史学論集』所収）を参照した。
(15) 拙稿「『体用』論と『相』―連歌学における」（竹岡正夫編『国語学史論叢』所収　昭和五十七年刊）。
(16) ダライラマ十四世の若いころを描いた映画「クンドゥン」で、インドへ亡命したダライラマが「誰か」と問われて「私は一介の月の影」と答えるが、ここにこの方便が踏まえられている。
(17) 拙稿「過程（様態・対象）と結果―個別研究を包括する研究、の一つの試み（一）」（『日本言語文化研究』第十二号）。
(18) 拙稿「場面依存と文法形式」（『表現研究』37号・一九八三、後、表現学会編『言語表現学の基礎と応用』言語表現学叢書第一巻・清文堂二〇一三）。本稿で述べるテーマへの私の関心は、この論文から始まっている。
(19) 牧野成一『ウチとソトの言語文化学』（アルク・一九九六）、司馬遼太郎他『日本人の内と外―対談』（中公文庫・二〇〇一）など。
(20) 渡辺実「「わがこと・ひとごと」の観点と文法論」（『國語學』165・一九九一）。
(21) 森田良行『日本語の視点』（創拓社・一九九五）、同『話者の視点がつくる日本語』（ひつじ書房・二〇〇六）
熊倉千之『日本人の表現力と個性―新しい「私」の発見』（中公新書・一九九〇）、同『日本語の深層』筑摩選書・二〇一一）
加藤周一『日本文化における時間と空間』（岩波書店・二〇〇七）
金谷武洋『日本語は敬語があって主語がない』（光文社新書・二〇一〇）
熊谷高幸『日本語は映像的である』（新曜社・二〇一一）
『月刊言語』（特集―「いま」と「ここ」の言語学・大修館書店・二〇〇六・五）
(22) 池上嘉彦『「日本語論」への招待』（講談社・二〇〇〇、後『日本語と日本語論』ちくま学芸文庫・二〇〇七）。
(23) 時枝誠記「言語の成立条件」（『言語本質論』岩波書店・一九七三）。
(24) 池上嘉彦「日本語学について」（『日本語学』二〇〇七年九月）、及び注(21)『月刊言語』の池上論文ほか。
(25) 拙稿「語彙・語法にみる時空認識」（『古代の祭式と思想』角川選書・一九九一）。

(26)「よ」は「節」の意にも用いる。「節」は和語で「ふし」とも言うが、連続するものについて時空間にわたって、その切れ目(変わり目)を意味する。
(27)「前を向く」は方位の空間用法、「前にもどる」は過去を指す時間用法であるのに対して、「うしろ」は、「うしろをふりかえるな」など比喩的に過去を指すことができるが、日常語では明確な時間用法は見つけにくい。
(28)橋本四郎「指示語の史的展開」『講座・日本語学2文法史』(明治書院・一九八二)。
(29)「知覚」と「観念」の区別は、音声と音韻の区別や文字の区別(頭に映像化された字形と実際に書かれた字形)など言語の記号としての構造(ラングとパロール)を理解する上で優位な概念であるが、日本語の諸現象を説明する上でも優位な概念である。指示語にみる用法や推量・様態などの助動詞の有り様など。
(30)先行文脈の一部を受けて後方へ持ち込むという指示性を有する接続詞には、「そ」系の指示詞に由来するものが多い。さて・そ(う)して・そこで・それから・それ故・それが・それも等々。「こ」系もないことはないが。
(31)「きゃつ」「かやつ」など三人称専用の指示語があるが、用法が特殊で限定的。また、逆に「おのれ」(「われ」)「自分」「手前」など、一人称にも二人称にも用いるものがある。
(32)田中望「コソアをめぐる諸問題」(『日本語の指示詞』日本語教育指導参考書8・一九八一)。
(33)佐久間鼎『現代日本語の表現と語法』(恒星社厚生閣・一九五一)。
(34)注(23)参照。
(35)言語が成立する上での外的な条件として「主体」「場面」「素材」が指摘されたのであるが、言語論に「主体」「場面」を持ち込んだのは、時枝の先駆的な功績の一つと言える。それは、時枝の言語理論(言語過程説)から自ずと引き出されてきたものであるが、私は、時枝が日本語を母語としていたこと、特に「場面依存性」、言い換えると、相手(聞き手)との関係を重視する言語である日本語が母語であったことが、時枝の理論構築に大きく影響しているように思う。
(36)注(24)参照。
(37)注(20)参照。

(38) 時枝誠記『国語学史』(岩波書店・一九四〇)。同『国語学原論』(岩波書店・一九四一)に指摘する、主体の言語に対する二つの立場—主体的立場と観察的立場が、日本語を前者の立場では「国語」と、後者の立場では「日本語」と捉えると言うことになる。なお、塚原鉄雄『国語史原論』(塙書房・一九六一)にも言及がある。

(39) 仁田義雄『日本語のモダリティと人称』(ひつじ書房・一九九一)。

(40) 注(21)の森田良行『日本語の視点』による。

(41) 多田道太郎「〝かくされた文法〟と悪戦苦闘する」(『潮』一九七七年一一月、後、『ことばの作法』多田道太郎著作集Ⅵ・一九九四など)。

(42) サイデンステッカー訳『Snow country』(タトル出版版)。

(43) 拙稿「表現の視点・主体」(『日本語表現学を学ぶ人のために』世界思想社・二〇〇九)。

(44) 拙稿「視点論の課題」『表現研究』100号(二〇一四・一一)。

(45) 野村真木夫『スタイルとしての人称—現代小説の人称空間』(おうふう・二〇一四)。

(46) 江藤淳「日欧文化の対称性と非対称性—美術と文学と」(『文學界』一九八九年一月)。

(47) 日本語の構文構造は「入れ子型」とか「タマネギ構造」などと比喩される。

(48) ヴォイスの助動詞を、助動詞と認めず、動詞の一部または動詞の延長とみる学説もある。助動詞の相互承接では、動詞型活用語が先に形容詞型活用語がそれに続く。

(49) 拙稿「不可能の自覚—語りと副詞「え」の用法」(神尾暢子他編『王朝物語のしぐさとことば』2008・2、清文堂刊)。

(50) (2)と(3)の違いとして、(2)では「行く・行かない」を選択する意思が「子供」(有情物)に残されているが、(3)では「子供」の意思は不問にふされている。しかし、「花が咲く」の場合、「花」(無情物)には意思がないから、(2)の文型「花に咲かせる」は不自然になり、(3)の文型「花を咲かせる」なら自然な文となる。ここから「咲かす」という他動詞が生まれる。「雨を降らす」なども同様。
　戦前の文部省唱歌「ウミ」では「(オ船ヲ)ウカバシテ」であったが、昭和55年の指導要領改訂の際に「うかばせて」に改められた。「浮かばす」という他動詞は認めないと言うことだろう。(3)の文型でとどめているのである。
(51)　拙稿「日本語の哲学(二)」(『日本言語文化研究』十九号、２０１５・１刊)。
(52)　久野璋『談話の文法』(１９７８・大修館書店刊)。
(53)　例外に、悪態語の「くれてやる」がある。
(54)　渡辺実「『わがこと・ひとごと』の観点と文法論」(『国語学』一六五集、１９９１・6刊)。
(55)　王志英「『嘗試』における日本語と中国語の対照研究」(『日本言語文化研究』第二号、２０００・2刊)では、文末表現「〜てみる」の人称制限や条件句「〜てみると」の用法との違いなどを論じている。
(56)　一回的事態や習慣的事態は、時の制約を受けて「ル形」「タ形」「テイル・タ形」の選択が必須であるが、一般的事態は時を超えた認識を示す。「桜は春になると咲く(ものだ)。」「水は酸素と水素からなる。」など。
(57)　「話し合い」のテクストでは、表現(発話)主体の発話する時が発話時であるが、「語り」のテクストでは、語り手の「今」が発話時の時と、語る事態の時(事態時)が発話時の「今」である時と、がある。
(58)　以下の「き」「けり」論は、主に語りのテクストを中心に王朝文学について論じてきたものである。「『けり』の文体論的試論—古今集詞書と伊勢物語の文章」(『王朝』第四冊、１９７１)、「古代和歌における助動詞『き』の表現性」(『愛媛大学法文学部論集』一三号、１９８０)、「源氏物語と助動詞『き』」(『源氏物語の探究』六、１９８１)、「王朝女流日記の表現機構—その視点と過去・完了の助動詞」(『国語と国文学』64巻11号、１９８７)等々。
(59)　「アル形」は事態を状態として認識するが、その点で「テイル形」も同じであり、「アッタ」「テイタ」についても同様である。
(60)　阪倉篤義「竹取物語における『文体』の問題」(『国語国文』昭31年11月号)。
(61)　事後報告になる事態には一定の偏りがある。仮想されている語り手の女房の生活上の知覚外にあると思われる事柄に関してのようである。
(62)　現代語訳「七月には、后がお立ちになるようであった。」(小学館・新編全集本、１９９４・3刊)は疑問。「なる」は「なった」とあるべきか。

(63) 古典語の「ム形」は、取り上げる事態が未確定未確認な事態であることを示すが、多様な用法を持つ。大雑把に言えば、古典語のテンスでは、「ル形」が現在に対応し、未来には「ム形」が対応する(「む」が未来を、「らむ」が現在を、「けむ」が過去をそれぞれ推量する対象とする)が、現代語では「ル形」(アル系を除く)がテンスは未来を示し、「む」の現代語化した「う・よう」「(だろ)う」が未来の一部を担っているということになる。

(64) 注(51)に同じ。

(65) 神尾昭雄『情報のなわ張り理論―言語の機能的分析』(1990・4、大修館書店刊)。

(66) 注(65)の理論を応用して、「知る」は私の責任領域にある事項で、「分かる」は私の「なわばり」を超えた情報領域にも達する事項という。「奥さんはどんなお仕事なさっていますか」と聞かれて「知りません」と答えては、夫婦仲を疑われることになる。

(67) なお、拙稿「日本語助詞の体系」(玉村文郎編『日本語学と言語学』明治書院・平成十四年一月刊)で関係表示機能を助詞の本質としている。

(68) 時枝誠記『国語学原論』(岩波書店・1941)。

(69) 意外に混同されていることがある。

例A：「私が行ったときには、もう誰もいなかった。」

と話す「私」は「主体(表現主体)」としての「私」であり、文中の「私」は「素材(表現素材)」としての「私」である。両者は表現機構上、峻別すべきであるが、混同されている。表現された「私」はすべて、「主体」の「私」が「私」を「素材」として取り上げているのである。「私」は一人称であるが、「主体」としての一人称と、「素材」としての一人称とは区別すべきである。同様のことは、次ぎの例文の場合にも言える。

例B：先生、コーヒーお飲みになりますか。

この例では、「お―になる」は相手(聞き手)を「素材」(動作主)としてみた尊敬語であり、「―ます」は聞き手としての「相手」に対する丁寧語である。同じ人物(ここでは「先生」)を「相手(場面)」としても素材としても扱っているのである。

現象描写文には人称制限があって、述語の主体を「が」格で示せるのは、三人称に限られる。ところが、例えば写真とかビデオをみながら、

例C あっ、私が走っている。 例D ほら、君が走っている。 注(85)

ということがある。「私」も「君」も、素材としての、しかも過去の「私」「君」を客観的に捉えているのであり、つまり「いま・ここ」の主体としての「私」を素材としているのではないのである。例C、Dを現象描写文の人称制限の例外とみるまでもない。

(70) 今井文男『文章表現法大要』(笠間書院・1975)。
(71) 口頭言語と書記言語の違いは、以上に見る情報素の明示・非明示だけでなく、使用する「語彙」や文体などの違いも見られ、表現主体と場面(相手)との関係がその違いに反映するが、ここでは触れないでおく。
(72) 鈴木睦「聞き手の私的領域と丁寧表現—にほんごの丁寧さ如何にして成り立つか」(『日本語学』1989・8巻2号)。
(73) 「表現主体」と「相手」の対立性は、「人」という語の用法に窺える。自分も人(人間)であるが、「我は我、人は人」という。「我がこと・人ごと」ということばもある。特に平安の和歌では「相手」を指して「人」と言うことがあった。「人のこと、馬鹿にするな」は相手から見た自分を指して、「人」と言っている。
(74) 注(72)に同じ。
(75) 小林祐子「「きまり文句」の日英比較—出会いと別れの挨拶」(『言語生活』348号昭和55年12月号)。
(76) 今は終助詞の一種とみるが、同一文では間投助詞として用いた助詞は、終助詞には用いないのが現実、「…ネ…ネ…ネ…ヨ。」などと。
(77) 三上章『象は鼻が長い』『現代語法序説』ほか(三上章著作集・くろしお出版)、金谷武洋『日本語に主語はいらない』(講談社選書メチエ・2002)など。
(78) 拙稿「文末表現の問題」(『日本語学』一巻二号・昭和57・12)。
(79) 金谷武洋『日本語文法の謎を解く』(ちくま新書・2003)。

(80) 金谷武洋『日本語は滅びない』(ちくま新書・2010)。
(81) 拙稿「日本語の哲学(その二)」(『日本言語文化研究』十九・2015)。
(82) 池上嘉彦『日本語と日本語論』(ちくま学芸文庫・2007)。
(83) 橋本進吉『助詞・助動詞の研究　講義集第3』(岩波書店・1969)にみる古典語の助動詞の相互承接の研究に始まり、諸氏によって試みが継続され、後現代語についてもなされてきている。
(84) 拙稿「日本語の哲学(その三)」(『日本言語文化研究』二十・2015)、本書のp.45参照。
(85) 仁田義雄『日本語のモダリティと人称』(ひつじ書房・1991)の例文を借用。

二 「こと」認識と「もの」認識
——古代文学における、その史的展開——

一 「見る」機能と「言《こと》」機能

資料1 (仲哀)天皇、神の言《みこと》を聞しめして、疑の情有《ま》します。便ち高き岳に登りて、遙に大海を望《おせ》るに、曠遠《ひろ》くして国も見えず。
(日本書紀、仲哀八年九月)[1]

熊襲を討たんとする天皇に対して、神功皇后にかかりて、神の託宣があった。「若し能く吾を祭りたまはば」新羅国は「必ず自づから服《まつろひしたが》ひなむ」と。天皇は、岳に登ってみた。しかし、新羅という国は見えなかった。そこで彼は「誰ぞの神ぞ徒に朕を誘《あざむ》くや」と、言挙げをしてしまう。こうして彼は「神の言《みこと》を用ゐたまはずして、早く崩りまし」たのであった。

我々は、ここに、一つの時代状況の変相の本質をみることができる。仲哀の認識に立つならば、「言」の真偽(または機能)は、「見る」機能と対応していなければならないものであった。「見る」機能の発揮する領域において、「言」は「事」でありえたのである。氏族単位の小国家体制から、天武以後の律令国家体制が確立していく過程において、幾度かの、「言」機能と「見る」機能の矛盾の発生と、それを超克していかねばならなかった王権の試練があったことであろう。その一つの姿が、この仲哀譚に露呈しているとみる。しかも、それは歴史の大きなうねりの一つであった。

仲哀の言葉を、当時(奈良期)の観念における「言挙げ」の一例と、筆者は判断するわけであるが、まさに、仲哀の父、日本武尊において、その典型の見えることは周知の事実である。

さらにまた、より古き時代の伝承として編む、垂仁天皇の皇子、誉津別命が「壮《ひととな》りたまふまでに言《まこと》はさず」やっと「鵠《くぐひ》を見て言《あぎと》ふこと」を得たという譚においても、その小さな一つの相が見えている。この「鵠」を求めて諸国《くにぐに》を遍歴することになるのは、これまた、仲哀が、父王の御霊、白鳥を求めて「諸国に令《のりごと》し」たことに通うのである。

神のみ言をさえ、疑わざるをえなかった仲哀は、すでに、「こと」の、「言」と「事」との分化を体験せざるをえない状況に直面していたことを意味する。こうして、仲哀は、具体を超えた、抽象化の一段高いところの「具体」を我がものにする認識の能力を保有することができなかった。これを克服しえたのは、よく魂《たま》に仕える能力を持つ、巫女的性格を有する神功皇后によってであった。神功は、積極的に託宣の神を知ろうとする。その神を紀は「祟所《たたる》の神」という。彼女は、「神の語を得て、教《をしへごと》の随《まにま》に祭る」ことによって、より拡大された、より具体を統括した共同体制を確立していく能力を有していたのだと、紀は認識していたと考えていいであろう。

史家の説くところに合わせるならば、神功は、応神(仁徳)以後の河内王朝の王権的論理の確立の前提をなすものとして設定された人物ということになり、ここに仲哀に象徴される、三輪王権の限界と、神功による、新しい河内王権の確立の可能性とが描き分けられているとみることができる。

もう少し、古代人一般の、時世の変貌に対する認識の実態の一つをみていくために、次の伝承に注目してみたい。

資料2　復草木咸《ことごとく》に能く言語《ものいふこと》有り。　(神代紀下)

資料3　葦原中国は、磐根・木株《このもと》・草葉も、猶能く言語《ものい》ふ。　(同じ、一書の第六)

資料2・3の「言語」を「ものいふ」と訓むことは、類聚名義抄「言・語モノイフ」、神代紀私記乙本「言語毛乃以不」

などから考えうる訓であるが、疑問がないではない。また、鵠を得た誉津別命が、「是の鵠を弄びて、遂に言語《ものい》ふことを得つ」とする「言語」も、この例である。万葉集の「ものいふ」は後述するとして、次の資料4～8にみる限り、「言語」は、「こととふ」と訓むべきではなかったかと思われる。これまた後述するように、「ものいふ」と「こととふ」とは本質的に異なると、筆者は考える。

資料4　天地割《ひら》けに判《わか》れし代、草木言語《ものがたり》せし時　（欽明紀十六年）

資料5　天地の権輿《はじめ》、草木言語《ことど》ひし時　（常陸国風土記・信太郡）

資料6　事問ひし磐ね木の立ち、草の片葉をも言止めて　（祝詞・大殿祭）

資料7　語問《こととひ》し磐ね樹立、草の片葉をも語《こと》止めて　（同・六月晦大祓）

資料8　石ね・木立・青水沫《みなわ》も事問《ことと》ひて荒ぶる国なり。　（同・出雲国造神賀詞）

古代人には、かつては「物言ふ（または、言問ふ）草木」であったものが「事（言）問はぬ草木」となったのだという認識があったことがうかがえる。もっとも、資料2～8においては、物言う草木や磐ねは、資料8にみるように、荒ぶる存在、「み言」にまつろわぬ、秩序を乱すものとしてとり扱われているのであり、それらの「言」は、「渾沌のことば(2)」であったとみている。

ここにみえる認識は、先の仲哀譚でみた「言」にかかわる認識の始源をなすものと考えられる。つまり、草木などの「言」を、「言を巧みて暴ぶる神を調へ」るというように「言」をもって「治順」したのであるが、それは、荒ぶる神や邪神とみられるに至った、諸々の土着的な神々、俗神を「治順」したのであるし、つまりは、その神々の「言」を、より力ある「言」によって「治順」したことを意味していた。そのことによって、古代の人々は、土着性、生活の自然からの離別をよぎなくされていったのである。その乖離の一端は、次の歌によっても知りえよう。

資料9　鳥翔成あり通ひつつ見らめども人こそ知らね松は知るらむ　（万・二・一四五・憶良）

人々は、見える松の力よりも、見えぬ政治的な力を背景とする「言」に従わねばならなくなっていた。そして、文学、殊に万葉集において、執拗に「言問はぬ木」が繰り返されることによって、人間の内側での「言」への絶望が歌われるまでに至る。

二　「見る」の絶望と「言」の絶望

万葉集に「言問ふ」の句を詠み込んだ歌が二六首ある。長歌が九首、そのうちの八首（相聞七、挽歌一）は、三・四期に属するもので、家持の歌が四首（相聞のみ）を占めている。長歌、短歌とも、一期に属するものは見えず、人麻呂期以後のものに限られている。いわゆる古歌からみえるが、長歌の例は次の一首のみ。

資料10　（長歌）……御袖行きふれし松を　言問はぬ木にはあれども　あらたまの立つ月ごとに　（万・十三・三三二四）

挽歌である。「見る」ことの絶望に発する悲しみの歌である。「見る」ことの絶望が、「言問ふ」ことの絶望に直結していることがわかる。「松」には、「御袖」が「行きふれ」たことによって、そのふれた人の「たま」が付いた。そのことを信じようとする態度によって、「玉襷かけて偲はな」という願望を成立させている。この発想の系譜は、

資料11　（長歌）……恋ふれども験をなみと　言問はぬものにはあれど　我妹子が入りにし山を　よすかとぞ思ふ　（万・三・四八一）

この、天平十六年（七四四）の歌と思われる高橋朝臣の挽歌につながるものであり、それはまた、

資料12　言問はぬ木にはありともうるはしき君が手馴れの琴にしあるべし　（万・五・八一一）

の歌にみるように、相聞歌において受け継がれてもいる。しかし、ここで重要なことは、例えば、大伯皇女の場合、

二上山が実弟大津皇子を偲ぶべき、なおたずきでありうるというように「見る」ことへのつながりを有しているものであったように、この「松」もなお、「見る」ことの機能の徹底した絶望にはいたっていないのに対して、「言問ふ」ことへの絶望は、その機能を「松」に何の期待もできないということによって徹底する。この「見る」絶望と「言」の絶望の深みの差異は、次の歌にもみえる。

資料13　妹があたり今そ我が行く目のみだに我に見えこそ言問はずとも　（万・七・一二一一）

妹とは、妹山のこと。「見る」機能において、先の実見する「松」とは異なり、妹は実見できない。実見できるのは妹山で、その「妹山」という「言」の縁においての「妹」の存在にすぎない。「見る」機能は幻視において成立するしかない。つまり、これは旅の歌であって、強言すれば、一方において「言問ふ」絶望に達しながら、一方においては、「言」への新しい期待が芽ばえているとも言えるものである。

資料10の歌は、公的な情の歌という性格を有しているが、資料11、及び資料12の系譜の歌は、より私的な情を詠んだ歌であることが注目される。あわせて「言問ふ」行為が主に私的な情意の世界の行為として歌われることになっている。このことは、「言問ふ」の句を有する歌が、旅の歌、さらに相聞の歌において多くをみるということに現れている。

資料14　たたなづく青垣山の隔りなばしばしば君を言問はじかも　（万・十二・三一八七）

資料15　かく恋ひむものと知りせば我妹子に言問はましを今し悔しも　（万・十二・三一四三）

旅の歌である。これまた、「見る」絶望が「言問ふ」絶望に直結している。これらの歌にみる「言問ふ」行為をどうみるか。「ものをいう」「話しかける」という言語行為とみて誤りはないが、当時における「言問ふ」という語の観念自体が、もっと限定された特殊な行為を意味する語であったとみるべきであろう。その点「言問ふ」を「言合《あ》ふ―答ふ」との関係において、「男女の性愛」の場におけるうたう行為を原点とみる臼田甚五郎の説[3]は魅力あるものであるが、しかし「男女の性愛」に限定してしまうのでは、これ又的確ではないと思う。公的な場での「言問ふ―言合ふ」であった段階から、より私的な関係においても用いられるようになって、その主たる場合が「男女の性愛」の場合であったと考えるべきであろう。「言問ふ」が、どちらかというと、私的な交情の場で意識化されるのに対して、「言合ふ―答ふ」は、むしろより公的な場において意識され、「和」「唱和」などとも表記された。

「言問ふ」「言合ふ」は、具体的一回的な言語場において、「魂《たま》」を、「言」を手段にして通い合わせる、交換する行為であった。そしてそれは「見る」ことを条件としていた。まさにその意味において、「言」は「事」たりうるものでありえたのである。「見る」ことの絶望によって自覚された「言」の絶望は、「こと」における、「言」と「事」との分化を誘発した。

「見る」機能と「言」機能とにズレ(矛盾)が生じてくるに従って、しかもなお、それを克服するために抽象化された「言」機能の「言」に、「事」を従わせていこうとする、公的権力の、上からの統制があったにもかかわらず、現実の生活の場においては、「言」と「事」の分化は実感せざるをえなかったことであろう。

元来、「言《こと》」は言語一般を意味したのではなく、後世からみるなら、特殊な「言」をのみ意味したはずであるが、その「言」が一般化するにつれ、元の特殊な「言」としての「言」は、「真言」とか、「善言」とかいう言葉において特殊化せざるをえなくなってもいた。また、こうした語による分節化が、一方において「真言」ならぬ「言」の存在、「善言」ならぬ「悪言・邪言」の存在の自覚を生み出していくという状況にいたったことをも意味する。また、いわゆる「言霊」の思想の自覚化が、「言挙げせぬ(国)」という反面的な言語認識として生じて来る背景も、こうした展開を跡づけることによって確認しうるのではないかと考える。

「言」が「事」であるために、「言」はあくまでも、具体的一回的な行為(事象)において、その機能を発揮するものであったことは重要である。文学、つまり歌――上代和歌においても、そこにおける言語《ことば》が、多くそうした具体的一回的な行為(事象)を詠むことにおいて成立することを基本としていた。それが万葉集の発想であったと言えよう。そして、史的記録を目指す記紀編修の発想を合わせ考えても、つまり、上代の文学は「こと」の文学であることが基本であった。

二、三の例を除くと、旅での歌や防人歌を典型として、「言問ふ」ことの不可能を嘆いた歌が多い。それは、類似的状況を含み持つ相聞の歌においても同じことが言えるわけで、その点、

資料16　言問はぬ木すら春咲き秋づけば黄葉散らくは常をなみこそ　(万・十九・四一六一)

などは、例外の一つであり、この歌では「言問はぬ木」の発想の類型を更新した歌ともなっており、ここにはすでに、人の世の無常を草木の世界にもみることにおいて、「もの」が志向されているとも言える。このことはさておき、「見る」ことの絶望が「言問ふ」ことの絶望を生来する悲しみの自覚といったものとは質を異にしながらも、なお「見る」ことの絶望、つまり具体的一回的事象に拒否されることからくるという点においては共通する「言」への不信がすでに同時的に生じてもいたのである。

資料17　夢のわだ言にしありけり……　(万・七・一一三二)

をはじめとして、巻七には、さらに「恋忘貝言にしありけり」(一一四九・一一九七)、「名草山言にしありけり」(一二一三)があり、家持の「しこのしこ草言にしありけり」(四・七二七)に受け継がれている。また、同想の構文的表現をなす歌には、「家島は名にこそありけれ」(万・十五・三七一八)などいくつかをみることできるが、しかしなおこれらにおいてさえも、具体的一回的事象を超えての理法への自覚という点においては、充分な発達を遂げるには至っていない。あくまでも個別的な事象にひき起こされた、「言(名)」への絶望という情意の表出にこだわった歌とみられる。

三　「こと」を超える「もの」

最近「もの」の語をめぐる議論が過熱的である。「もの」が古代文学の精神を理解する上においても根本的な語であることは言を待つまい。大別すれば、「もの」の原義を、存在物一般とみる説と、精霊ととる説の系統とに分かれるようである。どちらかというと、後者の説に属することになるが、私見を述べてみたい。「こと」が、「言」であり「事」であったという構造は、現象する（用《ゆう》なる）「こと」が、それを生み出す力、つまり霊《たま》なる（体《たい》なる）「こと」（ことだま）によって生まれるというものであったことによる。霊《たま》の現象が、「言」であり、「事」であった。そしてそれが霊なる力による故に、「言」は「事」でありえたのである。筆者は、「もの」においても同じ構造をみる。現象する（用なる）「もの」と、そういう「もの」を「もの」として存在せしむる力、つまり霊《たま》なる（体なる）「もの」とである。

「たま」なる観念は、人々の認識の基底部をなすもので、いわば精霊中の精霊ともいうべきものであった。折口信夫によって説かれている[4]如く、この「たま」なる観念自体が早くに、祭祀儀礼の重要な具としての「玉」という具体的な視覚化された物体に形象化されたために、「たま」なる観念は、今日みるように狭く理解されもするけれど、原始においては、根源的な「体《たい》」として観念されていたと考えられる。

付言するならば、「わざ」という観念もまた、同様な構造を有するものであったとみる。つまり、現象する（用なる）「わざ」と、それを生み出す力、つまり霊なる（体なる）「わざ」とである。

言霊信仰が、万葉集にわずか三例の用例を有することによって、古代人の信仰の実態の一つとして確認しうるというようには、もの霊信仰、わざ霊信仰という信仰自体は、用語的には痕跡をとどめるということはなかった[5]。

こういう古代人の認識の構造を仮定するためには、次のような語の意味変化のパターンの存在を確認しておかねばなるまい。「こと」が言霊信仰において、「言」一般ではなかったとすでに説かれるように、それは、特定の呪的な「言」において成立したものであった。いわば「こと」自体の認識は、一般的抽象的な観念として成立したのではなく、特定の「こと」において、「こと」ならぬ言語一般とは区別されるという具体的な識別の意識によって名づけられたものであったということである。やがて、「こと」は「言」として言語一般を指す語となったと考えるべきであろう。このことは「もの」「わざ」においても同様であった。後世においては、「存在物一般」「行為《わざ》一般」を指す語となりはするが、そもそもにおいて、そうした抽象化の高い認識において「もの」「わざ」が認識されていたのではなかったのであろう。「もの」が「物体」を指すからといって、それを原初的な具体的認識であるとするのは錯覚であり、「存在物一般」を意味する「もの」という認識は、かなり高度な抽象化を経た認識だと思われる。その、より原初の段階においては、特殊な「もの」をのみ「もの」と認識していたと考えるべきではないか。それは、どういう特殊なものであったかというと、まずは、神または精霊《もの》の依代となる「もの」、または、神または精霊が、それによりて成りませる「もの」としての「もの」、それらがまさに、霊《たま》なる（体なる）「もの」の現象する（用なる）「もの」であったと考える。

資料18　時に、天地の中に一物《ひとつもの》生れり。状《かたち》葦牙の如し。便ち神と化為《な》る。　（神代紀上）

資料19　其の物根《ものざね》を原《たづ》ぬれば、八坂瓊の五百箇の御統《みすまる》は、是吾が物なり。　（神代紀上）

「わざ」についても同様な構造において捉えうる。その始源的な「わざ」の一つは、

資料20　天石窟戸の前に立たして、巧みに作俳優《わざをぎ》す。　（神代紀上）

にみるもので、神ごとにおける「神わざ」などを典型とするもので、いわば「かた」であることによって人々に力あるもの、「霊《たま》」の働きあるものと認識されていたものを指し示す語であったと思われる。[6]

以上みたような意味分化のバターンに属するかと思われる例を二、三指摘してみると、呪的行為を意味したノルが、宣告するの意に一般化し、もとの特殊性は、イノルまたは、再活用したノロフが受け継いだし、呪的に問うの意のトフが、問う一般の意になると、呪咀の意のトホフ、トコフを派生させたし、稔の意のトシが、一般化抽象化して年の意味の語となった。また、折口によると、[7]神聖な水を指す語であったミツが、水一般を意味するミヅとなり、ミツは御津や「みつは」(水の神)などの語に残ったという。

さて、「もの」にもどることにする。「モノ」が、体なるものとして、なお「精霊《もの》」であったことは、そのもとの語形が「マナ」であったと想定される[8]ことによっても納得しうることである。早くに意味分化をなしてしまった「もの」は、特殊なる「物」を指す語から、「存在物一般」を指す語となり、又形式名詞化して、「生ける者《もの》遂にも死ぬる物にあれば」(万・三・三四九)という例にみるような一般性を志向する用例(ここにはすでに理法の芽〈「もの認識」〉がみえる)と、それからの派生としての詠嘆性の強い助詞「ものを」の成立など、そして悪霊に特化した「もの—鬼《もの》」がある。[9]

資料21　心も身さへ寄りにし鬼《もの》を　（万・四・五四七）

資料22　四つの蛇五つの毛乃《もの》の集まれる穢き身をば厭ひ捨つべし離れ捨つべし　（仏足石歌）

折口は、「たま」に善悪の二方面があると考え、「人間から見ての、善い部分が『神』になり、邪悪な方面が『もの』として考へられる」に至ったと説いている。[10]神と「もの」とを対立する概念と捉えているのであるが、神の概念の成立の新しさが説かれてもいるように、[11]もとはすべて「もの」と称されていたものが、そこに善悪なる価値判断による分化が生じ——「見る」機能と「言」機能のズレ(矛盾)の発生と、その超克という、先にみた時代状況の変貌がその契機となった——新しき「神《かみ》」なる語が、この「もの」にとってかわることによって、一方が「神」の語で認識化され、一方は悪霊的精霊を指す語として、限定的に用いられる語「もの」となったと考える。しかし、

「神」観念成立以前の「もの」観念自体は、「ものいみ」（斎戒・物忌）、「物部」（「もの」に仕える氏族）などの語になお残っていると考えられる。

資料23　是に於て二神、諸の順ひたてまつらぬ鬼神等《たち》を誅伏。　（古語拾遺[12]）

とあるように「かみ」をもって「鬼神」が称されもするし、「荒ぶる邪神《もの》」を「荒ぶる神《かみ》」とも言い、また、穴穂部間人皇后の別名「神前皇后」を「鬼前太后」とも書いたことが報告されている。

ところで、大物主神に対する事代主神という関係に、「もの」と「事《こと》―言《こと》」の関係の始源的認識をよみとることができる。つまり、そこには、躍動する「もの」が巫女にかかりて、現象する「言《こと》―事《こと》」、つまり託宣となって現れるという関係がある。具体的一回的事象としての「言―事」をゆり動かしている「精霊《もの》」が存在するのであり、「もの」は現象することによってさまざまな現れ方をするが、その根源において、不易なる精霊《もの》であった。それ故に継続的に祭祀すべき対象でもあったのである。「こと」を超える「もの」とはこのことであり、「言」絶望の克服が「もの」志向によって克服されることにもなる。こうした「もの」観念は、形式化した語として用いられる時には、一般性の認識を表出する語として用いられることにもなったのである。こういう「もの」認識のあり方は重要なことを示唆している[13]。

しかし、「もの」認識自体は、必ずしも「もの」の語を伴っていなくても、また「もの」の語で規定される認識が自覚化されていなくても、存在しうるものであった。

資料24　故諺曰「あまなれや　おのがものからねになく」　（仁徳紀）

貢献《みつぎもの》の魚が腐ったことを海人が嘆いた。そこで、右の「故諺曰……」となる。この語句をめぐっては、折口の詳しい分析[14]がある。これは諺なのである。「あまなれや」とあるから、元来「海人」のことについていったものではない。海人でないものが、海人でもあるかのような事情にあることを嘆いているのが、この諺のもとの意味である。

そういう諺を、仁徳紀のここで用いているのは、海人の話であることの縁からにすぎない。

こうした諺の表現機構に、「喩」の発生をみることができる。例えば、「ところえぬ玉作」(垂仁記)という諺は、「玉作」以外の職業部について、またはもっと別の事象にあてはめて、それについても用いられる時に、諺となる。そこに喩の表現機構が働くことになる。これはまさに「もの」認識の構造をなしていると考えてよい。「ところえぬ玉作」という「こと」を捉えながら、その「こと」を超えた「もの」が認識されているといえるからである。

万葉歌などにみる「鳥じモノ」(例えば、万葉・七・一一八四など)、この表現には、鳥でないものについて、鳥と同じ性格を感じとっているという認識がふまえられているわけで、先の喩に似た「もの」認識の一つに数えられよう。

限定詞を伴って用いられる形式名詞の「もの」に対して、もっと自立化した、行為の対象を指示する「もの」の用法がある。それはまた、平安期に入って夥しい数にのぼる接頭語的な、形式化された、「もの——」の「もの」へとつながっていく、そのもとの用法の「もの」である。

その一つは「ものいふ」で、万葉集には七例ある(一例は「物申す」)。この「もの」を「ことば」の意とする考えがある。確かに先にみた「言問ふ」の場合と同様に、「苦し」「物思ひ」「今悔し」などの心情語を伴うという点などから、「ものいふ」の「もの」を、「こととふ」の「こと」に対応させたくなるが、「ものいふ」の「もの」は、『時代別国語大辞典—上代編』の「物事を婉曲にそれと明示しないでいう。イフ・思フ・語ルなどの上に用いられる」とするのが、まだ的確な説明だと判断する。

慣用句「言問ふ」に、その類義語として「物問ふ」の語はなく、「物言ふ」に、その類義語として「言言《こと》ふ」はないといってよい。ただし、次のような例がみられる。

資料25　またまつくをちこちかねて言《こと》は言へど逢ひて後こそ悔にはありといへ

資料26　（長歌）……思ほしき言《こと》も語らひ慰むる心はあらむを……　（万・四・六七四・大伴坂上郎女）

これらの例は、「言ふ」行為の対象として「言」を表示しているとみられているが、これらの言い方はむしろ一般的でなかったと考えられるし、「言」ならぬ「事」とみるべきかとも考えられる。これらの用例による類推で、「ものいふ」の「もの」を「言葉」と認定することは疑問である。　（万・十八・四一二五・大伴家持）

資料27　水鳥の立たむ装ひに妹のらに物言はず来にて思ひかねつも　（万・十四・三四二八・東歌相聞）

この歌の類歌に、防人歌の例も含めて四首あり、すべて旅における歌である。

資料28　恥を忍び恥を黙して事もなく物言はぬさきに我は依りなむ　（万・十六・三七九五）

これは、竹取翁の歌に対して、娘子らが和《こた》えた歌の第二首である。

資料29　賢しみと物言ふよりは酒飲みて酔ひなきするし優りたるらし　（万・三・三四一）

資料29の例は、家持の「石麻呂に我物申す」の例同様、理屈《ことわり》を言うの意味合いを持つ例で、「もの」は理法を意味する「もの」と考えられる。「こと」を「わる」ことによって、その背後にまたは奥にひそんでいた理、真実（もの）をひき出すこと、またその結果得たものを「ことわり」という。「もの」は、このように「こと」を支配するものと認識されていたと考えてよかろう。資料28の例も、資料29に近い用法とみられる。その点からすると、「事もなく」は「言も無く」とみるか、遊仙窟に「無事」を「アヂキナク」と訓をつけているという、その訓を採用すべきところかと思われる。さらに、これは土佐日記の例になるが、「揖とりのいふやう『黒鳥のもとに白き波をよす』とぞ言ふ。この言葉何とにはなけれども、物言ふやうにぞ聞えたる」にみる「物言ふ」も、先の例の用法と連続的に捉えるべきで、単に文学的秀句をいうとか、わかったふうな口を聞くという意味あいとはもう少し、原義的な用法と解釈していいのではないかと思う。さて資料27などの例の「もの」は、いま見たような「もの」とは意味を異にするとみられる。

「言問ふ」は「言合ふ」行為を随伴することをもって完結する行為であった。これは言語による行為の形態そのものを指した語句であるが、「もの言ふ」は、そうした「問答」などにおいて実現する、行為の対象をも意味に含めた句である。つまり、「もの」は、言語による行為の対象であり、それは、精霊《もの》の一種の心といってもよい、そんな心の奥底にある本音《ほんね》といったものを指している語とみえる。それは、具体的一回的な情ではない。むしろ、それらをより奥底で支配している元気《げんき》のようなものと認識されていたのではないかと考える。それは、世の中のことについていう場合には、理屈《ことわり》という観念によって認識されるものを意味するようになり、「物知り」の「もの」は、それである。

資料30　此を物知り人等の卜事をもちて卜へども……　（祝詞・竜田風神祭）

資料31　又物しりはさだけて　（おもろさうし・あおりやへがふし）

資料31の「物しり」は巫覡のことという。これらの例から、「もの知る」の「もの」も、もとは「精霊」の意の「もの」であったと考えられる。この語句もこの特殊性から一般化することによって、後の「物知り」の意に転用されていったものであるが、資料27などの「もの」は、まだ精霊、元気などの意味であったとみられる。

後述するが、「もの＋形容語」の「もの」も、この延長上に産出された語句であったと考える。「もの思ふ」も、この系列に連続する。「もの」と「思ふ」の結びついた例は、万葉集で五二例を数える。単に「思ふ」というより「もの思ふ」というと、重みが加わる、そのニュアンスは後世にまで残っていくが、元来は、この「もの」も、先の「物言ふ」にみた意味を有する語であった。「もの」を対象として捉える用法において、最も早くに類型化、慣用化したのが、この「もの思ふ」であった。

四　「ことがたり」から「ものがたり」へ

資料32　いしたふや海人駈使　事の語り言もこをば　（古事記歌謡・二、三、四、五）

「事の語り言もこをば」は、さらに古事記歌謡の一〇〇、一〇一、一〇二にもみられる。資料32の方は、「神語」というとあり、後者は、「天語歌なり」と規定されている。さらに、「―語《がたり》」の用例には、

資料33　いなといへど強ふる志斐のが強語《しひがたり》此の頃聞かずて朕恋ひにけり　（万・三・二三六）

資料34　青みづら依網《よさみ》の原に人も逢はぬかも石走る近江県の物語《ものがたり》せむ　（万・七・一二八七・旋頭歌 人麻呂歌集）

などがあり、上代においてはこれですべてである。

「かたり」の系譜はそれほど明らかにはなっていないが、一般的な言語行為の「いふ」とは異なり、あるひとまとまりの内容をもった譚をなすことであったことは確かであろう。それらのうちで、特殊性の顕著な「かたり」が、右にみたような、「―語《がたり》」として認識されていた。しかし、「―語」という語による規定はみられないにしても、そうした特殊な性格の「かたり」の部類に入ると思われるものには、なお、

資料35　国郡の旧事を問ふに、古老の答へていへらく、古《いにしへ》は……　（賞陸国風土記・総記）

資料36　故、俗人の諺に曰はく、「さばあま」といふは、それ是《こ》の縁《ことのもと》なり　（応神紀三年）

などがあり、資料36の例は、「是本」「其縁」「本縁」などと一連のもので、その背後に「縁譚《ことのもとのかたり》」の存在を考えることができる。「ことのもと」の「こと」は「言」でありまた、「事」であった。

これらの特殊な性格の「かたり」、それらは、基本的には、「事の語り」であった。それは、具体的一回的事象の由縁を語ることが基本であったことを意味する。語られる事象が、歴史的時間の流れの中に位置づけられていく「か

たり」であり、本質において系譜譚と総称されてもよいであろう。記紀は、その大きな集大成となった。風土記などにみえる地名起源譚にしても、本質は「事の語り」にあった。そこに、竹取物語などにみられる語源譚とは異質なものをみることができる。旧事《ふるごと》を伝える語部の老人や巫覡に、氏族社会が期待したものは、それであったし、大和（または河内）の王権が期待する「かたり」も、そうした性格の「かたり」であったのである。ここには、平安期にみるような「ものがたり」を求める社会的関心はまだ充分に自覚化されていなかったといえる。公的な世界においてはもちろん、私的な世界においても。ただ、問題は、「神語」の性格である。

資料37　争ぎて神語の入微なる説を陳ぶ。（皇極紀三年六月）

童謡《わざうた》との関係において説かれた山上伊豆母の考えに注目したい。(15) 山上は「土着巫祝達の中央集権に対する不満を託宣の形で訴えたものが神語」（資料37にみる神語を指す）だとし、これを童謡の原形とみている。そして、「大化前代のヤマト国家における巫道信仰《シャーマニズム》が祭祀儀礼に移行するに従い、それを荷担した巫祝の予言や託宣である『神語』は変質していった。中央宮廷ではそれが『神がたり』の儀礼となり、諸豪族の間では、予兆の『ワザウタ』歌謡の発生となる」とする。童謡の登場は、「あらゆる意味で転換を象徴する時代(16)」と評される皇極期にはじまっているのである。

童謡が、諺に似た喩の表現機構を有することにおいて「もの」志向に基づいているものと考えられる点からすると、「神語」も、「もの」志向の「かたり」であったかも知れない、そこには、「こと」を超えた「もの」が志向されていたのではないかと考えられるのであるが、しかし、先に資料32にみたように「事の語りごと」と性格規定される「神語」でもあったことを考えると、たとえこの「神語」に、後世の「ものがたり」の始源をみるとしても、「神語」はなお、「精霊《もの》がたり」の性格を残しているものであったと考えられる。それは後述する「物語」とはやや異質なものと考えざるをえないのである。

「物語」の用例は、上代文学では、資料34と「忘るやと語《ものがたりして》心遣り過ぐせど過ぎずなほ恋ひにけり」（万・十二・二八四五・人麻呂歌集）の二例、ともに人麻呂歌集の歌であり、いわゆる三・四期の歌には見えない。後者の例は、なお訓みに問題が残るが、「物語」の用例と認めるなら、それは、平安前期仮名作品にみえる用例の意味に近い用い方がされているとみられる。「心慰むる」ものとしての「物語」である。資料34の場合は、歌の状況が充分に把握できないが、「精霊《もの》がたり」なる「神語」であった可能性も否定できないようである。

平安期に入って、日常語世界での「物言ふ」は「物語りす」に受け継がれ、「事のかたり」は、「物語」に受け継がれたといってよいであろう。では、この「物語」とは何であったのか、「物」とは何を意味したかについては、「物語」の自覚が芽ばえる平安中期において急増する「もの＋形容語」の表現性を先に確認してから述べることとする。

上代では万葉集にみえる、次の例などがわずかに存在するのみである。

資料38　旅にして物こほしきに山下の赤のそほふね沖へ漕ぐ見ゆ　（万・三・二七〇）

資料39　（長歌）常世にと我が行かなくに　小金門にものかなしらに　思へりし我が子の刀自を……
（万・四・七二三・大伴坂上郎女）

資料40　春まけてものかなしきにさ夜ふけて羽振き鳴く鴫誰が田にか住む　（万・十九・四一四一・大伴家持）

平安期の、蜻蛉日記より以前の作品にみえる「もの＋形容語」の例でも、その形容語にあたる語は、「こひし」「かなし」「うし」「こころぼそし」「わびし」「さびし（さ）」など悲哀の感情語に限られている。「もの――」の発達しきった段階においても、この種の語が多いという傾向がみられると思うが、発生的にみて、「もの」は悲哀の情と、より結びつきやすいものであったことを思わせる。これらの形容語についた「もの」は、その情意の対象として、先に「ものいふ」でふれた「精霊《もの》」の系列から派生してきた、表面的な具体的一回的な情意を奥底で支配する、根源的な元気《げんき》、を意味する「もの」と考える。だから、「ものかなし」において、「もの」は「かなし」の感情の対象というよりは、「もののあはれ」「もののかなしき」「ものの心を知る」といった表現がみられることも合わせて考えてみる時、「かなし」という感情の湧き出す源を表出している語とみる。単に外面の具体的個別的な事象にのみ支配されているような情感ではないという認識が、「かなし」においては、「ものかなし」の表現を生み出したと考える。それは、「こと」認識から「もの」認識への到達の一つの自覚化の現れであったとみる。

これらの「もの＋形容語」の「もの」については、西下経一のすぐれた論考[17]がある。西下は「瀰漫の状況をあらはす」「もの」とか、「一つの世界を意味する、その環境・世界を示す」「もの」とかと説き、「これらの用例が普通に『何となく』といふ風に解釈されてゐるのは、『あはれ』『かなし』『心細し』などの感情が特定の一つの事情から起るのではなく、その時その場の状況一般から催されるからである。さういふ感情を起こさせる理由が一点に集中しないで、環境の全体の中にあまねく行きわたり、瀰漫してゐるのである」と。

一方、普通「もの」の意味の一つに一般性抽象性を意味する用法をみるようである[18]が、西下は、そうした「もの」認識の実態につき、心情表現の場合においてみごとな分析をなされたと判断するが、一言でいうならば、それは「もの」のイメージをあまり「空間的」にのみ把握されすぎている、そのために「こと」認識を超えた「もの」認識を捉えていない。「もの」は「時間的」にも「こと」を超えねばならないのである。「もの——」を、「なんとなく」と訳す。けだし名訳であると思うが、しかしこれは、単なる婉曲的な意味合いにとってはならなかった。後世になると、「もの——」なる語、またはその表現性がひからびてくると、婉曲的用法にふさわしくもなってくるが、少なくとも当初においての「なんとなく」とは、漠然としている、あいまいだというのではなく、たとえそうだと解釈しても、つまりは、具体的一回的な事象においては理解しきれないという感情の表出であって、もっと奥深いところから湧出している情感だと認識していることを表現しようとしている。これは、「空間的」広がりのイメージでは捉えきれるものではなく、深く垂鉛をたれるイメージにおいて理解すべき表現であった。それが「もの」認識であった。日本的表現の一つとされる「あるかなきか」という表現にみる認識も、それであるとかないとかと、具体的事象のレベルでは判断しきれないものを感得している故に、「あるかなきか」としか表現のしようがない、そういう認識を示しているのである。「なんとなく」「わけがわからない」、それだけ奥深いのである。ところで、具体的一回的な事象を体験することを契機にしても、そうした抽象的普遍的な理(もの)を感得することは可能であったわけで、それはまさに仏教における認識の方法であったし、それが「もの」認識というものであった。

さて、ここで「物語」の考察にもどりたい。

わずかに見える「物語」の用例及び「かたり」の存在を、いかに平安期の「物語」につなぐかが、今一つの研究課題になっている。[19] 少なくとも源氏物語において「物語」が自覚化され、その祖を竹取物語にみるという紫式部の「物語」観における「もの」認識は、どんな内実を有するものであったのか、ということが問題の焦点になっているのである。

平安期における「物語」の「もの」についての説には、「精霊《もの》」の系列で捉えた「霊魂・霊威」説、[20]「者《もの》」や「鬼《もの》」の意識の反映をみる「卑下・蔑視意識」説、[21]「対象・存在物・物体」を媒介とする「対他性」説、[22]などがみえる。

筆者は、「物語」の「もの」も、以上考察してきた「もの」認識の連続の上で考えねばならぬと考える。もちろん、一方において、「ものいふ」の系列の連続の上で考えねばならない、伊勢物語や大和物語の中にみえる「物語りす」の用例もあり、それらはまた、源氏物語においても多くみることができるが、文学としての「かたり」の系譜における、「事の語り」に代わって登場してくる「物語」(少なくとも紫式部の認識における)については、次のように考えるべきかと思う。

「もの」とは、「人生の奥深い真理」「普遍的理法的な」ものであった。方法において「かたり」である以上、具体的一回的な事象をもって語られるけれども、例えば、竹取物語のように天武朝という具体的歴史性をイメージ化して描かれはしているけれど、「もの」を語るとは、その事象（こと）を超える「もの」を描くことであった。ただ、この方法において、より「もの」に傾斜すると、「昔」「をとこ」などに徹底する伊勢物語にもなり、また、「昔」「をとこ」を捨てさって、「こと」に傾斜しすぎると大和物語にもなりうるのであった。螢の巻（源氏物語）にはこうある。

資料41　神代より世にあることを記《しる》し置きけるなり。日本紀などは、ただかたそばぞかし。これら（物語）にこそ道々しく委しきことはあらめ

「かたそば」とは、記紀の方法が「こと」認識にのみ徹底して、具体的個別的な事象を描くことしかなかったことを意味しているのであろう。

平安期以後の物語文学または散文学の方法を史的に捉えていく上において、各々の作品が、いわば歴史的事象ともいうべき具体的一回的な事象（こと）と、いわば、道理ともいうべき抽象的普遍的真理（もの）とを、いかに認識し、その方法において、それらをどんな関連において抱き込んでいるかという機構を明らかにすることが重要な課題ではないかと考える。

語り及ばなかったことは多いが、素描として、筆者の基本的な考え方と、大筋における史的展開の骨を組み立ててみようとしてみたしだいである。

【注】

（1）引用文は、別注以外はすべて岩波古典文学大系による。

（2）中西進「渾沌のことば」（「国文学」第18巻3号）。
（3）臼田甚五郎「和歌の発生」（和歌文学講座『和歌の本質と表現』桜楓社・一九六九所収）。
（4）折口信夫「霊魂の話」（折口信夫全集第三巻所収）。
（5）「さま」の語と、その語による認識の自覚化はおくれた。上代では未発達で、万葉集には「様」の字さえなく、また「さま」も「いかさま（に）」「かくさま」などの形でみえるばかりで、ほとんどが挽歌に詠まれた例である。「さま」は平安期に入って急に発達をみせる。このことは、「見る」「見ゆ」行為とそれによる認識行為の対象化ということと関係するものか、これは魅力ある問題である。
（6）この点『岩波古語辞典』が「こめられている神意をいうのが原義」とするのは首肯しうる。
（7）折口信夫「古代人の思考の基礎」（折口信夫全集第三巻所収）。
（8）森重敏「ひと（人）かぞ（父）おや（親・祖）」（「万葉」93号）。
（9）益田勝美「モノ神襲来」（『秘儀の島』所収）が、「大物主神」の「物」を「疫神」とする。崇神を意味する。
（10）注4に同じ。
（11）溝口睦子「記紀神話解釈の一つのこころみ」（「文学」第四一巻第一〇・一二号、第四二巻第二・四号）。
（12）新撰日本古典文庫4による。
（13）浜田敦「『もの』と『こと』」（『東方学会創立二十五周年記念東方学論集』所収）によると、日本語の「こと」「もの」に対応する語が朝鮮語にもあるが、「もの」に対応する朝鮮語では、「ものしり」「ものがたり」「ものごと」「ものへ行く」などにみる「もの」のように、漠然とした一般化した意味を表わす用法はないようだ。「もの」には日本語特有の用法が派生してきているとみられる。
（14）折口信夫『日本文学の発生序説』（角川文庫）。
（15）山上伊豆母「『童謡』の成立と継承」（「芸能史研究」九号）。
（16）多田一臣「童謡覚書」（「古代文化」二二一九号）。
（17）西下経一「源氏物語のもの」（「国語と国文学」31巻1号）。

(18) 東辻保和「『もの』を前項とする連語の検討――中古語の場合」(「論究日本文学」19号)など。
(19) その一端は、広川勝美「物語出できはじめの祖」(「日本文学」77・4)などにみえる。
(20) 三谷栄一『物語文学史論』『物語史の研究』(いずれも有精堂・一九六五、一九六七)。
(21) 藤井貞和『源氏物語の始原と現在』(三一書房・一九七二)。
(22) 三谷邦明「物語とは何か」(鑑賞日本古典文学第6巻 角川書店・一九七五所収)。

三　古代文学と「さま」認識の発達

「色に出でにけり」など、「色に出づ」という表現は、すでに万葉集に多く見える。そのほとんどが恋の歌である。巻八、十、十一、十二、十三、十四、及び巻三、四に見られ、ほぼ天平以降の恋歌において登場してきた表現とみてよいか（但し、巻十六―二十に見られないことに注意）。「出づ」の主語は「色」ではない。「色に出づ」である。恋歌であれば、言うまでもなく、「色に出づ」の主語は「恋ふる心」である。内なる「恋ふる心」が顕在化した外的な現象が「色」である。現象としての「色」によって「内なる心」が知れる。逆に「色」として顕在化しない「内なる心」は他人には知られない。このことが自覚されていたことは重要である。万葉集ではしかしまだ、「内なる（恋）心」と、その現象としての「色」との間には、素朴に連続性が信じられていた。つまり「色」は必ず「内なる（恋）心」が存在する故に現象するものであった。

「好《す》く」と「好《この》む」の違いについて、木之下正雄『平安女流文学のことば』（至文堂）は、前者が「内的な精神作用」であるのに対して、後者は「具体的な行為」を意味したと分析する。この二者はいわば、前者が内的作用であるのに対して後者は、外的作用だと対比的に捉えうる。さらに清水文雄「いちはやきみやび」（『源氏物語―その文芸的形成』）によれば、「色好み」という外的作用は「好き心」という内的作用に発するものと捉えられるものであった。

「ながむ（ながめ）」が、物思いにうち沈んでいるさまを意味する語として登場したのは、平安以降である。この語は、内的な精神作用（内的作用）を意味する語のように受けとられやすいが、たとえ「物思う」の意に傾いていた（北山正迪『『ながむ』覚書」）としても、やはり、本来は行為（外的作用）を意味する語であったとみるべきであろう。つまり「（もの）思ふ（思ひ）」という内的作用に発する、その外的作用が「ながむ（ながめ）」であったと捉えるべきかと思う。なお、「ながめ」は平安後期において、人間精神の外的作用の意から、その外的作用（行為）によって捉えられた対象（眺め―風景）を意味するようになる。または、特定の内的作用とは切れた「外を眺める」（北山）を意味するようになったことは注意してよい。この変化は、おそらく「けしき」の語が、人間の表情を意味する語から、自然の風景をも意味する語になっていった平安中期頃の変化（根来司「八代集と「けしき」」・西端幸雄「「けしき」と後拾遺集」）を生んだ時代の認識が誘発したものであったか。

「けしき」が、「け（気）」と「しき（色）」の複合語（漢語）であることはいうまでもなかろう。この「け」と「けしき」の関係には、先に見た、内的作用と外的作用の関係に対応するものがある。内にあるもの（気）が発動して外的な現象となったものが「けしき」である。この「けしき」の語も平安朝になって、その使用が顕著になってくる。そして更に「けはひ」の語も登場する。「けしき」と「けはひ」の意味的相違は多くの先学によって説かれてきたが、ここでは「けしき」の語より遅れて「けはひ」の語が登場してきたといわれる語史的事実が重要である。「け→けしき」が、対象の客観的な認識であったのに対して、「けはひ（→け）」は、主体の側からする、対象に対する主観的な観察の結果を意味しているといえようか。いわば、この両者には、形容詞における、ク活用・シク活用の違いに対応するところがある。「けしき」は、対象（物）に内在する「け」の発露として信じられる現象を認識する語であったのに対して「けはひ」は、対象そのもの、また対象に内在する「け」が確認し得ないままに、いわば隠されているそれ（主体からは見えないそれ）を、主体の側から認識しようとする態度によって把握された、対象認識の手がかりともなるべきものを指していると言えようか。

ところで、内的作用と外的作用とは因果的な関係にあるとはいえ、二つの作用は本来別の次元に立つものである。

その点で、古今集仮名序の思想が「こころ」と「ことのは」の二元論的描定と理解される（秋山虔『平安貴族文学の始発』）ことが注目される。「こころ」は「け」つまり内的作用にあたるのに対して、「ことのは」は、その外的作用だと言えよう。しかし、この二元論的認識は、「「こころ」と「ことのは」の決定的な乖離の認識」であり、「「ことのは」に「こころ」を読むことはできない」ことまでをも含み「もはや個々の心と心とが連帯なく切れ切れにさまよいわびている精神的状況を想定させるではないか」（以上秋山虔）。これは都市化した生活空間（社会）が生み出した、平安京人の精神構造であった。この内面と外面の決定的な乖離、つまり個々の心と心とが直感的に共感しえない状況は、時代の文学の有様に何をもたらしたのか。現象（外的作用）は「気」そのもの「心」そのものではない。しかし、あくまでもそういう現象（外的作用）を手がかりにしてしか、そのものごとの「気」「心」を求める方法はありえなかった。ものごとの現象（外的作用）をつぶさに観ようとする眼が要求される。いかに現象（外的作用）を認識するかを志向する態度が生み出されてくることになった。

万葉集には「様」の字がない。和語「さま」も未発達であった。それが古今集仮名序をはじめとして、平安朝文学の始発においてすでに熟した語となって登場してくる。この「さま」認識が「こと」「もの」の認識に遅れて発達してきたことは何を意味するのか。言語が時代の認識の有様を反映するものだとすれば、奈良時代から平安時代にかけて、漢籍の訓読を通して形容動詞が発達してきたこと（大野晋『日本語の文法を考える』）は、単に造語力を失った形容詞語尾に代わって形容動詞語尾が造語力を発揮して形容詞の役目をも果たす形容動詞を増産することになったことによる、とのみいっておいてよいものかどうか。この国語史的現象には、「さま」認識の発達と深くかかわっている面があったのではないか。

内的作用の発露としての外的作用といった直線的関係に対する絶望が、とりもなおさず内面と外面の二元論的認識を決定づけたのであり、それ故に今や人々は、外的作用のみを手がかりにして、その対象の内的作用（もの）を捉えようとする認識の態度を余儀なくされたのであったろう。ここに「さま」認識の発達してきた理由があったといえようか。

四　基本認識語彙と文体

――平安和文系作品を中心にして――

一

従来実施されてきた平安作品の語彙調査については、その成果と問題点を浅見徹が詳細に紹介し分析している。[1]それによると、平安作品と語彙との関係については、主として品詞別の異語数によって実施されてきたといえるようだ。さらに延語数の重要性の指摘と実践が実施され、さらに意義分類の試みとそれによる語彙の考察も実施されるようになり、意味を加味した範疇語彙体系を単位とする、作品と語彙の研究がみられるようになった。

しかし、大野晋、宮島達夫の調査研究を除けば、多くは源氏物語など一作品に限ったものか、又はジャンルや時代において近接する二〜四作品を対象とするものであった。多くの作品にわたる調査研究の場合も特定の品詞や特定の数語を対象としたものであったといえよう。本稿もその類に属するといわざるをえない。けだし、主たる平安作品を全体的に捉える、平安作品と語彙との関係の研究には困難が伴う。語彙調査に利用する語彙総索引の類が持っている問題があり、又、作品量の大きい作品の調査分析の物理的困難さなどがその理由の一端となっていよう。本稿も各作品の語彙索引を利用させてもらったのであるが、[2]利用にあたって私に判断したため各索引の基準を見誤っていないかと恐れる。

従来の平安作品の語彙研究は必ずしも文体論を標榜するものではなかったが、その結果は自ずと作品の文体的性格を物語るものとなっていたといえよう。本稿は、基本的な認識を表現素材とした語彙を対象に、主たる平安作品にわたって調査分析し、平安作品の文体論的な考察の手がかりを得ることを一つの目標としたい。基本的な認識を表現素材とした語彙を、ここで基本認識語彙という。

二

現象の認識には、種々の側面がある。それらを統一的に原理的に把握するとなれば、それは認識論、論理学、哲学にまで亘らざるをえない問題であろう。しかし、ここでいう基本認識とは言語現象として現われた言語による認識のみを前提にして、日本語—国語における現象認識の種々の側面を整理分類することから得られるであろう種々の認識の基底に位置して、多くの側面を統括するような認識を基本認識と呼んでおくことにする。

ことば＝語が、各々の語族の認識のあり方を反映する、といわれる。日本語という一言語の語彙体系は、日本語を使用する日本語族の認識の偏向を反映するものであるということになる。ここでは日本語族の、そうした基本認識を示すと思われる語として、「もの」「こと」「さま」「わざ」を認め、これらを対象としてとりあげることにする。これらの語が現象の種々の認識の中でも、より抽象度の高い認識を示す語であることは、それらが形式名詞又は形式名詞的用法を有していることで知られる。形式名詞的性質を有するか否かは、基本認識に該当する語であるか否かをみる、一つの目安となろう。

しかし、形式名詞又は形式名詞的用法を有する語は、先の四種に限らない。「ひと」「とき」「ところ」「ほど」「わけ」「故」「点」「ため」などが考えられる。井手至によると、「形式名詞に先行しそれを修飾する語句の内容」は、

「人・物・事・時・場所・様態・程度・目的・原因理由・意思・蓋然態・代償」の十二箇の範疇に属する事柄になるという。(3) 最初の五箇には「ひと・もの・こと・とき・ところ」がその典型語として存在している。そしてこれらは日本語の代表的な形式名詞であったといえよう。そのうち「ひと・とき・ところ」は、「もの・こと」を構成する素材であると考えると、「もの・こと」がより抽象度の高い形式名詞となる。又、六つ目の様態の範疇を規定する形式名詞には、「ひと・もの・こと・とき・ところ」に対応する代表的なものはみられない。井手は、「風《ふう》・分・通り・調子・ふり・様子・ぐあい・なり・恰好・ざま・あんばい・はこび・まま・様《よう》・体《てい》・体《てい》たらく・仕末・模様・有様」を指摘している。平安作品であることを考えて、様態範疇を規定する語として「さま・やう・けしき・けはひ・かたち・すがた」をとりあげることにして、これらを「さま」認識語彙とする。以上の「こと」「もの」「さま」については、塚原鉄雄に、国語の名詞が「こと」「もの」「さま」の意義を荷担するという説(4)があり、それをふまえて小松光三は、「こと」認識、「もの」認識、「さま」認識を国語における基本的な三つの認識であるとする。(5)

古来日本には仏教思想の影響で、現象認識の基本概念として、体・相・用を採り入れ、中世以降になると、種々の分野で基本原理を示す語として応用してきた。国語意識史又は国語学史においても、体・相・用は重要な概念として導入され、(6) いうまでもなく、今日の各種品詞を統括する上位概念として用いられている。つまり体言・用言・相言である。筆者は、この体・用・相という認識概念が、「もの」認識・「こと」認識・「さま」認識に対応するものと考える。以上のような見通しから、「もの」「こと」「さま」がまずは基本認識語彙であると判断する。これらに「わざ」を加えることには疑点が多い。先の井手の示した、形式名詞の規定する範疇にも人間の行為態度に関するものはないこと、また、使用頻度数が高いとはいえないなど。しかし、平安作品では抽象度の高い形式語として用いられたようであり、また源氏物語などの作品を考える上で重要な語であると思われるので、人間の行為態度を認識する基本語としてとりあげてみることにする。補(1) そこで本稿では、「こと」「もの」「さま」「わざ」を基本的な認識語彙として設定し、各語による認識表現が平安作品においてどのように分布しているかを統計的に分析してみることから、平安作品の文体論的考察の手がかりを得たいと考える。

三

各認識について、本稿では次のように規定する。「もの」認識とは、対象の本体・本質の認識であり、「こと」認識とは、対象の存在(作用)の認識であり、「さま」認識とは、対象の状態の認識であり、「わざ」認識とは、対象(人間)の行為態度の認識である。なお、「さま」認識については、二種の区別をすることが必要かと思われる。一種は、狭義の「さま」認識で、対象の様態の認識であり、一種は「やう」認識で、対象の状況の認識である。

こうした基本的な認識について、平安王朝語の分析を実施したものに、先の小松の論考がある。(7) 小松は次のように規定している。「もの」認識は「実体の認識」であるとし、「こと」認識は「事態の認識」であるとし、「さま」認識は「状況の認識」であるとする(なお「わざ」認識についてはふれておられない)。そして、主として「こと」認識を示す形容詞と「さま(やう)」認識を示す形容動詞とを数量的に調査して、両品詞の、各作品中での比率によって、各作品の志向した認識が、「こと」認識的であったか、「さま」認識的であったかを考察している。小松の、「こと」「もの」「さま」各認識の規定は、本稿の規定とほぼ一致するものと考えてよいが、作品において、各認識の存在を確認する対象語が相違する。小松は、「こと」認識を形容詞にみ、「さま」認識を形容動詞にみている。つまり、「形容詞に対する形容動詞の比率」によって、各作品の「こと」認識性「さま」認識性を分析するのである。ただし、部分的には、語「こと」及び語「さま(やう)」そのものの使用頻度からする比率を傍証として指摘されてもいる(判定の基礎となった数値はすべて示されていないが)。本稿では、この小松が傍証に用いられた語「こと」及び語

「さま(やう)」そのものを対象としている。

両者の相違は次のように言えよう。小松の品詞別による分析は、「こと」認識の内容、「さま」認識の内容を対象としている。例えば、「花が美しい」の「美しい」は、その「花」の属性である「ウツクシイ」という性質を指示した語である。小松によれば、「美しい」は、その「花」の持っている「こと」的性質(属性)を抽出していて、「花」を「こと」的に認識しているのであり、これを「こと」認識と認定している。ところで「花が美しいこと……」となると「ハナがウツクシイ」という表現対象を「こと」として認識していることになるが、本稿でいう「こと」認識とはこれにあたる。前者は「こと」を認識しているのであり、後者は「こと」について認識している。前者の小松の場合を「こと」認識というならば、後者の本稿の立場は、厳密に言えば、「こと」認識の認識というべきであろうか。本稿の「こと」認識は、「こと」という語そのものを対象として、「こと」語彙の存在をもって「こと」認識の存在と認定する。なお、東辻保和には、「源氏物語・枕草子における『もの』語彙・『こと』語彙―語彙研究の方法についての試論―」(『国文学攷』第三十九号)という論稿があるが、これは、何を『もの』または『こと』として捉えているかを調べられたもので、本稿の方法と異なっている。本稿は何かを「もの」「こと」として捉えている、その回数を調べたものである。

ところで、小松は、形容詞を「こと」認識の語とされているが、これは疑問である。属性概念「こと」が属性の判断形式をとるとき、語素「シ」をとって、「こと+し」→「ごとし」となることから、属性概念と判断形式(「シ」)を兼備する形容詞は「こと」認識の語であるとするのである。同様に、「やうなり(さまなり)」という判断形式から形容動詞を「さま(やう)」認識の語だとする。その前提に「ごとし」「やうなり」「ものす」という語の存在が「こと」「やう」「もの」と形容詞・形容動詞・動詞という用言の三品詞に対応するという考えがあるようである。しかし、「もの」は一方「ものし」「もののし」などと形容詞としても派生している。また「ごとし」と「やうなり」とは、奈良時代以前においては「ごとし」のみが存在し、「やうなり」が発生した平安時代においては、位相上の対立語（訓読語と和文語）であって文脈中に共存しての対立関係にはなかった。

形容詞はすでに説かれるように、体・相・用のうち相の類に相当する語とみて、形容動詞とともに「さま」認識の語とみるのがよいと考える。ただし、形容詞ク活用と同シク活用と形容動詞との間にも認識のあり方に差があることには注目すべきであり、その点に関する分析には小松の論考に教えられるところがある。小松の論考を形容動詞の視点からのものとみ、平安各作品の「サマ」的認識の多少を見たものとするとき、その結果には、本稿の調査の結果と一致するところは多く、平安時代における「さま」認識の発達の様子もうかがえるのである。

四

宮島達夫編『古典対照語い表』には、とりあげられた十二の古典作品の使用頻度の高い「上位20語の表」というのが巻末に掲載されている。わずか20位までの単語ではあるが、それらをながめてみても、十二の各作品の様々な面が推測される。

竹取物語の「かぐや姫」「おきな」、万葉集・古今集・後撰集の「鳴く」「花」「山」「秋」「来」、土佐日記の「うた」「ふね」「海」、紫式部日記の「宮」「との」、方丈記の「家」、大鏡の「おとど」などは、各作品に特有の表現素材であり、万葉集・古今集・後撰集の「わが」「われ」、伊勢物語の「むかし」「よむ」、土佐日記の「けふ」、枕草子の「をかし」「いみじ」などは、各作品に特有の発想ないしは表現様式に関わる語であり、又、「あり」「人」「いふ」「す」「いと」「なし」「心」「おもふ」などはほとんどの作品にみられるもので古典文学作品における基本中の基本語彙であったことなどがよみとれる。平安中期以降の作品では、各作品特有の表現素材にあたる語が少なくなり、右にみた基本中の基本語彙がほとんどとなるが、これは単に時代の相違によるものというより、宮島のとりあげられた十二の作品が中期以前のものでは比較的小さな作品であり、中期以降では比較的大きな作品であるということに関係があろうか。文章が長編化すればするほど、特殊語彙は頻度数において上位から後退し、基本中の基本語彙が上位に浮上してくることは充分予想のつくところである。しかしそうした中で、なお20位までにランクされた、蜻蛉日記の「ものす」「聞く」、源氏物語の「世」「方」、更級日記の「夜」「月」、徒然草の「良し」「世」などが作品世界を象徴する語として注目される。

このように今恣意的にザッとながめてみたにすぎないが、作品と語(彙)との関係を色々と想像させてくれるものがあり、興味深い。さて、本稿の対象とする「もの」「こと」「さま(やう)」「わざ」についても、本稿と宮島編著とでは、各語の摘出法(数え方)を異にはするが、表現事実について示唆してくれるところがある。「もの」「こと」が基本中の基本語彙と認めてよいことは、十二の作品のすべてにわたって20位までにランクされていることからわかる。ただし、万葉集、古今集においては、「こと」が20位までに入っていない。このことや、十二の作品の多くにおいては、「こと」が「もの」よりも上位にあることなど、本稿の調査結果と一致するところである。ただ本稿では、使用率による順位づけよりも、「こと」と「もの」とのひらき(比率の相対関係)を問題にしようとしていることからすると、作品によって、「こと」上位「もの」下位の関係が逆転しているもの、又ほとんど同位置にあるもの、また同じ「こと」上位「もの」下位でも、そのひらきの大きなもの、小さなものがあることが他の語彙との関係の中で確認することができる。

「さま」が20位までに登場する作品は源氏物語と紫式部日記の二作品であることがわかり、又、「やう」が登場する作品は竹取物語と更級日記の二作品である。本稿では「さま」認識として「サマ」語彙も「ヤウ」語彙も一グループにまとめたのであるが、このことは、先にも述べたように、「サマ」認識＝様態認識と「ヤウ」認識＝状況認識とを区別して捉えることが必要であることを意味していようか。補(2)「わざ」はいずれの作品においても20位までには登場していない。

以上、宮島達夫の『古典対照語い表』にみる調査によって、筆者の意図するところも大よその見当をつけることができることをみてきたのであるが、筆者なりに調査整理した数値（別表Ⓐ Ⓑ Ⓒ）によって、そこから考えられるところを述べてみたい。

別表Ⓐは語数表である。数字はすべて各項目別に該当する延語数を示している。およそそれぞれ次の基準によって摘出した。

「もの」語彙―次のものは除いた。「者」を意味する「もの」、「ものがなし」「ものあはれなり」「ものがたり」など「もの―」という複合語、「うすもの」「かづけもの」などの「―もの」という複合語、「ものいひ」「ものおもひ」や、「ものす」などの複合語。ただし、「ものを」「ものから」「ものかは」「ものか」「ものゆゑ」など、接続助詞とも処理されるものは採った。

「こと」語彙―次のものを除いた。「言」を意味する「こと」、「なにごと」「あらましごと」などの「―ごと」という複合語、「ごとし」「ことごとし」。

「さま」語彙―「サマ」語彙、「ヤウ」語彙及び「けしき」「けはひ」「かたち」「すがた」の四語を対象とした。

「サマ」語彙については次のものを除いた。方向・方角を意味する「さま」、又、それを含む複合語、「さまざま」「さまざまなり」「あからさまなり」など。ただしその他の、「いかさま（なり）」「わたくしざま」など複合語を構成するものはすべて採った。

「ヤウ」語彙については「たきものやう」「薄やう」などは除いたが、「あるやう」「かやう」「さやう」「おもふやう」「ことやう」「いかやう」及び「やうだい（容体・様態）」は採った。「けしき」については、「気色」「景色」

の区別はしなかった。

「わざ」語彙—副詞の「わざと」「わざわざ」は除いたが、「しわざ」などその他はすべて採った。「伎」「業」の区別はしていない。「後のわざ」など仏教法事に関する「わざ」も含まれている。

作品は平安作品を中心にとりあげたが、一部平安作品以外のものもある。作品を四つのグループに整理している。第一グループは和歌文学作品で、語例はすべて和歌のみを対象とし、詞書、左注などは対象としなかった。第二グループは自照文学作品（日記、随筆）、第三グループは物語文学作品、第四グループは説話、歴史、軍記物語などをそれぞれ対象とする。

別表Ⓐ中の「もの」欄は三段に分けて数字を示しているが、中段は和歌における語例数で、（ ）で示されているのは左段の作品全体の語例数のうちの和歌の語例数を示している。ただしすべての作品にわたっては調査しなかった。右段は、「もの」形容詞「もの」形容動詞の延語数を参考までに示したもので、豊田知加子の論文による。[8] ただし、豊田のとりあげていない作品については私に調べた。

別表Ⓑは、別表Ⓐの「もの」語数を100としての各語彙の指数を示したものである。

別表Ⓒは、宮島達夫編『古典対照語い表』に示されている作品総延語数を利用して「作品量」を算出し、それに対する各語彙の延語数の割合を示したものである。「作品量」とは、例えば、古今集の「100」とは、古今集和歌の総延語数が約一万であることを示す。つまり「作品量」の項の数字に100をかけると、各作品の総延語数の概数が求められることになる。各語彙中の数字はそのまま使用率ではなく、100で割った数字が使用率ということになる。別表Ⓒは、別表Ⓑで、一律に「もの」語数を100として割合を算出したことによる各作品間における、「もの」語数を100とすることの価値の相違を知るためのものである。

五

第一グループの韻文学—和歌文学が、第二・三・四グループの散文学とは顕著な相違を示していることがまず目につく。

その第一は、和歌文学においては、「さま(やう)」認識、「わざ」認識が稀薄であること。このことは「さま(やう)」認識、「わざ」認識が充分発達したと思われる時期以降においても変化がみられないのである。短歌を中心とする和歌文学においては、「さま(やう)」認識、「わざ」認識を基本認識として要求するところがなかったといえる。そしてこの二つの認識は散文(学)において発達した認識であったということになる。「ヤウ」語彙は皆無であるが、和歌文学では、比況の助動詞としては「やう(なり)」を用いず、「ごと(し)」を用いた。

その第二は、散文学作品と比較して、「こと」認識に対する「もの」認識の比率が高いといえることである。すべての歌集(万葉集と八代集)において、「もの」認識が「こと」認識を上まわっているのである。散文学と比較するとき、単に上まわっているというだけでなく、和歌においては、端的に「もの」認識を志向する発想と表現が顕著であったことを意味しているようだ。しかし、和歌文学を通時的にみるとき、「もの」と「こと」との相対関係にも微妙ながら変遷のあることが窺える。万葉集、古今集、後撰集へと、「もの」と「こと」との量的相対関係は切迫していき、拾遺集から詞花集までは、ほぼ同数に近い数字を保持し、再び千載集、新古今集へと、「もの」と「こと」とが量的なひらきをみせている。

別表(C)によると、万葉集、古今集、後撰集の順に、「もの」認識も「こと」認識も作品全体からみるとき、その使用率が高くなっていることがわかる。拾遺集以下についても、作品全体の中での使用率から考えてみるべきところがあるが本稿では保留しておく。

八代集の中では、「もの」認識の傾向が最も強く現われているのは古今集・新古今集である。万葉集ではさらに上まわって、「もの」と「こと」とのひらきは大きい。しかし、万葉集における「もの」認識の多くは、「ものを」の形式で現われている(143例)のに対して、古今集(又はそれ以降の勅撰集)では、「もの」が主題化された「……ものは」や、判断形式をとった「ものなり(けり)」が増加し、多くを占める(古今集12例)に至っているのである。万葉集の「ものを」が、「もの」的な認識を志向しながらなお、過去の助動詞「き」を上接する場合もかなりあり、「こと」認識的詠嘆性にとどまるものであったのに対して、古今集(又はそれ以降)では、事態の背後にある一般性、理法性を志向した「もの」認識であったというところに「もの」認識の質的な変化—情意的な「もの」認識から理法的な「もの」認識へ—を確認しておく必要があるようだ。古今集以降においても、「ものを」(古今集で35例)「ものかは」などの「もの」が多くみとめられはするが、一方において、一般性、理法性を志向する「もの」認識が伝統化したといえよう。(9)

散文学のグループになると、「もの」と「こと」との量的な相関関係は、様相を一変する。平安散文においては、「こと」認識が「もの」認識の約二倍を占めるという関係が標準的であると想定するならば、平安中期の日記文学、蜻蛉日記、紫式部日記、和泉式部日記、更級日記の四作品は、この典型的なあり方をしていることになる。これら日記文学の持つ傾向に対して、宇津保物語以降の物語文学が、「こと」認識の傾向を強く示していることが指摘できる。こうした平安散文の標準的な「もの」「こと」の量的関係を基準にして、個々の作品をみるとき、次の二種の顕著な傾向の存在が注目される。つまり、「こと」が「もの」の約二倍を占めるという標準的な量的関係に対して、「こと」の比率が極めて低い作品(これを甲種とする)の存在すること、二つは、逆に「こと」の比率が極めて高い作品(これを乙種とする)の存在することである。

甲種作品は、第二グループの土佐日記と枕草子、第三グループの伊勢物語、大和物語、平中物語、堤中納言物語である。乙種作品は、第三グループの夜の寝覚、源氏物語、第二グループの讃岐典侍日記、第四グループの栄華物語、大鏡、平家物語である。

ところで、所謂歌物語文学と称される三作品が同傾向を示している。しかし、これらの作品群は和歌の含有率が高い。そこで別表(A)に( )で示した和歌における用例数を差し引いて考えてみなければならないであろう。その結果、大和物語は平安散文のほぼ標準的数値を示していることがわかるが、伊勢物語では、なお、「もの」認識傾向が強いことには変わりがない。この点第二グループの土佐日記も同じで、伊勢物語と土佐日記とはよく似た数値を示していることが注目される。和歌と散文から構成される文章形態において両作品の共通性は高いのである。なお、他作品のこうした傾向の中で平中物語が際立って特異な文体を有していると思われることは注目してよい。

しかし、これらの作品群が、平安前半期の成立の作品であることを考えると、平安中期の散文作品群が示す「もの」「こと」の標準的、量的関係を獲得するに至るまでの過渡的な段階の状態を呈しているのだと考えるべきかと思われるが、こう判断するには、次の二つの疑点がある。一つは和歌文学においてすでに「こと」「もの」は認識語彙として充分発達していること、つまり「こと」「もの」各認識自体の未発達性ということは理由として成立しないのである。もう一つは、平安後期の堤中納言物語と古本説話集とがやはり、「こと」認識の傾向の低い作品として存在していることである。古本説話集は歌物語的性格の作品とみてよい面を有している。

以上を考慮するならば、この現象は、その一つの原因として、作品量が比較的小さい作品であること自体に求めるべきものかと考える。つまり、短編よりも長篇化するものほど、「こと」認識の傾向は強くなり、「もの」に対する「こと」の比率が約二倍という量的相関関係を獲得するものであると考えてよかろうか。和歌中の用例数を除去した場合、大和物語が標準的な数値に達するということは、大和物語が百三段以下において長編化した歌物語章段を多く有していることに関係しているであろうか。それらが平安中期の散文作品の表現方法を獲得していたと考えてよいのではなかろうか。

同時代散文中で枕草子の異質性は顕著である。以上、みてきた「もの」認識と「こと」認識の相関関係について、単純に、相対的に「こと」認識の高い文章は散文学的であり、相対的に「もの」認識の高い文章を和歌文学的であるというとすれば、枕草子の文章は、和歌文学的であるということになろうか。浅見徹によると、[10] 古今集語彙の数値が枕草子のそれにごく近い数値となって現われるという（これは品詞別異語数の統計による）。ただ、作品枕草子の性格を規定しようとするとき、次のことに注意しなければならない。枕草子は比較的文章量の小さい章段から構成されていること、又、各章段は、類聚章段、随想章段、日記章段という、文章型態、様式の異質な三種の章段に分類されるものであること、そうした異質な文章型態の複合されたものが枕草子の全体像である。類聚章段は、平安和歌が獲得した「……は…なり（けり）」といった説明的、解説的文型ないしは一般性、理法性を志向する文型を規準としている点において、和歌的発想に通底するものがあると考えられ、発生的に、枕草子が和歌的用語や発想の整理の書「枕」の草子であったことが思い合わされる。冒頭「春は曙」など随想章段に属する文章も、一回的、個別的事態の写実的描写の文章というよりも、たとえ背後に作者の経験的なものを含んでいたにしても、むしろ典型的な風景の、観念的な記述であるといってよい。そしてこのことにも和歌文学の表現に通底するところがある。特に、（勅撰）歌集中の「はれ」の歌の表現がそれに相当するであろう。（勅撰）歌集による四季歌は、一回的、歴史的時間性――つまり、直線的時間を徹底的に排除し、四季の変遷という円環的時間によってのみ支配されて存在するのである。そして立春なら立春というものの典型的な風景が観念的にとりだされたといった表現機能を荷担するのである。題詠歌もこの典型である。枕草子の和歌的な発想と表現が、自ずと「こと」認識「もの」認識のあり方を規定していたと考えられるのである。一方日記章段の存在が和歌文学にはみられない「さま（やう）」認識「わざ」

認識の存在を可能にしていたと考えてよかろうか。

散文学における「もの」「こと」の相関関係の標準をはずれて、「こと」認識の率の極めて高い作品は、大鏡、平家物語、栄華物語、それに讃岐典侍日記である。これらは歴史物語、軍記物語であり、ともに史実の記録性を立て前としていることにおいて共通する。そして、このことには、第二グループの物語文学の虚構性と異質な発想によって成立する文章であることが反映しているものと考えてよかろうか。その点平安中期の日記作品が事実の記録という性格をもちながら、「こと」認識「もの」認識の相関関係において物語文学的であるという文体的性格は注目してよいことである。しかし、讃岐典侍日記が歴史物語的傾向を示しているのは、同じ日記文学とはいっても、公的な場面の史実性、記録性を重視したものであったことによるものと考えられる。

大鏡の「こと」認識志向が最も際立っているが、宮島編著の「上位20語の表」をみると、「こと」が第一位にある作品は、源氏物語と大鏡である。このことからも大鏡における「こと」認識志向、又は「こと」語り的方法は指摘しうるのであるが、ただ、別表(C)によるとむしろ大鏡においては、「もの」認識志向が大はばに後退したという事実も見のがせない。大鏡における注目すべき「こと」認識的文体ともいうべき例をあげておこう。

●……の夜、あさましくさぶらひし事は……こそ。

●あはれなる事は……。　　(ともに花山天皇条)

本稿においては、「もの」認識語彙としては、「もの」を形態素とする「もの」複合語は除外して考えているが(但し、接続助詞的な「ものを」「ものから」などは採っている)、しかし、除外した中で「もの」形容詞「もの」形容動詞は除外すべきでなかったかもしれない。そこで「もの」形容詞「もの」形容動詞の「もの」について諸先学の説を整理して確認しておきない。

「もの」の語義について、物語文学の側では、「物語」の「もの」をめぐって折口信夫、三谷栄一、石川徹、藤井貞和、三谷邦明の諸氏らにそれぞれ論ずるところがあるが、ここでは、形容詞、形容動詞に冠せられる「もの」の語義及び表現性をめぐって整理しておきたい。近年この「もの」を冠した「もの」形容詞「もの」形容動詞が源氏物語の文学性、又はその語りの特質を象徴する語彙であることを強調するのが根来司の諸論稿[11]である。そこで根来に導かれて整理してみることになるが、複合語「もの――」の「もの」が「ナントナク」と訳されて気分的、情趣的なものと一般に受けとられているのであるが、それを西下経一[12]は、ある「感情が遍在し、弥漫する状況を「もの」という語は指している」と空間的なイメージで捉えている。東辻保和[13]は発生論的な分析から、「もの」は陰性情意性形容詞に冠せられて出発し、陽性的情意性形容詞にも冠せられるようになり、さらに客観性形容詞(主として「ク活用」)にも冠せられるようになったが、当初有していた「運命的な暗さ」は稀薄化し、ただ客観性形容詞にもついてそれを情意化、情趣化する機能を有するにすぎなくなったとみている。しかし、「運命的な」といった情意性は残存しているとみるべきで、単なる情意性、情趣性にとどまらないと考える。そして根来は、高森亜美が「個々の事が総括されたのが「もの」であり、「「もの」の持つ総括性、統一性、感情の内在性」と指摘する[14]のをふまえて、「空間に広がり主体の態度において対象を静観して叙述するゆとりの覆いのかかった表現」性をもっていると説き「このような静的な表現は散文で源氏物語には好んで用いられても和歌では喜ばれなかった[15]」とする。

平安散文作品における「もの」形容詞「もの」形容動詞の使用状況については、豊田知加子の論文に調査結果の表[16]があり、それによると、根来も重視していることであるが、異語数、延語数ともに源氏物語が群をぬいていることがわかる。ついで栄華物語、狭衣物語における使用の高さが目立つ。しかし、これら数作品を除くと、他は総体的に使用状況は低いといってよいであろう。そして根来の指摘にある通り和歌においてはなはだ低調で、和歌では「もの」形容詞「もの」形容動詞は歌語化しにくい面をもっていたことがわかる。ただこの事実を「このような静的な表現は……和歌では喜ばれなかった」とするだけでは充分ではないと考えられる。一つには音数律を本質とする和歌の表現上の制約が「もの」の二音節を加えた単語は使用しかねるものであったとも考えられようが、何よりも、和歌の発想に基礎づけられた和歌の本質とかかわることとして考察すべき問題であろう。一方で和歌表現において、「……ものは」型や「……ものなり(けり)」型などの表現が類型化しており、「こと」認識より「もの」認識の志向を強くしている和歌において、なぜ「もの」形容詞「もの」形容動詞は使用されなかったのか。この疑問を明らかにするためにも、「もの」形容詞「もの」形容動詞の「もの」の表現性を追求しておく必要がある。

既述の通り、これまで、この「もの」について、ある感情の弥漫性という空間的イメージで説明され、運命的な暗さのイメージを持っていたが、後にはそれが抽象化し形式化されたと説明され、そして「空間的で静的な表現性を持つ」とされていると述べたが、こうした説明をもう少し認識論的に明確化して捉えておく必要があるように思う。「弥漫的」「運命的」「静的」とは一体どういう認識のあり方を物語っているのであろうか。概して時空間的に限定された個の存在を超えるものがそこには感得されているといえる。中国仏教—宋学などでは、体用の対立関係を静動とも認識するといわれる。「静的」(根来)が「体」的なるものを意味しようとされたものであるかどうかは不明であるが、少なくとも「静的」と規定される理由はこれが「体」的なものであるからだと考えると、「運命的」というイメージも同じ理由から発していると説明できる。つまり、「体」的なるもの——本質的なものを感得しているのだといえよう。それは「動」——「用」なる個別性を超えるものなのである。

ところで形容詞(特にシク活用)、形容動詞は、一回的で特殊な眼前の事象によって主体にひきおこされた感情や判断であるが、それに「もの」が冠せられるとき、その感情や判断が、眼前の事象のみによってひきおこされたとは言いおさめきれない、個別的、具体的事象(「こと」)を超えるものであると感得していることを意味する。「用」なる特殊に、「体」なる普遍を感得していることを意味する。この普遍性は単に空間的イメージという広がりだけでは説明しきれない。空間は時間とともになお特殊を規定する又は構成する要素であるからである。しかし、それがなぜ「空間」的イメージで捉えられるのか。それには理由がある。「もの」形容詞「もの」形容動詞の「もの」は、「体」なるものの認識、いわゆる「もの」認識というには、形式名詞「もの」の用法に典型的な、そういう「もの」認識には至っていない。形容詞、形容動詞である限りにおいて、あくまで眼前の特殊がひきおこした心情であり情態であるからである。いわば、特殊な個別的な事態(「こと」)を契機にしながら、その心情や情態が奥深い心情(「もの」的)に根ざす、そういう普遍的なものを感じとっている段階にとどまっていると考えられる。「もの」形容詞「もの」形容動詞の「もの」と形式名詞「もの」との意味的関係(差異)は、先に述べた万葉集の「……ものを」と古今集以後の「……ものなり(けり)」との関係に対応、あるいは相似している。いずれも前者の「もの」が情意的、情趣的であるのに対して後者のそれは理知的な「もの」認識に到達している「もの」だといえよう。

様態認識である形容詞、形容動詞による認識を、状況認識化しているのが、「もの」形容詞「もの」形容動詞ではなかったか。それは本質認識、理法認識である「もの」認識への芽を持ちながらも、本質的には「さま」認識にとどまるものではなかったか。「ナントナク」と訳するのは、主体にひきおこされた心情が単に具体的な眼前の事象・事態との関係だけでは説明しきれない心情であること、それだけ、具体的、個別的な心情を超えた心情であることを意味するからであろう。

形式名詞的用法の「もの」を典型とする「もの」は、同じく形式名詞的用法の「こと」との対比において考察されるところがあった。根来によると、[17]高木市之助に「『こと』の形は時間的個別的であり、『もの』の形は空間的綜合的である」と説いているという。[18]大野晋も同じ方向で、「こと」が時間的であるのに対して「もの」は超時間的であると説いている。[19]しかし、「ものなり」を典型とする「もの」については、森重敏、東辻の指摘の通り、この形式名詞の用法の「もの」は、普遍性[20]—一般性—理法性を意味するものと考えるべきものと思う。それに対して「こと」が一回性—特殊性—個別性を意味すると考えてよかろう。本稿で「こと」認識「もの」認識というのは、この意味における「こと」「もの」を典型としてのことである。この種の「こと」「もの」の対立的認識が、国語――日本語固有の性格ともいえる認識言語であることから、最近「こと」と「もの」とに関する考察が多い。(21)

さて、根来は、源氏物語が「『もの』の世界で空間的で静的である」のに対して、平家物語が「『こと』の世界で」「時間的で動的である」と両作品を対照的に捉えているが、本稿の調査の結果にみる、両作品における「こと」と「もの」との相関関係からも首肯できることである。そして平家物語にとどまらず、すでに栄華物語が、そして大鏡が「こと」認識を志向する文体を徹底させていることがわかるのである。

しかし、別表(C)によって「作品量」との相対的関係からみると、源氏物語における「もの」認識が他の作品に比して際立って高いということはなく、むしろ「こと」認識の高さが目立つのであり、それよりもさらに「さま」認識の高さが紫式部日記とともに際立っていることが注目される。根来が源氏物語を「もの」の世界とされるのは「もの」形容詞「もの」形容動詞、就中「ものあはれなり」の語に注目されてのことであるが、先にも述べたように、むしろこれらの「もの」形容詞「もの」形容動詞の使用は、この「さま」認識志向に同調するものであったと考えたい。状況認識の発想が要求した用語であったと考えられるのである。

六

次に「さま(やう)」の認識について見てみよう。「もの」語彙数を100として、他の認識語彙数を指数で示したのが、別表(B)であるが、この「もの」との比率において「さま(やう)」の使用の低いものと高いものとが指摘できる。

低いものから並べると、

平中物語、土佐日記、伊勢物語、大和物語、枕草子、宇津保物語、和泉式部日記、徒然草、落窪物語などであり、

高いものから並べると、

浜松中納言物語、夜の寝覚、狭衣物語、栄華物語、源氏物語、讃岐典侍日記、紫式部日記、更級日記、などとなる。

前者では、平安中期以前の作品が多く、後者では逆に平安中期以後の作品が多いことが注目される。このことには、まず平安時代になって「さま(やう)」認識が発達してきたことが反映しており、必ずしも作品のジャンル的性格だけでは説明できない要素があると考えるべきだろうか。

しかし、「わざ」認識とともに「さま(やう)」認識が和歌文学における基本認識とならなかったことは先にも述べた。万葉集にみる「さま」認識は「いかさま」「かくさま」の二種(九例あり)であり、自立語化した「さま」はみられない。万葉集には「様」の字もまだみないのである。ただ、万葉集においては未発達であったという以前に、和歌文学たる万葉集の歌においてすでに「さま(やう)」認識の発達の必要性がなかったとみるべきで、それが、平安以後の和歌文学(の表現世界)の伝統ともなっているのである。平安以後「やうなり」が成立しても、和歌では用いられず、比況の表現には、古典的な「ごと(し)」を使用したのであった。

平安前期から後期にかけて、「さま」認識が飛躍的に伸びてくるのが、日記文学の紫式部日記及び物語文学の源氏物語においてであることが注目される。源氏物語以後の物語文学では、一層「さま(やう)」認識志向が進んでいることがわかるが、「さま(やう)」認識が物語文学の方法が要請する認識ではあったとしても、それを認識の方法として散文表現に積極的にとりあげたのは、紫式部という個人の認識のあり方が契機となっていたのではないかと思われる。

以上では、「さま(やう)」認識、つまり広義様態認識を志向する語彙として、「サマ」語彙「ヤウ」語彙を一括して考えてみたのであるが、別表(A)及び(B)の「サマ・ヤウ」欄をみるとわかるように、これらの語彙と作品文体との関係を考えていく上では、「サマ」語彙と「ヤウ」語彙との相関関係をとりあげていくべきであるようだ。つまり、大別すれば、「さま」が「やう」を上まわる作品群と、その逆の場合の作品群とにわけられるのである。

そして、第二グループでは、紫式部日記、和泉式部日記のみが「さま」が「やう」を上まわり、第三グループでは、源氏物語以降において、「さま」が「やう」を上まわっているのである。こうみると、紫式部日記、源氏物語において「さま(やう)」認識が飛躍的に伸びているといっても、それは「ヤウ」語彙においてではなく、「サマ」語彙においてであったということになろう。別表(A)の「さま」欄の数字から「サマ・ヤウ」欄の数字を差し引くと、「けしき・けはひ・かたち・すがた」の語数が出るのであるが、紫式部日記と源氏物語では、これらの「けしき・けはひ・かたち・すがた」の語数においても飛躍的に使用率が伸びているといえるようで、こうしたことも合わせて、紫式部日記、源氏物語の「さま」認識は特徴的であるということができる。

ところで、大鏡、平家物語において再び「ヤウ」語彙が「サマ」語彙を上まわっているということは注目しておきたい。なお、「サマ」語彙と「ヤウ」語彙とを狭義様態認識と状況認織という対比で捉えられるとすれば、形容詞のク活用とシク活用、又、形容詞と形容動詞、又、けしきとけはひ、又、かたちとすがた等との対比などとの対応関係の問題も含めて、相の類にみる認識のあり方を見きわめていく必要があるようだが、このことについては別の機会に譲ることにしたい。

最後に「わざ」認識の問題を考えておきたい。別表(B)にみる通り、「もの」語数を100とする指数は全体的にずっと低いものではあるが、ジャンル的な性格を規定するというより、各作品の文体的性格を規定する語彙として注目してみたい。指数16を超える作品は、紫式部日記、伊勢物語、源氏物語、狭衣物語である。中でも紫式部日記が他を圧して高いことが注目される。これらの作品に次ぐものをみると、比較的物語文学に多いことが指摘できようが、それらの物語文学も源氏物語以降の作品においてであって、物語の方法として源氏物語を継承するところがあったとも考えられよう。ここでも、紫式部日記と源氏物語という紫式部の手になる作品が高い数値を示す作品であることが注目される。それ以前の作品としては、伊勢物語と蜻蛉日記とがあり、後者の源氏物語への影響を考えるとき、「わざ」認識の継承という点で、蜻蛉日記の方法又は文体素としての「わざ」認識語彙には注目してよいだろう。さて、ここでは源氏物語に焦点をしぼって「わざ」認識の問題を考えておくことにする。

源氏物語における「もの」、さらに「ものなり」と「ことなり」を追求されてきた東辻は、最近、源氏物語における「わざ」をも分析された(22)。東辻によると、「わざ」には、「実質名詞、形式名詞的用法の全体を通じて、「こと」的性格と同時に「もの」的性格の備わっていることが認められるであろう」といい「殊に形式名詞的用法においては、「もの」的性格が明らかに窺えるのである」という。つまり、一回的、具体的事実性の認識である「こと」認識と普遍的、抽象的理法性の認識である「もの」認識との中間的性格をもっているものと判断される。

こうした「こと」「もの」との関係性から判断されたことは、先にみた、「もの」形容詞「もの」形容動詞でもみたような、状況認識的な志向が、この「わざ」認識にはみられるということになろうか。こうした性格の「わざ」認識が源氏物語では重要な文体的事実となっていたようである。

一方、筆者は、「なりけり」表現を追求する中で、源氏物語における「わざ」の重要性に注意してみたが(23)、少し強弁して言えば、源氏物語は「わざ」の文学だ、とまで感じられる表現事実が存在するのである。

別表(D)に示す通り、「こと」語数が四八〇四例、「もの」語数が一七〇五例、「わざ」語数が三六五例となっている。「こと」や「もの」に比すれば「わざ」の使用頻度は小さい。「もの」に対する指数は21である。しかし、他の作品との関係でみれば、先に述べた通り、紫式部日記とともに使用率は高いと考えてよい。この事実からだけでも源氏物語の「わざ」認識には注目してみるべきことになるのであるが、さらに次の事実に注目してみたい。指定の「なり」がついて判断形式に用いられた「ことなり」となると五六六例、「ものなり」が一一八五例、「わざなり」

が一七〇例となる。判断形式で使用される「わざ」がいかに多かったかがわかるが、さらに、いわゆる「なりけり」構文に使用された数となると、「ことなりけり」形式が一二三例、「ものなりけり」形式が三八例であるのに対して、「わざなりけり」形式は四八例となって、この用例数にみる「こと」「もの」「わざ」の量的関係は、全く逆転していることに気づく。なお、「さまなりけり」形式は五例にすぎない。

この事実は、先の東辻論文における調査にみる、「こと」「もの」「わざ」に下接する終助詞のうち「かな」の場合について、「ことかな」が三三例、「ものかな」が一三例に対して、「わざかな」が五五例と圧倒的に多いということ、全用例において、「かな」や「なりけり」が下接する率が、「わざ」の場合、「こと」や「もの」に比して格段の差で高いことを物語っている。ついでながら、東辻論文で、文末助詞(終助詞)と結合する全用例をみると、「こと」の場合が一三一例、「もの」が三〇例、「わざ」が八六例となっている。

詳述する余裕がなくなったが、「かな」が情意的、詠嘆的表現であり、「なりけり」が論理的、説明的表現であるという表現性の相違があるとしても、いずれにしろ、「かな」や「なりけり」が、言語主体(語り手)にとって関心の高い表現素材を提示するときの表現形式であることを考えるとき、「わざ」認識に対する、語り手の関心度の高さ、意欲性は否定すべくもなく、それ故、源氏物語の文体を考える上で無視できないものと考える。

物語文学である源氏物語は、対象とする表現素材の見方、捉え方という人間探求の方法としては「さま」認識「わざ」認識によりながら、表現の方法としては「こと」認識を採用し、主題としては「もの」認識を志向するものであったということになろうか。

【注】

(1)　浅見徹「古代の語彙Ⅱ」(『講座国語史3　語彙史』所収)。

（2）公刊の索引類に拠った。次の通りである。正宗敦夫編『万葉集総索引』滝沢貞夫『古今集総索引』『詞花集総索引』『千載集総索引』『新古今集総索引』大阪女子大国文研『後撰集総索引』片桐洋一『拾遺和歌集の研究索引篇』糸井通浩外『後拾遺和歌集総索引』増田繁夫外『金葉和歌集総索引』日本大学国文研『土佐日記総索引』伊牟田経久『かげろふ日記総索引』石井文夫外『紫式部日記用語索引』塚原鉄雄外『和泉式部日記総索引』『更級日記総索引』『大和物語語彙索引』『狭衣物語語彙索引』今小路覚瑞外『校本讃岐典侍日記』田中重太郎『校本枕冊子総索引』時枝誠記『改訂版徒然草総索引』山田忠雄『竹取物語総索引』大野晋外『伊勢物語総索引』曽田文雄『平中物語総索引』宇津保物語研究会『宇津保物語本文と索引篇』江口正弘『落窪物語総索引』池田亀鑑『源氏物語大成索引篇』鎌田広夫『堤中納言物語総索引』池田利夫『浜松中納言物語総索引』阪倉篤義外『夜の寝覚総索引』広島大学国研究『古本説話集総索引』高知大学国語史研究会『栄華物語語彙索引稿㈠』秋葉安太郎『大鏡の研究本文篇』金田一春彦外『平家物語総索引』

（3）井手至「形式名詞とは何か」（『講座日本語の文法3　品詞各論』所収）。

（4）塚原鉄雄「『暖かい』と『暖かだ』」（『口語文法講座3　ゆれている文法』所収）。

（5）小松光三「王朝語にみる事態表現から様態表現へ」（『王朝』第一冊）。

（6）永山勇『国語意識史の研究』森重敏『日本文法通論』など。ただし、「相(言)」は体・用ほどには注視されていない。「体用一如」など、体と用の二元的な捉え方が有力であったためであろうか。

（7）注（5）に同じ。

（8）豊田知加子「平安朝文学における語彙について―「もの」複合形容詞について―」（『大谷女子大国文』第四号）。

（9）秋本守英「『なりけり』構文続貂―『ものは』の提示を中心として―」（『王朝』第三冊）玉田恭子「『ものは』型和歌について―古今集から新勅撰集へ―」（『武庫川国文』第14・15号）糸井通浩「『大和物語』の文章―その「なりけり」表現と歌語り―」（『愛媛国文研究』第二十九号）。

（10）注（1）に同じ。

（11）根来司『平安朝女流文学の文章研究続編』所収の「Ⅰ序説」「Ⅱ第二源氏物語的空間―源氏物語の文章―」根来司

「源語的空間と語り手」(『講座日本文学　源氏物語下』所収)。
(12)　西下経一「源氏物語の『もの』」(『国語と国文学』昭29・1)。
(13)　東辻保和「『もの』複合形容詞の意義―源氏物語の用例を中心として―」(『国語教育研究』9・昭39・11)。
(14)　高森亜美「源氏物語『もの』考―その構成と内容―」(『女子大国文』7・昭32・11)。
(15)　注(11)の後者の論文による。
(16)　注(8)に同じ。
(17)　注(11)の前者の著書による。
(18)　高木市之助「もののあはれの課題」(『源氏物語講座』下巻昭和二十四年刊)。
(19)　大野晋『日本語をさかのぼる』(岩波新書)。
(20)　森重敏「『なり』の表現価値―古今和歌集における理法と比喩―」(『国語国文』37巻8号)東辻保和「判断文における『ことなり』と『ものなり』と」(『平安文学研究』第四十四輯)。
(21)　例えば、浜田敦「『もの』と『こと』」(『東方学会創立二十五周年記念東方学論集』所収)糸井通浩「『こと』認識と『もの』認識―古代文学における、その史的展開―」(『論集日本文学・日本語1　上代』所収)吉村貞司「日本文学の本質」(『理想』昭51・1)　雑誌『理想』昭50・10月号特集―ものとこと―荒木博之『日本語から日本人を考える』など。
(22)　東辻保和「源氏物語の『わざ』―『こと』『もの』との関係―」(『源氏物語の探究』第三輯所収)。
(23)　糸井通浩「『なりけり』語法の表現価値―「桐壷」「若菜下」を中心に―」(『国文学』昭52・1)。

補(1)　夏目漱石は、その「文芸の哲学的基礎」で、四種の理想〈真・善・美・荘〉をいう。これらと〈もの・こと・さま・わざ〉との対応関係も考えられる。なお、真・善・荘は、知・情・意を働かして得る情だという。

補(2)　「さま」と「やう」を様態と状況と識別することについてはさらに検討を要する。なお、脱稿後に山田雅子「「さま」と「やう」の用法」(『武庫川国文』第18号昭55・11)が出た。

別表(A)（備考）・栄華物語は巻一のみを対象とする。
・「もの」欄―左段作品全体　中段和歌　右段「もの」形容詞「もの」形容動詞
「こと」欄―左段作品全体　中段和歌

	もの			こと		さま	サマ・ヤウ		わざ
万葉集		297	4		105	44	9	0	8
古今集		128	4		57	5	2	0	1
後撰集		175	4		90	4	3	0	1
拾遺集		118	2		80	4	1	0	3
後拾遺集		103	1		74	14	1	0	0
金葉集		63	1		46	23	2	0	1
詞花集		36	1		32	4	0	0	0
千載集		102	0		63	32	2	0	0
新古今集		126	2		55	17	1	0	1
土佐日記	33	(6)	0	44	(0)	10	2	5	2
蜻蛉日記	221	(33)	35	424	(24)	238	56	134	26
紫式部日記	70	(2)	15	141	(0)	199	82	52	18
和泉式部日記	66	(22)	12	110	(15)	65	23	21	4
更級日記	46	(10)	13	102	(5)	108	24	65	1
讃岐典侍日記	48		16	139		127	41	61	0
枕草子	435		25	427		335	108	132	24
徒然草	206		5	545		196	66	78	28
竹取物語	63	(1)	1	107	(1)	71	11	43	5
伊勢物語	50	(26)	3	54	(15)	20	3	7	8
大和物語	112	(41)	3	149	(22)	54	12	29	10
平中物語	109	(12)	5	98	(12)	32	0	17	0
宇津保物語	1661		59	4114		1365	206	772	100
落窪物語	270	(4)	37	584	(15)	290	55	157	27
源氏物語	1705		481	4804		5021	2439	1052	365
堤中納言物語	65		9	94		125	51	18	8
狭衣物語	387		128	906		1272	466	345	80
浜松中納言物語	212		41	572		874	324	290	30
夜の寝覚	295		68	866		1414	653	351	45
古本説話集	149	(10)	5	217	(4)	166	25	114	9
栄華物語巻一	36		1	139		111	57	25	2
大鏡	156	(5)	5	755	(5)	350	107	161	17
平家物語	286		20	1298		647	197	373	13

別表(B)（備考）・「こと」欄中（　）の数字は和歌中の用例数を除いた「こと」語数の「もの」語数に対する指数である。
・和歌集の「さま」「わざ」については計算を省略した。

	もの		こと		さま	サマ	ヤウ	わざ
万葉集	100		35					
古今集	100		45					
後撰集	100		51					
拾遺集	100		68					
後拾遺集	100		72					
金葉集	100		73					
詞花集	100		89					
千載集	100		62					
新古今集	100		44					
土佐日記	100		133	(162)	30	6	15	6
蜻蛉日記	100		192	(213)	108	25	61	12
紫式部日記	100		201	(207)	284	117	74	26
和泉式部日記	100		167	(216)	98	35	32	6
更級日記	100		221	(269)	235	52	141	2
讃岐典侍日記	100		290		265	85	127	0
枕草子	100		98		77	25	30	6
徒然草	100		265		94	31	38	14
竹取物語	100		170	(171)	113	17	68	8
伊勢物語	100		108	(162)	40	6	14	16
大和物語	100		133	(179)	48	11	23	9
平中物語	100		90	(80)	29	0	16	0
宇津保物語	100		248		82	12	46	6
落窪物語	100		216	(214)	107	20	58	10
源氏物語	100		282		294	143	62	21
堤中納言物語	100		145		192	78	28	12
狭衣物語	100		234		329	120	89	21
浜松中納言物語	100		270		412	153	137	14
夜の寝覚	100		294		479	221	119	15
古本説話集	100		146	(152)	111	17	77	6
栄華物語巻一	100		386		308	158	69	6
大鏡	100		484		224	69	103	11
平家物語	100		454		226	69	130	5

別表(C)　各語彙の作品中での割合

	も	の		こ	と	さま	サマ・ヤウ		わざ	作品量
万葉集	0.59		0.01	0.21		0.08	0.02	0	0.01	501
古今集	1.28		0.04	0.57		0.05	0.02	0	0.01	100
後撰集	1.49		0.03	0.75		0.03	0.03	0	0.01	120
土佐日記	0.94	(0.77)	0.00	1.26	(1.36)	0.29	0.06	0.14	0.06	35
蜻蛉日記	0.99	(0.84)	0.16	1.89	(1.79)	1.06	0.25	0.60	0.12	224
紫式部日記	0.80	(0.78)	0.17	1.62	(1.62)	2.29	0.94	0.60	0.21	87
和泉式部日記	1.27	(0.88)	0.23	2.12	(1.83)	1.25	0.44	0.40	0.08	▲52
更級日記	0.64	(0.5)	0.18	1.41	(1.35)	1.50	0.33	0.90	0.01	72
枕草子	1.32		0.08	1.30		1.02	0.33	0.40	0.07	329
徒然草	1.20		0.03	3.19		1.13	0.37	0.46	0.16	171
竹取物語	1.24	(1.22)	0.02	2.10	(2.08)	1.39	0.22	0.84	0.10	51
伊勢物語	0.72	(0.36)	0.04	0.78	(0.57)	0.29	0.04	0.10	0.12	69
源氏物語	0.82		0.26	2.31		2.42	1.17	0.51	0.18	2078
大鏡	0.53	(0.51)	0.02	2.59	(2.57)	1.20	0.37	0.55	0.06	292

別表(D)　源氏物語における「こと・もの・わざ」の下接語

	語数	――なり	――なりけり	文末助詞を下接	「かな」を下接
こと	4804	566	23	131	33
もの	1705	185	38	30	13
わざ	365	170	48	86	55

五　「体用」論と「相」
――連歌学における――

序

メタ言語としての「相―相言」は必ずしも現代の国語学―文法学において、定着した位置を占めているとは言えない。しかし、大げさなもの言いを許してもらうならば、国語学―文法学を考えてみるとき、「相―相言」なるタームがもたらしてくれるものは、小さくないと思われるのである。

「相―相言」とは言うまでもなく、「体―体言」「用―用言」に対するタームである。「体・相・用」は元来仏教用語（『大乗起信論』など）に発するものと考えられている。そこに発した語「体」・「用」が種々の曲節を経て、表現や言語に関する用語として用いられるに至ったのに対して、「相」の方は、メタ言語として充分定着しているとは言えないのである。(1) それにはそれなりの理由があったことはいうまでもない。すでに仏教思想においてさえ、「体・相・用の三の方面に分けて説くのは、『起信論』独特の説で、一般には体・相または体・用の二つである」（中村元著『仏教語大辞典』）と言われており、殊に中国において仏教や玄学に確立した「体用」論が宋代の学問において盛んに用いられたことが、日本の中世以後の学問・文学に影響したということがある。日本においても、少なくとも、表現や言語に関するタームとして、「相」はかえりみられず、専ら「体・用」が導入されてきたのである。(2) その導入の歴史は、次のような三つの時期と学問に整理してみることができよう。

第一期　連歌学の体用論

第二期　江戸国学の語分類

第三期　現代文法学における品詞論・文論

筆者自身の関心は、現代における品詞分類及び構文論の新たな構築にあるのだが、本稿では、ターム「体・用」の導入期に当たる第一期において、「体・用」がどのように採り入れられ、その中で「相」の観念がどのように処理されてきたか、を考察することを目標としたい。結果的には、第一期における、体・用による語の識別がいかなる性格のものであったかを指摘するにとどまるかも知れないが、了とされたい。

さて、前提となる、思想用語としてのターム「体」「用」の理解のために、中国仏教思想や宋学思想などについて検討された島田虔次の次のことばを引用させていただくことにする。「……体とは根本的なもの、第一性的なもの、用とは派生的、従属的、第二性的なもの、を相関的に意味すべく用いられていること」「ただし、そのことは、同時に、体用が、実体あるいは本体と、その作用あるいは現象、の意味でしばしばあることを妨げるものではない。」「(……もし原義というならば、むしろ、カラダとカラダのハタラキであろう)」(「体用の歴史に寄せて」『塚本博士頌寿記念仏教史学論集』所収論文)と。

一

連歌学における体用論は、二条良基の『連理秘抄』(岩波文庫本による。『僻連抄』の決定稿)にみられるものが現存文献では最初である。それは「雑(植を校訂)物体用事」および「体用事」の二項にみられる。前者を(A)とし後者を

(B)とする。

一、可分別事……雑物体用事 ——(A)

仮令春と云句に弓と付て、又引返る・押《を》すなど付べからず、是皆、用なる故也、本・末とは付べし、これみな体なる故也、打越、体あらば、本・末又不可然、長と云句に縄と付て、又短きなどは不可付之、皆是、体也、くる・ひくとは可付、是用也、他准之。

一、体用事 —(B)

(山体・同用・非山物の項省略す。)

水辺体

海　浦　入江　湊　堤　渚　嶋　沖《おき》　磯　ひがた　汀《みぎは》　水がき　沼　河　池

以上如此類、体也、

同用

舟　浮木　流　浪　水　氷　鴦　鴨　千鳥　巣鳥　鳰　かはづ　あし　蓮　まこも　みるめ　もしほ草　海人

塩　しほ屋　あかむすぶ　浮草　魚　網　つりたる、　懸樋

以上如此類、用也、

(非水辺物の項省略す。)

(居所体・同用・非居所物の項省略す。)

ここにみる良基の体用論が、いかなる先学の影響によるものかについては、すでに次の三つの説がある。第一は、『大乗起信論』ないしは仏教思想の影響とする説で、福井久蔵(『連歌の史的研究　前篇』)、星加宗一(「語の『体』『用』について」(一)(二)『国語研究』昭10・2、4所収)らによる。第二は、宋代の詩学『詩人玉屑』の影響とする説で、山田

孝雄(『国語学史要』)による。なお、「内容は少しちがうが名称はそれ(注・『詩人玉屑』)にもとづくものであったとされている」(大久保忠利『日本文法と文章表現』)というように、この説をひくものが多い。第三は、第一、第二の説を考慮しつつ、本質的には、先行の和歌文学において伝統化した「寄せ」の考え方を継承したとする説で、永山勇(『国語意識史の研究』)による。この連歌学におけるターム「体・用」から現代の文法用語「体言」「用言」に至るまでを詳細に論述したものは以上のうちで、星加のそれと永山のそれとである。両氏の論稿を参照しつつ、多少屋上屋を架する感なきにしもあらずであるが、筆者なりに考えるところもあるので、以下に連歌学における「体用」論をめぐって分析を加えてみたい。

永山のいう和歌の「寄せ」とは、たとえば次のような歌語の区分意識を指している。

一、歌にはよせあるがよき事/衣には、たつ、きる、うら。舟には、さす、わたる。橋には、わたす、たゆ。/かやうの事のありたきなり。(以下略。『八雲口伝』)

永山がこの「寄せ」にみる歌語意識が、連歌の体用論に継承されているとするのは、次のような考えによっている。たとえば、「舟」に対してその「よせ」の語を「さす、わたす」としていることが、良基のいう雑物体用事(A)において、「弓」に対して「引く、押す、返る」などを当てていることとの類似性、さらに前者が主として体言であり後者が用言であること、しかも前者(体言)と後者(用言)との関係が、基になるもの(語)―本体とその属性として自然に連想されるもの(語)という関係、といった点などで共通していることなどが指摘できるからである、という。

連歌の文学世界が和歌の文学世界を発展継承していることはいうまでもなく、さらにその文芸様式において文学表現―歌語を一層洗練させる方向に進もうとしていたものであると認められるところからして、右の永山の考え方は、基本的に首肯しうるのであるが、しかし、問題は、歌語の表現論的な識別意識である「寄せ」を継承して、連歌における語の識別を説明するために採用した用語「体」「用」自体は、どの先学のどの観念を前提にして導入されたものであったのかは、改めて問われねばならないであろう。『連理秘抄』以前の歌学で（特に「寄せ」に関して）、「体」「用」の観念を用いて説明するということは行われていないからである。

たとえば、良基のことばに、「詩の抄の玉屑と云物にいへるも」（『十問最秘抄』良基・岩波文庫本による）とか「玉屑といふものに詩を学ぶべき事を書きたるにも」（『筑波問答』良基・古典文庫本による）とか、ここに「玉屑」とあるのは『詩人玉屑』を指しているものと判断されるから、良基が宋代詩学の書『詩人玉屑』を読んでいたことは否定できないことである。[3] しかし、『詩人玉屑』[4] にみえる体用論は、たとえば、

言レ静則‐云不レ聞二人《ノ》‐声《ヲ》一聞《ク》二履声《ヲ》一之類　（「言レ用《ヲ》勿《レ》言レ体《ヲ》」）
荊公曰《カ》含レ風《ヲ》鴨緑鱗‐々《トメ》起　弄レ日《ヲ》鵝黄裊々《トメレリ》垂　此言二水柳之名《ヲ》一也
荊公《ノ》詩《ニ》‐云繅二‐成白雪《ヲ》一　桑重《ニ》‐緑《ナリ》　割二‐尽黄雲一　稲正《ニ》‐青　白雪即《ハ》糸《ナリ》　黄雲即《ハ》麦《ナリ》　亦不レ言二其名一也　（「言二其用《ノ》一
而不レ言二其《ノ》‐名《ヲ》一」）
如レ詠レ鷺《ヲ》云《ク》払《ヘハ》レ日《ヲ》疑二星落《ト》一凌レ風《ヲ》訝《カル》二雪飛一　此《レ》李文饒《カ》詩
高《ニ》不レ可レ言《フ》レ高《ヲ》　（「十《ノ》不可」）

などの具体例から判断するに、対象を直叙するか形容的に表現するかといった表現技法上の相違を説明するのに「体用」が用いられている。中でも能喩と所喩の関係における、所喩を体とし、能喩を用とするといった喩の関係において典型をなしているようである。これは、祇園南海『詩学逢原』（岩波古典大系本による）が、

隠シテ云フニハ非ズ。其用ヲ言フテ、体ヲ言ハヌヲ云フナリ。ヒラタクソノママニ述タルハ常語、ナゾラヘテ言フテ本体ヘサワラザル詩語ト知ルベシ。然リトテ、謎ノ如ク、（「詩語常語・取義」）

と言うところなどに直接の影響をみることができても、連歌学における体用論の語識別とは異質なものだと考えざるを得ない。よし、良基に『詩人玉屑』など宋代詩学の体用観念の影響があったとしても、それは、「体」「用」な

る用語を詩歌論におけることばの識別のために応用し、詩学ならぬ連歌学の理論構築をしようとする契機になったまでで、その宋代詩学における体用観念そのものまでをも連歌学に導入したものではなかったと考えられる。とすれば、星加(以下すべて前掲論文)が「連歌の体用はどうしても仏教から来たものに相違ないのである」と結論される方向で考えざるを得ない。以下述べるように、筆者は、星加の結論に左袒したい。

日本仏教では早くから、『大乗起信論』の影響を受けており、『大乗起信論』を常に基礎において仏教思想界では「体・相・用」観念の定着がみられるのである。つまり、仏教思想を中心にしてわが国においても、体相用ないしは体用の観念は思想史的にみて充分に育っており、宋学やその詩学から学ぶまでもなかったと言えるのである。中世の資料からその一端を次に列挙しておこう。

① 法報応体相用ノ三徳也 (雑談集七・礼義事)

② 問フ。体・用・相ノ三義トハ如何。 (唯一神道名法要集)

③ 体ハ如二種子《ノ》一用ハ如二根茎華葉等一、不レ可二相離一。性相体用、同ク通達スル、是則諸法ノ体用…… (雑談集一・自力他力事)

④ 性ハ如《ク》レ水《ノ》、相ハ如《シ》レ波《ノ》。波ハ越滅ス。水ハ常ニ湛然タリ。性相実ニ不レ離《リナラル》不《ナラ》レ脱故ナルベシ。性相不二ニシテ (雑談集十)

⑤ 一切衆生この徳を具足し、体相円備にして業用整豊なり。 (華厳法界義鏡・原文は漢文体・岩波思想大系本による)

⑥ 体と云ふ事、都て一切諸法に渡て、体相用とて侍る也。其内に先づ体といふは其物に取て根本の形也。相と云ふは其体の上の荘厳也。用と云ふは体相の上に其物を取て、仏の為め人のため国のためにも、其用と成る方を用と云ふ也。大方一切有情非情に渡て体相用は有る也。 (迷語鈔)

⑦ 水ヲ放《ハナレ》テ波ナク、灯《トモシビ》ヲ離《ハナレ》テ光ナク、体用無礙ニシテ、不二一体也。分別ニナス事ナカレ。衆生ノ心モ真心ハ

体也、水ノ如シ。情識ハ用也、波ニ似タリ。（沙石集第二(四)）

⑧　先《マツ》相用ニツキテ往生シテ後、無生ヲモテ法身ヲ悟《サトル》モアリ。体用《タイヨウ》不二ナレバ、ヘダツベカラズ。（沙石集第十末(三)）

⑨　穢土ヲステ浄土ヲトル、般若ノ一相用也。（沙石集拾遺(一〇)）

⑩　何モミナ依他如幻ノ法ナレバ、カリソメノ相用ナレドモ、カクナル中ニモ重々ノ相用アリ。（法相二巻抄上）

二

従来指摘されているように、連歌学には少なくとも二つの、異質とみられる体用論があった。一四一頁の引用で(A)・(B)と付号した、その二つである。確かに(A)・(B)は異質なものであるが、従来その異質性のみが強調されてきたきらいがある。問題は、(A)と(B)とはどういう関係にあるのか、又、(A)・(B)を統一する原理は何か、というところにある。まず、筆者の結論を先に述べると、異質性は、(A)が語レベルの体用論であり、(B)が文レベルの体用論であることに起因し、統一する原理はやはり、仏教思想における体用観念に、その源流を求めることができると判断する。

まず(A)の体用論から考察する。良基が示した(A)は、ほぼ各時期の式目の項において代々継承されてきたと言ってよいが、室町末期、木食上人応其の『無言抄』になると、次のように考え方に変化がみられる。(A)を引いた後に次のように記しているのである。

以上ふるきことばなり。近来受二師説一侍りけるに、弓は体なり、引、かへる、をす、本、末、長、短みな用なり。式目すこし相違なり。——(C)

さて、この(C)と先の(A)との語識別の相違は次のように整理することができる。

語「本、末、長、短」／(A)では、「体」とする。
　　　　　　　　　＼(C)では、「用」とする。

(C)と同じ体用論に立っていると考えられる。

紹巴の『至宝抄』に、「当世嫌申用付の事」の一つとして「弓に、本末、はる、をす（と付候事）」といっているのも、

連歌学に、語の識別のために導入された「体」「用」が、後世の語分類（文法）上の用語としての「体言」「用言」に連なるものと説明されるが、(A)においては、形容詞に当たる「長・短」が「体」の語とみなされ、(C)においては、名詞（体言）に当たる「本・末」が「用」の語とされていることは、後世の文法上の語分類「体言」「用言」の基準にはずれるものである。つまり、(A)にしても(C)にしても、後世の「体言」「用言」によっては律しきれないのである。このことは従来も指摘されてきたのだが、一体こうした語識別の変化自体何を意味しているのか、については必ずしも明確になっているとは言えない。右の事実が物語っているように、まず連歌学における「体」「用」による語の識別を後世の語分類上の用語「体言」「用言」によって律しようということ自体が適切でない。つまり、後世の語分類用語「体言」「用言」は、それが連歌学などによって使用された「体」「用」を継承し発展させたものではあったとしても、語の識別―分類の基準において、かなりの隔りがあるからである。

では一体、連歌学における(A)から(C)への変化は何を意味しているのか。筆者はここで仏教思想用語における「体・相・用」の「相」を考慮に加えてみなければならないと考える。仏教思想において「体」は本体を、「用」はその作用（はたらき）を意味し、そして「相」は性功徳・形姿を意味すると原理的には考えてよかろう。換言すれば、「相」とは、「体」の属性を指す語と考えてよい。ところで仏教において「体・相・用」の三つの面の関係を、「体相」に対して「用」という関係で認識するか、「体」に対して「相用」という関係で認識するか、の二種があり、(A)にお

いては、前者の「体＝体相」に対して「用」を配するという体用論をとっているものと考えられ、それに対して(C)では、後者の、「体」に配するに「用＝相用」をもってするという体用論をとっているものと考えられる。つまり、仏教思想における「相」に当たるものの処理において、(A)と(C)とでは異なっていたと考えられるのである。

ここで二つのことを確認しておきたい。一つは、いずれにしても連歌学においては「相」が自立化されなかったこと、である。このことはひとり連歌学におけるのみならず仏教学においてさえ、体用二元論的な傾向があったことは先の資料⑦⑧においてもみることができるし、注(2)にも指摘するところがある。ただし、仏教学においては確かに自覚されていたとみてよい「相」である故に、それが体用二元論においても潜在的レベルにおいては意識されていたであろうことは考慮に入れておいてよいであろう。二つは、少なくとも連歌学においては、「相」に対する扱い方が、「体相」から「相用」へと変化したと考えられることである。ただ、注意したいことは、良基(『連理秘抄』)が「体相」を「体」と認識した、その時代において仏教思想の方でも「体相(又、性相も同じこと、資料③④参照)」という認識があったことを星加が一四四頁の資料⑥などの例によって指摘しているのであるが、それはそれで正しいとしても、一方、資料⑧⑨⑩などにみられるように、良基の時代、又それ以前において「相用」と捉える認識が全くなかったわけではないのである。いずれにしても、良基連歌学における語レベルの体用識別観においては、「相」に該当すると思われるものを「体」に属させていたことは確認してよいことである。

大小、長短、東西、善悪、皆ナ仮相也。（雑談集・一仮実事）

ところで出自を異にするかどうかは不明ながら、もう一つの体相という語がある。姿・形・様相などの意ですでに用いられる伝統があった。

体相威儀いつくしく（『栄華物語』玉のうてな）

布袋和尚の体相にあひたるよし也（『名語記』九）

くまの比丘尼地獄の体相《ていさう》をゑにうつし……

（『籠耳』巻四の二「地獄沙汰銭」）

これらの「体相」の「体」は「てい」とよむべきものであったか。そしてこの「体相」は、単に「体《てい》」という、それに通うものであったようである。つまり、当時「体」の字で表される概念に二つの区別があった。それはおおよそ、「たい」と「てい」というよみで区別がなされていた（必ずしもこの区別が厳密であったとはいえないようであるが、少なくとも、仏教思想の「体相用」の「体」に当たる場合は「たい」とよんでも「てい」とよむことはなかったか）。「てい」とよむ「体」は、歌論・歌学につづいて連歌学においても盛んに用いられており（それは「体用相」の「体」以上）、重要な用語の一つであった。この「体《てい》」の意味は、「体相《ていそう》」の意味に重なるといってよいもので、むしろ「体《てい》相《そう》」の「相」に重点があって、それを単に「体《てい》」と認識していたと言えよう。ただ、「体《てい》」において認識されている「相」は、有様、様相、趣向といった意味が中心であるために、相の認識が語レベルでのそれというよりも、文レベル（又は、事柄単位）において認識されているものであったようだ。ともかく、良基の体用論において、「体《たい》」が「体相《たいそう》」に該当したということの背景には、一方において、「体《てい》」―「体相《ていそう》」といった認識の存在したことが影響したということが考えられないだろうか。「体《たい》」と「体《てい》」とは別次元に属する用語であるが、用語使用の上において相互に影響しあったということは考えられることである。仏教思想において、「用」を「ゆう」とよむが、それは体《てい》に対して体《たい》といい、用《よう》に対して用《ゆう》といったことを意味するのだろうか。

さて、体用の概念は、ひとり連歌学においてのみならず、悉曇学に発する五音相通による語の認識に生じた、動詞など活用する語の活用に関する研究においても、その活用現象を説明するために導入されたのであった。その、最も早い例とされているのが次のものである。

思は体也、思ひ思へは用也。他准之

（一条兼良『仮名遣近道』仮名遣之体用之事）

しかし、岡田希雄が詳しく紹介した『名語記』に、次のようにあるという（「鎌倉期の語源辞書名語記十帖に就いて」

『国語国文』昭10・10～12所収)。

ワタリハ渡也、体也、ワタルハ自行也、ワタラスハ他行ナリ。

さらに、これまで国語学史関係での指摘を管見にして知らないが、『日本国語大辞典』(小学館)には、次の例がひかれている。

これはむす也。蒸也。むしは惣名也。体也。むすはその用也。(名語記―四)

今、原資料『名語記』によって、これを確認することができないが、『日本国語大辞典』の引用(表記もそれによる)が確かなものだとすると、後の、契沖『和字正鑑鈔』にみる、

使　つかひ　つかふといふ用の言を体にいひなすなり

といった説明が、『名語記』の「わたる」に対する「ワタリ」、「むす」に対する「ムシ」を、「体也」といっているのと同じ説明の方法によっていると言えよう。そして注目すべきことは、『名語記』と『和字正鑑鈔』の間に位置する一条兼良『仮名遣近道』が、契沖への流れからは一歩後退したような説明になっていることである。それ故かえって兼良の説明には、仏教思想における体用観に近いものがみられるともいえよう。

『仮名遣近道』の「思は体也」の「思」には送りがながないためどうよむかが問題になる。永山(以下すべて前掲書)は「思ふ」と推定する。つまり、「思ふ」を終止形ならぬ原形という意識で捉えているとみ、それが「体」と認識されたのだとみておられる。当時すでに、活用語の原形ないしは本体または代表形を終止形によって代表させるという認識は充分定着していたと考えてよいと判断するが、この「思は体也」がはたして「思ふ」であったと断言することにはなお疑問が残る。たとえば、次のような、必ずしも全活用形を列挙するという意識からのものではなかったとしても、活用する語の各活用形の整理の仕方をみるに、次のような形式を見出すのである(これらは元来仮名遣いの研究の中で生まれた整理にすぎないものであった)。

思　おもふ おもひ おもへ　迷　まよふ まよひ まよへ　（三条西実隆『仮名遣九折』）

思 おもひ おもふ おもへ おもはん　通 かよひ かよふ かよへ かよはん　（遁危子『和歌童翫抄』撰者不明『一歩』）

無 なき なく ない なし なう　遠 とをき とをく とをい とをし とをう　（三条西実条『仮名遣近道抄』撰者不明『一歩』）

これらに示された漢字（「思」など）は、それぞれ活用する語の、まずは意味を示していると考えられるが、同時に、それらの漢字が活用語の「体」を表し、仮名書きの形がそれぞれ実際に使われる形、つまり「用」を表しているとみることができる。それは、ちょうど仏教思想における、「体」なる水に対する「用」なる波との関係である。意味を示している漢字が「水」に当たり、実際の使用形（活用形）が「波」に当たるのである。漢字と仮名書きとの間に、体用の関係があるとすると、兼良の「思は体也」と「思ひ思へは用也」との間にも右のような体用の関係があったとみることができる。「思は体也」の「思」は、意味を表示すると共に本体としての（つまり「水」に当たる）「思」を示していると考えられる。少なくとも終止形「思ふ」を体とし、その他の活用形を用とするといった認識ではなかったであろう。

『名語記』の「むしは惣名也。体也」の「惣名」の意味するところは必ずしも明白ではないが、「惣名」を「体也」とする意識に重なるものと考えてよかろうか。しかし、これでは、名詞化した形または名詞として用いられる形を「体也」といっているところに、兼良とは相違があると考えられ、その点むしろ契沖に近い認識がすでにみられたということになる。

活用に関して用いられる「体」「用」も仏教用語の応用であったと思われるが、契沖あたりになると、そうした

自覚はかなり薄れていたように思われる。橘成員『倭字古今通例全書』では、その「仮名体用」の項に、

思おもひは体おもふは用也他準之、古書におもふは体おもひおもへは用也とあり、然共おもひは我にあり、おもふは人にをよぶ心あり。

とする。この「古書」が兼良の『仮名遣近道』を指すものとすれば、成員は先の「思は体也」の「思」を「おもふ」と理解していることがわかる。さて、契沖は『和字正濫通妨抄』において、この成員の「仮名体用」をとりあげた中で次のように言っている。「古書といへるは何ぞ。体用はまがひもなきことなるをはかゞしからぬもののかける物なるべし。」と言っているが、「古書」が「おもふは体」としていることが納得いかないと考えているらしく、契沖にしても（成員にしても）「おもふ」を原形（本体）と捉える発想は思案の外にあり、「原形「おもふ」—体、活用形「おもは・おもひ・おもふ・おもへ」—用」といった体用識別は想像のつかないものであったようである。それはひとえに、すでに「体（の詞）」がうごかぬ詞（活用しない語）であり、「用（の詞）」がうごく詞（活用する語）といった対立概念として「体」「用」が捉えられていたことによるのであろう。つまり「体言—思ひ—体、用言—思は・思ひ・思ふ・思へ—用」という認識が常識化していたのである。さらに契沖はつづけて、例によって成員を批判して「おもひは我にあり、おもふは人にをよぶ心ありといへるこそ心得ね。此先生（注・成員のこと）も実は体用の分別明かならざればなるべし」と言っている。確かに、先にみた当時常識化していた体用識別の理解構造からすれば、成員の意味するところは理解を越えるものであっただろう。契沖においては、活用の有無という形態重視の識別が原理となっていたからである。しかし、成員の言っていることは、むしろ仏教思想の体用観に近いものだと言えるのである。つまり、「おもひは我にあり」とは、「おもひ」は主体の心であることを意味し、それはまさに「体」であり、「おもふ」はその心のはたらき（「人にをよぶ」）であるから「用」であるとした考え方であった。語の形態でなく意味で体用識別を説明しようとした。成員はそれによって「古書」の考えを批判し、当時の常識化した考え—「思

ひ」は体、「思ふ」は用―を肯定しようとしたのであろう。しかし、成員の説明は、「思ひ―思ふ」の語には適用できても、すべての語には適用できないのであり、形態的観点と意味的観点との混同が無理を生ずることになるのは眼にみえている。契沖が「……こそ心得ね」と言ったのもそのあたりの事情をふまえてのことであったかも知れない。いずれにしても、江戸期には語の識別のための体用が仏教思想の体用観からは自立した概念として定着していたのである。つまり、体と用とを動かぬ詞と動く詞という形態的活用の有無に対応させて理解していたのである。ただ、そうした観念が必ずしも仏教思想の体用観念と全く無縁なものだとも言えないのであり、派生的に成立可能な範囲での体用観念の応用であったことは否定できないであろう。

連歌学において、「体相―用」の構造から、「体―相用」の構造へと変化したことには、一方において活用の研究上展開していた体用識別観が影響したということは考えられないか。つまり、「相」が「用」の側にひきつけられて理解されるということには、「相」なる語の代表的な形容詞が、体言とは語の性格上対立するような、活用する語であると捉えられたからではないかと考えられるからである。形容詞が活用することについても、先にみた『仮名遣近道抄』『一歩』などですでに自覚されていたことは明らかである。さらには又、一方で、「物の名・詞・てにをは」という中世の代表的な語分類意識が、「物の名―体、詞―用」といった識別上の対応を誘発することがあったと思われる。「相」の語がこうして、「詞―用―活用する詞」として認識されるうちに自立化する道を閉ざされてしまったということができようか。鈴木朖の『言語四種論』に至るまで、形容詞など相の語は重視されることはなかったのである。(5)

三

連歌学の体用論にはもう一つ文レベルでのものが存在した。それは、一四一頁Ⓑの体用区分に認められるものである。

このⒷと、先のⒶⒸとには、どんな相違があるのか。識別される語が、Ⓑでは後の体言(名詞)にほぼ限られている[6]のに対して、Ⓐ類では後の用言(動詞・形容詞)をも含んでいたことにある。その点でⒶ類は、その体用の識別が後の体言・用言の区別に近いものであり、それ故それが直接、後の体言用言という文法上の用語へと展開していったと考えられるのに対して、同じ体用という用語で識別されながら、Ⓑは全く様相を異にする、つまり全く別の原理によって体用の区別がなされていたと考えざるを得ないのである。

さて、Ⓑにおいて体用で識別される語彙は、その意味分類上、山類、水辺類、居所類の三つの類に限られており、後世においてもこの類別に増減はない。このことは何を意味するか。三類に共通することは、場面空間を規定する語彙群であるということである。句が自然詠か恋歌・述懐歌かということにかかわりなく、それらの語彙が各句の場面的イメージを基礎づける語彙として特別視されていることを意味する。これらの特定の語彙群に対する自覚は、それ故に、連歌自体が句の形象する空間性(空間イメージ)を重要視していたことを物語ってもいよう。これらの語彙が、句(一つの文)全体のイメージを決定づける基礎づける重要な歌語と認識されていたのである。このことは、ちょうど能楽において、物まねにおける三体―老体・女体・軍体―を「体」とし、その他の物まねを「用」とする(『至花道』二曲三体事)といった、体用による物まねの識別と同種の発想に立つものと考えてみることができる。能楽の物まねを連歌の「句」の内容に置換してみればよいのである。句を単位として山類の句、水辺の句、居所の句といった識別が一面においてなされていたのではないかと思うが、ともかくこれら三類において体用の識別が設けられたのも、同趣の句を三句つづけるときの付句のあり方の問題として発想されたものであった。木食上人は次のように言っている。

をよそ体用の沙汰ある物はみな三句是をつづくべし三句つづけんための体用なり。

（木食上人応其『無言抄』雑物体用之事）

句の場面空間を決定づける語を「体」とし、それに附属したり従属したりするもの――それは又、必然的に「体」なる語（その意味するもの）に対して寄せ（寄合）となる語（その意味するもの）と認められるもの――が、「用」と識別されていると言えよう。すでに指摘されているように、(A)類にしても(B)にしても、その体用観念による語の識別は、後世の体言・用言におけるほどに、客観的でなく、主観に左右されるところが大であった。しかし、それは決して基準（又は原理）がなかったことを意味するのではなく、その基準（又は原理）が連歌学者の歌語意識等によって左右される領域のものであったにすぎないのである。

それ故に、この(B)類の識別の実際において、段々に変化している部分があった。応安の新式になって「水辺体用事」という項目が立てられ、次のようにある。

仮令、波として浦と付て又水塩などはすべからず、葦水鳥舟橋などはすべし、為各別物故也。

波（用）に浦（体）と付け、さらに「水・塩」（用）と付けてはいけないというのは、三句が用体用という、避けるべき展開とされた輪廻または観音開きと言われるものになるからである。しかし、「葦」以下を付けてもよいというのは、それらを「為各別物故也」とするように、「水・塩」と同じく「葦」以下も「用」なる語ではあるが、これらは「各別」のものだからかまわない、という意味である。ところが、「葦」以下を「各別物」とする認識が兼良の今案になると、その「体用事」の条に次のようにある。

浮木船流塩焼等水辺体用之外也　以上新式中両所詞有相違得其意可分別也

ここでは、「水辺体用之外」と規定している。応安新式の、「用」であるが「各別物」とみる認識と、今案の「水辺体用之外」とする認識と、そこに違いが生じている。『無言抄』も「芦水鳥舟はしなどの体用の外なる物にて付べし、為各別物なり」と言っている。ただ、『無言抄』は、両者を同一に扱っている。これに関して星加は「今案の失当」と判断されるが、それはともかく、星加が「水辺にばかり『体用之外』を設けた」といわれることについては、決して水辺類に限らなかったのであり、『三湖抄』（『無言抄』の後、元和四年以前の成立。伊地知鐵男篇『連歌資料集2』による）をみると、「芦水鳥舟」などが「水辺の体用の外」とあるのは勿論のこと、「山類体用仕様之事」には「富士、浅間、葛城などばかり体用之外也」としているし、[7]「居所体用仕様の事」には「二句の居所は体用の外也」とあるのである。又、『連秘抄』（『連歌貴重文献集成第六集』による）に「いらか居所たるべきか、然ば体か用か、体用の外か」とある。ではなぜこうした認識が生じたのか。なぜ「水辺」の類から発したのか。『三湖抄』では「体用の外也」とする理由を「芦水鳥舟などは体はあれ共又なに共あつかはるるによりて」とする。「各別物」という認識をここでは「なに共あつかはるる」と解しているのであろうが、その意は充分理解しかねる。「芦」などが「水辺」という場面空間のイメージのためだけに用いられるものではないという意味だろうか。以上のこの問題について、筆者は次のように考えてみたい。

山類、水辺、居所の三類について「体」「用」の識別のみが問題にされていたのであるが、「今案」に至って、その上に「体用之外」という識別が加わったことになる。一方で、ある語が山類、水辺、居所の各類に属するか否か、という識別も問題であった。水辺か非水辺か、という識別である。この「非水辺類」という認定と、先の「水辺の体用の外」という認定とは明らかに異なるものである。「水辺の体用の外」と認定されることは「非水辺類」を意味しない、「水辺類」であることには変わりがない。「水辺」に関しては次のような識別がなされたことになる。

- 水辺類
  - 体（の語）
  - 用（の語）……→（各別物）
  - 体用の外（の語）↖
- 非水辺類（このことは、山類又は居所類であることを必ずしも意味しない。）

「体用の外」（の語）とは正に「相」（の語）と認識されてもよかったのではないかと考えてみたくなるのであるが、まずその実態を分析してみよう。「水辺の体」が「海、浦、湊、河、池」等、場所空間のイメージを決定づける語であるのに対して、「水辺の用」が「水、波、氷」等で、水辺という場所を水辺のものとして機能させるもの、そういう働きをなすものを捉えている。それらに対して「水辺の体用の外」とは、「芦舟はし水鳥」などであり、これらは、体用にみられる、「水」とそれが作り出している地形（場所空間）という関係に直接的にかかわらないものである。そしてこれらが場所空間を色どるもの、又場所空間の様相・風趣を構成するものという点で水辺の「相」と認識されてもよかったと思われる底のものである。いずれにしても右のような識別感が自覚されて、それまで同じ用とされていたもののうちから「芦」などを「各別物」として区別し、さらにそれを「体用の外」と規定するに至ったものと考えられる。そしてそれらは少なくとも「非水辺類」と認識されるものでは決してなかったのである。「水辺のものにてしかも体にても用にてもなき舟橋芦蜑」（『心敬僧都庭訓』続群書本による）であったのである。

ここで注意して置きたいことは、連歌学では「水」「波」ともに「水辺の用」となっていることである。『大乗起信論』以来仏教思想における体用の説明において最もよく用いられる比喩が、水を体とし波をその用とするものであった（参照一四四頁資料④⑧）。しかし、このくいちがいを以ってただちに、連歌の体用が仏教思想の体用と無縁だということはできない。また、仏教思想の体用観念を基準にするならば、連歌における体用の識別は全く逆ではないかと考えられ、「水、波、氷」の方が体であり、「海、浦、湊、河、池」の方を用とすべきではないかとも考えられるが、このことも又、連歌の体用識別は連歌独自の性質に基づくものなのだと考えるべきことであった。それは結局、連歌という言語文芸―その表現的特性をつきつめたところに生まれてきた語の識別観であったのである。しかし、連歌の句の表現の中核(本体)となるものは何か、それに従属するものは何か、と問うこと自体は仏教思想の体用識別観と軌を一にするものであったと考えてよかろう。連歌学が「体用」を導入した理由もそこにあったと思う。

さて、(B)においての体用識別が文レベルのものであることは、さらに次のようなことからも考えられる。『連歌諸体秘伝抄』(伝宗祇著・古典文庫『連歌論新集』による)に、「一句の中の体用」という項目があり、「是は句の中の用の詞也、体の詞を捨て付る事有まじきなれども」といい、「用の詞にめづらしき詞出来候はば尤体をすてて用をつけべし」と言っている。つまり、句を単位体として、その句の中心的イメージを形成する語を「体の詞」といい、それに従属し、主として「体」なる語のはたらきにかかわる語が「用の詞」とされていると考えられる。こうした識別にみられる発想は別の面で、句中眼とか字眼[8]といった認識で発達していたものでもあった。ここにすでに、「体の詞」「用の詞」という用語自体が存在していることも注目されるが、これらが後世の文法用語としての「体の詞」「用の詞」そして「体言」「用言」などの内容とずれていることには注意する必要がある。又、宗牧の『四道九品』(『連歌論集下』岩波文庫による)では、次のようにも言っている。

総じて一句のうちの体用を分別する事大切也、そのうち(注・「句」とみる)の詮にならざる所をば、物の名にても詞の字にても用とする也

「物の名」「詞の字」とは、中世における語の三分類のうちの二類を指す語であり、「物の名」が後世の体言に、「詞(の字)」が用言にほぼ該当するものであることはつとに指摘されているところである。なお、「体の詞」「用の詞」

という用語について言えば、すでに梵灯庵主の『長短抄』（『連歌論集上』岩波文庫による）にもみえるところである。

連歌ノ付合様々也、（略）必句ニ体用ノ詞アリ、体ヲステテ用ニ付事下手ノ仕業《シワザ》也、用ニハ不付トモ体ヲ肝要ニ可付也。

詩歌ニ秘（必カ）体ノ詞、用ノ詞トテアリ。

付合を肝要とする連歌学では、いかに前句に付けるかが追究され、その方法や考え方がいろいろと理論化されたわけであるが、右にみるように「句中の体用」（の詞）の識別が重視されたというのも、いうまでもなく付合のことを考えてのことであった。付合に関して、「体用」は又別に次のようにも理論化されて用いられた。

大方体の物には用をつけ、用の物には体の物にて付たく哉（ママ）　（心敬『所々返答』連歌論集上 岩波文庫本）

唯今は用付とて嫌中事多候　（『至宝抄』）

ところで「句中の体用」（の詞）という識別と(A)類や(B)にみる体用論とはどういう関係にあるのだろうか。これらを統一的に体系的に把握することは困難なことであるが、(B)では、その対象となる語に意味的範疇の制限があったが、「句中の体用」（の詞）には、意味的形態的な面での制限は特にない。その判断の基準となっていると思われるものは、先の『四道九品』にみられる、一句の中で「詮」になるかならないか、ということであった。

(A)類では、語レベルでの体用識別の基本原理が具体例で示されていた。このレベルでの識別が、句レベルにおける、つまり「句中の体用」（の詞）の識別の、まずは大枠において目安となるものでもあったはずである。そしてその中で特に、連歌という言語文芸において、その表現的特性から、その中核的な語彙群（山類・水辺・居所）が整理され、その体用識別の示されたものが(B)であったと考えられる。そしてそれは、句そのものに山類の句、水辺の句、居所の句といった性格づけがなされたものであったという点で重要な意味をもっていたのである。しかし、山類、水辺、居所といった性格づけだけでなく、連歌の句の性格規定は様々な角度から実施されたのであり、それらが式目として定められたりもした。そうした性格規定の一つに句自体が体用で識別されるということもあったのであり、それはいわばもう文章レベルでの体用論であったということができよう。

恋を嫌ふ人侍り、道を知らぬなるべし、百韻の体用といふ事侍るとかや、恋・述懐を体として、花鳥風雪の景気ばかりをば用とするなり、(略)花鳥風雪の句にも世間の盛衰、無常、転変の理りのこもり侍らん(は)体の(句)成べし。

(宗牧『四道九品』)

句の体用といふ事あり。先づ序・破・急に、句をなすに、序々と二句きたらば、三句目は破と付くる也。

(宗牧『当風連歌秘事』小学館文学全集本による)

宗牧は「……とかや」と伝聞の形で記しているが、「体の(句)」といい、それに対しては「用の句」の存在が前提とされているのだとすれば、百韻のうちに「体の(句)」「(用の句)」という識別、つまり句自体に体用の識別がなされていたことになるのである。それは「恋・述懐」という「心」を直接対象として詠んだ句を「体(の句)」としていることからみて、「心」を体とする仏教思想の体用観念からはずれるものではなかった。心とその作用《はたらき》の関係は、心そのものを対象とする句(恋・述懐の句)と、その心の作用《はたらき》によって詠まれた自然詠(花鳥諷詠)の句とを体の句・用の句とする関係に通うものであった。百韻という一つの作品(文章)のうちにおける「体」と「用」の識別であるということにおいて、これを文章レベルでの体用論とみたいのである。

結

以上、連歌学における体用論を考察することによって、連歌学における体用観念は意味的に仏教思想の体用観を継承するものであったこと。しかし、連歌という言語文芸としての表現特性に基づいて、連歌独自の体用観として導入したものであったこと、それには、語レベル、文レベル、文章レベルのそれぞれに体用論があったこと、体用観が、「体相—用」から「体—相用」へと変化し、その体用の識別が活用の有無という形態論的な識別と結合することによって、相言(形容語)が専ら活用する語として第一義的に把握されることになったこと、等々を指摘することができたように思う。次には、江戸国学の鈴木朖がどのように「相」言(形状《ありかた》の詞)を重視したかについて論じてみたいと思っている。

【注】

(1) 森重敏(『日本文法通論』)が国語の言語構造を体相用で説明し、川端善明(『活用の研究』Ⅱなど)が「相」(言)を重くみ、形容詞文に注目していることなどが特記されるべきであろう。

(2) 「体用対挙」の思想構造が静動、本末、理事といった二元論とも対応するものであったことから、「体相用」三位体ならぬ「体用」対挙がより重んじられるということもあったか。和語においては、「もの・こと」が「体・用」に当たり、「さま」は「相」に当たるとみてよいだろう。

(3) 小西甚一「良基と宋代詩論」(『語文』(阪大)第十四輯)。

(4) 愛媛大学附属図書館蔵板本(和刻)による。

(5) 鈴木朖(『言語四種論』)は、「用」の概念が形態的にのみ受けとられて、形容詞などを動詞と一括して「用の詞」としていることを批判し、「用」の概念を意味的に受けとるべきことを主張し、形容詞など「形状の詞」(相の詞といってよい)を「作用の詞」(動詞)とは分離すべきものとしたのである。

(6) ただし、「水辺用」に「あかむすぶ」「つりたるる」が含まれていることに注意したい。

(7) 『梅薫抄』(兼載・古典文庫『連歌論新集』による)には「富士・筑波其外名所の山はただ其名ばかりは山類の体用にあらず、ただ山類まで也、富士のね、筑波根ともあらば体也」とする。

(8) 『撃蒙抄』(良基・『連歌論集上』岩波文庫本による)に「此句、流れてやといふ字、眼にて侍也」とある。なお注(3)

論文参照。

【付記】『沙石集』は岩波古典文学大系本、『雑談集』は（叢書）「中世の文学」本、その他特に注記しないものは岩波思想大系本による。なお、引用文を現代表記に改めているところがある。

六　場面依存と文法形式
――日本語における――

運用される言語(パロール)と場面との関係の深さは改めて指摘するまでもないことであり、時枝誠記は「言語成立の外的条件」(1)の一つに「場面」をとりあげている。また、今井文男は書記言語を「場の場面化されたもの」と規定する。(2)「場」は談話言語における、その言語場(現場)、「場面化」とは言語場が言語で記述されることを意味する。このように用語「場面」は論者によって、その概念を異にするところがある。また別に言表状況とか、文脈(言語内文脈・言語外文脈、言語的文脈・非言語的文脈)とか呼ばれたりもする。ここではひとまず、現場と文脈とを包括したものを「場面」と呼ぶことにしておく。(3)

場面と文法の関係、文法にとって場面とは何か、という問題は必ずしも明確化されているとは言えない。文法を談話(発話)の文法と文(ラング)の文法とに区別することも行われる。その区別は、場面との関わり方の有無によると思われる。文法論における例文について、適格文・不適格文という判定が実施されることがあるが、その判定には場面が関わらざるを得ないのである。例えば、久野暲『談話の文法』(大修館書店)は、「視点」を論じる中で、

①??ソノ時、太郎が僕ニナグラレタ。

という例文をあげ、「話し手が行動主である受身文は、多くの言語で不自然で、何か特別な文脈が無いと用いられない」と説明する。「文脈」とはここでの「場面」と考えてよい。「場面」が特別であるとかないとか言うのはどういうことなのか。また、別の例文について「独立文としても適格文だと判断する人があるが、この様な人は(略)中

立的な視点で用いられ得る文脈を、恐らく無意識のうちに頭に描いていてそう判断を行なっているものと考えられる」といった説明がなされたりする。ここに「独立文」ということばがみられることに注目したい。文法を記述するとき、例文は欠かせない。

② アノ映画見タ?

を例文として、この「タ」形の用法を論じるには障害がある、または、条件がととのっていない。そこで、

③ (20年前)アノ映画(「エデンの東」)見タ?

④ (今、上映中ノ)アノ映画(「E・T」)(モウ)見タ?

などとすることによって、③をテンスの「タ」、④をアスペクトの「タ」を示す例文とすることができる。(　)で付加されるとは限らないが、種々の文の成分を付加することで特定の用法の条件づけとする。これは、今井のいう「場の場面化」の一種であるが、いずれにしろ、そこには「場面」との関わりが存在することが意識されている。

文表現に場面がどのように関わるのか、その場面とはどのような構造をもったものなのか、これらの問題が追究されねばならないと考えるが、本稿では、文表現の表出又は理解に、どのように場面が関わっているか、または、場面に依存するか、という観点から、日本語の文法形式と場面依存との関わりの深さを具体的に眺めてみることにしたい。

場面に依存するという言語の性格が最も典型的に現われる文法形式は、「省略」表現である。「省略」とは、「伝達しようとする内容全体のうちの一部分を言葉に出して言わず、聞き手の状況理解にまかせる表現」だと言えよう。この「(聞き手の)状況理解」とは「場面理解」ということである。省略には、習慣的省略と一回的省略とがある。後者は、あいさつことばや、応答語などにみられるもので、省略しているという意識自体が潜在化している。後者

は、そのつど、聞き手との間において既に了解されている情報（旧情報）と思われる要素が省略される場合である。場面依存で問題になるのは特に後者である。

日本語は相対的に場面（特に、聞き手）依存性の高い言語だといわれる。いわゆる主語の省略、それをも一つの理由に文法論では、いわゆる主語廃止論が展開している。文の成分の省略と場面とは深い関わりをもっている[4]。

幼児語にみられる一語文（例えば「ママ。」の一語文で、幼児の色々な状況が表出されるなど）と、大人の一語文（「確かに。」「こら！」「猫？」「火事！」など）とは、基本的には原理的に同じものと考えられる。それに「ダ」を伴った一文節語文（「火事だ！」「あいつだ！」など）も、それらに連続するところがある。これらすべてを省略という概念でくくるのには問題があろうが、いずれも、言語主体が心に抱く表現対象の全体の中から、関心の焦点となっている「ことがら」が表現の上にとり出されたもので、それは場面を背負った表現だといえよう。

日本語では、以上の省略表現と類似的な文法的事象として、さらに「――は」構文がある。係助詞「は」と格助詞「が」との構文的な機能の違いは、「が」が格関係（主述）を構成するのに対して、「は」は格関係を超えて、題述関係を構成すると説明できよう。

⑤　あの男はなぐらなかった。

⑥　彼は信用することができなかった。

などの「――は」構文の多義性は場面に依存しなければ、どういう文意味かは確定できない。中でも、場面依存性の高い「――は」文型は、

⑦　ぼくはうなぎだ。

に代表される、いわゆる「うなぎ文」であろう。⑦文によって示される「ぼく」と「うなぎ」の論理的関係（素材の論理）には、様々な場合があり得る。「ぼくが一匹のうなぎであるコト」「ぼくが注文するのはうなぎ丼であるコ

ト」「ぼくが釣るのは主にうなぎであるコト」等々が想定される。これらのうちのどの意味（「コト」）で用いられているかは、⑦文だけ（「独立文」）をいくら眺めていても解らない。つまり、場面を前提にしてはじめてどれかに特定できるのであり、この「——は——」構文、殊に「——は——だ」名詞構文は場面依存性の高い文型である。

「は」と「が」の違いを説明するのに、新情報・旧情報という概念が持ち込まれる。先ほどの⑦文では、「ぼくは」が旧情報で、「うなぎだ」が新情報、そこで旧情報は省略可能であるから（一人称「ぼくは」などはその方がむしろ多いであろう）、

⑧　うなぎだ。

ともなる。さて、「が」に上接する部分は新情報と言われる。

⑨　ぼくがうなぎだ。

この文では、「ぼくが」または「ぼくがうなぎだ」全体が新情報ということになる。但し、名詞文の場合、後者は一般的には認めがたいが。「ぼくが」だけが新情報である場合には、次のように言い換えることができる。

⑩　（うなぎは）ぼくだ。

ともなる。例えば「うなぎは誰が注文したのか」という問いを前提にしたような場合である。「前提となる問い」とは、ここで言う「場面」を構成するものである。情報の、新旧の識別をする基準は、「場面」にあると考えられる。題目提示の「Aは」とは、それについて説明しようとしている（表現）素材が「A」であることを意味し、その「A」はすでに知られていなければ、「A」についての以下の説明は無意味なものになる。「Aは」とは、「A」が既知（旧情報）であることを前提にして、つまり「場面」化して、以下にそれについて説明されるのである。

ところで、このすでに知られている話題（題目）であるという既知性（これを場面性といってもよい）にはいくつかのレベルが存在すると考えたい。その一つに、一回の談話（または文章）を基準とするものが考えられる。また、一つ

には、社会的一般的通念となっているような話題（題目）に関する場合を基準とするものが考えられ、この両者を両極として、その間に様々な中間項（レベル）が考えられる。これを「場面」の問題に置き換えて言えば、前者は一回的場面の場合であり、後者は普遍的場面の場合ということになろうか。その中間項は、習慣的場面といってよいだろう（こうした分析が「場面」論には必要になってこよう。今は見通しのみ）。新旧の情報といっても、例えば、よく知られている長島茂雄（既知）を素材にして、「長島が巨人の監督になるそうだ」と、新情報として語られることもあれば（ただし、この場合、この文全体が新情報とも考えられる）、「長島は巨人の監督になるそうだ」と旧情報として語られもする（この場合、「巨人」云々が「長島」についての新情報）。「は」によるか「が」によるかの選択は、言わば、言語主体の「場面」のふまえ方（「場面」のレベルの選択）によると考えられる。

ところで、例⑦など、うなぎ文にみられるような「ぼく」と「うなぎ」との論理を超えた結合が、日本語表現において可能なのは、この題目提示「は」の働きによるとみられ、それが、論理的関係（格関係）を構成する「が」との違いにもなる、「は」の特性だと考えられてきた。ところが、先の⑨文「ぼくがうなぎだ」にみられるように、「が」文においてもなお、「ぼく」と「うなぎ」との関係の超論理的表現は実現しているのである。この疑問から、この超論理的結合をもたらす起因は、ひとり係助詞「は」だけにあるのでなく、助動詞「だ」にもよっているのだという分析が展開されるに至った。奥津敬一郎による[5]「うなぎ文」の文法、「だ」の文法とも称される問題である。奥津は、超論理的結合を可能にする理由を、「だ」が述語を代用することによるとみる「述語代用説」を主張する。これについてはすでにいくつかの批判がみられる[6]。尾上圭介[7]は、例えば次のような例は、述語代用説では説明しにくいと、その適用範囲をあやぶんでいる。

・あのもろ差しはさすが鶴ヶ嶺だ。

・あの顔色は不採用だったな。

このうなぎ文の「だ」の性格の説明として、筆者は、なかでは北原保雄の分裂文説[8]が日本語の実態を最もよく説明していると考える。北原は、例えば、

⑩　ぼくが食べたいのはうなぎだ。

⑪　ぼくが注文するのはうなぎだ。

といった分裂文が省略変形を経て、「ぼくはうなぎだ。」が生まれてくると説明する。しかし、この「うなぎ文」は要するに場面を前提にしている、つまり場面依存によってこそ成立する言語形式だと言えるのではないか。北原は省略変形という生成過程を示しているが、日本語の場合、そういう説明の必要性があるだろうか（分裂文における「〜なのは」という題目こそ、その場合の「場面」の中心に存在しているものだと考えればよい）。北原の示す変形過程の形式（深層構造ないしは中間構造）は、日本語の実態からみて（北原のいう「言語の直観」からみて）、無用なものに感じられる。うなぎ文のような日本語の言語形式（——は——だ・名詞文）については、「——は」において何を題目化し、「——だ」で何を指定するか（または、新情報の核、焦点として指示するか）ということが眼目であり、それは結局、言語主体が場面をいかにふまえているか、場面にどのように依存するか、ということに関わることである。

北原が問題提起している、次のような例文のもつ問題[8]も、場面依存との関係で考えなければならないことであろう。

⑫　太郎が花子に本を読ませないだろう。

⑬　太郎は花子に本を読ませないだろう。

北原は、⑫を「あまり自然な表現ではない」と言い、⑬の方が「はるかに自然な表現」と評価して、⑫は、例えば、

⑭　花子にとってためにならない場合には、太郎が花子に本を読ませないだろう。

といった傍線部のような「条件（文脈）」つまり、場面が与えられると不自然でなくなるとする。⑬が自然な表現で

あるのは、「――は」と推量表現（「だろう」）との「相性」のよさによるだろうとする。また、

⑮ 太郎が花子に本を読ませない。

⑯ 太郎は花子に本を読ませない。

について、⑮より⑯の方が「はるかに自然である」と評価し、その理由については保留している。また、次のような例もあろう。

⑰ 太郎が日本人だ。

⑱ 太郎は日本人だ。

⑲ 川端康成が日本人だ。（または、ぼくが日本人だ。）

⑳ 川端康成は日本人だ。（または、ぼくは日本人だ。）

この⑰⑱において、それほど⑰文に不自然さは感じられないが、では、独立文としての⑲にはやや不自然さを感じる。これらの例にさらに、先ほどの⑦「ぼくはうなぎだ。」⑨「ぼくがうなぎだ。」の違いをも加えて論じるならば、それぞれの独立文が、その前提としている場面をどれだけ享受主体に想像させやすいものかということに関わっている問題だということになろう。少なくとも、⑨⑫⑮⑰⑲の各文は、ある特定の場面に依存すれば、それぞれに成立が可能な文だと言えるのである。前提となる「場面」からとりたてられた語が、「が」格で示された主語であるからである。これらの「が」格がとりたての「が」（総記の「が」）として働いている。その不自然さの程度は、場面との関係で説明できるが、本稿では割愛する。

「AはBだ」文の問題を開拓した奥津は、更に、「ダ」の文法から「ノ」の文法をも開拓している。[5]「ノ」は連体助詞「の」のことで、「AのB」という構文の問題である。「AはBだ」文において、その「A」と「B」とは様々な論理的な関係にあるが、それらを同一型の「――は――（だ）」（名詞文）によって結合する表現であるのに類似し

て、「AのB」においても、「A」と「B」との関係には様々な関係の場合があり、そういう「A」と「B」とが「の」によって結合されるところが、「――は――(だ)」で結合される関係に類似的なのだ(奥津はこの「の」を、「だ」の連体形とみる)。

㉑　宣長の研究

㉒　私の本

㉑が「宣長がやった研究」「宣長を対象とする研究」などのいずれなのか、㉒が「私が書いた本」「私について書かれた本」「私が所蔵している本」などのいずれなのかは、やはり場面に依らなければ解らない。つまり、場面に依存することがなければ理解はゆきとどかないのである。「場面」には、「今何がどのように話題化しているか」ということが常に中心的要素(事項)として存在している。

「の」による「A」「B」の結合の自由さは、例えば、「涙の別れ」「涙の連絡船」などの例をも生み出す。これらの例になると、その理解の前提となる場面は、先にみた「普遍的な場面」といったものに該当するのではないか。

ところで、㉑文から「の」をとると、「宣長研究」という名詞複合語になるが、この場合「宣長」と「研究」との関係は「ヲ」格関係に限定される。また、「社会の変化」の「の」をとった「社会変化」では、「ガ」格関係に限定される。また、「AのB」となるもので、この「の」をとって名詞複合語(「AB」)が成立する(または、すでに存在する)ものとしないものとがある。先の例のように「B」が「研究」「旅行」「変化」といった動作概念の名詞である場合に名詞複合語化すると、「A」と「B」の関係は、動作概念と最も密接な関係にある格関係に限定されるといえるように思う。「A」と「B」が、動作概念と密接な関係を構成する「ガ」「ヲ」「ニ」「ヘ」「カラ」格などの意味的関係をもつ場合には、「の」をとって名詞複合語になりやすいが、そうでないものは、「AのB」の「の」をとりはずすことが、困難であるように思われる。(9) また、連体助詞「の」で結合される場合においても、

㉓ 東京からの田中さん。（また、月よりの使者。）

㉔ 東京の田中さん。（また、月の使者。いずれも㉓と同じ意味とする。）

この例のように、格助詞「カラ」「ヨリ」などを付けるか付けないかという問題があり、付ける必要度が高い格助詞とそうでない格助詞という、それらの格助詞の間にも程度の差が認められる。その序列は、渡辺実『国語構文論』のいう、格助詞の無形化の序列に一致すると考えられる。これは動作概念との関係における格助詞の序列とは必ずしも一致しないことは注意すべきであるが、いずれにしろ、「場面」を構成する要素の序列は、この格助詞の序列におよそ対応するものではないかと考えられる。例えば、次は朝日新聞（S.57.1.12朝刊）の見出し（縦四段組み）である。

㉕ 大豊攻め込み不覚

筆者は別にファンでもないが、「大豊」が負けたのだと思った。しかし、実は、この見出しはもう一つ大きな横見出し「若島津〝おてつき〟」という場面のもとに理解すべき見出しだと気づいた。つまり若島津が「大豊」を攻め込みすぎておてつきして負けた、というのである。相撲通なら、「大豊」が主人公（ガ格）扱いされるほどニュース性をもっていないという場面認識から、㉕の見出しを見て、「大豊に誰か大物が負けたな」と直感したかも知れない。それはともかく、筆者が「大豊が」と理解し、「大豊を」とすぐ理解しなかったのには、そこにガ格・ヲ格の序列があったからで、このことは、「場面」依存の機構に関わることと考える。

「AのB」は、連体修飾の関係を構成しているものであった。（補説）日本語における連体修飾の関係及び連用修飾の関係を構成する文法形式も、その文の意味の理解は場面に依存せざるをえないところの大きい文法形式だと思われる。

㉖ 太郎が花子になつかしい友達の話をした。

㉗ 美しい水車小屋の娘。

㉘ 太郎は次郎のように利口でない。

など多義性を持った表現の理解は、場面に依って限定される以外に方法はない。もっとも、ある一面だけは、語順を換えたり、読点を打つことで多義性(あいまいさ)を避ける工夫はなしうるが、根本的な解決はむずかしい。

㉙　英語を教えている人。

この文の「人」は、「教える」という行為の主体の場合もあるし、行為の対者(対象)の場合もあり、このままでは多義的である。㉙′「彼が英語を教えている人」としてもその多義性は解消しない。しかし、今場面を前提とせず、単に「英語を教えている人」とあれば、まず「英語教師」を思い浮かべ、「お金を借りている人」とあれば「借用人」と理解するのは、先ほどの格助詞の序列と同じで、まず「教える」「借りる」の行為主体を、そうでなければ次に行為(の)対(象)者を思い浮かべるという暗黙の序列観があるからだと考えられる。

同じ「おいしいコーヒー」という連体修飾の関係でも、小松光三が指摘する例によると、次の三例はそれぞれに異なる。(10)

㉚　(時には)おいしいコーヒーを入れろ。

㉛　(うん、これはとても)おいしいコーヒーだ。

㉜　おいしいコーヒーがある限り、人生はバラ色だ。

英語の関係代名詞の用法には、「制限」「非制限」の区別があるが、文法形式にその区別をもたない日本語の連体修飾の関係表現では、「制限」的か、「非制限」的かの区別は、場面に依存せざるをえない。「日本の川端康成」「ＮＨＫのアナウンサー」といった例だと、前者が「非制限」的用法、後者が「制限」的用法ということはすぐ理解のいくところであるが、先の「おいしいコーヒー」の例は、場面(文の意味＝文脈)によってどの用法か、が異なると言える。そうなれば、例えば「美しい花」という連体修飾の関係も、各用例ごとに「制限」的か、「非制限」的か、の判断がなされる必要が出てこよう。

さて、「ル」形・「タ」形・「テイル」形などにおける、テンス・アスペクト・ムードの用法に関しても、多分に「場面」との関係が考えられねばならないように思う。「タ」形・「ル」形はともにそれぞれ、テンスの「ル」「タ」、アスペクトの「ル」「タ」、ムードの「ル」「タ」になりうるのである。

㉝　はげしく雨が降る。

㉞　太郎は部屋にこもって本を読む。

これだけの表現では、㉝が、例えば「眼前の事態の伝達」「過去のあるときの記録」「脚本のト書き」「ある地方のある時期の状態」などのいずれなのかは解らない。いずれであるかによって「ル」形の用法は異なってくる。㉞も同じことで、「太郎の日頃の習慣」「父親の太郎への命令」「昨日のことの記録」「物語・小説の中の一コマ」などなどのいずれかで、「ル」形の用法は異なるといえよう。これだけの表現(「独立文」)では、「ル」形の用法を判断するのは無理であり、それぞれ場面を想定して、その条件のもとに例文としなければならない。

ところで、「場面依存」の問題からは少しはずれるが、叙述された「コト」について、次のような識別が必要である。例えば、

㉟　虫歯は痛い。

㊱　虫歯が痛い。

いずれも「虫歯が痛いコト」を叙述する。しかし、㉟は、「虫歯」という状態の属性を説明したもので、これを普遍的事実を述べた文とする。それに対して、㊱は一回的事実(この場合は、眼前の事態、とも)を意味する。つまり「虫歯のいたいコト」が、一時的なこと(誰かのどの歯かの今のコト)として認識された事態であるか、普遍的なこと、つまり「虫歯」の属性を説明しているかの違いを意味する。同じ「ル」形でも、㉟㊱ではテンスが異なる。㊱は明らかに「現在」であるが、㉟はテンスに関しては無色だといえよう。㊱は「昨日から虫歯が痛い。」と言えるが、

㉟は「昨日から虫歯は痛い。」だと、やや不自然な表現になる。しかし㉟′「虫歯は昨日から痛い。」だと自然な表現となる。これは、㉟が「昨日から虫歯は痛い。」という構造において、㉟′が「虫歯は昨日から痛い。」という構造において、まず理解されることに起因しているだろう。なお、「昨日から」が「コト」を一回的事実とすることに注意したい。

すでにふれた例でいうと、同じ「おいしいコーヒー」が、㉚は習慣的事実を、㉛が一回的事実を、㉜が普遍的事実（この場合は、「おいしい」が「コーヒー」の属性と認められる）を叙述しているのである。㉚㉛の場合は、「おいしくないコーヒー」の存在が、前提になっているが、㉜はそうではなく、「コーヒーはおいしい（ものだ）」という認識をふまえている。

㊲　(a)昨日は9月1日だった。
　　(b)昨日は9月1日だ。

㊳　(a)秀吉は16世紀末に死んだ。
　　(b)秀吉は16世紀末に死んでいる。

㊲㊳の(a)は、表現対象の「コト」を一回的事実（この場合、過去の歴史的事実）として叙述した文であり、㊲㊳の(b)は、表現対象の「コト」を、それが確定した事実であることを前提に、普遍的（あるいは、歴史的）事実として叙述した文と言えよう。㊳の(b)は、「テイル」形の「経験」用法といわれているものである。(b)がテンス現在でないことは、「ル」形に対応する「タ」形の文「秀吉は16世紀末に死んでいた。」がテンス過去でないことからもわかる。この「タ」形は、「～死んでいる」という歴史的事実の発見（気づき）を示す「タ」である。㊲の(a)の「タ」も普遍的事実の気づき用法である場合もある。また、「テイル」形の「動作の複数」用法と認定される、例えば、

㊴　私は毎日梅干しを一箇ずつ食べている。

は、「習慣的事実」だといえよう。この「習慣」性には、同一動作主の動作のくりかえしに依るものと、複数動作主の動作の複数に依るものとがある。いずれにしても、この「習慣的事実」は時制《テンス》の分化・存在をうけるものではある。

以上、場面依存と文法形式との関わりについてみてきたが、ふれられなかった文法的事象は、他にもいろいろある。例えば、敬語の問題、指示語の問題、接続語の問題、「のだ」文の問題、視点の問題等々。こうして場面依存性を反映する、日本語の諸言語現象を総括していくことによって、日本語による表現を根底から支えている発想―つまり日本語の特質―が見えてくると思われる。

場面依存との関係で文法を論じるのは、正に談話の文法ということであった。パロール文の文法である。しかし、すでに論じられている文法論において、このパロール文の文法とラング文の文法との峻別はそれほど明確化していないような気がする。むしろ、談話の文法の全体像の中でこそ、ラング文の文法も確立されるのではないだろうか。また、「場面」論としても、今井文男がすでに「場」(談話の場面)を「素材×空間×時間×主体」と分析し、「場面」(文章の場面)を「[素材×空間×時間×主体]×言語×読者×距離」と分析している[11]ところをさらに細分化し、秩序化していくことが実施されねばならないであろう。

【注】

（１）時枝誠記『現代の国語学』(有精堂)。

（２）今井文男『文章表現法大要』笠間書院(１９７５)。

（３）一般に「現場」は談話語の場面、「文脈」は文章語の場面を意味する。それを非言語的文脈と言語的文脈との区別に相当するという考えもあるが、談話・文章を問わず、両者ともに非言語的・言語的文脈を前提にするものと考える。

そこで包括的に「場面」とする。

（4）久野前掲書に豊富な例と省略法則とが示されている。
（5）奥津敬一郎『「ボクハウナギダ」の文法』（くろしお出版）。
（6）奥津敬一郎「ウナギ文はどこから来たか」（『国語と国文学』昭56・5）にその整理と再批判がある。
（7）尾上圭介「『ぼくはうなぎだ』の文はなぜ成り立つのか」（『国文学』学燈社、昭57・12）。
（8）北原保雄『日本語の文法』（中央公論社「日本語の世界」6）。
（9）京都教育大学国語学教室の夏期ゼミにおける討議によるところがある。
（10）小松光三「修飾と限定　続」（『王朝』第七冊・中央図書）。
（11）注（2）に同じ。

（補説）「AのB」は、修飾＋被修飾の関係にある。「Aの」が「B」に対して修飾－限定的に働くことは一貫しているが、「氷の刃」という場合、「氷のような刃」の意の場合は、「能喩の所喩」という構成（陰喩をなす）で、「氷という刃」の意の場合は、「実像の虚像」という構成（見立てをなす）をなし、「社長である父」の意で言う「社長の父」と同様「の」は同格の「の」と言ってよいだろう。こうした情報構造の違いの理解は、「場面（文脈）」に依存せざるをえないのである。

七　文末表現の問題

序　日本語と文末表現

日本語は、最後まで話を聞かないと、何が言いたいのかわからないことばだ、と言われる。それは、日本語が述語中心の言語であり、しかもその述語が文末に位置するという構文上の性格に起因している。つまり、日本語の文が文末に位置する述部—述語成分を中心にして成立するものであるということは、話し手（以下、書き手をも含めて表現主体という）の表現意図・態度などが、この文末に位置する述部—述語成分に集中的に託されるということを意味する。文法論、文章論、表現論、文体論などにおいて、文末表現が特に注目されるのも、以上のような日本語の構文的性格による。

いわば、文頭に主語・述語を配置する西欧語などでは、その文頭において、表現主体の立場や表現の意図・態度が提示されると言えるのに対して、日本語では、表現主体の立場や表現の意図・態度の提示は文末まで保留されることになる。しかも、その文末において、口ごもるとか、声がとぎれるとかいったことがあると（現に多い）、ますます表現主体の立場や意図がはっきりしないことになる。「最後まではっきり言いなさい」などと子供ならずとも叱責されたりする。しかし、これはまた、一面、日本人の美徳にもつながるところがあった。文末を省略したり、文末をぼかしたりすることは、すなわち相手に自己(主張)をあからさまに押しつけることをはばかる心理の現れであり、それが美徳ともされた。電話で、「もしもし、○○ですが。……」といって、「○○です。」と言い切らないのも同じ心理につながる表現行為であろう。

現代社会、つまり都市型の人間関係におけるコミュニケーション社会では、文末をあいまいにしたものいいは通用しなくなってきている。文末に述語(成分)が位置することは、日本語にとって短所にもなりかねない。そうした短所を克服する工夫の一端が、副詞(特に誘導副詞や陳述副詞)の発達であったといえよう。いわば文頭において文末で実現するはずの表現主体の立場や意図の「予告」をすることがある種の副詞―副詞的表現の働きであるといえるからである。

さて、文末を問題にするかぎり、文とは何かを前提にしなければならないし、その上に立って、文末とは何か、を問うべきであろうが、この「文末」という用語は、文法論において確固たる位置を占める用語《ターム》ではない。むしろ、表現論的、文体論的、ないしは修辞論的な用語《ターム》だと考えられる。意味は、文を言い切る、言い止める形、の意であろうが、句点までを指すとしても、一体、どこからを「文末」と規定するのか、という点ではあいまいである。そこで本稿では、広義には「述語成分」を、狭義には「文末尾の一語」をもって文末とみることにする。また、本稿は、(A)文(法)論レベルの問題、(B)文章論レベルの問題、とに分けるが、それぞれに関して二、三の問題を指摘するにとどまらざるをえない。また、特集が「テンス・アスペクト」を中心とするにもかかわらず、「文末表現」のかかえる問題を広くとりあげたことをおことわりしておきたい。

一　文(法)論レベルの問題

文とは何かを問う構文論は、文を直接構成する成分を明らかにしながら、要するに日本語の文は、述語成分がその他の諸成分を統括するという関係にあること、及びその機構を明らかにしてきている。つまり述語成分の構造―用言(及び体言)＋助動詞(相互承接)＋助詞(相互承接)―が、文全体の構造と緊密な関係を有していることが明らかにされつつあるといってよい。

渡辺実は、述語成分を叙述と陳述の層に区分した。[1] さらに芳賀綏が渡辺の陳述を、述定(的陳述)と伝達(的陳述)とに区分すべきことを提唱した。[2] この三つの層(叙述・述定・伝達)は、(A)素材と素材の関係、(B)素材と話し手との関係、(C)話し手と聞き手との関係、という三つの関係構成の機能に対応するといってよいと思うが、言語という表現機構は常にこの三つの層を前提にして成立している。

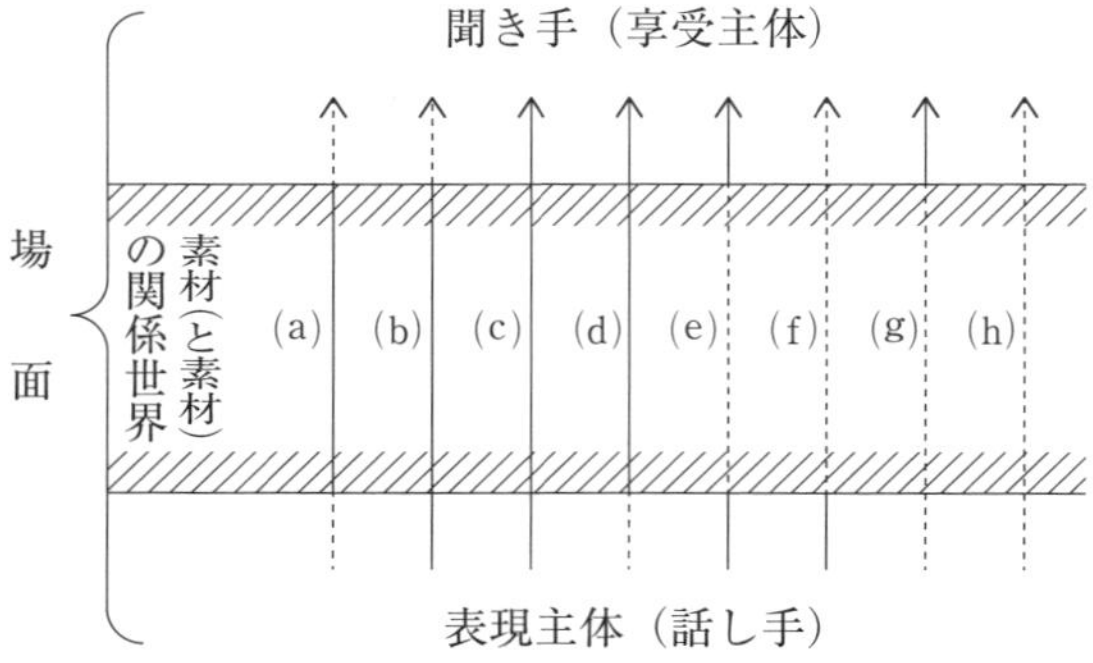

—— 言語化された表現（言語形式）
------ 内在化された表現
（d）の文例、「もうすぐ花が咲くよ」
（h）は、沈黙または、身振り言語が対応

(1)花が咲く。
(2)花が咲いた。
(3)花が咲いたよ。

(1)は、(A)の関係が言語化され、(2)は(A)(B)が言語化され、(3)は(A)(B)(C)が言語化されているが、(2)では(C)が内在化され、(1)では(B)(C)が内在化されている。さらに、

(4)あら！花。

(5)あら！花が咲いているわよ。

(4)では、(A)(B)(C)が内在化されている、または、分節化されない未分化な表現―例えば(5)の文などの―だと考えられる。この内在化されていること、つまり言語化されていないことを零記号と呼ぶことは可能である。

表現主体の相手である享受主体が、表現主体にとって具体的個別的存在であればあるほど、(C)の関係は言語化されやすい。逆に、表現主体(及び享受主体)と表材との関係が、一般性、または抽象性をもったものであればあるほど、(A)の関係のみの言語化にとどまる(「三角形は三辺からなる」など)。これらの言語化のレベルを、前頁の図のようにモデル化しうる。これは、時枝誠記のいう言語の成立条件(言語主体＝表現主体、または享受主体・素材・場面)を充足するものである。

ところで、文末を述語成分とみるのは、あくまでも文(法)論レベルにおいてのことである。文末表現を、句点に直接上接する言語形式とみるならば、実際の運用言語《パロール》において、句点に直接上接するものは述語成分とは限らないのである。例えば、

(6)え！あいつが。

(7)出た、出た、月が、まあるい、まあるいまんまるい、ぼんのような月が。

(8)見渡せば花も紅葉もなかりけり

　浦の苫屋の秋の夕暮れ(新古今・三六三)

(9)山深み春とも知らぬ松の戸に

　たえだえかかる雪の玉水(同・四)

(6)の「省略」(あるいは、「言い差し」)表現、(7)(8)の「倒置」表現、(9)の「体言止め」表現などが、それである。

(6)が「え！あいつが酒を飲んで酔いつぶれた?」といった文の省略表現であるとすると、「あいつが」は、述語成分「酔いつぶれた」に統括される連用成分であり、文末表現ではないことになる。このように説明するのは文(法)論レベルでのことであり、現実に「あいつが」で句点になっている表現事実に注目して、これをも文末表現と認めるとすれば、それは表現論レベルでのことだといえよう。このことを換言すれば、言語表現における、構造と構成の相違に対応する問題といえる。構文論はあくまで文の構造を問題にするが、表現論は文の構成を問題にする。

構造と構成という言語表現を捉える観点の相違は、(7)(8)などの倒置表現において典型的に理解されるところである。「出たよ、月が。」も「月が、出たよ。」も、文の構造を捉える文(法)論レベルでは同一の構造とみなされ、ともに述語成分は「出たよ」であり、それが文末表現であるということになる。それを、倒置表現という事実、つまり、文末表現が異なることを重視するのは表現論レベルの問題で、「出たよ、月が。」と「月が、出たよ。」とでは構成が異なるとするのである。こうした構成の相違が、別種の表現効果を実現するのは、言語の、線条性という本質的性格によることは言うまでもない。

(9)は、山田孝雄のいう喚体句の典型例であるが、(8)の定家の歌なども体言止めの歌とみるのが普通であろう。しかし、(8)は素材間の関係という観点からすると、「浦の苫屋にて秋の夕暮れに(あたりを)見渡せば花も紅葉もなかりけり」ということになり、「浦の苫屋の秋の夕暮れ」は述語「見渡す」の所格、時格にあたると考えられる。こう解すると、この歌は倒置表現の歌ということになる。しかし、この歌の表現性は、こうした述語成分を中心とした成分間の関係構造を超えたものである。上句と下句の関係は、そのまま線条的に、つまり構成観に立って鑑賞されるべきもので、その点では、(9)の類の体言止めの歌とも同類と考えるべきかも知れない。(8)では、上句が「……けり」と終止してはいるが、表現論的には上句は「……ける」とあるのと同様の連体修飾格の資格で下句に吸収されているとみるべきなのだろう。韻文における、格関係を超えた表現性という点では、例えば、芭蕉の「古池や蛙飛び込む水の音」が、文の素材間の関係構造としては「古池に……水の音（がした）」といった深層構造に支えられているとみられるが、「古池や」とする、この切れ字「や」の機能は、そうした素材間の関係以上のことを表現し得ている、と言ってよい例もある。

渡辺実は、例えば「私は、この頃子供の世話におわれている。」という文に対して、「この頃子供の世話におわれている私です。」といった主語のない名詞文が、詠嘆的な思い入れの文であると説き、この種の文が『源氏物語』に認められることを指摘して、『源氏物語』の文体を論じたが[3]、このことは、『新古今集』の⑼の類などの体言止めの和歌の表現性にも通じることであった。

二　文章論レベルの問題

⑽森の中に、くじゃくの、おとうさんとおかあさんと子どもたちがすんでいました。くじゃくのおとうさんは、まい日、とおくまでたべものをさがしにいきました。ある日、ゆうがたになっても、おとうさんがかえってきません。おかあさんは、おとうさんをさがしにいきました。おとなりのおうむに、るすばんをたのんでいきました。（「おうむのるすばん」）

右のような文章を、永野賢は「物語口調の『ました』という〈過去〉の陳述を基調と」する文章という[4]。ことに子供の読みもの（小学校の教科書教材なども含めて）の多くがとっている文章体でもある。次に、この「ました」調など、敬体（です・ます体）の表現性について考えてみよう。

敬体（です・ます体）は、一般に享受主体に対する敬意を示すといわれる。談話語においては、表現主体より目上の人や日頃親しくない人に対する丁寧なものいいであり、それは享受主体に対して距離を置いた表現になる。それに対して、常体（だ・である体）ないしはぞんざい体は家族間や親しい間柄で用いられる。だから、例えば、旅先の駅の売店などで、「弁当ありますか。」とたずねたのに対して「あるよ」などと答えられると、（失礼な、お客をなんと思っているんだ）と憤慨したくなることがあっても無理からぬことである。(5)逆に、長年のつきあいでありながら、「です・ます」調で話をすることがつづくのは、なんだかいつまでも打ちとけられないでいるようであり、よそよそしさが気になるものである。親しくなろうと思えば、敬体をとりさって話せばよいことになる。しかし、敬体を用いるか常体（ぞんざい体）を用いるかは、表現主体の性格によって異なるところがある。つまり、なかなか相手に対して敬体のとりされないタイプの人と、すぐに敬体をとりさって話のできるタイプの人とがある。ただ、宮地裕が、談話語の敬体を、「社会的な常体」と言っていることからしても、(6)国語教育の観点から言えば、必要な時には敬体が使えるようにしておく必要があろう。なかにはほとんど敬体を使うことのない人があるが、そういう人には、他人との距離（親疎・公私の関係など）が距離として自覚されていなくて、いかなる他人との関係をも、自己を中心とする「うちわ」の関係で割り切ろうとするタイプの人間だといえよう。

以上は、談話語についてであったが、今文章語において敬体がふえつつあるといわれる。明治期の言文一致運動の中で、西周の「デゴザル」体、山田美妙の「デス」体、嵯峨の屋御室の「デアリマス」体などが試みられたが、現在、小説や評論、論説、論文などでは「である・だ」体（常体）が一般的である。そこで特にこの種の文章における敬体に対しては「べたべたした感じ」を抱く読者もあることを宮地は指摘する。(6)敬体の文章がもたらすわかりやすさ明晰さが、かえって書き手の啓蒙的な態度、換言すれば、ものごとをよく知っている人が知らない人に丁寧に教えてやっているといった態度を感じさせるということもあるのではないか。また、幼少児向けの文章が敬体をとっているのは、話材に対する美化意識——女性語などにおける「おビール」「お洋服」の「お」が「ビール」「洋服」に対する美化意識によるといわれるのと同意識——の反映と筆者は考えたいが、どこまで敬体をとる必要があるのかはもっと考慮されてよい。ことに物語口調といわれる「ました」調には、うんざりするときがある。

ついでながら、児童文学者奥田継夫の興味深い発言に触れておく。[7] それは、「子供の本の、大半が『のです』調で書かれている」ことを問題にしたものである。「のだ、のでした、のだった、なのです、なのだ、なのでした、なのだった」これらはみな同類で、つまり奥田は「のだ」文を問題にしているのだが、子供向けの多くの児童文学作品が「です・ます」調であることから、「のです」調と命名している。例えば、次のような文章である。

⑾たぬき先生は、おなかがでっぱっています。めがねをかけたかおもたぬきににているのです。そして人をだましたり、ばかにしたりするのが、とくいなのです。（寺村輝夫『たぬきせんせい大じっけん』）

⑿そのたぬき先生が、子どものむしばかんじゃにてがみをだしたのです。（同）

⑿について、奥田は「作者は読者に先んじて、（てがみを）だしたことを知っている。その先生がだしたことは大変なできごとなんだぞと、知っている。それを伝えようとする。その意図はわかる。しかし、こちらにわかるのはそのことよりはむしろ、読者に先んじて作者が知っているという作者のイヤミのほうだ。」と評し、「作者の心のどこかに、この文体、『のです』調をつかうことによって、知っていることを知らないものに伝える快感、教師のよくするという、したり顔がかくされていはしないか？『のです』のなかに、そうした教師くささがかくれているような気がしてならない。」と述べている。

この「のだ」文は、山口佳也によると、「……のは……のだ」を基本形とし、その「本来の意味」は「××トイウコトハ○○トイウコトダ」ということになる。この意味の文は、ある事態について「こういうことだよと人にかみくだいて説明したり、または補足的に説明したりする場合にも使われる」と説く。[8] 現実には、「××トイウコトハ」の部分が言語化されないことがあって、その前提となるべき題目は、先行の文脈などの前提状況にまかされることになるが、その前提状況が漠然としていたり、特定のそれがなかったり、また、先行の文脈からよみとれるものがないときなど、「のだ」文は、多分に表現主体のムード的表現となるか、または、表現主体の独断的な判断を押しつけるような表現と受けとられるものになる。赤塚不二夫の漫画「天才バカボン」のパパは、「それでいいのだ」「お酒の中毒のアニマルなのだ」「トイレにいってきてから読むのだ」「やっとわしの出番なのだ」などと「のだ」を連発するが、この口癖はパパの性格をよく表している。

次に、「のだ」文にかかわって形容詞文―特に感情形容詞文の文末表現をとりあげよう。ただし、以下のことは、これをも含めて、「飲みタイ」など動詞＋タイ、「あわれだ」などの感情形容動詞の一部が述語となる文―感覚・感情文といわれるもの一般に言えることである。「カナシイ」「ウレシイ」などを文末とする文の人称には次のような制限がある。

⑬　僕ハウレシイ。
⒁　＊君ハウレシイ。
⒂　＊太郎ハウレシイ。
⒃　＊僕ハウレシイカ。
⒄　君ハウレシイカ。
⒅　＊太郎ハウレシイカ。

感情形容詞「ウレシイ」などが文末表現として言い切りの形で用いられるのは、そのウレシイなどの感情主体が表現主体(一人称)と一致するときに限られる。疑問表現の場合には感情主体が享受主体(聞き手・二人称)と一致する場合に限られる。そこで肯定文で表現主体以外の人物の感情を表そうとすれば、「―がる」をつけて動詞化するか、「―のだ」文にするとかの形式をとる。(9)

⒆　僕ハウレシイノダ。

⑳君ハウレシイノダ。

㉑太郎ハウレシイノダ。

ところで、すでに多くの研究者が指摘するように、物語や小説などでは、「⑮　太郎ハウレシイ。」「太郎ハウレシカッタ。」といった文も適格文となる。例を『源氏物語』にみよう。

㉒ものはかなげに帯などして経読む。「親に先だちなむ罪うしなひ給へ」とのみ思ふ。ありし絵を取り出でて見て、書き給ひし手つき、顔のにほひなどの、むかひ聞こえたらむやうにおぼゆれば、よべ一言をだに聞こえずなりにしは、なほ今ひとへまさりて、いみじ、と、思ふ。かの、心のどかなるさまにて見む、と、ゆくすゑ遠かるべきことを宣ひわたる人も、いかが思さむ、と、いとほし。（略）親もいとこひしく、例はことに思ひいでぬはらからのみにくやかなるも、こひし。（浮舟）

入水自殺を決意した後の、浮舟のもの思いの姿が描かれているところである。このあたり、浮舟の行為に敬語がつけられていない。右の「いとほし」「こひし」など「情意性形容詞終止形止め」の表現性について、根来司は「話主が作中人物の心に思ったところをその人物になりきって描写する一回的ななまなましい表現」と説いている。[10]
これは語り手の視点の問題と捉えるべきであろう。㉒では、語り手は、ほとんど浮舟の立場に重なった視点をもって浮舟を語っているのである。敬語の有無もそのことと関わっている。次の例も、語り手の視点と作中人物の立場（視線）とが融合した表現とみられる。[11]

㉓せめて見あげ給へれば、あらぬ人なりけり。（若菜下）

しのびこんできた男が、夫の光源氏ならぬ、別人（実は柏木）であることに、女三の宮が気づいたところで、㉓は地の文ではあるが、女三の宮の心内語といってもよい底のものである。『源氏物語』の語りの構造を明らかにする上で、この「視点」の問題は重要である。

物語や小説で、語りの視点とも関わって、読者を語られる物語の場面へひきこむ代表的手法の一つが「歴史的現在」法である。最後にこの問題に触れておこうと思うが、その前に、谷崎潤一郎『文章読本』中の、文末表現に関する、有名な一節を次に引用しておこう。

> 日本語は支那語や欧州語と違ひまして、センテンスの最後へ来るものが、形容詞か、動詞か、助動詞であることに、殆ど一定してをります。稀には名詞止めもありますが……(略)口語体になると……大部分が「る」止めか、「た」止めか、「だ」止めであります。尤も、「あらう」「しよう」などの如く「う」で止める場合、「行く」「休む」「消す」などの如く現在止めで終る場合、「多い」「少い」「良い」「悪い」などの如く形容詞の「い」で止める場合、等々もありますけれども、そんな場合にも、「行くのである」「休むのであった」「多いのだ」「少いのだ」「良いのである」「悪いのであつた」と云ふ風に「のである」や「のであつた」や「のだ」を添へることが流行りますので、結局は「る」止めか「た」止めになつてしまふ。さう云ふ風に同一の音が繰り返されますと、どうしてもセンテンスの終りが際立ちます。就中、「のである」止めと「た」止めとが最も耳につき易い。と云ふのは、「のである」は終止を示すために特に重々しく附け加へた文字であり、又「た」と云ふ音は韻《ひびき》が強く、歯切れのよい音でありますから、当然さうなる。(略)又、動詞で終る時は現在止めを用ひて、「た」止めを避けるやうにする。

右の部分は「調子について」の項にあるのだが、「のである」も「た」も、修辞的な観点からとりあげられている。しかし「のである(のだ)」には修辞的なそれと、論理的なそれとがあると言うべきであろう。この違いは、例えば、修辞的な「も(強意)」と論理的な「も(添加・並列)」、修辞的段落と論理的段落、「なりけり」にも修辞的なそれ(詠嘆的な用法)と論理的なそれ(AはBなりけりなど)とがあり、これら両者の相違に類似的である。

「ル」形と「タ」形とは、「走る―走った」のように対立関係にある。この対立に、「ある―あった」「食べている

—食べていた」なども含めることとする。この「ル」形を現在形といい、「タ」形を過去形とすることがあるが、そこから直ちに「ル」形—「タ」形の対立をテンス上の現在と過去の対立だと捉えることは安易にすぎる。「タ」形に過去を意味する用法のあることは言うまでもないが、その用法をも含んで「タ」形の用法は多様である。一方、「ル」形が現在を意味するとばかりも言えない。いわゆる動作動詞の終止形は、「現在」を表さない、むしろテンス上は未来に属することが指摘されている。

(24)手紙を書く。

は、これから「書く」行為の行われることを意味する。「書く」行為の現在(今書キツツアルコト)は、「手紙を書いている」というアスペクトに託される。最も、(24)が過去の事実を意味する場合のあることは注意すべきことで、例えば、日記などの記録文や、物語・小説などの要約文などにみられる。これは、実現した事柄(素材)を裸形のまま投げ出した表現と言ってよかろう。一七八頁の説明で言えば、(B)(C)が言語化されていない表現である。

さて、歴史的現在法だが、この用法を、「ル」形—「タ」形という対立関係のみで説明しきれるものかどうか、筆者にははなはだ疑問である。物語や小説などすでにあったこととして語る文章では、語られる事柄はすべて過去の事実であるということを前提にする。つまり、その点で、物語や小説は「タ」形で語られることが基本であるということになる。そして、そうした「タ」形叙述の中に「ル」形がみられるとき、その「ル」形表現を歴史的現在法だとするのであるが、果たして、そうした理解でよいものか。芥川龍之介「トロッコ」の一節で検討してみよう。

(25)二人は同時に返事をした。良平は「優しい人たち」と思った。五、六町余り押し続けたら、線路はもう一度急勾配になった。そこには両側の蜜柑畑に、黄色い実がいくつも日を受けている。(a)(略)トロッコを押すようにした。

蜜柑畑の間を登りつめると、急に線路は下りになった。縞のシャツを着ている男は、良平に「やい、乗れ」

と言った。良平はすぐに飛び乗った。トロッコは三人が乗り移ると同時に、蜜柑畑の匂を煽りながら、ひたすらに線路を走り出した。

この部分は、「そののち十日余りたってから、良平はまたたった一人、午過ぎの工事場に佇みながら、トロッコの来るのを眺めていた。」という文にはじまる、この作品の中心的事件を語るうちの一節である。

この中心的事件の部分には「ル」形（「……テイル」形も含む）は、右引用中の傍線(a)と「茶店の前には花のさいた梅に、西日の光が消えかかっている。」と「時々涙がこみ上げて来ると、自然に顔が歪んでくる。」の三文である。この三文以外のすべての文が「タ」形止めの文になっている。この「ル」形の文を歴史的現在だと認めることはいいとして、その他の「タ」形の文が過去のこととして述べた文だといえるだろうか。確かに、この中心的事件の部分の冒頭文「……眺めていた。」は、過去のある時点における動作の進行を、語りの現在から回想した文だといえよう。が、あとの「タ」形の文も同様に、語り手の現在からみての回想事実を述べた文だといえるだろうか。「……眺めていた。」と主人公良平が設定された後、語りは良平の立場、またはその視線にそって叙述されているとみるべきであろう。つまり、「……眺めていた。」以外の「タ」形は、良平の前に次々と出現する（実現する）物事を確認している用法（アスペクト）とみるべきであろう。いわば、これらの「タ」形文さえもが歴史的現在の文だといってよい。臨場感は、ひとり「ル」形だけがもたらしているのではなく、「タ」形もが担っているのである。この種の「タ」形は、古典語では完了の助動詞「つ」「ぬ」にあたるであろう。「……眺めていた。」の「タ」形は、「き」ないしは「けり」にあたるとみてよいか。古典語でも、「ありつる（文）」とするか「ありし（文）」とするかの区別は多分に主観に支配されるところがあったが、右にみた二種の「タ」形の識別も客観的にそれほどはっきりしたものではなく、結局は、語りの視点がどのように確認されうるかにかかっているといってよい。以上、歴史的現在は、「ル」形・「タ」形合わせて考えねばならないことを述べたわけであるが、では、右の「ル」形三文は、他の「タ」

形文とは、どんな異なる表現価値をもっていたのか。「タ」形が「モノ・コト」の時とともに変化する相を動的に捉えるのに対して、「ル」形（「テイル」形など）は、「モノ・コト」の瞬間における状態を静的に捉える表現であると考えられる。例えば、(25)の傍線(a)は、「受けていた。」と叙述することもできるのだが、そうなれば、右の「タ」形と同類の文として理解すべき文だということになる。[12]

古典作品に触れる余裕がなくなったが、文末が「けり」または「き」「けむ」で終止しない文は、ほぼ歴史的現在の文だといってよいだろう（ただし、「けり」に関しては、すべてが語り手の「語りの現在」からみた「過去の事実」を意味しているとは言えないことに注意）。例文(22)は、その例になる。根来司は、『源氏物語』では「り」に対する「たり」の使用率が一・三倍であるのに対して、『枕草子』類聚・随想的章段では、二三・四倍であるという注目すべき事実について、（私のことばに読み換えて要約すると）「り」が事態の当事者的認識、「たり」がその傍観者的認識という位相差を指摘することで解釈している。[13]しかし、相対的に『源氏物語』において「たり」の使用率が低く『枕草子』においてかなり高いということには、『源氏物語』が物語文学として、次々に継起する動作・作用の存在又は実現自体を語ることを本質とする文章であるのに対して、『枕草子』（類聚・随想）では、動作・作用のある状態を静止的に捉えて、その状態を「をかし」と評定する文章であることにもその一因（他にも「給ふ＋り」のことなどあるが省略）はあると考える。例えば、例(22)にもみるように物語の『源氏物語』では、動詞終止形（「ル」形）で終止する文が多いのである。それらは、ある動作・作用が実現していることそれ自体を表示する文である。『源氏物語』などの「ル」形については、このようにも考えるべきかと思うが、いずれ詳述する機会を得たいものである。

【注】

（1）渡辺実「叙述と陳述―述語文節の構造―」（『国語学』第13・14輯）『国語構文論』参照。

(2) 芳賀綏「〝陳述〟とは何もの?」(『国語国文』昭二九・四)。
(3) 渡辺実「記述の文体・操作の文体」(『文体論研究』第20号)、同著『平安朝文章史』参照。
(4) 永野賢『文章論詳説』(朝倉書店刊)。
(5) 川本茂雄『ことばとこころ』(岩波新書)。
(6) 宮地裕「現代の敬語」(講座国語史5『敬語史』所収)。
(7) 奥田継夫「児童文学が文学になるとき 『のです』調に教育をみた」(叢書児童文学第4巻『子どもが生きる』所収)。
(8) 山口佳也「『のだ』の文について」(『国文学研究』早大・56号)。
(9) 寺村秀夫「感情表現のシンタクス」(『言語』第2巻第2号)は、その他の形式をも列挙し、感じ手の人称制限の制限解除の一般的条件を追究している。
(10) 根来司「源氏物語の文章(二)」(『平安女流文学の文章の研究』《正篇》所収)。
(11) 久保木哲夫「すでに知っていることといまはじめて知ったこと—『なりけり』の用法—」(『論叢王朝文学』所収)糸井通浩「『なりけり』語法の表現価値」(『国文学』学燈社、昭五二・一)。
(12) 糸井通浩「『歴史的現在(法)』と視点」(京教大『国文学会誌』第17号)。
(13) 根来司「『たり』と『り』の世界」(『月刊文法』第3巻第2号)。

〔二〕

日本語の諸問題——語彙・文法・文章

一　日本語にみる自然観

一　古い日本語を求めて

日常生活でよく「意味がある」「意味がない」などと口にするが、「価値がある・ない」の意味にほぼ等しい。つまり意味とは価値である。では、その価値とはなにか。あるひとつの言葉はほかの言葉で表せない意味・価値を持っている。この差異こそ価値、言葉の意味ということになる。二つの物・ことの間にある差異に価値を認めるとき、それぞれを区別して言葉によるネーミングをする、こうして言葉は生まれてきていると言えよう。どんな言葉が存在するかは、その言語を用いる民族の価値観、価値体系を反映しているということになる。

日本語の単語は、いくつの音節からできているかという観点からも分類することができる。現代語では、四音節語がもっとも多く(約四割)、三音節語、五音節語を合わせると、約七割強を占めるという。しかし、日本語という民族語が誕生した頃には、もっと音節数の少ない一音節語や二音節語といった語から、まず生まれてきただろうと推測することには、大きな誤りはないと思われる。実際、基礎語彙といわれるものには、三音節までの語が多い。

こうした観点から、古代日本語を探り出し、それを手がかりに、日本列島に暮らした人びとの自然観を考えてみることにする。

二　日本語にみる時空間認識

早くから季節語は、「はる・なつ・あき・ふゆ」の四つに定まっているが、当初から四つ揃っていたかどうかは疑わしいのである。まずこの四つのなかで「あき（秋）」だけが、母音「イ」で終わり、ほかは「ウ」で終わる。「あき」は「飽く」の連用形「飽き」が季節語となったもので、二次的な派生語なのだ。つまり他の三つより後発の季節語である。古語のうち、動詞以外で「ウ」で終わる名詞などは古い成立だという説がある（阪倉　1983）。これによれば、「はる・なつ・ふゆ」がまず先に存在したことになる。

琉球列島には、一六世紀に編まれた『おもろさうし』という「古代神謡集」があるが、これに季節語としては「夏」「冬」しか現れない。ただ、いまの「春」にあたる頃を指すのに「若夏」（夏の初めのころの意）「うりずん」（雨の多い、じめじめした時期の意という）という語が使われている。が、季節語ではない。しかし、春の頃に対しては格別な時期という認識があったことは指摘できよう。大和でも同じく「夏」「冬」に対して、「春」は特別な時期（草木が芽吹く、生命復活の時期）という価値意識が早くからあって、「はる」という季節語は「ふゆ」「なつ」に続いて早くから成立していたものと思われる。

「年」という時間的サイクルは、暑い季節と寒い季節が繰り返されることで自覚されたであろう。つまり、「夏」「冬」がまず季節語として成立したことは生理的に最も納得しやすいことである。「春」「秋」は、暑さ寒さからいえば、中途半端な曖昧な時期なのである。しかし、枯れた山野が緑一色に変貌する時期だけは、「はる」（命が〝張る〟季節）とその価値をほかの時期から区別してネーミングしたかったにちがいない。「魏志倭人伝」には「冬夏」の語が「年中」の意味で使われており、倭人は「冬夏」野菜を食すという記述がある。また、英語でも「スプリング」

が「春」の季節語になったのは一六世紀からという指摘がある。季節語としては、元は「夏」と「冬」だけで、ついで「オータムないしフォール(秋)」が登場して、最後に「スプリング(春)」が誕生したことがあきらかにされている(伊藤　１９８８)。

「あき(秋)」という季節語が必要になったことは、縄文時代末からはじまる、弥生時代の稲作農耕文化の発達と関係があるかもしれない。稲の収穫は、秋の収穫期を象徴するものであった。漢語の影響もあって、やがて「春秋」が一年を代表するようになり、星霜(一年)を意味するようになった。『万葉集』にはすでに、季節として「春」がいいか「秋」がいいかを問われて詠んだ、額田王の長歌(「春秋問答歌」といわれる)もあり、後の歌集などでも季節の歌は「春・秋」が重くみられていたのである。

一方、生活の場における空間認識は、どうなっていたかを確かめてみる。朝廷が存在する都では、内裏を中心とする大内裏が「うち(内)」と呼ばれた空間で、それを囲む一般住宅地は「さと(里)」であった。さらに都城の周辺が「の(野)」と呼ばれ、平安京では北野、紫野、嵯峨野、高野、化野、深草野などと特別に固有名のついた所が存在した。後世、大内裏の地域内であっても、荒れはてた空間が生まれたが、そこが畑になったりして、「内野」と呼ばれた。「野」のさらに周辺は「やま(山)」である。山は、自分たちの生活空間とほかの異なる生活空間とを隔てる異境(境・坂)であった。もっとも、山でも里近くにあって生活と関わりが深い山は、「端山・外山」と呼ばれ、人里から遠い奥の方の山は、「美山(深山)・内山・奥山」と呼んで区別した。いわゆる「里山」は前者に属するといえるだろう。

都城以外では、「さと―の―やま」の三重の空間認識であった。「里」は人びとが家屋を中心に住む区域を指したであろう。そして「山」の領域にも生活拠点ができると、「里」に対して「山里」と呼ばれ、「人が住むところ」を「人里」ともいうようになった。「芋」といえば、本来里芋のことをいうが、これも「芋」に対して「山芋」が区別されたことから、本来「芋」でいいところを、「山芋」に対して「里芋」とも言うようになったものと思われる。

ところで、「はら（原）」という言葉がある。「野」とどう異なるかが、しばしば問題になる。野原（のはら）や原野（げんや）という言葉も早くからあって、奈良時代にはもう「野」「原」の区別が曖昧になっていたように思われる。

「野」は地形上「山」と対立する概念で、単独で用いられることも多い。「山に来た　里に来た　野にも来た」（唱歌「春が来た」）と歌われたり、「野や山に」とか「野に咲く花」「野の草」「野に放つ」と言ったりするが、「原」の方には、本来そうした単独の用い方があまりみられず、「＊＊はら（原）」と修飾語をともなって用いられるのが、本来であったと思われる。たとえば、「国（陸）原」「海原」「河原」や「浄御原」など、特定の地形・地勢を冠したりするが、多くは、「松原」「杉原」「桧原」「竹原」「栗原」「笹原」「篠原」「柳原」「葦原」「櫟原」「栃原」などと、植物名を冠するところに特色があった。

ちなみに、「野」の方にも、「＊＊野」と修飾のつくことがある。しかしその場合、先にも述べた京都の例もそうであったが、淀野、春日野、飛火野、長田野などと、「地名＋野」となることが特徴である。「里」から出て、「野」が農耕地として開かれたり、人が居住したりすると、たんなる野ではなくなって、価値付けが異なって、「＊＊野」といわれるようになったものであろう。

語源的には、私見だが、「はら」は「張る」の名詞形であろうと思われる。「なふ（綯う）」から「縄」が、「つく（築く）」から「塚」が、「おす（治す）」から「首（おさ）」が誕生したようにである。動詞「張る」は「春」の語源とも考えられているが、それは「はら（原）」の場合にも通じることで、つまり、一定の地域がある生命（霊）で満ちあふれている場所を言ったものであろう。「松原」であれば、「松が群生して、そこら一帯は松の霊魂が充満しているところ」を意味したと考える。

面白いことに、この「＊＊原」と同じ発想で生まれたと思われる地名に、「柳生」「芹生」「芦生」といった「＊

生」や「栗尾」「松尾」「栂尾」など「＊尾」といったものがあるが、「丹生」(水銀の産出地)など、若干例外もあるが、ほぼ「植物名」を負うものである。これらの「＊＊原」「＊生」「＊尾」は互換性が高く、地勢をとらえる発想は同一のものであったという、地名学者の説がある(池田　1978：糸井　1979)。京都府北部の「栗尾(峠)」も「栗生」の意味であり、「栗原」でもあったのであろう。「途中」(京都市と滋賀県の境)という地名は、「栃生」であったものが、「とちふ」から「とちう」となり、長音化して「トチュウ」となって、「途中」と漢字をあてることになったものであろう(木村　2005)。

三　基礎語彙にみる、日本人の自然観

生活上、なによりもコミュニケーションにおいて欠かせない言葉を、日常的な社会生活における基礎語彙と呼ぶことができる。そうした言葉は、言語の成立過程において早くに獲得された言葉であったに違いない。日本語の場合そうした言葉は、少ない音節数で生成されたであろうことが十分考えられる。

身体語彙(体の部位を示す言葉)は、おそらくどの言語においても、基礎中の基礎的な言葉であったであろう。日本語においても、つぎのとおり、一音節語が圧倒的に多く、二音節語まで取りだすと、おもだった部位名はほぼ出揃うことになる。

一音節語：み(身)、め(目)、は(歯)、け(毛)、て(手)、せ(背)、お(を・尾)、ち(血・霊)

二音節語：A　みみ(耳)、ほほ(頰)、あし(足)、ちち(乳)

B　はな(鼻)、はら(腹)、くち(口)、かみ(髪)、かお(顔)、くび(首)、もも(腿)、かた(肩)

三音節語：あたま(頭)、からだ(体)

以上のうち、二音節語のA群の語は、もとは一音節語であったと思われる語である。「みみ（耳）」は神の名などの「み」の音に「耳」の字をあてているものがある。もとは「み（耳）」だったわけである。「み（身）」との同音を避けて「みみ」となったのかもしれない。「あし（足）」ももとは「あ」であった。「鐙（あぶみ）」「あうら（足占）」「あだち（足立）」などから推測できる。「あ」という母音音節ひとつによる不安定性を克服するために「あし」となったものか。「ちち（乳）」も、もと「ち」であったことは、「垂乳根」の文字使用や「乳飲み児（ちのみご）」という語の存在からもわかる。生命を保つものが体内にある「ち」であったが、赤いのも白いのも「ち」といい、しかも魂（霊）も生命を支えるものとして「ち（霊）」と認識されていたわけだが、この三つの差異は大きいと意識されると、この認識の未分化を明確化するために赤と白の差を重くみて、「ちち（乳）」が生まれたのかもしれない。「ほほ」も「ほ」の音を繰り返すことで「ほほ」となったものと思われる。「ほ」は、目に立つ、前に出ている状態をいう語らしい。稲の「ほ（穂）」、刀の「ほ」、「にほふ」も「に（赤色）」が「ほ」、つまり目立つことによるらしい。「にほふ」はもとは目に映える美しさなどに用いた。以上のように考えれば、一音節語であったものは、もっと増えることになる。

さて、動物も含めて身体部位の名称は、早くから存在したと考えていいだろう。そして同じことが、植物語彙にもみられることが注目されるのである。

一音節語：み（実）、め（芽）、は（葉）、ほ（穂）、け（毛）、ね（根）　き（木）、な（菜）

二音節語：A　えだ（枝）

B　はな（花）、みき（幹）、くき（茎）　くさ（草）

C　いね（稲）、むぎ（麦）、あわ（粟）、まめ（豆）、いも（芋）、うり（瓜）、ひえ（稗）、かき（柿）など

「木」「菜」「草」は部位ではないが、ここに示しておく。一音節語の上段の五つの語は、人間（動物）の場合の同

音語と、語源的には同語であったと思われる。「えだ(枝)」も、「梅が枝」とか「大枝山」などの例があるように、もとは一音節語「え(枝)」であった。「みき(幹)」は、「き(木)」の「み(身・実)」と捉えた複合語かもしれない。

注目すべきことに、人間(動物)の場合が「はな(鼻)」、植物の場合が「はな(花)」と、ともに部位として基礎的な、欠かせない部位であるにもかかわらず、ともに二音節なのである。語源的には、これらも同語ではないか。「はな」といえば、ほかに「端」や「崎」の意味で、地形の飛び出したり突き出したりしているところをいう「はな」がある。「岩鼻」などと「鼻」の字をあてることもあるが、この「端」の意味の「はな」も「鼻・花」と同源語であろう。「はなから相手にしない」「はなから諦めている」などと使う「はな」も同じである。

以上にみるように、日本語において、樹木の部位を示す語に、音節数の少ない語からなるものが多いことは、日本人にとって、生活上ことに関係の深いものとして、植物に対して高い価値を感じていたことを意味する。緑は生活において欠かせない存在であった。

四 自然と人間の関わり——「にわ(庭)」

日本人の生活空間の識別には、「にわ(庭)」という特有の空間がある。原理的には、居住空間である「里」と「野」との間に位置づけられる「文化的空間」である。里と野の境界をなした。ただし、つぎのように大きくは、二つに区別して捉えるべきであろう。

ひとつは、「斎庭《いにわ》」「さ庭」と呼ばれる祭りの場である。この空間は、神の託宣を聞いたり、神に神楽を奉納したりする所で、人びとの住む空間(里)と神々とが接する空間(境界)である(古橋 1989)。具体的には神社の境内(神域)などにみられる神前・広前である。そこは神がいたり降臨したりする、霊力のトポスであった。伊勢神宮にみられるように、神に仕えて、そこにいる鳥が「にわとり（鶏）」である。

ひとつは、個々の家（宮殿も含む）の庭である。本来農耕の作業場であったであろう。人びとと自然が接する空間である。作業場と認識されるところであれば、海も一定の場所が「海庭」と呼ばれ、「田庭」や「山庭」もそういう認識から生まれた言葉であろう。人びとの居住空間は、「庭」も含めたものとして意識されていたから、「家庭」というのであろう。庭が「おもて」といわれたり、その外との境界に「かど（門）」があった。大きな屋敷の門の側には樹木が植えられていたりしたようだが、樹木は神の降臨する「よりしろ」であったにちがいない。やがて、その境界を明示するために、「かき（垣）」が設えられたりしたのである。

垣根には、生け垣や柴垣などがあった。作業場でなくなったり、作業場以外の意味を持たせるようになると、庭に自然がもちこまれる。樹木などが植えられた。境界をなしながらも、「庭」によって里（居住場所）と野（自然）は連続していたが、「垣」を設けることによって、「庭」が自立した空間になってくる。「庭園」と呼ばれて、樹木や芝生を植えたり、野菜の栽培をしたり、それぞれの目的で造園されることになった。都の貴族の邸宅の庭の例では、塩竈《しおがま》の景や天（海とする）橋立の景を移したりもした、「縮景」といわれる、自然の取り込み方を示す例もあった。そこまではいかなくとも、前栽や樹木を植樹した庭は普通にみられることであったであろう。そして、植樹を中心とした庭作りが文化として確立してくるのは、書院造り以降のことというべきかもしれない。

庭には、外園式と中庭式とがあるといわれる（進士　１９９１）。中国の民族的住居である四方院などは、典型的な中庭式であるが、日本の庭は本来外園式であった。しかし、宮廷などでは壷前栽といわれる中庭式の庭に、梅や藤、梨、桐が植えられていたという例もある。

自然を庭に取り込むという発想は、「垣」によって自然との関係を切り、「庭」を自立した空間として、そこに独自の美観を造形しながら、なお、外の自然（の風景）をも取り込むという、いわゆる「借景」という手法が確立してくるところに、あくまで自然との関係を維持しようとする民族的心性がみてとれる。こうした自然の再構築という手法は、なお、「洲浜」や「盆栽」「箱庭」といった様式にもみられよう。

五 自然と人間の関わり——「四季」観の確立

子どもが大人から貰う、正月のお年玉は「歳《とし》の魂《たま》」を意味し、本来「お年玉」とは「お餅」のことであったという。「とし」とは、穀霊、つまり稲霊(いなだま)のことだという解釈があるが、稲は一年かかって収穫するもので、一年とは、稲をはじめ多くの植物、とくに穀物や栽培する野菜類・芋類が死と再生を繰り返す単位であった。記紀の神話に、オオゲツヒメやウケモチノ神という穀霊神の死体から、いろいろな穀物などが誕生するという話がある。死が再生につながる観念の存在を意味するが、これは一年を単位として意識されていたもので、これが文学の世界では、四季折々の植物の生態を中心にして観念されていき、すでに『万葉集』に芽生えていた四季歌というテーマ(部立)が、古今集以降では確固としたものになったのである。ここには、一年を周期とする「円環的時間」という、「歴史的時間(直線的時間)」とは異なる時間認識の存在を認めざるをえないが、これは、一年を周期とする稲作農耕を土台として、植物(自然・鳥そのほかの動物も関わっているが)との日常的な関わりが生み出した観念であることは言うまでもなかろう。

日本人の理想郷の観念のひとつに、「四方四季」と呼ばれるものがある。『宇津保物語』や『源氏物語』の「六条院」の構想などに見られるが、典型のひとつは御伽草子「浦島太郎」に出てくる、海神の宮殿の庭として描かれた「四方四季」の庭である。酒呑童子の鬼が城にさえ「四方四季」の庭の存在が語られている。いずれも、同時に「春夏秋冬」の庭に接することができるというのである。洛中洛外図屏風にも、同一空間に四季の風景が描かれた。また、回遊式の庭にも、こうした観念を配慮したものがある。こうした「四季」観は人と自然（ことに樹木や草花）との日常的な関わりがもたらしたものであった。

【参考文献】
池田末則（1978）「『野』『原』考」『古代地名発掘』新人物往来社
糸井通浩（1979）「『原』『野』語誌考・続貂」『愛文』（愛媛大学国文学会）15号
伊藤忠夫（1988）『英語の社会文化史――季節名から文化の深層へ』世界思想社
木村雅則（2005）「途中」京都地名研究会編『京都の地名　検証』勉誠出版
阪倉篤義（1983）「古代人の心とことば」『古代日本人の心と信仰』学生社
進士五十八（1991）「日本庭園の空間」『日本の美学』16、ぺりかん社
古橋信孝編（1989）『ことばの古代生活誌』河出書房新社

二　語彙・語法にみる時空認識（付言）

私は、国語学の立場から、語彙、語法にわたってほんの一部お話ししたいと思います。

このプロジェクトでは沖縄班に加わりまして、沖縄の言葉を少し勉強してみました。そこで関心を持ちましたことと古語との関連で、思想というところまでいきませんが、古い日本人のものの見方、認識の仕方というようなことでどういうことが言えるだろうか、そんなことをお話ししてみたいと思います。

さて、石上《いそのかみ》神宮というのが奈良にありますが、その神社の名前が二つ、石上にいます布留《ふる》の御魂《みたま》神社というように、「布留の御魂」というのと「布都《ふつ》の御魂」というのがあります。この「布都」と「布留」につきまして、今は、瑞宝にかかわる玉振りの面の言葉としての布留と、それから、そこの神社の宝剣の別名としての布都の御魂というふうに別語としてとらえられています。ところが、三品彰英さんは、これらを朝鮮語のプル、プルクとかパルク、火、赤、明るいというような意味の言葉と同系語であるということをおっしゃっています。(1) その説によりますと、「布留」と「布都」が同じ言葉になるのです。

三品さんは同語フル・フツの違いは同語の転訛だとおっしゃっているにすぎないのですが、もう常識だからというので説明されていないのだと思いますが、国語学の立場から少し説明しますと、フル、フツは、もっとも古い日本語ではもちろん今のような発音ではなくて、プル、プツだった。今は口をフワーッとあけた感じでハヒフヘホを言いますけれども、ずっと古い時代にはパピプペポだったと推定されている。それは沖縄の言葉などとの比較言語学的な手法で推定されてもいる、非常に信用できる考え方であります。そうしますと、フルはプル、朝鮮語のプルにつながる。

しかも、これは現代朝鮮語との比較――主として漢語の借用語に関して明らかになっているわけですが、例えば日本語では「シュッパツ（出発）」と言いますが、朝鮮語では「チュルパ（バ）ル」となります。つまり、朝鮮語のＲないしＬと日本語のＴまたはＤとが音韻対応している。そうしますと、朝鮮語のプルが日本語に入ってくるとプツ―フツになるわけです。つまり、フルは朝鮮語そのままを取り入れた形、フツというのはそれを和語化した形だということが言えて、これはなかなかおもしろいことです。

しかし、実は私はまだそういうところまで、古代朝鮮語との関係を考えるところまで行っていないと考えておりますが、この問題につきましてはいわゆる古代日本語の最近の研究で、かつては語源というのはあまり国語学の研究にならなかったのですが、阪倉篤義先生[2]などによって言葉の構成の仕方というものが法則的にいろいろ取り上げられることによって、非常に科学的に言葉と言葉の関係、それは例えば「単語家族」と言っていいと思いますが、それが明らかになってきた、その成果とつき合わせていかねばならないと思っています。

日本語の単語を構成する一つ一つの音（音節）は子音と母音から成っていますけれども、意味づけ、価値づけが詳しくなっていきますと、その母音の部分が変化することによってそれを別の形、別の言葉にする。つまり、それは母音を変化させることで別の言葉を派生させる。日本語の動詞の多くもそうして自動詞、他動詞の対立などが生まれてきているわけです。いままで外国語の単語との関係が単発的にはいろいろ指摘されてきていますが、それらが日本語の中の語彙の体系のようなものの中でうまく説明できるかどうかということになると、まだまだ非常に心もとないところがあるように思われます。

朝鮮語との関係には非常に魅力がある。例えば、いまのＲ（Ｌ）とＴですね。例えばこういうことがあり得るのではないか。日本語の古い時代で既に「かへる(蛙)」と「かはづ」が並存します。これは子音は変わっておりません。ただ、「かへる」のルと「かはづ」のヅが違います。RとDです。ひょっとしたら、この二つの言葉は朝鮮語そのままと日本語化した和語とかもわからない。それから「つる(鶴)」と「たづ(田鶴)」も、「たづ」の方は「たづる」ということが言われたりしますが、これも子音の点ではルのRないしはLとヅのDとの対応だというようなことが考えられる。それから、「さつや(猟矢)手挟み」なんていうときの矢というのがありますが、あのサツもサル(矢)という朝鮮語だろうということを言っている人があります。そうすると、サルからサツへR(L)からTに変わった、RとTの音韻対応です。私の名前の「糸」も、シルクがシルとなった朝鮮語がイトと、つまり、R(L)とTという対応をして日本語化するとイトになった。これは国語学者の古い説にありますが、(3) そういったR(L)とTの対応ということでいくと今のようなことがひょっとしたら言えるかもわからない。こういうところを進めていくと大変おもしろいのですが、ただもうちょっと慎重にいきたいという立場におります。

さて、そういうふうに朝鮮語との関係で言いますと、もう一つ、「岩波古語辞典」などで言われているのに、「はら(原)」がポルという朝鮮語と同源語だという説があります。さて、これはどうだろうかということです。ところが、先ほど申しましたように、国語学の研究で明らかにしているように、母音の変化によっていろんな仲間の言葉が増えていく。先ほどの阪倉先生の説ですと、この「はら(原)」は、後に母音が変化して「開《ひら》く」になりますが、「はらく」という動詞、それから空が晴れるの「晴る」、そして季節語の「春」と同系語。さらに耕すの「はり(墾)」といったような言葉にもなりますし、そういったグループ(単語家族)でとらえなければならない。ところが、朝鮮語のポルにしてしまうと朝鮮語の方でそういう派生関係のグループが対応しているかどうか、そこのところの関係がしっくりと説明できなくなる。そうしますと、今のところ国語学の方としては、古い日本語として確認できる言葉の間の血縁関係といいますか、これを「単語家族」というふうに言ってもいいかと思いますが、そういうものをできるだけ明らかにしていくということが必要だろう。そして、もちろん一方で言語学の人たちやいろんな学問をしている人たちが日本語と外国語との関係でいろいろ仮説を出される、それはどんどん進めていったらいいので、そこで内からと外からとがうまく結びつくかどうかというところに行くべきではないかと、今は思っております。

さて、「原」ですが、沖縄へ行きまして気づく一つは「何々原(ハル)」、これは九州北部にたくさん見られる「何々原(ハル)」というのと同じ形ですが、こういう地名が多いことに気づきます。その「原」の問題は少し後へ回しまして、先ほどの説にありましたように、この「原」というのは「春」と同源語であろうという説があります。私もそれは多分つながりがあると思います。しかし、「春」というのは恐らく精気といいますか、春の気といいますか、そういうものが充満する、「張る(ハル)」という言葉と意味的には一番関係があるのではないかと思うのです。

その「春」の方から見ると、季節の言葉に春、夏、秋、冬とあるのですが、このうち一つだけ母音の姿で見ると違うのがあります。それは「秋(アキ)」です。あとは全部、「春(ハル)」も「夏(ナツ)」も「冬(フユ)」もウという母音で終わります。阪倉先生が上代の名詞を調べられましたところ、そういうふうにウで終わる名詞、ウで終わる言葉といえば「歩く」「読む」というふうに後には基本的には動詞の終わる姿ですが、名詞でウで終わる言葉がある。これらのウで終わる名詞は非常に古い言葉です。いわゆる基本的な語彙といいますか、生活で非常に重要な身近なものを指す言葉に多いと指摘され、ウで終わる名詞はかなり古い成立であろうと推定されました。そうしますと、「春」「夏」「秋」「冬」の中で「春」「夏」「冬」が先にできて、「秋」は後からできたということがわかります。

そこで沖縄へ行きまして沖縄の言葉を勉強していて気づいたことは、『おもろさうし』などを見ても、一年を代表する季節が夏と冬なんです。(4) 本土の方であれば、それは古くから春と秋だろうと。『魏志倭人伝』の五世紀頃の注釈(裴松之)で日本の季節感は、まだそのころは四つの季節感ではなくて、春と秋をもって一年としているということを注で書いているようですが、我々は春と秋が一年を代表する季節だと思っています。しかし、これは、かつては沖縄と同じように、古い時代には夏と冬の二分法が本土でも古い季節感としてあったのではないか。そういうことを意味するのではないか。そして、稲作農耕文化が定着した以後に春、秋が代表的季節語となったのだろうと思います。

では、春という語はどうしてあるのかといいますと、実は、おもしろいことに沖縄にも夏と冬という対が一年の循環を代表する季節感であるにもかかわらず、古くから春の時期を示す言葉として、季節語ではないのですが、「うりずん」という言葉と「若夏」という言葉があるのです。「うりずん」は、どうも二月、三月の雨が降って地面が湿るころの季節の状態を指す言葉のようです。そうすると、本土のほうでも春は早くにとにかく意識されるものがあった。そこで、夏、冬に対して春という観念も古くに成立したのだろう。こう考えていいのではないかと思うわけです。

こういうふうに、古い和語についてそれが借用語か固有語かという判断はとても難しいのですが、今のところ我々としては、そうした古語として確認できる言葉についてどういう派生関係といいますか、何がもとになって何が生まれてきたかということを調べていく必要があるだろうと思っております。ただ、例えば「岩」という言葉と「石」という言葉をよく比べるのですが、「岩」という言葉のほうは今のところ派生語がないのです。もちろん「巌(イハホ)」とか「何々岩」、「岩何々」という言葉はあります。これは複合語になりますから、派生語の一種ではありますけれども、「岩」そのものは変化していない。ところが「石」のほうは、先ほどの石上《いそのかみ》のイソとか、イセとか、砂をあらわす「砂子《いさご》」のイサの独立した形が「イシ(石)」だと言われているように、「石」のほうは母音変化によって比較的いろんな家族を持っているのです。

「山(やま)」という言葉と「岳(たけ)」、またさらに「森(もり)」という言葉も加わるのですが、これらがどういう関係にあったかは難しい。ただ、「山」については変化がないのです。ところが「岳」のほうは、高いという言葉の「高(たか)」の独立した形が「岳」だろうというふうに家族を持っています。

さらに、「玉(たま)」という言葉と「瓊(ぬ)」という言葉と、同じように玉をあらわす言葉があります。「玉」のほうは、これはまた変化がないのです。ところが「瓊」のほうはナとかニというふうに家族を持っている。こういうふうに、ひとり暮らしの単語と家族をたくさん抱えている単語とがあります。そして、今のような対立「岩」と「石」というのが、果たしてもともと同じ秤(意味領域)ではかられて二種類になったというのではないかもしれないということを、今のようなことが思わせます。つまり、「岩」と「石」は単なる大小だとか、持ち運びできる程度以下か持ち運びできない程度以上かというようなことが国語学のほうでも言われていますが、どうもそれだけではないものがあるような気がします。そういうふうに、すべての言葉が家族を持っているわけではありませんが、できるだけ家族を集めていくということが今必要な仕事かと思っています。

さてそこで、もとの「原」に戻りますが、この「原」を問題にするときに「野」という言葉との関係ということがあります。「野」と「原」は一体どう違うのだろうか。それに、先ほど言いました北九州から沖縄にかけて、「何々原(はら)」というのが「何々原(はる)」になるという、このハルとハラとはどう考えたらいいのか。先ほどの朝鮮語との関係で言うと、ハル、古い日本語ではパルだったろうと思いますから朝鮮語のポルに非常につながりやすいのですけれども、それはどう考えたらいいか。そういう問題も少し踏まえながら話を続けようと思います。

その前に、語彙のことだけではなくて語法のことも考えてみたいと言いましたが、今、こういうことに関心を持っております。日本語教育という外国の人に日本語を教えることが非常に盛んになってきて、我々国語学の方で今まであまり気づかなかったようなことが日本語教育の方では言われております。これはもちろん現代語についてですが。その一つに、「日本語というのは非常に場面に依存した性質の強い言語である」とか、「話し手が表現に顔を出す言語である」と言われたりするわけです。これは今に始まったことではないのではないか、というのが私の頭にありまして、考えてみると、いろんなところで日本語の表現というものには話し手が顔を出していることに気づかされるのです。

幾つか列挙していきますけれども、例えば昔の日本語では、現代語の場合と少し違うのですが、話し手が自分を基準にして、現在のことですと動詞をそのまま投げ出せばよかったのです。終止形というか、「走る」なら「走る」という言葉を使えば、それで現在をあらわせたのです。それに対して、今の自分(現在)と違う未来だとか過去だとかいうことになると、今の自分と違うという印をつける必要があったのです。それが「き」だとか「けり」だとか、「つ」とか「ぬ」とかいう言葉。それから、未来に関しては「む」という推量の助動詞をつける。こういった区別です。そこには話し手(今)が基準になっているということです。話し手と扱う事柄との関係で、それがどういう事柄かということを区別している。(5)

それから、「き」と「けり」という昔から難しい議論になっている助動詞があります。体験の回想と伝聞の回想というふうに、区別をつけています。これも、自分とつながっている過去であるけれども、今の自分がすっかり違ってしまったそういう元の自分といいますか、そういうものを言うときに「き」を使っているらしい。それに対して、今まで自分とのかかわりが知られなくて、ふっと気づくと「ああ、そういうもの(こと)があったか」というふうに、自分とのかかわりが今初めてわかったというときに「けり」を使う。つまり、「き」「けり」の区別も、扱う事柄が話し手とどういう関係にあるかという判断(区別)を示しているものであると言えるようです。

それから、助動詞に今の現代語ですと「れる」「られる」というのがありますね。雨が降るというのは自然現象ですから一人一人の人間とは何のかかわりもないのだけれども、「雨に降られた」というふうに、我々は自然に起こった現象と自分とを関係させせます。これが「れる」「られる」の一つの用法なんです。そういう用法というのは今に始まったものではないのです。かなり昔からあった。それが「れる」「られる」のもとの「る」「らる」という助動詞であったり、さらに古くは「ゆ」「らゆ」という助動詞であった。

「ゆ」「らゆ」に対して「す」「さす」というのがあります。この対立は要するに、「ゆ」「らゆ」そして「る」「らる」いわゆる受身と言われているもののもとの義は自発だと私は思います。それに対して「す」「さす」のほうは使役です。そうすると、この自発と使役の区別も、ある事柄が話し手ないし話し手側の主語と無関係に起こってしまう出来事と、話し手ないし話し手側の主語がかかわって起こす出来事という区別をしていると言えるかと思います。

こう話していると長くなりますが、このあと列挙させてもらいますと、指示語の体系もそうではないか。もちろん「this」「that」とか、それぞれの言語に身近なものと遠くのものを指すのがあるのですけれども、日本語の場合、「これ」「この」という「こ」、そして、これから分かれたのが「かれ」「かの」なんです。それはどうしてかというと、先ほど言いましたように「こ」というのは ko ですが、この ko の o を a に変えると ka ができるのです。つまり、これは同じ仲間だったということです。そうすると、「こ」と「か」の区別というのは自分を基準にして、自分に近いところが「こ」で、自分から遠いところが「か」だということです。もうひとつ昔には「をちこち」であれこれを指したのです。つまり、自分に近いものと遠いものという区別が後には、「この」という言葉の「こ」を母音変化させて、「こ」と「か」で区別するようになった。この発想にも話し手が基準であるということがわかるわけです。

それから、「そ」という言葉がありますけれども、「これ」と「それ」ですね。これは今度は子音が違うわけです。「こ」は k ですが、「そ」は s です。これは全くの別語だとすると、これは自分を基準にして、自分が今現在目の前で確認できることを「この」というふうに指すけれども、「その」は自分が現在目の前で確認できないものを指す。頭の中にあるものを指す。後で言う「あれ」という言葉がそうですね。こういう指し示すもので、目の前にあるか、目の前になくて頭の中にあるかという違いは自分の認識を基準にして区別している、これが本来の「こ」と「そ」の違いだった、と思われる。

ただ、これは既に指摘もされていますが、[6]「先」という言葉は過去もあらわしたり未来もあらわしたりします。こういう言葉ができるということも、今現在の自分を基準にすると、自分から離れたものは過去のことでも未来のことでも「先」という言葉で言える。こうした言葉も話し手が基準になった、つまり話し手と事柄との関係が刻み込まれている言葉だと考えられます。

さらに、「私の本」「我が国」というふうに、「我が妹」「私の妹」。連体助詞に「が」と「の」の両方があります。これがずっと古い時代の区別としては、自分に身近なもの、「我が」「親が」「母が」「父が」とかいうふうに、そういう身近なものの関係を指すときは「が」を使って、それ以外は「の」を使う。これは大野晋さんの有名な「内と外という区別がそこに見られる」という説[7]ですが、そういう区別は話し手の認識が基準になっていると言っていいかと思います。

こういうふうに見てくると、例えば日本語で時間と空間を同じ言葉であらわせるということも、この観点からみてみるとおもしろい。「世」という言葉がありますが、これは「この世」の世、「世間」の世でもあるとともに、時間の「世(代)」でもあります。それから先ほどの「先」もそうです。「先」というのも空間だけではなくて時間も指す。それから「間」という言葉もそうです。「間がもたない」という「間」と、こういう一つの空間を「間」とも言います。それから、先ほど「をちこち」のところで言いましたが、「をち」というのは自分から遠いところですけれども、これが「をとい」という場合は時間に使われている。「暇」なんていう言葉もそうでしょうし、もっと探せばあると思います。

やっと「原」に戻れそうです。こういうことを考えてみますと、「原」と「野」という言葉の違いについて、次のように考えればいいんではないか。「野」の方は自分を含めた生活の場というか、里と言ってもいいし村と言ってもいいわけですが、話し手の日常の存在場所を基準にして空間を区切っていくときに、里、村の周辺に野がある。さらに、野の向こうに山がある。こういう話し手の存在空間を基準として生活空間を区別するものとして「野」は組み込まれる。しかし、「原」はそういう言葉ではなかったのではないかということです。「野」という言葉は独立で使います。「山や野や」というふうに。単に「野」と独立で使うことが多いのですが、ところが「原」の古い言葉の例では、ほとんどが「何々原（はら）」または「何々原（はる）」なんです。九州北部と沖縄などではハルになっている。それから本土といいますか、中央語ではハラになっているという。これにつきましては恐らくパル（ハル）のほうが古い形だろう。そして中央語となったハラのほうが新しい形であろう。先ほどのウで終わる名詞は古い姿をとどめている、古い成立だという説に基づきますと、そういうふうにここは区別しておけばいいでしょうし、本土のほうのハラの方が新しい形であると見ていいかと思います。

そこで、里との関係で言うと、そういう空間を話し手との関係で区切る言葉に「端」という言葉があります。ハシとかハタとか言いますが、この一つが「山の端」とか「端山」というときのハ。恐らくこれの母音が変化すると、ハヒフヘホですから、「ヘ」だろう。「山の辺（やまのべ）」の「べ」ですね。これでは濁りますが、「ヘ」。

ただし、ちょっとこれには問題があるのですが、こういうように「ハ」という形から「ヘ」という形になったときには、実は上代の「ヘ」には甲、乙という区別がありまして、これをお話ししていると長くなりますが、本当は「乙のヘ」になると思われるのですが、「辺」の意の「ヘ」は「甲のヘ」であるというところに少し問題があります。しかし甲、乙の違いも一つの母音の違いですから、多分、この「端山」の「ハ」と「山の辺」の「ヘ」とは同系語だろうと思います。

山と川と海の三つにしぼってお話ししますが、日本語に「海辺(うみべ)」とか「山の辺(やまのべ)」とか「川辺(かわべ)」というのがあります。何で「海辺」と、「へ」なんだろうか。へはハですから、ハはハシとかハタという言葉になっていく。へのほうも、さらにへリとかへタという言葉になるから、やっぱり端っこのほうですね。これはどうも「海辺(うみべ)」のへに対して「海上(うなかみ)」「沖(おき)」という言葉、「沖」「上」と「辺」の対立だろう。つまり、海のずっと向こうの沖に対して、その端が海辺だろう。

「山の辺」も、里に近いのを端山(または、外山《と》とも)と言いますが、それに対して奥山ですね。「奥(おく)」と「沖(おき)」は、これまた母音変化で別の言葉になったもので、恐らく「奥(おく)」が古い形だろう。その「山の奥」に対して「山の辺」ですね。

さて「川辺(かわべ)」という言葉があります。これが実は問題なんです。この「川(の)辺」に対しては「川上」があります。しかし、「川上」に対しては「川下」があり、「川の辺」が対応しているとは言えません。

こういうふうに見ますと、どうも「海上(うなかみ)」にしても「沖(おき)」「奥(おく)」の意、それから「川上(かわかみ)」にしましても、そっちのほうが源《みなもと》、つまり「本(元)」であって、里の方がいわば「末」ですね。本、末で言いますと、そういう意識。恐らくそれは神々がすんでいるところが本(元)であって、神々の寄りくるところが川下・末、つまり辺(へ・べ)の方だということではないかと思います。では、「川(の)辺」とは何か。川の流れに対して陸地側あたりを意味すると考えられます。

実は沖縄に「かわ」という言葉、「かあ」という言葉があるのですが、これは泉とか井戸を指す言葉なんです。しかし、それは沖縄だけではなくて、本土の西半分のあちこち、特に島々にあるのですけれども、どうも古い日本語に「かわ」という言葉がいわゆる井戸とか泉――水のあふれているところをあらわす言葉としてあったのではないだろうか。ところで、「河原」という言葉がありますが、これも「何々原」の一つであって、「何々原」の用法からとらえねばならないことになります。「野」と違って「原」のほうは「何々原」と用いることがほとんどで、これは植物だと、松原のようなもの、それから浄御原とか、海原、天の原とか。これらは、松とか海、天など、その生命ないしは精霊みたいなものが満ちているところという意味ではないかと思うのです。

そうしますと、「河原」というのは、これもやはり川自体を河原、川という性質を持っている原を意味したのではないか、と考えています。それで、先ほど言いましたように、沖縄では川というのは泉、井戸というような意味で、しかも「沖縄語辞典」を調べますと河原というのが川と書いてあるのです。さらに「河原ばんた」というのがありまして、河原の端という意味になるのでしょうが、これが今の本土で言う「河原」になっているのです。古い『万葉集』なんかの例でも河原というのが川自体を意味する例があるのではないか。[8]そうすると、川というのは、長いもの全体を意味したというより、ある一定の場所を言ったのではないだろうか。その場所が「川(の)辺」「河原」と呼ばれた、と考えてみたいと思います。川の名前に地名がついていることが多いことも注目されます。

また端(はし)とか端(はた)という言葉が出てきますと、里を基準にしたそれの端っこという意識も出てきまして、「辺(へ)」の部分は境目というところであって、両義的といいますか、向こう側からも外れであり、こちら側の外れでもあるといった認識がなされた、そういったところから実は「端(はし)」さらには「橋(はし)」という言葉も考えてみたいと思いましたが、時間がまいりました。

【注】

(1)　三品彰英「フツノミタマ考」(三品彰英論文集第二巻〈平凡社〉所収)。

(2)　阪倉篤義『語構成の研究』(角川書店)など。

(3)　亀井孝「ツルとイト」(『国語学』第二十輯)。

（4） 伊藤忠夫『英語の社会文化史』（世界思想社）によると、英語でも、夏と冬の二分法であったという。
（5） 山口明穂『国語の論理』（東大出版会）。
（6） 古橋信孝編『ことばの古代生活誌』（河出書房新社）、なお古橋信孝「境界のことば・ことばの境界」（『言語』'91―1月号）にもふれている。
（7） 大野晋『日本語の文法を考える』（岩波新書）など。
（8） 辻田昌三「『野』と『原』」（『古代語の意味領域』和泉書院所収）。

（付記）

本節は、公開シンポジウム「東アジアの中の日本」（平成二年十二月・京都）で口頭発表したものの記録を補筆・書き替えたものである。他の節と記述のスタイルを異にするが、引用の人名の敬称略など、記述上の統一を行なわず、ほぼ初出（巻末の「初出一覧」参照）のままとした。

三　過程（様態・対象）と結果
――個別研究を包括する研究、の一つの試み

序　本稿のねらい

二年前、宮崎和人「日本語学による個別研究を包括する文法は構想できるか」（『國文學』平成十八年四月号（２００６）所収：特集・日本語の謎）に接して啓発されるところがあった。ここに提起された研究は、ある個別研究で見いだされた原理が他の個別研究をも抱え込む原理であることを発見することで、それをその言語に備わった、より包括的原理として位置づけていく研究と捉えて、私なりに、そういう研究（試み）の必要性を痛感したのだった。詰まるところ、個別の包括（統括）化ということになる。しかし、包括（化）するにもその基準にレベルがある。それ自体自立的な体系性を持っていても、それはある全体の部分にすぎなく、それをより包括する全体の中に位置づける、さらにはその全体的なものもまた、より包括的な全体のある部分にしか過ぎないという入れ子構造（関係性）をもって存在するということに注目しておく必要がある。あたかも上位語・下位語という語彙体系の有り様を思わせる。宮崎は「包括的な文法」を目指す、その「個別研究を包括する方法論」について、次のように述べている（長くなるが引用しておく）。

ある形式と別の形式との関係、ある用法と別の用法との関係、あるカテゴリーと別のカテゴリーとの関係、語

彙と文法の関係、意味と機能の関係など、別々に観察される言語事実の中に有機的な関連を発見し、体系性を確認していくことである。

こうした部分と全体、あるいは個別と包括（的レベル）の関係において捉えるという研究が、従来の研究になかったわけではない。例えば、日本語における語順の研究と述語成分を構成する文法機能の相互承接の研究とが統合された、いわゆる北原文法[1]がそうであるし、また最近日本語の性質として、その「話者中心性」[2]が指摘されているが、そういう観点から日本語の諸言語現象を一つの原理で説明しようとする方法が提起されてきている。たとえば、「うち・そと」の区別を原理とする説明や、一人称視点を中心に日本語の表現原理を捉えようとする「視点」論[3]、「わがこと・ひとごと」論[4]、あるいは話者と対者との関係で説明する情報のなわ張り理論や談話管理理論[5]などがあるが、これらにはその原理を支える発想においてかなり重なり合ったところがある。[補注]

筆者もかつて、「場面依存と文法形式—国語における」（『表現研究』37号・1983）において、個別の包括化を試みたことがあり、それ以来こうした問題意識を持ち続けてきた。ここでいう「場面」は、時枝誠記の用語「場面」（「言語成立の外的条件」の一つ）に相当する。「場面（相手が中心）」に依存する主体は一人称者（話者）である。つまり、場面依存（性）は、言い換えれば話者中心性とも「いま・ここ」中心言語とも言っても良い、日本語の特質（「好まれる言い回し（ウォーフのことばによる）[2]」などとも）を示すのであり、時（いわゆる過去・完了）の助動詞の研究や「語り」言語の視点論などで、これらの概念を、私自身以前から使ってきている。[6]

しかし、今宮崎の提起は重要である。上記で見たような談話・文章レベルでなく、いわゆる文法研究における「個別の包括化」である。具体的に宮崎が前掲論文で例示したのは、「意志と推量の統合的把握」と「願望と意志の統合的把握」で、文法形式の持っている異なる用法間の包括化である。包括化においては、文法史的な（通時的）観点も導入されなければならないことを含んでいる。いずれにしても、包括原理が把握できたとき、それを未研究の分野に演繹的に活用していくという合理性がもたらされるかもしれないのである。

さて、本稿では、「個別研究を包括する研究、の一つ試み」を、まだ素描の域を出ないが、展開してみる。様々な文法現象に、用法上の「過程（あるいは様態、又は対象）」と「結果」の対立という原理が潜むということを述べてみたい。自ずと、従来指摘されてきた説明の舵取り的記述になることだろう。

一　修飾成分にみる様態（過程）と結果

（1）「―と」と「―に」の対立

オノマトペでは、次のような形式の対立が意味（用法）の対立に呼応しているという事実が、かなり早く観察され、指摘されてきた。

①　矢車がカラカラ（と）音を立てている。
　白い布をズタズタ（と）切り裂いた。

②　日照りが続き、田んぼがからからに干上がっている。
　白い布をずたずたに切り裂いた。

①に「からからに」を、②に「カラカラと」を共起させることはない。「カラカラ（と）」は「音を立てる」という動作の間、その動作に伴う動作の有り様を示している。「音を立てる」という動作が終了すると、「カラカラと」という音（有り様）も消える。これを様態（過程）修飾という。それに対して②は、一定の動作作用が終了して、その結果として発生し、あるいは残る有り様（状態）である。動作がもたらした結果であるから、これを結果修飾と言えば

良いであろう。

「ボコボコ」を「ボコボコ(と)殴る」では、様態修飾として用いており、「ぼこぼこに殴る」では殴られた後「ぼこぼこになっている状態」を意味する、つまり結果の修飾で用いている。類似の「ポカポカ」は、様態にのみ用いて、「殴られてぽかぽかになっている」とは言わないようだ。

このようにオノマトペにおいては、「―と」が様態修飾に働き、「―に」が結果修飾に働くという意味的対立は、上記の例に限らず、ほとんどの「―と」形「―に」形がそれぞれにおいて働く、動作の有り様修飾なのである。形態的には、①の場合は、「と」がなくても使われる。①で「(と)」と表記したのは、その意味である。ただし、このことは「カラカラ」のように反復形または四音節以上のときに限ることで、「パッと」「グラリと」「ドスンと」などの「と」は普通省略することはない(音象徴の部分が三音節以下のとき、「―に」形になることはない)。すべて様態修飾の例である。これに対して、結果修飾に働く「―に」形の場合は、「に」が欠かせない要素である(後述することに関わるが、「―に」が格助詞として働くとき、行き先を示す格表示に働くことと、「―に」形の結果との連続性が推測される)。

もっとも「―と」形「―に」形に見る、この意味的対立に例外のあることも、従来から指摘されていることである。例えば、

③ まるまる(と)太った豚。彼はでっぷり(と)肥えている。

④ もっときちんと片づけなさい。

これらは、「―と」形であるが、結果修飾である。ただし、③については、「テイル形」が「太る」「肥える」動作の持続を表わせず、結果の状態を示す用法になる。

⑤ しきり(と/に)騒ぎ立てる。

⑥　ふかぶか（深々）と頭を下げた。子供をたかだか（高々）と持ち上げた。奥の間でながなが（長々）と寝ころがった。

⑤は、両形とも様態修飾に働く語である。⑥は、オノマトペ（音象徴）ではなく、また「と」もはずしにくい。これらは、形容詞の語幹を用いた、畳語法による副詞形であり、同じ畳語法によっていても、オノマトペが音象徴（形式）の繰り返しを意味するのに対して、⑥など「ひえびえとした部屋」「あつあつのご飯」の場合は、音象徴の繰り返しでないことは、「ふかぶか」のように「ふか（深）」の後項が「ぶか」と連濁していることからも分かる。「ふか」と「ぶか」では、音象徴が異なる。つまり「ふかぶか」などは、意味（観念）の繰り返しによる強調形である。意味的に異なるわけであるが、しかし反復形のオノマトペと同じ形態であることは変わりない。⑥は「―と」形であるが、様態修飾でなく、結果修飾に働いているということになる。

ところで、概して「と」と「に」の間にみられる形式的対立が意味上の対立に呼応すると認めうるのは何に由来するのだろうか。古来日本語には、文法形式に幾つかの「と」と「に」による形式の対立が見られる。形容動詞では、「静かに」など和語の連用形に対して、「堂々と」など漢語の連用形の違いが、指定の助動詞「なり」「たり」をも生み出しているが、「―に」「―と」の間に様態と結果という意味的対立は見られない。なによりここで注目すべきは、格助詞「と」「に」にみられる対立であろう。

一つは、「変化格」として働く場合で、

⑦　氷が溶けると、水（に／と）なる。春が夏（に／と）なる。

これらでは、変化の結果を「と」でも「に」でも受けることができる。では一体、両者には認知上どういう違いが意識されているのだろうか。

⑧　昨晩東京（に／＊と）着いた。彼は大臣（に／＊と）就いた。

⑨　ゴミが壁（に／＊と）くっついている。

⑩ 太郎が花子（に／と）くっついている。

⑧では、動作主の空間移動や地位変化の帰着点（結果—行き先）を示すのに「に」が用いられるが、「と」にはそういう用法がない。この認識においては、「に」「と」の対立（選択的関係）はない。しかし、⑨⑩はどうか。二つのものの接触を表している点では同じであるが、⑩は「に」「と」ともに自然、しかし⑨は「と」の場合が不自然である。ここから推測されることは、接触する二つのものの関係の問題である。⑨では両者（ゴミと壁）の異質性が目立ち、⑩では同質・対等性を帯びた二つ（太郎と花子）である。

⑩′ うちの壁がとなりの壁（に／と）くっつきそうだ。

なら、自然である。

仁田[7]（二〇〇二）は、格助詞「に」の格機能の本質（あるいはその一つ）を「行く先格」と呼称する。動作の向かう先というわけで、「—に」が行く先を受ける、つまり動作の結果を示すという性質を帯びている。一方「と」は対等性を認識する。

このことを「（—に／と）なる」構文に適応して解釈するなら、「に」の方が本来の変化結果を示す（異質なものへの変化ということになる）のに対して、「—となる」は、変化前と変化後とを対等的な認識で捉える、一種の主体の判断（認定）を示す意識が勝っているのではないか。

様態修飾と結果修飾の違いを、動作の時間との関係で説明するなら、そもそも様態修飾は、動作とその動作の有り様とが時間的関係において同時性を有しているが、結果修飾は、その時間的関係が、断時的である、と言える。動作の終了後に残るのが、結果である。

また、「相手格」を示す場合に「に」「と」が用いられる。

⑪ 昨夜渋谷で友人（に／と）会った。

⑫　会社のことについて、わたしは友人（に／と）相談した。

これらの「に・と」は、動作の相手格を示す点で共通である。⑪⑫においては、「に」も「と」も自然であるが、

⑬　小学生が総理大臣（に／?と）会った。

⑭　亡者が地獄（極楽）で悪魔（神様）（に／?と）出会った。

⑮　時（に／＊と）遭う。不幸せな目（に／＊と）遭った。

会う両者の関係がアンバランスになるほど、「と」が使いにくくなる。「と」が対等性を要求する性質のあることがここでも観察される。立場として全く同等と見られるときは、例えば、⑫なら、「…わたしと友人（と）が相談した」と言うこともある。

⑯　この色がこの壁に（は）似合う。

?この壁がこの色に（は）似合う。

トンボが大きな岩の上にとまっている。

＊大きな岩がトンボの下に置いてある。

「―と」形「―に」形にみる違いは、次の場合の違いにも通じている。

⑰　A君がB君と会った。　A君がBさんと結婚した。

⑱　A君とB君が会った。　A君とBさんが結婚した。

⑲　A君がB君に会った。　＊A君がBさんに結婚した。

⑰は⑱のように言うことができる。しかし、⑲の「に」の場合は、異なる。ここにもやはり、AB両者の関係の認識において、「と」が両者を対等に捉えているのに対して、「に」の場合は、主語の人物に視点を置いて動作の相手を認識している。動作を一方向性に捉えていて、対等性は弱まる。(8)なお、「A君とB君が一緒に遊んでいる」の場

合も、「A君がB君と一緒に遊んでいる」とすることが可能であるが、⑱の「A君とBさんが結婚した」という文の方では、「一緒に」を使うことができない。

⑳ ＊A君とBさんが一緒に結婚した。

⑳が自然な文と理解される場合もあるが、その場合⑱の文とは文意味が異なってくる。その意味で、次の「会う」も「一緒に」をつけると文意味が異なる。その点で「結婚する」と同じ相互動詞である。

㉑ A君はB君に会った。 ＊A君とB君は一緒に会った。

しかし、「会う」は「結婚する」と異なり、㉑にみるように、一方向でも認識できる動作である。「離婚される」は言えても、「結婚される」が現代社会では、普通言わない理由と同じである。

ところで、「に」「と」には、並列助詞としての働きもあって、そこにも両者には、認識の違いが感じられる。例えば、

㉒ ビールにおつまみ、いかがですか!

㉓ ビールとおつまみ、いかがですか!

これらの例から、「と」には、並列する関係項を対等に認識するだけでなく、それらを束ねて認識する、一括性ないし一体化・まとめる機能が見られる。「に」の方は、同類項を重ねていく、つまり広がる先がいつも保留されているニュアンスが伴う。求心的把握と拡散的把握とである。

動作を一方向的に認識できる場合は、その行き先が意識され、それは結果の意識に連なり、動作において両者(副詞と動詞、格成分と動詞)が対等・同時性の関係で意識される場合は、副詞・格成分が様態的に認知されるということに連なると見ることができよう。

（2）情態・程度副詞の修飾にみる様態と結果

以上、（1）では、情態副詞のうちでも、オノマトペを中心に「―（と）」「―に」という形態を取るものに絞って観察してきた。ここでは、その他の副詞を対象として、結果修飾に働くグループを取り上げたい。

①　昼をゆっくり食べた。

②　うどんをたらふく食べた。うどんをたくさん食べた。

①の「ゆっくり」は食べている間の食べるスピードだから、様態修飾であるが、②の「たらふく」「たくさん」は食べ終わったときのおなかの状態（食欲）であるから、結果修飾に働いている。仁田（二〇〇二）では、程度副詞など「量副詞」とよばれるものを、「程度量の副詞」と位置づけ、さらに「純粋程度の副詞」「量程度の副詞」「量の副詞」の三種に分類する。さらに「たくさん」は「典型的な量の副詞」グループの一つと位置づけ、それらは「全部・半分・少数」などの「量の副詞」を間にして、いわゆる「数量詞」につながるものと見ている。例えば、②は、うどんの「量」に関わり、情報を具体的にすれば、実は、

③　うどんを四杯食べた。

ということであったとすることができる。副詞的に用いられた「四杯」（数量詞）も結果修飾に働いていると見られる。少なくとも一杯ずつ食べたわけで、同時に四杯に手をつけていたわけではない（つまり様態修飾ではない）。持続する時間が経過した結果が四杯になったということである。

④　昨日は遊園地でいっぱい遊んだ。

⑤　遊園地で子供がいっぱい遊んでいる。リンゴをいっぱい買った。

高見健一（二〇〇六）では、④の「いっぱい」は運動量の限定を示す「副詞的用法」と規定する。一方⑤の「いっぱい」は、「子供」の数、「リンゴ」の数を限定しているので、「数量詞的用法」と規定して区別している。これらの

「いっぱい」を、具体的に「十数人」「十五箇」などと置き換えることができる。後者は、数量による限定対象が「子供」「リンゴ」という物（名詞）を修飾していると見ている。これらの構文についての論は、遊離数量詞の研究として知られる課題で、例えば、「十数人（いっぱい）の子供」「十五箇（いっぱい）のリンゴ」と用いられた数量詞が、遊離して「子供が十数人（いっぱい）遊んでいる」「リンゴを十五箇（いっぱい）買った」という構文に置き換えられる、その条件などの研究である。

④の運動量（時間量や疲労度）を限定している場合、「いっぱい」は結果を示す。しかし、⑤の場合はどうだろうか。「子供が（たくさん・100人ほど）遊んでいる」とも言い換えうる「子供がいっぱい遊んでいる」は様態修飾と見られる。しかし「いっぱい買った」は、「いっぱい」を対象とする様態副詞と思われるが、むしろ「買った」結果が「いっぱい」であったという認識と見るべきであろう。つまり、結果修飾ではないか。こうした差が見られるのは、結局はそれぞれの動詞の動作概念の違いによるのであろう。

(3)用言（形容詞・形容動詞）の連用形の副詞的用法

渡辺実が、その『国語構文論』（一九七一）で「連用修飾成分」と一括して扱われる成分は、研究的には「ゴミの掃きだめ」的扱いになっていると指摘したのを受けて、当の渡辺をはじめとして「副用語」の研究が盛んになってきたが、それを受けて、副詞的修飾成分として働く語を「結果の副詞」「様態の副詞」などに区分して詳しく論じたのは、仁田義雄であった（ここでは主に、仁田（二〇〇二）によっている）。

仁田の場合、「副詞」とは、品詞論としての形態上の品詞名ではなく、文における文法的な機能上の区別を意味する、言わば副詞的働きで用いられた成分を指して「副詞」としている。先に（1）において、品詞論的「副詞」（オノマトペを中心に）をとりあげ、「―と」形「―に」形といった形態的区分と意味的区分の関係に注目したが、そうした考察は、仁田では不問に付されている。あくまで、述語成分（動詞述語を主に）の示す動作概念と「副詞」とが意味的にどういう関係にあるかの観点から記述がなされているのである。本稿では、形態的区別をよりどころに分析の観点を腑分けしている。この節も形容詞と形容動詞を、まずは別に考察する。

A：形容詞の連用形

様態修飾、結果修飾という意味的働きに違いはありながら、その働きを受け持つ連用形はともに「―く」形（ウ音便形を含む）で、形態的区別がその違いに対応していることはない。しかし、古来「ク活用」「シク活用」という形態的違いが存在している。副詞の「―と」形「―に」形に見られる例外数に比べれば、「―く」形「―しく」形という形態的区分に対する意味的違いの対応は緩やかで、例外数も遙かに多いが、従来指摘されてきたように、大雑把には「ク活用」の形容詞は、物事の「属性」を意味し、「シク活用」の形容詞は主体の「情意・感情」を意味するという傾向があると指摘されてきた。中には両方の意味にわたる、第三の形容詞として区分されているものもある。(9)

まず、「ク活用」形容詞を見てみよう。

①　壁をペンキで赤く塗った。——赤い壁
②　庭に深く掘って井戸をつくった。——深い井戸
③　色紙を小さく切った。——小さい（紙片の）色紙
④　豚肉を柔らかく煮た。——柔らかい（柔らかくなった）豚肉

「赤く」「深く」「小さく」「柔らかく」は「ク活用」の連用形で、それぞれの動作の有り様を修飾限定しているが、それは動作の終了時に残る状態（結果）を意味している。結果修飾であり、動作によって生まれた、「壁」「井戸」「色紙」「豚肉（の煮物）」の状態、いわばそれぞれの属性を示している。属性とは、その属性発生の具体的な変化が認

識されているかどうかはともかく、あることの「結果」として、今そのものが持っている性質といっても良いかもしれない[10]。

もっとも、例えば①の場合、ペンキ自体が「赤い」、そこで少しでも塗ればそこは赤くなる、「塗る」行為は赤いところが部分から全体へと広がる過程そのものだから、それを「赤く塗る」と言ったと捉えるなら、「赤く」は様態修飾で用いられていると見ることになる。塗り終わった瞬間に全体がパッと赤く変化したというわけではないからである。しかし、対象(壁)が「赤くなるように塗る」のであって、塗り方自体が「赤くという方法によって」ということではない。それは②〜④についても同様な観察が可能である。行為者の意図するところは、「壁が赤いものになること」「井戸が深いものになること」「紙片が小さいものになること」「豚肉が煮て柔らかいものになること」を目指して行為している。そういう結果を期待した行為である。その結果を先どりして示したのが、①〜④の形容詞連用形であると見るべきであろう。

概して、「ク活用」形容詞の連用形は、結果修飾に働くことが目立つ。しかし、同じ「ク活用」でも、次のような場合がある。

⑤　友人の肩を軽く叩いた。　彼女の相談を軽く聞き流した。

⑥　友人の誘いをそっけなく断った。

⑦　昆虫を細かく模写した。

⑤の「軽く」⑥の「そっけなく」は様態修飾である。結果的に物の属性を表す形容詞ではない。これらのように、行為に望んでの、行為主体の心持ちや匙加減の有り様(態度)を示すために用いられると、結果修飾でなく様態修飾に働くようだ。

⑦の「細かく」は、模写する仕方が細かい(様態修飾：描く方法・態度を限定)とも、できあがった模写した絵が細

かい（結果修飾・絵の有り様）とも取れる。「料理をうまく（まずく）造る」も「上手に・下手に」の意なら様態で、「美味しい・不味い」の意なら結果と言うことになるか。ただし、「美味しく（甘く、辛く、酸っぱく）造る」の「美味しく（甘く、辛く、酸っぱく）」は結果にのみ働く（「これは美味しい（甘く、辛い、酸っぱい）料理だ」）のは、料理作業中のあり方（行為者の態度・技術など）を意味する用法がないからである。もっとも「美味しく・美味しい」は形態的に「シク活用」の形容詞に見えるが、この語は、「いしいし（団子の女房詞）」から派生した女房詞（お＋いしいしの省略形の形容詞化）であるから、形態的にも意味的にも「ク活用」と見てよい。

もっとも、同じ連用形が、様態にも結果にも働くものもある。

⑧　先輩の指示に小さくうなずいた。

⑨　この紙を小さく切っておけ。

「小さく」が、⑧では様態に働き、⑨では結果を示しているが、それは、⑨の「小さく」が、動作の結果残る「紙」（モノ）の有り様を示しているのに対して、⑧の「小さく」は、動作に伴う動作主体の振る舞い方（態度・サマ）を意味しているからである。例えば、「深く沈める」「深く考える」の「深く」にもこの違いを見ることができる。連用形の意味の拡張により、結果修飾の用法から、様態修飾の用法が派生したものと思われる。

次に、「シク活用」形容詞をみてみる。

⑩　庭で子供が楽しく遊んでいる。

⑪＊彼からの手紙を楽しく受け取った。　楽しい便り

⑫　彼からの手紙を嬉しく受け取った。　嬉しい便り

「楽しい」「嬉しい」の違いは、類義語研究で話題の例である。⑩の「楽しく」は、遊ぶという行為の間伴っている心の有り様で、遊びが終了すれば、「楽しかった」となる、つまり様態修飾である。⑫の「嬉しく」は、手紙を

うけとったこと自体が嬉しいことと感じている場合で、結果修飾である。⑪のように「楽しく」は使えない。ある事態が発生したことからひき起こされる感情を意味する形容詞は結果として働くと言えよう。「楽しい便り」「嬉しい便り」の違いも上記の解釈を当てはめて説明することができる。

「シク活用」の形容詞は、「ク活用」の場合とは逆に、様態修飾に働く場合が目だち、結果修飾に働く場合が少ないようだ。「コスモスが美しく咲いている」の「美しく」は結果に働いているが、この「うつくし」は、意味的には、古語での情意形容詞から近代で属性形容詞に変わったと見るべきであろう。形態を維持しながら意味用法が拡大したり変化したりして、形容上の機能が変化する場合があるのである。

B：形容動詞の連用形

⑬　部屋を丁寧に掃除する。　丁寧な仕事

⑭　部屋を綺麗に掃除する。　綺麗な仕事

⑬の「丁寧に」と⑭の「綺麗に」の違いについても類義語の研究でおなじみである。「丁寧に」は掃除をしている間、その動作に伴う、動作主体の態度で、掃除が終了すれば、この「丁寧」な態度も消える。様態修飾に働いている。一方、「綺麗に」は、掃除し終わった後の部屋の有り様を意味する。つまり結果修飾に働いていることが分かる。「丁寧な仕事」とも「綺麗な仕事」とも言えるが、前者は、結果としての「仕事」からその作業「過程」の仕事ぶりが丁寧であったことが伺える（仕事だ）という判断であり、後者は、仕上がった仕事の出来具合が綺麗だという判断であることを意味している。「花で綺麗に飾られた部屋」「花で美しく飾られた部屋」の「綺麗に」「美しく」ともに結果修飾で、この類義語の相違点は別途考えなければ[11]ならない。

形容動詞の連用形はすべて「—に」という形態をとるが、意味において動作概念との関係が異なると、様態としても結果としても働くことがあって、そこに形態上の区別は認められない。このことは先の形容詞の連用形についても同じことが言える。

⑮　僕はゆるやかに、柔らかに胸をさすってやった。

（今東光「吉原拾遺」。仁田（二〇〇二）による）

⑯　時間かけて、豆をやわらかに煮る。

同じ「やわらかに」が、⑮では様態修飾で、⑯では結果修飾に働くという違いがある。前者が、動作主体の動作の振る舞い方（態度・サマ）を示し、後者は、動作終了時の豆（モノ）の有り様を意味していることによるが、このことは、形容詞で指摘したことと同じである。

しかし、「穏やかに」「ほこらしげに」「おごそかに」「静かに」「にぎやかに」「のどかに」「うれしそうに」「おぼろに」「がさつに」等々、動作主体の動作中の心の有り様や状況・雰囲気の有り様を表して、多くは様態修飾をなしている。なお「わずかに」「かすかに」など、状況の有り様を量的な面で限定するものもある。

⑰　夕陽が真っ赤に燃えている。　＊夕陽を真っ赤に燃やした。

⑱　壁が真っ赤に塗られている。　壁を真っ赤に塗った。

⑲　夏の日差しに肌が真っ赤に焼けている。　肌を真っ赤に焼いた。

秋刀魚が真っ黒に焦げている。　秋刀魚を真っ黒に焦がした。

同じ「真っ赤に」も、⑰は様態修飾であり、⑱⑲では、結果修飾になっている。塗った結果、壁が真っ赤で、陽に焼いた結果、肌が真っ赤で、焦がした結果、秋刀魚が真っ黒だというわけである。しかし、夕陽を燃やした結果、夕陽が真っ赤だという認識はない。燃えている間、夕陽が真っ赤なのである。ここには、自動詞・他動詞の関係が存在している[12]ようだ。

⑳　雪が真っ白に積もる。

これも「雪が積もって（一面）真っ白になる」という認識を踏まえている。

㉑ 子供を健康に育てる。 事態を平常に戻した。

「育てる」行為自体が健康な動作というわけではないし、事態の「戻し方」が平常に、というわけではない。これらも結果修飾に働いている。もっとも「健康に暮らす（過ごす）」の「健康に」はすでにそういう状態にあるわけであるから、様態修飾に働いていると見る。

ところで、形容動詞の語幹には、名詞的性質がある。はっきり構文上名詞として用いられる場合もある。先の「真っ赤」「真っ白」「真っ黒」なども名詞と見ることができるなら、これらにつく「―に」は、「ゆく先格」の「に」と見ることになる。

㉒ 朱に染まる。 真っ二つに割る。 うつぶせに寝る。 仰向けに寝る。

これら「―に」形ははっきり「名詞＋に」で、いずれもその動作の目指す結果を意味している。いずれも「―になるように」と言い換えることも可能である。ただし「朱になるように染まる」は不自然な文である。「染まる」は非意志動詞なので、「―になるように」という意志的に結果を目指すことを示す表現とは合わないからである。

このように、形容動詞の連用形「―に」形は「名詞＋に」に連続するところがあるのである。

二 文法形式にみる過程と結果

(1)格助詞の「に」と「へ」

接辞「に」は格助詞として多様な機能を有するばかりでなく、語に副詞機能を付加する働きも持っている。その一端は先に、結果を示す修飾成分「—に」を同類の「—と」との違いに注目して取り上げた（本稿一を参照）。ここでは多様な機能のうち「結果」を示す機能に注目して格助詞「に」を取り挙げ、格助詞「へ」との違いについて考えてみたい。

本来格助詞「に」と「へ」とは、それぞれ独自の異なる機能を有していたはずであるが、用法の類似性から区別が曖昧になってしまっている。それを象徴するのが、室町時代の後期に見られる「京へ筑紫に坂東さ」という諺の存在である（ロドリゲスの『日本大文典』、三条西実隆の『実隆公記』など）。

格助詞の「に」も「へ」も場所名詞に付き、移動動詞と共起する点では共通する面を持っている。現在「東京に行く」「東京へ行く」、「海外に働きに出る」「海外へ働きに出る」などとどちらも用いて、「に」でも「へ」でもどちらでもよい、つまり二つの助詞は移動動詞との格関係では同じ用法を持つと言えるように見える。この用法の類似性から、地域によって「京へ筑紫に坂東さ」と言われるような差が生まれたのだろう。京都では本来は「に」の場合にも「へ」の場合にもともに「へ」を使う傾向にあるというのである。

しかし、本来移動動詞との関係において異なる用法に働く助詞であったことは明らかで、「に」は移動動詞の「帰着点」を指示し、「辺（へ）」を語源とすると言われる「へ」は、移動動詞の示す移動の「方向」を指示する働きを持っていた。「宇宙に飛び立つ」「宇宙へ飛び立つ」、「京都に着く」「京都へ着く」、どちらの表現も可能だとしても、「に」の文と「へ」の文ではニュアンスの違いが感じられる。よく話題になる江戸の俳句「米洗ふ前に蛍の二つ三つ」、香川景樹が「前に」では死んだ蛍ととられかねないから「前を」とありたいところとアドバイスしたという。「前に」「前を」「前へ」、それぞれで句のイメージの異なることが感じ取れる。「死んだ蛍」と見るかどうかはともかく「前に」は静止的で、「前へ」「前を」になると蛍に動き「移動」性が感じ取れる。それは「前に」「前を」「前へ」と共起する動詞—移動動詞との関係の違い（帰着点と通過点と方向）の残像によるものであろう。

もっとも先の例のうち「京都へ着く」はやや不自然(舌足らず)に感じられる。遠くから移動して来て京都まで来たがまだ先がある、と言ったニュアンスを凝縮した表現とも感じられる。助詞「へ」と動詞「着く」との関係の問題であろう。「京都へ向かう」なら不自然さはない。現実には、「京都へ着く」で「京都」が目的地(到着点)であることを意図している場合も考えられる。そして「京都へ行く」「京都に行く」は、いずれも可であろう。

助詞「へ」は「向かう」との共起が最も似合う。方向性を持つ「向かう」と言う動作には動作の始まりと終わりとの間に一定の距離(空間)の隔たりが要求される。この空間的隔たり(と同時に時間的隔たりを伴う)がない動作には助詞「へ」は使えないとも言える。A「向こう岸へ向かう」と言えるが、B「向こう岸に向かう」とも言う。しかし、Bの「向こう岸」が移動の目的地を指すのに対して、Aの「向こう岸」は移動の方向を意味するのが本来の用法であるが、移動の目的地でもあり得る。ともかく助詞「に」の方は必ずしも空間的隔たりを必須の条件とはしない。「蝶が壁にぶつかる」「*蝶が壁へぶつかる」、「壁にポスターを貼る」「*壁へポスターを貼る」、助詞「へ」は「ぶつかる」「貼る」など瞬間的動作とは共起しないと言うことである。

以上の考察から見えてくるのは、移動動詞との関係で言えば、助詞「に」は移動の帰着点を示す、つまり動作の「結果」を示す働きを持ち、助詞「へ」は移動の方向を示す、つまり一定の隔てた距離を移動して目指す先を示す働きを持つ。つまり移動の「過程」が意識されているのである。

A「*向こう岸に泳ぐ」、B「?向こう岸へ泳ぐ」

「泳ぐ」は移動動詞でも移動手段・方法を示すだけの動詞であるから、「に」とも「へ」とも共起しない。Aは「向こう岸に泳ぎ着く」とすれば、「*」がとれる。Bは「向こう岸へ向かって泳ぐ」とするなら適格文になる。同じ帰着点を指す助詞「まで」を用いて「向こう岸まで泳ぐ」なら適格文である。「まで」は「から」(出発点)とペアで移動動作の範囲(時間・空間、過程)を限定する。「泳ぐ」という動作の範囲(ここでは空間)を限定することから、助詞「まで」と「泳ぐ」は共起するのだと考えられる。
「向かう」「行く」など方向性（これらの場合認知主体の〈いま・ここ〉から離れていくという方向性）をもつ移動動詞では、現在「に」も「へ」も用いているのである。

(2)「ている」形の用法—過程と結果

日本語の文法史で際立つ事象の一つに、助詞「て」の発達と文法化がある。その中でも「て」フォームと呼ばれる文法形式は、日本語が近代化するための大きな要因になっている。「—ていく」「—てあげる」「—てくれる」「—てしまう」等々で、動詞の文法化が進み、さまざまな、いわゆる補助動詞が生み出されてきた。「—ている」もその一つである。

「—ている」の「いる」は動詞「居る」の文法化したものである。現代語の共通語では存在詞は「ある」と「いる」とが併存し一定の使い分けをしているが、古典語では本来「あり」系の語だけで、[13]「居る」は、「立ち居」など座るの意やじっと動かない状態、とまる、とどまる、住むなどを専ら意味した。もっとも早くから「涙ぐみて居たまへり」（源氏物語・少女）などと、現代語の「—ている」を思わせる例も見られるが、「居る」はまだ文法化した補助動詞にはなっておらず、動詞の機能を持っている。「居る」が補助動詞化するのは、「いる」が存在詞となったのに合わせて、鎌倉・室町時代あたりから日本語の近代化の趨勢の中にあって文法化してきたものと観察される。

「（動詞連用形）ている」の意味・用法には、「継続」「結果（パーフェクト）」「経験・記録」などがあると言われる。「ている」は、動詞を状態化して、その状態が持続していることを示す。動作が持続性をもった動詞（継続動詞という）につく「ている」は「継続（動作そのものが持続している状態）」の用法になり、動作が瞬間性をもった動詞（瞬間動詞という）につく「ている」は「結果」（動作の完了後の結果が持続している状態）の用法になる。動詞は本来時間性を持つ。動作の始まりから終わりまでに時間が伴うが、動詞の示す動作・作用の時間の「はば」、つまりその持続性・瞬間性の識別は、日常における通常の認識による。

さらに「ている」は「経験・記録」という意味・用法をもつが、これら全てを包括して「ている」の文法機能を、定延利之は「観察によれば、これこれという情報がある（という現在の状態）」ことを示す、つまり「エビデンシャル」な機能を持つとする。(14)「ている」によって、動詞の示す動作・作用が一定の時間のはばを有する状態として認知されるのである。その状態は認知主体（表現主体）による観察を可能にする。「観察」は視覚に限るわけではない。「急にそんなこと言われても困る」の「困る」主体は一人称に限られるが、「急にそんなこと言われて困っている」と「ている」形にすると、三人称を主語に立てることも可能になるのである。「私はそう思う」と「私はそう思っている」の違いや司会者の言葉「では会議を始めたいと思います」に対して「では会議を始めたいと思っています」がやや不自然になる理由も同じ原理で説明が付く。

アスペクトを示す「継続」（過程）と「結果」という意味・用法の違いにもかかわらず、現代日本語の共通語では、両用法を同じ「ている」形を用いて意味し、形態的な区別をしない。しかし、ここで方言に目を転じてみると、人の存在を示すのに、東日本では「いる」を用い、西日本では「おる」（古語「をり」に由来する。「をり」は「ゐあり」の融合形か）を用いることがよく知られているが、西日本の各地の方言では、アスペクトを示す「継続」（過程）と「結果」の両用法を形態的に区別して示す。「—（し）よる」と「—（し）とる」という区別がある。「—（し）よる」は、「動詞連用形＋おる」の訛伝形であり、「—（し）とる」は「動詞連用形＋て＋おる」の融合した形である。前者の形が「継続」を意味し、後者の形が「結果」を意味する。いわば「継続（過程）」と「結果」が西日本の方言では、形態的にも区別されている。

アスペクトを示す「継続」（過程）と「結果」を共通語では形態的に区別しないが、方言では区別するところがあると言うことになる。むしろ、後者の方言に見るように「区別」を形態的に示す方が「世界的な標準」だと言われる[15]。各地方言における実態など、詳しくは注(15)の文献を参照されたい。ただし、「―(し)よる」、「―(し)とる」の使用や区別の実態には方言によって多少の違いがあるが、おおざっぱには、「―(し)よる」形の意味・用法が「―(し)とる」形に吸収されて、共通語の「ている」形と同様に「ー(し)とる」形が「継続」(過程)も「結果」も意味するようになってきているように思われる。

さて、「継続」の意味を示す「―(し)よる」の祖型「動詞連用形+おる」(例:「来おる」)を複合動詞型と呼び、「結果」の意味を示す「―(し)とる」の祖型「動詞連用形+て+おる」(例:「来ておる」)を「て」フォーム型と呼ぶことにする。実は、「居る」についても古代から、この両型の事例は多く観察される。つまり「泣き居る」の複合動詞型と「涙ぐみて居る」の「て」フォーム型とである。動詞としての「居る」が持つ意味(座る)が「状態の持続」という意味合いを持つことから、何かの動作の状態化を示す機能を持つようになるが、しかし、「継続」の意味を受け持ちうる可能性を持っていた複合動詞型は衰退していき、「結果」の意味を受け持つ「て」フォーム型だけが残り、現代語の「―ている」形だけが事態の状態化を示す機能を獲得して、「結果」ばかりか「継続」の意味・用法をも持つに至ったものと思われる。方言によって、「―よる」「―とる」の併存から、「―よる」の意味・用法を吸収して「―とる」に統一されているものがあるが、ここでも「結果」の意味・用法の「―とる」の方が生き残ってきている。

さらに遡って成立していた両型の併存があった。完了の助動詞「り」と「たり」である。「り」は「動詞連用形+あり」、つまり複合動詞型の融合形から抽出される助動詞で、「たり」は「動詞連用形+て+あり」、つまり「て」フォーム型の融合から生まれた助動詞である。しかし「り」と「たり」との違いについては、「り」の場合には接続する動詞が四段動詞とサ変動詞に限られるという制限があったが、後発の「たり」は全ての動詞に接続することができた。やがて、「たり」が「り」を駆逐していく。「たり」は「継続」「結果」両方の意味・用法に用いられた。「てあり」の融合形「たり」が、いわゆる実現(過去用法を含む)を意味する「た」形になっていく一方、後世の「て」の発達の流れで「―て侍り」という文法形で用いられることもあったが、「てある」系がアスペクト形のメインをなすことはなく、「ている」にその位置を譲ってしまうことになる。そして現代語では「―てある」は「ている」の未分化な(「継続」と「結果」の区別のない)状態を補完する機能として働いていると説明される。(16) 例えば、「母が弁当を作っている」の「ている」は「継続」を意味し、できた弁当が存在するという、「作る」動作完了の「結果」は示さない。そこで「弁当が作ってある」と「てある」を用いて、「結果」を示す補完をしているのである。「を」格が「が」格に変わることに注意したい。

「結果」を示す「てある」が補完する場合として、次のような場合もある。他動詞「集める」の「ゴミを集めている」は「継続」を意味し、自動詞「集まる」の「ゴミが集まっている」は「結果」を意味するという、自他の対応がある(このことについては後述)。しかし例えば、「乾かす」「乾く」が自他の対応をなすのに対して、他動詞「干す」は対応する自動詞を持たないといった場合、他動詞による「洗濯物を干している」は「継続」を意味するが、「結果」を示す自動詞がない。そこで、「干し」た「結果」を示すときは「洗濯物が干してある」と「てある」を用いることになる。「干す」に対応する自動詞が存在しないのを補完しているとみることができる。

「が」格で扱われることになる。「てある」は動作作用を状態化することから、動作作用の完了の結果、状態化している事物は「手紙を書いている」の動作完了に伴う「結果」は、「手紙が書いてある」となる。余談であるが、「てある」と共起する動詞には制約があること(17)や、「手紙が書いてある」と「手紙は書いてある」とでは用法に異なりがあること、つまり前者は話者が「書く」の動作主でなく客観的に事態を観察している場合に対して、後者は話者が動作主体(の意志的行為)である場合も含まれることに注目しておきたい。

なお、「てある」同様、「ておく」も意志的動作、ないしは意志的に行われる行為に共起して、未来に実現する「結果」、あるいは未来のための現在の行為を意味する意味・用法に働く。「弁当を作っておく」「明日のために今日のうちに薬を飲んでおく」「これだけは言っておく」「よくよく考えておく」などと用いる。

三　動詞体系にみる過程（対象）と結果

これまで一、二で、日本語における過程と結果の区別に関わる言語事象を整理してきたが、「過程」については「様態」「対象」「継続」などとも言い換えることがあった。「過程」と言い「結果」と言い、いずれも動詞のアスペクトに関わる意味用法であった。結局は、これまで見てきた言語事象は動詞の概念との関係を抜きにしては考えられない事象であった。そもそも動詞自体がその意味内容において、「過程」や「結果」と深く関わっていたのである。

（1）「複合動詞」の生成にみる過程と結果

A　西日本の各地方言にみる「―よる」「―とる」の生成方法

「―よる」は「動詞連用形＋おる」の融合形で「継続（過程）」を意味し、「―とる」は「動詞連用形＋て＋おる」の融合形で「結果」を意味した。前者を先には複合動詞型と言ったが、例えば「泣きよる」は「泣きおる」から生成されたと言える。元の「泣きおる」が複合動詞と言ってもいい語構成だからである。「―おる」が存在の動詞の働きからその「状態性・持続性」の機能が文法化して「泣く」という動作が持続・継続している状態を示す機能語としてのみ働くようになって、「継続」を示すアスペクトの用法を持つに至ったというものである。

B 格助詞「に」と「泳ぎ着く」

先に、不自然さを感じる「岸に泳ぐ」も「岸に泳ぎ着く」とすると適格な文になること述べたが、「泳ぎ着く」は複合動詞である。このように「泳ぐ」が到着点を示す格助詞「に」と共起するには、「泳ぎ着く」という複合動詞が生成されねばならなかったのである。「泳ぐ」は到着点を示す格助詞「に」を要求する動詞ではなく、単に移動するという動作で移動の方法・手段を示すだけの動詞であるからである。「泳ぐ」は動作の過程(持続)を示し「着く」がその動作の「結果」を示しているのが「泳ぎ着く」である。

C 相撲の決まり手「押し倒し」

「押し倒し」は、影山太郎の指摘する複合名詞[18]であるが、「押し倒す」という複合動詞の名詞形である。「押す」という方法・手段だけでは、勝負の決着を示すことにならず、相手に土をつける「倒す」という動作がともなって勝負は決まる。「押す」という手段方法(過程)を経て、「倒す」が勝負の「結果」を示している。相撲の決まり手には、こうした複合動詞—名詞がかなりある。「手段・方法+決着」の構成になる複合動詞は沢山存在する。[19]

その他、泳ぎ渡る、走り去る、飛び越す、押し込める、かみ砕く、聞き知る、仰ぎ見る、切り取る、等々。これらは「泳ぎ渡る」「かみ砕く」を「泳いで渡る」「かんで砕く」のように二つの動詞を助詞「て」でつないだ表現にすることができる。「泳ぐ」「かむ」ことが「渡る」「砕く」ことにもなったこと(結果)を意味する。「泳ぐ」「かむ」ことと「渡る」「砕く」こととが同時的関係にある。その点で「遊んで帰る」など、二つの動作が継時的関係にある場合と異なる。「遊び帰る」とは普通言わない。「行って来ます」とは言っても「行き来ます」とは言わないのである。

(2)自動詞・他動詞の体系と過程・結果

日本語では、一つの動作概念を「働きかけ」か「物の変化」かの区別に応じて異なる形態で示すことが徹底している。自動詞、他動詞という形態である。また、基本的モデルとして、自動詞から他動詞を派生する方程式に、自動詞に「す」をつける方法があった。「浮く」から「浮かす」など。逆に他動詞から自動詞を派生する方程式に、他動詞に「る」をつける方法があった。「刺す」から「刺さる」など。こうして派生した他動詞あるいは自動詞は数多い[20]。また生成当初から「なす」と「なる」、「足す」と「足る」など、自他の対応を形態的に備えていた類いもある。接辞「す」は他動詞を作る機能を持ち、接辞「る」が自動詞を作る機能を持っていたことが分かる。例は少ないが、接辞「ゆ」は接辞「る」同様自動詞を派生する機能を持っていた。これら接辞「す」と「る」（「ゆ」も）が、「使役」用法を本義とする助動詞「す・さす」と「自発」用法を本義とする「る・らる」[21]に語源的に同源であることは容易に想像がつくが、このことは次の事実からも了解できることである。

自動詞と他動詞の対応関係には三種がある。

A　自動詞、他動詞が対応している群（対応する自動詞、他動詞が複数あるものもある）

B　対応する他動詞を持たない自動詞　例：走る、咲く、降るなど

C　対応する自動詞を持たない他動詞　例：食べる、書く、話すなど

Bの場合、他動詞を欠くが、「犬が走る」、「花が咲く」などを、「犬を走らせる」、「花を咲かせる」などと使役の助動詞を用いて他動詞的表現を補完する[22]。また、Cの場合、自動詞を欠くが、「パンを食べる」、「悪口を書く」を、「パンが食べられる」、「悪口が書かれる」などと受身の助動詞を用いて自動詞的表現を補完することができる。「自動詞＋す・さす」が他動詞の肩代わりをし、「他動詞＋る・らる」が自動詞の肩代わりするのである。

さて、Aの場合、他動詞と自動詞の対応が、「働きかけ（過程）」と「その結果の状態」の対応になっている一群

が存在している。「集める」その結果「集まる」、「分ける」その結果「分かる」(分かれる)、「(電話を)かける」その結果「かかる」などがその例である。そして、「なす」(他動詞)その結果「なる」(自動詞)が象徴しているように、他動詞の多くが働きかけという動作の「過程」を示し、自動詞の多くが働きかけの「結果」を示す。いわば自他の対応が過程動詞と結果動詞の関係である一群が存在するのである。事象は「す(る)・なす」→「なる」→「あり(る)」という展開をなすのである。但し、働きかけは、かならずしも働きかけの意図を実現(結果)させるとは限らない。電話はかけてもかからないことがあり、大学は受けても受からないこともあるのである。しかし、かけなければ電話はかからないし、大学は受けなければ受からない。

他動詞は通常「を」格を要求する。しかし、「を」格と動詞との関係は一様ではない。「小説をよむ(読)」、「和歌をよむ(詠)」、どちらも動詞「よむ」であるが、前者の「小説」は既に存在しているもので働きかけの動作中の「対象」であり、後者の「和歌」は動作(「よむ」)が終了してその「結果」存在するものである。[23] 同様の例に、「魚を焼く」と「パンを焼く」、「庭(土)を掘る」と「穴を掘る」などがある。それぞれ前者の「を」格を動作対象「格」、あるいは過程目的語、後者の「を」格を結果「格」あるいは結果目的語と呼んで区別できる。結果目的語をとる動詞を結果動詞というなら、それには、制作・生産などを表す動詞が属することになる。「(絵を)描く」「(船を)造る」「(湯を)わかす」等々で、いずれも動作・作用の結果存在することになるものを「を」格で示している。

最後に類義語にみる「過程」と「結果」の対立の例を見ておきたい。

同じ「上下」の漢字で表記する、「あがる・さがる」と「のぼる・くだる」の違いについては類義語研究の話題であった。いずれも自動詞群である。前者には対応する他動詞があるが、後者にはない。「はしごをのぼって、屋根にあがる」などの例が示すように、結論的には、「あがる・さがる」は帰着点(あるいは出発点)を要求する結果動詞であり、「のぼる・くだる」は移動動作を示す、いわば過程動詞である。「山をのぼる」「山のぼり」は適格文であるが、「山をあがる」「山あがり」は不適格になる。

自動詞の移動動詞は「を」格を採って移動の通過点（過程）を示す用法を持っているのである。「海を渡る」「空を飛ぶ」「鳥居の前を走る」「はしごをのぼる」など。「米洗う前を蛍の二つ三つ」の「を」がその例であった。

【注】

（1）北原保雄『日本語助動詞の研究』（大修館書店　一九八一）。

（2）最近の池上嘉彦「〈主観的把握〉とは何か」（月刊『言語』特集：「いま」と「ここ」の言語学　二〇〇六、五）など。

（3）久野暲『談話の文法』（大修館書店　一九七八）、森田良行『日本語の視点』（創拓社　一九九五）同『話者の視点がつくる日本語』（ひつじ書房　二〇〇六）など。

（4）渡辺実「「わがこと・ひとごと」の観点と文法論」（『国語学』165集　一九九一）。

（5）神尾昭雄『情報のなわ張り理論』（大修館書店　一九九〇）、田窪行則・金水敏らによる理論（『人称と視点』くろしお出版）など。

（6）糸井通浩「視点と語り」（『表現学論考　第三』表現学会　一九九三）、同「源氏物語と視点―話者中心性言語と語り」（『新講源氏物語を学ぶ人のために』世界思想社・一九九五）など。

（7）著書・仁田（2002）の基になった論文として「結果の副詞とその周辺」（『副用語の研究』明治書院　一九八三）外がある。

（8）森田（1989）の「―と」「―に」の項。

（9）時枝誠記「語の意味の体系的組織は可能であるか」（『言語本質論』岩波書店　一九七三）。

（10）同様なことは、「曲がった道」は「曲がっている道」と同じ意味で、いずれも「（その）道」の状態、つまり属性を示す。「尖った鉛筆」の場合は、鉛筆を削るという動作のあったことは自覚しやすい、結果として「尖っている」のだと自覚しやすいが、日常的には「（その）鉛筆」の状態、属性と意識している。

（11）「―と」の場合（たり活用の形容動詞）は割愛する。

（12）「燃やす―燃える」「焦がす―焦げる」「焼く―焼ける」という自他の対立がみられるが、「焦げる」「焼ける」は動作の完了後、モノがある状態（焦げた、焼けた）で残る（ことがある）が、「燃える」は、動作の結果（燃えた）では、残る状態がなく、消滅してしまうという違いが存在する。

(13) 「あり」の外に「をり」「侍り」「いまそかり」があった。

(14) 定延利之「心内情報の帰属と管理—現代日本語共通語「ている」のエビデンシャルな性質について」（中川正之・定延利之共編『言語に現れる「世間」と「世界」』くろしお出版・二〇〇六刊）。

(15) 工藤真由美・八亀裕美『複数の日本語—方言からはじめる言語学』（講談社選書メチエ・二〇〇八刊）。

(16) 注(15)に同じ。

(17) 働きかけの他動詞や意志的な自動詞（主体の変化）が共起する。影山太郎『ケジメのない日本語』（岩波書店・二〇〇二）では、「状態の変化」や「位置の変化」など「変化の意味を含む」ものに限ると指摘する。

(18) 影山太郎『ケジメのない日本語』（岩波書店・二〇〇二刊）。

(19) 影山太郎『文法と語構成』（ひつじ書房・一九九三刊）。

(20) 鈴木丹士郎「動詞の問題点」（『品詞別　日本文法講座3　動詞』明治書院・一九七二刊）。

(21) ここでは、「す・さす」に「せる・させる」を、「る・らる」に「れる・られる」を含むものとする。「る・らる」の本義を「自発」と見ることについては、拙稿「不可能の自覚—語りと副詞「え」の用法」（共編著『王朝物語のしぐさとことば』清文堂出版二〇〇八刊）。

(22) 他動詞化した「咲かす」「降らす」「行かす」を見かけることもある。文部省唱歌の「ウミ」（昭和16年3月）の三番に「ウカバシ(テ)」と「浮かばす」という他動詞を用いていたが、昭和55年指導要領の改訂の際、「うかばせ(て)」（自動詞＋使役せる）に変更している。

(23) 和語「よむ」は本来「数える」を意味する動詞であったが、歌を詠む、文字を読むにも転用されるようになった語。

（補注） 本書の〔一〕の一の項参照。

【参考文献】
宮崎和人（２００６）「日本語学による個別研究を包括する文法は構想できるか」『國文學』平成十八年四月号・學燈社
糸井通浩（１９８３）「場面依存と文法形式」『表現研究』37号・表現学会
仁田義雄（２００２）『副詞的表現の諸相』くろしお出版
渡辺　実（１９７１）『国語構文論』塙書房
森田良行（１９８９）『基礎日本語辞典』角川書店
三原健一（１９９８）「数量詞と『結果』の含意」月刊『言語』27・6—8
高見健一（２００６）『日本語機能的構文研究』久野暲と共著・大修館書店

四 日本語助詞の体系

一 問題の所在

日本語の助詞について、大槻文彦を初めとして、いろいろな分類説が主張されてきたが、中で、「副助詞」を初めて立てた山田孝雄の六分類(格助詞・接続助詞・係助詞・副助詞・終助詞・間投助詞)がもっとも明解なものとして支持されることが多いように思われる。学校文法においても、文語文法では、山田の六分類が採用される傾向にある。もっとも、学校文法でも、中学校の口語文法では、四分類(格助詞・接続助詞・副助詞・終助詞)が好まれていると言ってよいであろう。

しかし、こうした通説化が進む一方で、新たな分類も提示されている。例えば、林四郎の、助詞を「構句助詞・構文助詞・構話助詞」に大別する説[1]や、奥津敬一郎の、助詞という一般的カテゴリーを不必要とする、助詞解体論[2]などがある。

分類がなされる限り、いずれの場合でも分類原理があってのことではあるが、分類結果をみるとき各下位類間の関係性が、私には、もう一つ明解に納得できるものがないように感じられる。本稿の表題を「(助詞の)分類」とせず、「体系」としたのは、右のような疑念があってのことであり、原理的に品詞として助詞と認定される語群が、いかなる必要性があって存在するのか、どんな構文上の機能を担って存在させられているのか、という観点から、その全体を体系的に把握しなおしてみるべきであると考える。

本稿で示す考え方は、梅原恭則の把握の仕方に近いといってよいかも知れない。[3]梅原は、助詞には、構文上の機能として、「意味を添加する働き」と「関係構成の機能」との二つが存在すると捉えた上で、助詞の各下位類について説明しているのである。実は、私の問題意識の基になったものは、「副助詞」に対する一般的な定義にあった。例えば、「副助詞」は、「体言や各種の成分に下接して、意味を付け加える働きをする」「いろいろな語について、その語にある意味を添える」などと説明されるのが、一般的である。こうした定義の基になっているものは、「副助詞」を特立した山田孝雄の「或る用言の意義に関係を有する語に附属して、遥かに下なる用言の意義を修飾するもの」という定義ではないかと思われる。[4]しかし、上接の語に意味を添加するという働きは、梅原も指摘するように、副助詞に限らず、すべての助詞が持っている働きであるから、これだけの定義によっては、他の助詞類との機能上の違いを説明したことにはならないのである。下位類の一つである「副助詞」の定義としては、明解さを欠いた、曖昧さを残したものと言わざるをえない。

二　助詞の関係表示機能

日本語は、膠着語に分類される。それは、日本語が、文法的機能をもっぱら示す、いわば、それ専用の語である助詞・助動詞を有しているからである。山田孝雄は、日本語の語彙を、観念語と関係語とに二大区分しているが、助詞は、関係語に属する。

ところで、単語が結合して、文という、意味のまとまりを直接構成する要素を、「文の成分」という。資材としてバラバラに存在している単語が他の単語と結合して文という「意味のまとまり」を構成するには、この「文の成分」としての働きをもたなければならない。「文の成分」は、渡辺実によると、(5)「実質概念表示機能＋関係概念表示機能」という構造を有しているものである。助詞は、この関係概念表示機能（文法的機能）をもっぱら担う語である。しかも、重要なことは、この二つの機能は必ず、いわゆる語順の上で、実質概念を表示する語形が先に現れ、関係概念を表示する語形が後に現れるのである。そこで、関係概念を表示する機能をもっぱらとする助詞は、付属語と呼ばれる。「関係概念表示」こそ、助詞に託された働きと捉える。つまり、文という意味的まとまりを構築する上で「関係」機能を明示することをもっぱら担う語が必要とされたとき、助詞という語は生まれてきたのだと考えられるのである。

さて、言語という記号が有する、記号相互の関係には、統語的関係と範列的関係とがある。前者を文法的結合関係、後者を語彙的選択関係と言い換えてもよい。言語という記号が、構文上において存在するときには、必ずこの二つの関係を持って存在しているのである。

（1） 昨日、リンゴを食べた。

例えば、この例文における「リンゴ」という記号は、二つの関係において存在している。一つの語が表現に持ち出されてくると言うことは、範列的な関係から選択されて持ち出されてくることを意味する。昨日食べた「リンゴ」は、状況によって異なるが、食べなかったリンゴ、あるいは食べなかった果物、あるいは食べなかった食べ物などとの関係において存在している。これが範列的関係である。と同時に、この文では「リンゴ」が「食べる」という動作と結合してまとまりをつくっている。これが統語的関係である。

そこで、助詞の機能を、この二つの関係機能によって見直してみることにしたい。ただし、この二つの関係は、

（2）「昨日、リンゴを食べた」コト

このように、コトの叙述内において存在しているのである。しかし、日本語の文は、コトの叙述を超えても実現する。例えば、

（3）「昨日、リンゴを食べた」か？

この文は、主体（話し手）が相手（聞き手）に、昨日の動作の実現を確かめている質問文である。文末の「か」は、コトの叙述内容を素材にして、主体と相手とを結び付けている。「か」には、主体と相手との関係を表示する機能のあることがわかる。

先の、「統語的関係」と「範列的関係」とは、表現素材自体が備えていると表現主体が認識している関係であるのに対して、（3）の文の「か」が示す関係機能は、主体と「相手」（対者）との関係を表示する機能だといえよう。これはちょうど、敬語の分類において、素材敬語と対者敬語とに大別される構造と相似する。そこで、これら三つの関係表示機能によって、各助詞類を捉えてみることにしたい。

三　各下位類の分析

助詞の各下位類について、主として山田孝雄の分類項目に沿いながら、先にみた関係表示機能の観点から分析し捉え直して、従来の分類を再検討してみたい。

《格助詞》

（4）手紙を書いた。

（5）学校で財布を拾った。

格助詞は、体言について、その体言が述語とどんな関係にあるかを示すが、それには、例えば（4）（5）の例に見

るように、(4)の「を」は、「手紙」が一つの動作・状態自体(ここでは「書く」)を構成する要素(動作・状態の実現に固有の必須要素)であることを示し、(5)の「で」は、「学校」が一つの動作・状態の実現を背景(外側)で支える要素であるというように同じ格成分といっても、述語成分との関係に違いがある。しかし、ここではこの「違い」を分類することは割愛するが、これらの助詞がいずれも統語的関係を担っていることは共通する。

《連体助詞》

従来、格助詞として扱われてきた、連体法に働く「の」(以下「が」も含むものとする)を、他の格助詞から切り離して、「連体(格)助詞」と扱われることがある。そのことによって、その他の格助詞は、「連用(格)助詞」と呼ぶことにもなる。もっとも、主格表示に働く「の」は、言うまでもなく「連体(格)助詞」には含めない。この区別は、構文的に重要である。「の」以外の格助詞が体言と用言とを結合するのに対して、「の」は、体言と体言とをも結合するという違いがある。しかし、いずれも統語的関係を表示する点では変わりがない。

しかし、「連用(格)助詞」が、直接「文の成分」を構成できるのに対して、「連体(格)助詞」は、その体言に下接する形のままでは、「文の成分」とはならないのである。つまり、筆者は、いわゆる「連体成分」を「文の成分」とは認めない考えに立っている。例えば、

(6) ガラスの兎が棚から落ちて割れた。

この文の「ガラスの」は、直接「文の成分」として働いているとは言えなくて、「ガラスの兎が」という「文の成分」の一部でしかない。「ガラスの兎が」ではじめて、この文の中で、この文の主語(主格)という構文的働きを持った「文の成分」たり得ているのである。「連体(格)助詞」は「文の成分」成立以前において統語的関係の表示機能を果たしているのである。その点で、「連用(格)助詞」とは区別しなければならない。

《副助詞》

（7）もがけばもがくほど、苦しくなった。
（8）おまえぐらいのんきなやつは、見たことない。
（9）君にだけ教えてあげる。
（10）イルカは賢い動物です。

（7）—（10）の傍線で示した助詞などが「副助詞」と認められているものである。（ただし、（10）の「は」は、係助詞として別にする場合と副助詞に一括して扱う場合とがある。）

（8）の「おまえぐらい」が「のんきな（だ）」という状態の程度を修飾限定していることは明らかである。そしてすでに指摘されてもいるように、副助詞「ぐらい」を外してしまうと、「おまえ」だけではこの文の中で構文的機能が果たせない。つまり、「おまえぐらい」全体で、程度の副詞と同じ機能を果たしているのである。副助詞の中には、このように、一つの（用言の）動作・状態のあり方（程度・様態）を修飾限定するものがある。これは、形容詞・形容動詞の連用形と同じ機能で働いていることを意味する。（8）の類の副助詞は、統語的関係を担っていて、しかも格助詞とは異なる側面から、一つの動作・状態に連用修飾する「文の成分」を構成している。

（7）の「もがけばもがくほど」は、先の（8）に似ているが、この文での「もがく」という動作と「苦しい」という状態とは連続していても、因果の関係をなす別々の事柄である。類似の例に、「花と見るまで雪は降りけり」「遊びに出かけたきり、まだ帰ってこない。」などがある。「花」「雪」で指示するものは同じもので、一つのものの「虚像」と「実像」の関係にある。また、出かけて（ここに）いないことと、まだ帰っていないこととは、表裏一体のことだと言えるのではあるが、いずれも、認識として別の事柄と捉えられている。とすると、（7）の副助詞は、接続助詞に近い働きをしていると見るべきことになる。接続助詞の項でも述べることだが、（7）では、二つの動作・状態の関係を示す働きを副助詞が果たしていることになる。つまり、句(文)と句(文)とを意味的に結合する統語的関係を明示しているのである。この類の副助詞は、接続助詞と扱うべきである。

(9)は、「君だけに教えてあげる」との違いも問題にすべきであるが、本稿では触れない。この類の副助詞は、例題の文から副助詞(9)では「だけ」)を除いても文が成立するという点で、先の(7)(8)の副助詞とまったく異質な用い方がされる助詞であることがすでに指摘されていて、(9)のような副助詞は、「とりたて助詞」と呼ばれている。この名が示すように、副助詞によって取り立てられた事項は、それ以外の取り立てられなかった同類の事項との関係において存在することを暗示している。

つまり、この(9)の類の副助詞は、範列的関係の表示機能を担っているのである。もっとも、「だけ」を用いない「君に教えてあげる」という文においてすでに、「君」は範列的関係においても存在しているわけであるが、それはいわば、しるしなしで存在しているわけで、その範列的関係に表現上特別な意味があるとき、副助詞(とりたて助詞)というしるしつきで、それを明示するのである。副助詞と係助詞とを区別するときには、「は」は、係助詞とされる。係助詞も範列的関係を担うが、ただ、主題を示す「は」の場合は、「とりたて」性が絶対的なものであると説明されるように、ある限定された範囲からの「とりたて」(相対的)ではないことから、いわゆる副助詞から外して扱われることにもなる(もっとも、対比・対照の「は」は相対的とりたて)。

副助詞によって取り立てられた事項と取り立てられなかった事項との関係には、さまざまな場合がある。その違いが、さまざまな副助詞(とりたて助詞)の存在理由ということになる。固有の存在理由が成り立つ限り、その助詞は認識ないし表現上必要なわけである。古語の世界で係り結びの法則が不要になって以後も、係助詞「は」「も」「こそ」は現代語に残っているが、それには、それぞれの理由が存在する。なかで「こそ」は、副助詞として「こそ」で取り立てる事項と取り立てられなかった事項との範列的関係に、他の副助詞の果たす範列的関係とは異なる独自なとりたて方を有していて、それが係り結びの法則の消滅後にも、他の係助詞とは異なって、残存が必要だと認識された理由だと考えられる。また、同じ係助詞の中でも「は」「も」が残存したのにも、また別の理由が存在するが、ここではそのことについては割愛する。いずれにせよ、現代語の「こそ」は、係助詞とは言えない。典型的な副助詞(とりたて助詞)である。

《接続助詞》

接続助詞は、同等の単位体である二つを結びつける(接続する)働きをもつ助詞であるが、同等の単位体である二つの関係には、二種類がある。対等な関係と従属的な関係とである。

まず、対等な関係の場合であるが、この関係を表示する助詞を、《接続助詞》から切り離し、橋本進吉以後《並立助詞》と扱うことがある。

(11)　太陽と月とを信仰の対象にしている。

(12)　映画を見たりコーヒーを飲んだりして一日を過ごした。

これらは、(11)「太陽を信仰の…。」(12)「映画を見て一日を…。」としても事実に誤りはない。つまり、(11)では、「信仰の対象」という共通の意味範疇において「太陽」と「月」とは範列的関係にある。「信仰の対象」として、この両方を対象としているときでも、線条性という言語の本質から、両者を一度に表現することはできない。「太陽」を取り立てれば「月」は取り立てられなかったことになる。そのような範列的関係にあって両者とも表現したいときに、この種の助詞が働くのである。表現意図に必要な、範列的関係にあるものをすべて取り上げるときの手段である。もっとも、この場合、取り上げる順序に意味がある場合と特に意味のない場合とがある。

並立することになる対等な関係にあるものは、語レベル、文の成分(句)レベル、文相当レベルと、単位体の各層にわたって存在する。例えば、文相当レベルでは、接続助詞の「て」「し」などが並立の関係にある二つを結びつける働きをする。これらを「並立助詞」として独立させるときには、複数の下位類から抽出されてくることになる。

(13) あの店は、どの料理も安くてうまい。

(14) 男はパチンコに出かけたし、女は映画に出かけたし、私が一人留守番をしている。

(15) 父は魚釣りに出かけて、母は美容院に出かけている。

結び付けられる二つは対等な関係にあるから、構文的機能を同じくする。そこで、並立助詞で結び付けられた二つは構文的には二つで一つの働きをする。例えば、語レベルであると、並立助詞は「文の成分」の成立以前において働き、並立助詞で結ばれたまとまりが始めて一つの「文の成分」となる。(11)では、「太陽と月とを」で目的語成分となり、(13)では、「安くてうまい」で述語成分である。この点で、連体(格)助詞「の」と構文論的には同じレベルで働いているのである。

いわゆる接続助詞によって結び付けられる関係のもう一つは、従属的な関係である。これは、一つの動作・状態(前件)ともう一つの動作・状態(後件)とが結び付けられる、つまり、文(句)と文(句)との接続である。二つを結びつける機能を持った接続助詞は、統語的関係機能を担っている。二つの動作・状態の意味的関係にはさまざまな場合があって、そのことがさまざまな接続助詞を必要とする理由である。大きくは、逆接的な関係か順接的な関係かに整理できる条件接続(それぞれに、「確定条件」と「仮定条件」とがある)と単純接続と呼ばれる場合とに区分できる。

前件を構成する助詞が「ながら」「つつ」「がてら」などである場合、前件・後件の二つの動作・状態は、同時的に存在する動作・状態である。この場合、前件が後件のあり方(様態)を修飾限定していると解釈できるのであり、その点で、副助詞による、文(句)と文(句)との統語的関係に近いといえるのであり、それ故に、これらの助詞を、副助詞に含めるべきであるという考えも存在する。二つの動作・状態とは言いながらも、特に動作主や動作・状態の存在する時空が同一である場合は、前件・後件の二つは一体的なのである。

《終助詞》

一旦、文の形で命題が成立した後にさらに下接する助詞である。これらによって、疑問・命令・禁止・詠嘆などの意が文に添加されることになるが、話者主体の、表現素材（叙述内容）に対する心的関係や相手（聞き手）に対する心的関係（ある種の態度・要求など）を担っているのである。

いわゆる終助詞に属するもの同士が相互承接することがある。

(17)　昨日、リンゴを食べたのかね／のね。

(18)　人のものを盗んだりするなよ。

(19)　そんなことすると後でしんどくなるわよ。

このように重ねて用いるとき、おおむね、最後に用いられる「ね」「よ」は、相手への持ちかけ（相手に確認・念押しさせる詞）の働きをしていると考えられるが、こうした「持ちかけ」の言表態度は、文末だけに現れるものではなく、発話の始発や発話中（文中）においても出現する。発話の始発では、「ね（え）、よう、なあ、あのさあ」など、いわゆる感動詞であり、文中に出現するものが、《間投助詞》である。そして文末に出現するものが、終助詞ということになる。共通する言表態度に基づいているが、間投助詞は、発話が継続中であることを副次的に示し（特定のイントネーションを持つ）、終助詞は、発話が完結したことを示すという機能上の本質的違いがある（間投助詞とは異なるイントネーションを持つ）。

いずれにしても、終助詞・間投助詞は、話者主体と相手（聞き手）との関係を補強する機能を担っている。同じく関係概念を表示する機能を有していると言っても、この点で、これまで見てきた助詞とは性質を異にしている。

《準体助詞》

(20) 帽子、忘れた。僕の、取ってくれ。

(21) 庭で雀が遊んでいるのを眺めていた。

(22) チャイムが鳴った。父が帰ってきたのだ。

これら傍線の助詞「の」は、準体助詞と呼ばれる。(20)(21)の「の」は、格助詞「を」の目的語を構成していて、言わば、「の」によって「を」の上接語が体言相当語となっているのである。つまり「の」には、体言性がある。それ故にこの「の」を形式名詞と見る考えもあるように、助詞を「関係表示機能」を有するものと捉えるなら、この準体助詞は、助詞の機能を失っていると見るべきである。助詞からは除外することになる。

(22)の「の」についても、指定の助動詞「だ」が指定する体言相当語(句)を「の」が形成していると解することができる。現代語のいわゆる助詞「の」のうちには、現代語では失われた、古典語の連体形が持っていた準体法の機能を受け継いでいると見るべきものがある。(21)(22)の「の」がそれである。ただし、(22)の場合は、「のだ」で一語の助動詞と認定する考えもあり、また、文中の「ので」は接続助詞とみなすのが一般的である。ちなみに、「ケガしたの?」「ケガしたの。」などの「の」は、終助詞と見るのが一般である。

四 「とりたて助詞」としての「から」

同一の語が形を変えずに、構文上複数の働きをする場合がある。「が」が格助詞(「連体助詞」含む)にも接続助詞にも働いたり、「まで」が格助詞にも「とりたて助詞」(副助詞)にも働いたりする、などがそれである。個々の助詞の働きの広がりについては、まだまだ探求すべき課題があると思われる。いずれの場合にしても、働きが広がりをもつのには、それなりの論理的理由があるからだと思われるが、中でも、用法の広がりには語の「意味」(文法的用法)が深く関わっていると考えらえる。

「から」という助詞も、従来から、格助詞と接続助詞とにわたることが知られているが、それに加えて、「まで」と同様ここでは、「とりたて助詞」(副助詞)としての働きをも認めるべきではないかということを最後に述べてみたい。

(23)　花子(に／から)もらった本

(24)　先生(に／から)教えてもらった。

(25)　八時(に／から(より))始めます。

(26)　東京(を／から)出発した。

(27)　太郎(が／から)送ってきた手紙

これらの文の「に・を・が」は、その上接語が、いずれも述語の示す動作(心的行為も含め)の「でどころ」を示すとも説明される格助詞である。それ故に、動作の「起点」を示す働きの「から」に置換しうるのである。しかし、「から」を用いた場合と他の格助詞を用いた場合とでは、微妙な表現価値の違いのあることが読みとれる。(25)の「八時に始まります」は、始まる一定の時刻を示すだけであるが、それを「から」で表現すると、「から」で示された時空の一点から、ある事態または動作がその後ずっと持続するという時間の流れが意識されている。「八時に亡くなった」とは言えても「＊八時から亡くなった」と言えないのは、「亡くなる」が瞬間の動作であるからである。(23)(24)の場合は、「から」によって、動作主と動作の受け手とのつながり・関係性のようなものが認識されている。こうした「から」の働きが最もよく現れる用い方が次の用法であろう。

(28)　昨日は、浅草から上野まで歩きました。

この例において、「浅草」は出発点(起点)で「上野」が到着点である。だからといって、「＊昨日は、浅草を上野に歩きました」とは言えない。次のようなら言える。

(29) 昨日は、浅草(を／から)出発して上野(に／まで)たどり着いた。

(28)に見るように、「—から—まで」によって、動作・状態((28)では、「歩く」)が持続する時間や空間の「範囲」を示している。「範囲」は広がり(隔たり)を示す。特に、「まで」の方は一定の視点(基準)からの隔たりを表現する。そこから事態の進展の程度や順序性を示すのに用いられることにもなるのである。

この「—から—まで」で認識される「範囲」をなす対象(物)が人など個物であるとき、「とりたて助詞」としての機能を持つことになるようだ。

(30) 花子にまで順番がまわらない。

(31) 鼠までが猫を馬鹿にする。

そしてこのことは、「から」にも見られるのである。

(32) 田中君からが第二班になります。

(33) 太郎からやっつけることにしようよ。／見ていると肉から食べはじめた。

(34) そういう君からはじめなさいよ。

(33)(34)の「から」は、「とりたて助詞」と見てよいであろう。(32)には副詞「まず」が共起しないが、(33)(34)では共起しうる。つまり、(32)では、すでに「順序」が決定しているが、(33)(34)では、話し手が「順序」を決定している。それが「とりたて」の機能と認定する理由になろう。しかし、「まで」に比べて、「とりたて助詞」としての働きが目立たない、そう理解できる場合がかなり限定されていると感じられるのは、「から」は「まで」とは違って、「まで」が基準(一定の視点)からの隔たりを示しやすいのに対して、「から」の上接語は、その基準(一定の視点）の側に位置するものである傾向が強いからかと思われる（もっとも「あそこからここまで、どれくらいあるか」などと言うこともあるが）。

「から」は起点を示す機能を本来的に持っているのであるが、そこからいろいろな関係概念を表示する機能が派生してきたものと思われる。それぞれの助詞が、構文上、どんな関係概念を表示するかによって、その用法は整理され、分類されなければならないと考える。

【注】

（1）林　四郎「文法を考える—「講話助詞」の論」（『日本語学』一九八七・三）。
（2）奥津敬一郎外『いわゆる日本語助詞の研究』（一九八六・四　凡人社）。
（3）梅原恭則「助詞の構文的機能」『講座日本語と日本語教育4』（一九八九　明治書院）。
（4）山田孝雄『日本文法学概論』（一九三六　宝文館出版）。
（5）渡辺　実『国語構文論』（一九七一　塙書房）。

五　『手爾葉大概抄・手爾葉大概抄之抄』を読む
――その構文論的意識について――

一　本稿の目標

定家に仮託された「てにをは」秘伝書『手爾葉大概抄』（以下「抄」と記す）は、現在の研究では、鎌倉末期から南北朝にかけての頃の成立とみられている。国語（日本語）についての、学問の名に価する語学的研究の濫觴となったもので、現在、この書を注釈した、宗祇の『手爾葉大概抄之抄』（以下、「抄之抄」と記す）と合綴されたかたちで伝わることが普通であるが、ともに後の国語の研究に多大の影響を与えている。

短歌を中心にして発達した国語の詩歌が短詩型を特質としていることから、一字一句がおろそかにできないものであった故に、歌の表現に資することばに対する関心は古くから高かった。

一般の歌論・歌学書と異なって、そうした歌に用いられる「ことば」そのものをとり挙げて解説し、ことばの側から表現を論じた最初の書として、国語学史上重要な文献となっている。中でも、次の文句が最も注目されてきた。

（資料1）　詞如寺社手爾葉如荘厳、以荘厳之手爾葉、定寺社之尊卑。(1)　（抄・14）

国語の語を「詞」と「手爾葉」とに二大別するという、国語の語を分類した、現存最古の文献である。しかも比喩によってではあるが、二種の語がそれぞれ、どんな表現上の機能を持っているかを説明しているところに意義があった。こうした語の分類を目指す研究は、「てにをは」研究という範疇にまとめられる。この文献以降、連歌論などにみられる三分類を経て、江戸国学では、富士谷成章や鈴木朖らの四分類に至る。そしてこうした伝統的な国語に対する認識が、後、時枝誠記の「詞辞」論へとつながっていったことはよく知られている。この流れに、語―品詞の分類に関する研究史が存在するのである。歌・連歌において、「てにをは大事」とされたことが、「てにをは」を、「てにをは」でない語との関係の中で相対化して捉えることになり、国語の語全体を対象とする分類を押し進める自覚を深めたのである。と同時に注目しておくべきことは、肝心の「てにをは」そのものの研究、歌の「てにをは」秘伝書のみにとどまらず、連歌論書においても、個々の助動詞・助詞一つ一つの語法的研究がなされてきたことである。それは言うまでもなく、当代の口語からどんどん離れていく古典語をもって、歌・連歌を操作することが要求された歌人・連歌師にとっては、自覚的な学習を必要としていた、まさに表現するための古典文法そのものであった。そういう切実な要求に応えねばならなかったという事情に比例して発達したとも言えよう。

宗祇は連歌師であるとともに歌人としても活躍した人である。宗祇の著述には、歌書におけることばの論と連歌で問題にされたことばの論とを統合したところがあると言われている。歌のことばについての秘伝書「抄」の解説書である「抄之抄」においても、連歌論書の影響がみられる。また、歌における、「歌の留り、切れ続き」に対する関心が、「云ひ切る詞」でもある「てにをは」に注目するようになり、連歌の発句における「切字」論を確立していくことになった。また、一方この「云ひ切る詞」に対する自覚が構文上の呼応の関係という事実に注目することにつながり、やがて呼応のうちでも殊に形式上顕著な現象である「係り結び」の研究をひき出すことにもなった。さらに、「結び」にあたる文末の形式にみる音形式上の違いに対する自覚が、「活用」研究への芽を含んでいたことも見逃せない。

「抄」及び「抄之抄」が国語学史上、後の「語（品詞）分類の研究」「辞（助動詞・助詞）の意味・用法研究」「切字論」

「係り結びの研究」等々、多様な面にわたって、それぞれの研究史としての源流的な価値を有していたことがこれまで指摘されてきた。

しかし、今改めて「抄」及び「抄之抄」を読み直してみるとき、国語に対する自覚ないし認識として、なお重要な問題意識ないしは分析の観点をはらんでいたように思われるのである。従来ほとんどふれられてこなかったし、江戸の国学においても富士谷成章らを除けば、ほとんど継承され、発展させられることのなかった問題があるように思う。それを拙稿では、「構文論的意識」ということばでまとめて、そうした観点から、「抄」及び「抄之抄」を読んでみたい。ここによみとった一部を記することにする。

二 音形式と意味

（資料2） 音声因之相続、人情縁之発揮也 （抄・13）

「之」は「手爾葉」を指す。「音声」とは、後に鈴木朖が、「辞」の性格を「心の声」と規定した、かの「声」とは別のものであって、ここでは言語（表現）形式を意味すると考えられる。「抄之抄」は「つづかざる詞の処へ｜の字（を）入（る）ればやすらかに相続するがたぐひなり」（13）と解説するが、これは「手爾葉」には統辞の機能――ことばを統合してより大きなことばのまとまりを形成する働き――があることを感じとっていたことを意味する。「人情」とは、表現主体の意図や心情を指すと言えよう。ともすると、「手爾葉」と言えば、後者の機能を強調して捉えすぎるように思われるが、「手爾葉」には、文法的機能として、語を統合して「文」という単位を形成していく統辞的機能のあることを認めていたとみられることは注目してよい。(2) 後になると、関係語とか関係概念表示機能といった用語でも説明されるようになった機能である。「手爾葉」いわゆる「辞」が後には附属語（助動詞・助詞）に限定されていくが、当時、用言の活用語尾をも辞に含めていた意識については、改めて考えてみなければならないことのように思う。

「抄」で最も注目されてきた文句は、先に示した(資料1)の文句である。ここに初めて、国語のことばの全体が「詞」と「手爾葉」の二種の語に分類された。これは国語学史上画期的なことであった。しかもここに、国語の語の表現上の根本的本質的な機能が指摘されているわけで、後世においても否定されることのない基本原理の指摘であった。もっとも「抄」の意味するところは必ずしも明確であるとは言えないところがあるのだが、少なくとも「抄之抄」の宗祇の用語や解説の仕方をみるとき、「詞」と「手爾葉」の区分には、単なる語の分類を超えるものがあったことがうかがえるのである。宗祇は次のように解説しているのである。

(資料3)　袖くつるといふは寺社のごとく、袖は朽(ち)けりと言(ふ)は荘厳のごとし。　(抄之抄・14)

もし、単なる語の二大区分を意味しているのなら、「袖」「朽つ」の語が詞(寺社の如きもの)であり、「は」「けり」の語が手爾葉(荘厳の如きもの)にあたるといった説明でよかったはずであるが、ここはそういう説明ではない。「袖くつる」という表現を寺社のごとくと言い、「袖は朽ちけり」という表現を荘厳のごとくと言っているのである。しかし、一方で、「手爾葉」がいわゆる助動詞・助詞などの類の語のことを指しても用いられていることは明らかであるし、先にも見たように、「は」「けり」などが統辞的機能を持っていて、「袖」「朽つ」などの語をまとまりのあるものにすると捉えてもいたのである。これは矛盾と解すべきであろうか。現代の私たちからみると、辻褄の合わない説明とみえるのであるが、当時の学問的状況では論理的に説明しきれなかった、ある種の直感のごとき認識があったものと考えたい。

「袖くつる」を寺社に喩え、「袖は朽ちけり」を荘厳と喩えるのは、寺社にあたるのが、今の文法論でいう「言表事態」であり、荘厳にあたるのが「言表態度」であると認めてみるとわかってくるようにも思われる。荘厳は荘厳だけで表現が成立するのではなく、常に寺社を抱きこんでいる、そういう関係で直感されていたのではないか。もう少し厳密に捉えるなら、寺社は、表現の対象である素材(コトガラ、又はコト叙述)を意味し、荘厳は、実際に言語によって発せられた表現全体そのものを意味したのだと考えられる。もっとも、こういう理解のもとで現代の立場からみるならば、「袖くつる」もまた文──表現であるというのなら、「袖は朽ちけり」が「袖ガ朽チルコト」について「袖は朽ちけり」と表現されたものであるように、「袖くつる」も「袖ガ朽チルコト」について「袖くつる」と表現されたものと理解すべきで、つまり「袖ガ朽チルコト」という寺社を、「袖くつる」「袖は朽ちけり」というそれぞれの荘厳で表現されたものとみるべきはずであった。とは言え、ここに、文という単位の成立に関する、ある認識が芽ぶいていたとみることはできるように思う。しかも、「袖くつる」「袖は朽ちけり」がそれぞれの荘厳をになっていたとみていたと思われる説明が次の(資料4〜6)にはみられるのである。

(資料4) 手爾葉にては、「思ふ」はかろく「思ひける」は重し。「思ひける哉」はいよいよ重し。(抄之抄・12)

(資料5) 「こひし」と言(は)んは浅く、「恋ひしかりし」は深き情を発す。(抄之抄・13)

(資料6) 「恨(む)」といふ(は)一言の外なし。浅深知れがたし。「うらみつる哉」と言ふにて、新之自在之して、深さのほど知らしむるなるべし。(抄之抄・15)

これらの事例もすべて、先にみた「袖くつる」「袖は朽ちけり」の説明と同じ考えに基づいていることは明らかであろう。「思ふ」も「こひし」も、軽重や浅深の対象外ではない。つまり、浅くても軽くても、それなりの荘厳が付加されていると見ているのである。表現されたものである限り、荘厳の質(志向作用面)を伴っているものとみていると考えられるのである。

三　句のまとまり——体言切れの場合

（資料7）　不云切以手爾葉所留之歌、中云切也。於云切之所留焉。

いひきらざるてには（の）字にてとめたる（歌は）、上へも中へもまはしていひ切（る）なり。いひ切（り）たる処へまはりて留（ま）るなり。座句にて云（ひ）切（り）たる歌はまはさず。（抄・20）

花の色は移りにけりないたづらに

我が身世にふる詠めせしまに

又や見んかたののみのの桜がり

花の雪ちる春のあけぼの（抄之抄・21）

「てにをは」には、そこで言い切りになるものと、言い切らざるものとがあることを認めた上で、歌末が言い切らないかたちの歌で、歌中で言い切るところのある歌、つまり倒置法の歌について説明している。「花の色は」の歌は、その証歌である。では、「又や見ん」の歌は何のための証歌なのだろうか。右の傍線部は、歌末の七音句（座句）が言い切りになっている歌は、たとえ歌中に言い切りたる所があってもそこにかえりて留まるものではない、の意であろう。「又や見ん」の歌は、「又や見ん」で言い切りになっている歌であるから、この歌が傍線部の証歌だと思われる。とすると、問題は、この歌が体言で留まる、いわゆる体言止めの歌であることにある。体言に、言い切る機能が認められていなければ、「座句にて言ひ切りたる歌」とは認定できないはずであるから。ここで思い起こされるのが、次の文献である。

（資料8）　仮令梢よりうへにはふらず花の雪、[a]これはきれたり。木ずゑよりうへにはふらぬ花の雪といひてはきれ[b]

ぬ也。其故は木ずゑよりうへにはふらぬ花の雪かなとはいはる也。うへにはふらず花の雪かなとはいはれず。されば、かなの字を発句の下にそへていひつづけて見るに、いはれのかなひていはるるはいかにもきれぬ也。いはれぬはきれたる也。これにてしるべし。

（『僻連抄』、小学館古典文学全集本による）

『連理秘抄』で「所詮、発句はまづ切るべき也」ということを強調する。そして「用心」すべきこととして、「物の名風情は切れぬもある也」と指摘されているが、そのことが右の文献では具体例でもって解説されているとみてよいだろう。句末で切れているかいないかを、句末に終助詞「かな」をつけてみて識別しようというのであるが、今ならば、「ふらず」の「ず」が終止形、ここでは「花の雪」が倒置されていて、上の句の主語にあたるのに対して、「ふらぬ」は連体形「ぬ」によって「花の雪」を連体修飾している、と説明できるところである。同じ「物の名どまり」でも、切れるものと切れないものとがあることを区別しているのである。この二種の構文的な違いが意識されていたことは注目すべきことで、山田孝雄文法の文（句）の分類である、述体句に前者の(a)があたり、喚体句に後者の(b)が該当するとみてよかろう。日本古典文学大系『連歌論集俳論集』の補注（二四五頁）によると、『菟玖波集』の発句一一九句のうち三十二句が「物の名どまり」であるが、そのうち、

呉竹の千代もすむべき秋の水　（後宇多院）

の一句を除いて後はすべて、前者(a)の構文の句であるという。二条良基の言う通り、発句として切れた、自立した句になっているのである。ところで連歌に関して、発句は言い切るものであることを明確に示した最初の文献は、順徳院の『八雲御抄』で、「切字」論の萌芽と言って良い。巻第一の「連歌」の部に次のようにある。

（資料9） 発句は必ず言い切るべし。何の、何は、何を、などはせぬこと也。かなとも、べしとも、又春霞、秋の風などの体にすべし。

ここですでに、「物の名どまり」で発句が切れる場合のあることを指摘していた。しかし『僻連抄』にみるような

構文論的な区別についてはまだ何もふれていない。また、右の「体」を「体のことば」（つまり体言）と解する考え（永山勇『国語意識史の研究』）もあるが、ここでは、いわゆる体言の意の「体」とは考えにくい。「～などの体にすべし」とあることからみて、「体」の語は、様態―様式（表現形式）の意味で用いられた語とみておきたい。

このようにみてくると、先の「抄之抄」がとりあげた証歌「又や見ん」の歌は、果たして「座句にて云ひ切りたる歌」の例として認めていいかどうか。下の句は「花の雪ちる春のあけぼの」である。これでみる限り、喚体句型の、先の(b)に相当する。とすると、座句で言い切りたる歌とは認められないことになる。しかし、この場合、和歌一首の構造からみると、初五の「又や見ん」で句は切れており、以下の「……あけぼの」がこの「見る」の目的語であるから、連体句型の、先の(a)に相当するとみることができる。おそらく、歌においては後者のような判断から「座句で云々」の証歌としてとりあげているとみるべきなのであろう。注目すべきは、倒置法の歌となるのだが、にもかかわらず「座句にて云ひ切りたる歌はまはさず」とあることをどう理解すべきかということになる。どうやら体言止めによった座句が言い切りになっている歌の場合には、接続成分や連用修飾成分などが歌末にきて倒置法になっている歌の場合とは異なった享受の仕方をしていたと言わざるを得ない。

いずれにしろ、連歌の発句の場合と和歌の場合とでは、歌末の体言止めに対する考えを異にするところがあったと思われる。では、発句の場合、喚体句型の(b)例が「きれぬ句」ということになるのは何故か。和歌の場合、一首が独立していて表現は完結しているのであるが、発句の場合は、たとえ「発句はまづ切るべき也」と規定されたとは言え、脇句が発句を引き受けていくのである。切れていてもつながっていくのである。そのため、喚体句型の(b)の場合であると、連体修飾語の長い体言相当句であって、勿論かなをつければ、まさに喚体句として独立した文相当となるけれども、一方終助詞「かな」がついていない場合は、それはそのまま、もう一つの文の「成分」となる資格を備えているからである。つまり、切れる可能性も有するが、続く可能性をも有したかたちであるからだと説明できようか。終助詞「かな」を(a)(b)の識別のマークとしたのには、それなりの構文論的観点からする区別の直感があったことによると思われる。

(資料10) 以不云切之詞、云切之習、有二。 (抄・22)

一つは、「中五文字置有躰之文字」(抄・22)の場合で、「抄之抄」によると、「吉野山、嵐山、桜花」などという類のもの、もう一つは「中五文字之内、上二文字、下二文字、有躰文字而中一字以能之仮名結之」(抄・23)の場合で、「抄之抄」によると、「峯の雪、松の風、梅の花」などの類のもの、これらが腰の五音句(「中五文字」)にあるとき、「云ひ切る」ことになることを述べている。いずれも体言切れの場合で、この二種の体言句は『八雲御抄』(資料9)に「(又)春霞、秋の風などの体にすべし」と言っていた二種に相当しているのである。(資料9)は、発句について述べたものであるが、体言切れが体言止めとして句切れに機能することを意味している。それが和歌の腰の五音句にあるとき、三句切れとなることを「抄」は述べている。体言(相当句)は、「云ひ切る詞」ではないが、言い切りの機能を持っていることを認めているのである。それが第三句(腰の五音句)に限って指摘されているのは、連歌の「上の句/下の句」の対立の影響をも受けて、和歌においても、一首全体が大きく第三句末において切れる、上の句・下の句という二局の対立的構造が定着していたことを背景としているものと考えられる。第三句は特別な句と認識されていたのである。(補注)

この二種の、第三句における体言切れについて注釈した後で、「抄之抄」は、独自の考察の項目を加えている。

(資料11) 三ヶの大事とて、右(の)二ヶ条の外、座句の(字)留(め)あり。定家卿いかがして此(の)一ヶ(条)を草したまはざりけん。 (抄之抄・24)

「字留め」とは、連歌論の用語で、体言止めのことである。「云ひ切らざる詞」である体言であっても云い切りの機能を発揮する場合とした、第三句が体言句(「右の二ヶ条」つまり、「春霞」や「峯の雪」など)で言い切りになることがあることを「抄」は指摘しているにもかかわらず、歌末の句が体言句の、いわゆる体言止めの歌における体言切れについてはなぜふれていないのかという疑問を、宗祇は提示しているのである。古来あった体言止めが、新古今時代には意識的に修辞技法として盛んに詠まれた。つまり歌末句が体言で切れるという歌の構造はすでに秘するまでもない、一般に定着していた技法であったからではないかと思われる。もっとも歌末句(座句)が体言相当句であるからと言って、すべての歌の文構造が喚体句型となるわけではなかったが、少なくとも和歌においては、喚体句型は、立派に切れたかたちであったのである。「云い切らざる詞」である体言でもって歌は言い切りの歌末となり得たのである。定家の頃には、上の句、下の句という二局の対立が定着することで、むしろ、その上の句のあり方にこそ秘すべき作法上の問題があったものと思われる。「抄之抄」は、(資料11)につづけて、次のような指摘をしている。

(資料12)　はばてにの四字にて押へ、座句(を)文字にてとむれ(ば)、云切字なくしてとまれり。(略)

(a)　龍田山木(の)葉吹(き)しく秋風に
　　落(ち)て色づく松の下みち

(b)　みつの杜もるこのごろの詠めには
　　恨(み)もあへず淀の川浪

(c)　名に立(つ)る吉田の里の杖なれば
　　つくともつきじ君がよろづ世

(d)　けふ見れば雲も桜に埋(も)れて
　　霞かねたるみよし野の山

(抄之抄・24)

ここは、「座句」が字留めである構文の歌を考察しているという文脈で理解しなければならないところである。「座句を文字にてとむれ（ば）」とは、歌末句を体言止めにすることであろう。証歌となった(a)〜(d)いずれも歌末が体言句の体言止めの歌になっている。

「はばてに」の四字とは、証歌(a)〜(d)の各歌の第三句末に置かれた助詞「に、は、ば、て」を指している。第三句末がこれらの助詞によってまとめられて、下の語句にかかっていく場合は、座句が体言止めであっても、つまり「云切字」——字とは語を意味する、つまり「云ひ切る詞」——がなくても歌は言い切りたるものとなる、の意、「とまれり」とはそういう意味であろう。「云ひ切りたる詞」によって完結した文と同じように、完結した表現になっているということ、つまり、文としての完結性は実現しているとみているのだろう。しかし、やはり、ここには、和歌というジャンル特有の表現構造を背景にしているとみるべきもののようで、実はこれらの体言止め歌の構造自体は、様々であった。

和歌一首全体の構成という面からみると、体言止め歌といわれるものがすべて一様のものだというわけではなく、様々な構造の場合があることをかつて整理したことがあるが、(3)右の証歌として示された四首がそれぞれに典型的な構造の例に対応しているということが言えるようである。

「龍田山」の歌(a)は、一首全体が歌末句「松の下みち」を修飾限定する喚体句型で、「（秋風）に」は、下接の「落ちて色づく」の原因理由を示す格成分（に格）である。初五の「龍田山」が状況語として独立語的な存在ではあるが、いずれにしろ、一首に切れ目はなく、一つのことがらの叙述を示した体の歌である。

「みつの杜」の歌(b)では、主題の「は」によって、上の句、下の句が主題部と説明部という題述関係を構成する。その意味で、説明するものと説明されるものとの対立（切れ）が二つの「ことがら」の結びつけという認識を含んでいる。ある種のものは、問いと答えとなる。典型的には、証歌(b)のような歌よりも、むしろ例えば、

つくづくと春のながめの寂しきは—

しのぶにつたふ軒の玉水　（新古今）

といった歌を例示すべきところであったかと思量する。証歌(b)は、「(ながめ)には」であって、格関係で言えば、証歌(a)と同じで「に」格成分の主題化されたものである。

「名に立つる」の歌(c)は、第三句末が、接続助詞「ば」になっており、一首は、上の句が条件句である複合文の構造をなすもので、いわば、二つの「ことがら」を因果的関係で結びつける表現で、それだけ上の句、下の句の対立性は、証歌(b)の場合よりも深いと言えよう。

「けふ見れば」の歌(d)も、接続助詞(「て」)によって上の句と下の句が結ばれている点では、証歌(c)の場合と変わりがないが、証歌(c)の場合が、因果的関係という、かなり限定された関係において上の句と下の句が結合されるのに対して、この歌の場合――つまり接続助詞「て」による場合は、上の句と下の句の関係はもっとゆるやかなものである。というよりは、前件の事態(上の句)と後件の事態(下の句)とが、論理的に結びつかないような事態どうしであっても結びつけられるといった、はば広さを有しているのである。それだけ、上の句と下の句との対立性(切れ)が深いものになり得る、つまり、上の句から下の句へと意外な展開が可能であったとも言えよう。この接続助詞「て」の機能を巧みに利用した歌が新古今の頃には多く詠まれたようだ。接続助詞「て」による結合のあいまいさが表現にふくらみや広がりを与えることを可能にしていた。因果的論理性にしばられることがないのである。

以上のように解するならば、これら証歌(a)―(d)は、筆者が別稿(注(3)参照)で、体言止め歌の類型を整理したそれぞれ、(一)類、(二)類、(三)類の(b)、(三)類の(d)にあたっているのである。さらに筆者は、第三句が体言切れになっているもの(先の(資料10)に該当する)や、用言など活用語の終止形で切れているものを(四)類とし、その他を(五)類と五つに整理しておいた。それはともかく、これら証歌の例示において、歌の構造的ないしは構文的な相違が配慮されていたことがうかがえるのであり、しかもそうした構文論的な差異を説明するのに、当時定着していた上の句、下の句というリズム上の対立が歌の意味構造上の差異を生む根源であるという認識から、上の句の末（第三句末）の助詞に注目していることにはもっと注意してよい。こうした発想・観点は、おそらく連歌における、句と句の付け合いに心血をそそぐことで磨かれた言語感覚によるものであったのかも知れない。

「〜にて押へ、〜にて留む」という構文の整理は、まさに呼応―かかり受けの関係に注目していることを意味する。この呼応に対する自覚が後には「係り結び」の法則の整理へと発展するのであるが、しかし、今いう「係り結び」の法則に限定して解すべきものではなく、呼応は本来、文の構文的しくみとしてあらゆる面にわたるものであり、ここにみるような分析の観点が後世受けつがれていくことで、国語の構文論的な文法論―研究はもっと深められたものになっていたはずであった。

（資料13） 一首之内於処々云切歌、非堪能之人、不能詠之乎。 （抄・25）

これを注釈して、「抄之抄」は、「上は上にて押へ、下は下にて受くれば、何ほどてにはをかさねてもくるしからず」と言う。この説明にはすんなりとは理解しかねるところがあるが、「〜押へ、〜受くれば」とは、「〜にて押へ、〜にて留む」（資料12）とほぼ同趣のことを意味すると解するならば、この文句の直前において、「上に「やらん」置（き）て、下に「哉」と留（め）たる類は多し。初心の人このむまじきてにはなり」（抄之抄・25）と述べているところからすると、「〜やらん〜かな」[4]のように上の句を「云ひ切りたる」句として、二文連続という構成の歌を初心の者は避けるべきだという考えから、先に（資料12で）みたような、上の句で言い切りにならず、下の句へとつながるような語句で上の句をまとめること、それを「上は上にて押へ」と言っているとみられる。その「押へ」に呼応して、それを受ける語句を下の句に配置する、そういう詠じ方を言っているものと思われる。

四「ぞ／の」による文構造

さて、(資料13)の「抄」に関する宗祇の注釈は、さらに次のようにつづく。

(資料14)　折(り)つれば袖こそにほへ梅(の)花
　　　　ありとやここにうぐひすのなく
此(の)歌四所にて切(れ)たり。こそをへとおさへ、やをにととめ、鶯のといへるのはそののなり。夫をくと留(む)。これらの事をいへるなるべし。（抄之抄・26）

「折りつれば」の歌は言うまでもなく、「抄」の「一首之内於処々云切歌」の証歌として示し、その「処々云切」るさまを具体的に説明している。「折りつれば」の歌は四か所で切れているというから、第三句「梅の花」の体言切れも言い切りの一つに数えていることになる。また、「こそ」を「へ」と「押さへ」と説明してることは、この「押さへ」もやはり、下の句へのかかりとしてその働きを有するものと解しているとみられ、「……袖こそにほへ(ドモ)」と逆接条件句として下の語句へとかかっていくように解すべきことを示していると思われる。

さて、問題は傍線部である。ここは、「鶯のといへる「の」は、「ぞ」の「の」なり」と解すべきところと判断する。このことは、「抄之抄」の別のところで次のようにあることからもわかる。

(資料15)　外有能屋之替字。（抄、42「曽《そ》」の項）
ぞに通ふのの字あり。やの字あり。かよはせたりといへども、ぞにかはりたるのやの時はぞにしてとめねば留(ま)らず。鶯のなく、秋風のふく、つまやこもれる、是等(の)のやはぞなり。故に宇具須津《うくすつ》ぬの通音にてと

まれり。　　　　　　　　　　　　　　　　　(抄之抄、42)

「鶯のなく」は「鶯ぞなく」と置換し得るというのである。しかし、「かよはせたりといへども云々」とはどういう意味だろうか、もう一つわかりかねるが、単純に置換し得るというものでもないことを意味しているようだ。こうした指摘は、歌の「てにをは」秘伝書に受け継がれているが、その近接の一つ『姉小路家手似葉伝』(国語学大系本による)をみると、

(資料16)　一、又ぞとのの手似於葉通(ひ)侍る。(中略)

風のふく、鶯の鳴(く)、風ぞふく、鶯ぞなく、いづれも通ひ侍り。のと言(ふ)時は、一首の内にかかへ有(る)べし。かかへなくばぞなるべし。(略)

とあって、「の」と「ぞ」とでは、「かかへ」が有る無しの違いがあることを指摘していることから、ある程度見当がつく。「かかへ」とは、「折りつれば」の歌では、疑問の係助詞「や」を、また

昨日こそ早苗とりしかいつの間に
　　稲葉そよぎて秋風の吹く　　　　　(古今)

の歌で言えば、疑問詞「いつの間に」を指す。「ぞ」を用いたときには、これらの「かかへ」が共起しないというのである。案の定、『春樹顕秘抄』(国語学大系本による)に、「のと言(ふ)時は、一首のうちにうたがひの手爾葉有(る)べし。うたがはずはぞなるべし」(95)とする。

元来、次の三種の文型には、情報構造上の相違があった。

ⓐ 鶯φなく。(φはゼロの記号)
ⓑ 鶯のなく。
ⓒ 鶯ぞなく。

ⓐは、現象描写文（新情報の提示）であり、眼前に存在する事実をそのままに提示しているもので、ⓒは、「ぞ」の上接語を、呼応して共起する述語と結合可能な事項からとりたてていることになる。「ぞ」は、現代語の、とりたての機能を持つ総記の「が」（「の」の上接語が主格に立つ場合）にほぼ相当している。さて、ⓑであるが、これは、「鶯のなく（コト）」と、「の」の上接語が述語との結合を深めて、「の」の上接語と下接語がまとまり（かたまり）をなして、それが文の、一つの部分であることを示す。それが、古典語においては、「の」が主格に立つとは言っても、従属句――条件句や連体修飾句――中に限られていたことの理由であった。

（資料16）

①　しめ置きて今はと思ふ秋山の
　　蓬がもとに松虫のなく　（新古今）

②　昨日こそ早苗とりしかいつの間に
　　稲葉そよぎて秋風のふく　（古今）

③　白露はわきても置かじ女郎花
　　心からにや色の染むらむ　（新古今）

右の①の歌には「かかへ」がない。傍線部は先のⓐに近い現象描写文的であるが、「おもひ残し言ひ残したるの」（姉小路家手似葉伝・68）で、つまり「コトヨ」を含み、「これらはぞをのにのべたる故にぞのとまりなり」（前に同じ）と説明されている。②では、「秋風の吹く（コト）」を判断の前提の事実として（旧情報的に扱って）、そういう事実が「いつの間に」と未知の事情に思いを馳せている構文である。③では、「の」によってまとめられた部分（「色の染むコト」）が既知の情報であることを示している。[5] その既知の眼前の事実に関して未知な事情を推量するのが、「らむ」の用法である。

①にみる「かかへ」なき「の」の句法(「松虫のなく」)は、体言相当句を構成し、喚体句的性質を持っていたが、②よりも①の方に、「ぞ」に通うところがあると見られていたということは、この頃、「ぞ」による述体句的性格を、①の句法が持っていたことを意味するのであろう。とすると、①の句法がかつての喚体句的性格(連体形(コトヨ)―連体形止めによる詠嘆的用法)から、述体句的性格のもの(とりたて助詞による「―が―」構文)に変質していたからだと考えられる。これは、文末の「なく」(連体形)が終止形―終止的性質をおびていたことになる。

②の句法と「ぞ」による構文との違いは、「ぞ」による肯定文と「の」による疑問文という、相補的関係にある違いであって、とすると①②にわたる「の」構文がやがて「ぞ」構文にとってかわることが可能となっていたのかも知れない。

「ぞ」と「の」の手似葉の間に通うところがあるという指摘は注目すべきことで、江戸国学における「係り結び」の研究で、「の」が他の係助詞とともに扱われているが、そうした研究史上の変遷の問題もさることながら、主文の主語を示す「の/が」の発達にからんで、係り結びが崩壊していった―不要になっていった過程を考究する上で、さらに検討を加えてみたいところである。

【注】

(1) 「抄」及び「抄之抄」の本文は、和泉書院影印本(国立国会図書館蔵、根来司解説)によるが、国語学大系所収本など他本を参照して校訂し、表記もできる限り現代の通常の表記に従った。補った文字を( )で示し、注意すべき語や句に傍線を付したりした。なお、引用末の( )内の数字は、底本の頁数を示す。

(2) 例えば、「手爾葉首尾して歌となる」(抄之抄・16)などに、「てにをは」の統語的機能が意識されていたことがみえる。

(3) 拙稿「新古今集の文法」(山口明穂編集『国文法講座』5・明治書院刊所収)。

（4）　ここの「やらん」については、『姉小路家手似葉伝』第一巻末の「又大事の口伝」として、「ぞる、こそれ、おもひきやとは、はり、やらん、これぞ五つのとまりなりける」とある「やらん」と同じか、それとも「にやあらん」の縮約形とされる、当時の口語的な助動詞「やらん」とみるべきか判断しかねる。助動詞「やらん」が歌や連歌に用いられた例は少ない。しかし、「抄之抄」が「や(屋)字」の「二疑心」について「うたがひのやなり。やらん、やせんの外にもあり」と示したのは、後者の助動詞「やらん」である。

連歌の例を一つ、

時鳥このままあとになくやらん　（賢秀）

（熊野千句中の一句）

（5）　注(3)に同じ。

（補注）　和歌の第三句の構文的機能については、糸井通浩「第三句の機能」(糸井通浩他編著『小倉百人一首の言語空間』世界思想社刊)を参照のこと。

六　文章・談話研究の歴史と展望

序　言語研究としての文章・談話研究

文章・談話研究は、言語研究の重要な一部門である。しかし、一部門として確立したのは、それほど古くはない。たかだか半世紀余りの歴史を持つに過ぎないが、しかしこのところの、この部門の研究の進展には目覚しいものがある。本章では、その歴史をあらあらたどってみることにする。

言語研究の一分野である限り、文章・談話研究も言語という記号の研究である。言語は一般に、いくつかの大小の単位体が層をなして実現する、いわば構造化しているのが一般である。例えば、日本語では、「単音—音節—形態素—語（単語）—文節—（文の成分）—文—段落（文段）—文章（・談話）」といった単位体層を認定することができるであろう。「文章・談話」は、言語記号の単位体としては、最も大きな単位体として位置する。つまりはすべての単位体を抱え込んでいることになり、すべての単位体は文章・談話の中でそれぞれの働きをしているのである。これらの単位体には、注目すべきことに、隣り合う二つの単位体間の、いずれの部分においても、包摂関係（入れ子型構造）が認められる。例えば、一つの形態素は一つまたは二つ以上の音節によって形成される。つまり、一つの音節が一つの形態素であることも認められるという関係にある。

そこでまず、層をなして構造的に存在する言語という記号が有している、基本的な性質のいくつかを確認することから始めることにする。

知覚と観念　私達は、言語記号をどのように獲得し認知しているのだろうか。実際に私達が言語に触れるのは、物理的な言語音を耳によって、線の図形である文字を目によってである。こうして実際に目や耳で言語を確かめることができるが、この言語を知覚対象の言語と呼ぶことにする。一方、知覚で認知する一つ一つの言語音「イヌ」がすべて異なる物理音であるにもかかわらず、いつの間にか、すべて同じ「いぬ」であると認知している言語が、私達の頭の中に存在している。この言語を、観念対象の言語と呼ぶことができよう。私達の記号の認知は、この知覚対象としての言語と観念対象としての言語の二重構造に支えられたものなのだ。前者は言語のパロール的側面を指し、後者はラング的側面を指しているといってよい。この二重構造は、先にみた各単位体のいずれにおいても認めうるものと考えられるが、より小さい単位体ほど、この関係構造がはっきりしており、より大きい単位体ほど、それが複雑な様相を呈し漠然としているといってよいであろう。

単位体の範列的な意味にしても、統語的な機能にしても、私達の頭の中(観念)に獲得されているのである。知覚で認知できる言語を研究対象とするのか、観念として獲得されている言語を研究対象とするのかによって、言語研究の目標と内容が異なってくるであろう。前者はより大きい単位体ほど対象としやすいが、後者はより小さい単位体を対象としてなされやすいということがあるようだ。

切れと続き　言語という記号が記号として働くとき、時間的に働く。この言語の宿命ともいうべき本質を、言語の断時性、線条性という。記号と記号を時間的に繋いでいくことで意味のまとまりを形成していくのである。抽象的な言い方になるが、森羅万象の世界は、切れ目なく「ベタ連続」に連なったものである。しかし、そこに存在する「差異」に価値を見出すことによって、森羅万象の世界を分節化し、記号化したものが言語である。一つ一つの記号は自立している。つまり、互いに切れているのである。この互いに切れた記号を再び結びつけることによって、世界を再構築するのが、言語による表現である。

分節化には、いかに切るかという原理（価値基準）が働く。切れた記号同士の間には、範列的な関係が成立している。そして、それら切れて存在している記号を線条的に、ある一定の順序で結合させられた記号相互には、統語的な関係が成立している。

この、言語記号が互いにいかに切れているか、言語記号をいかに結び付けていくかを探求することが、言語研究の主たる課題である。このことは、先に見た、言語の単位体の各レベルにおいて見られることであるが、「文章・談話」レベルにおいても例外ではない。「文」という完全に自立的に存在する、互いに切れた単位体を結合することで、どのようにより大きな意味のまとまりである「文章・談話」という単位体が構築されるのか、その機構を捉えようとする研究であるはずだからである。このように、切れたものをいかに結ぶかが言語研究の核ともいうべき課題であろうが、一方また、結ぶために切るということがあることも、構文論や文章・談話研究においては考えてみる必要があるように思われる。

構成と構造　意味を持った記号である言語を線条的に連ねて生み出される表現世界を説明するのに、「構成」「構造」という概念が持ち込まれる。しかし、この二つの説明用語の用い方（区別）が必ずしも明解だとはいえないように思われる。かつて森重敏（１９７１）が指摘したことがある。線条性に従って実現した表現的なものが「構成」であり、それを可能なものにしている文法的なものが「構造」そのものだと指摘している。そして、「山田文法に限らず、従来の文法論がたえず陥った誤謬は、この構成と構造との関係を混同したところにあると思う」と指摘している。

文章・談話研究の典型的な対象の一つに「物語・小説」がある。物語学（ナラトロジー）が教えるところによると、一つの「物語」は、物語言説（ディスクール）と物語内容（イストワール）からなるとする。換言すれば、前者は、物語が如何に書かれているかという観点から捉える側面であり、これは要約して取り出すことができないが、後者は、物語は何が書かれているかという観点から捉えた側面であり、これは要約して取り出すことができる。この両者は、物語における「構成」と「構造」に対応していると言えるだろう。これをまた、知覚対象と観念対象とに対応させて捉えることもできる。いかに書かれているかという「構成」面は、知覚しうる面であり、何が書かれているかという「構造」面は、読み手の頭の中に構築されるもの（映像・意味の像）で、まさに観念的存在（対象）なのである。

一　文章論の確立――時枝言語理論の具体化

（1）文章論の提唱

言語学の守備範囲に、文章を対象とする研究を取り込むことを、世界に先駆けて提唱したのは、時枝誠記であった。それが世に問う形で初めて公にされたのは、１９５０年（昭和25年）に出た『日本文法　口語篇』（時枝一九五〇）であったが、時枝の文章の学の構想は、それ以前からすでに固まりつつあったと言う。時枝は、言語の単位（体）のうち、核となるべき意味的な統一性と完結性を備えた自立性の高いものとして、「語（単語）」「文」「文章」を指摘したが、従来の言語学において対象としてきたのは、「語（単語）」「文」までで、言語学が対象とする、最も大きな単位体は、「文」であった。言うまでもなく、「文章」という単位体に相当するものが研究の対象にされていなかったわけではなく、それは、修辞学や文体論あるいは表現論などと呼ばれる学問においてであり、それらは、言語学とは認識されてはおらず、どちらかと言うと、文学の学、文学研究の一翼を担うものと意識されていたのである。

つまり、「文章」は、個別的な特定の時と場において、個々の主体の生みだすもので、そういう「文章」を研究対象とする限り、それが成立する個別的な事情を無視することができない、とすれば「文章」は、科学的な言語学の対象とすることはできないと判断されていたからである。ソシュール(Saussure 一八五七～一九一三)の用語を用いるなら、「ラング」こそが言語学の対象たりうるものであり、「パロール(文章など、個々の言語事象)」は、言語学からは排除されていたのである。

(2) 理論的根拠

時枝の文章論の提唱が、時枝の言語観、言語理論に根拠づけられているのは言うまでもない。「言語過程説」と呼ばれる、その言語理論は、「言語」を「人間の表現・理解する行為」そのものであると捉えている。ソシュールの言う「パロール」こそが言語であり、言語学は、パロールの学だ、と考えていた。そして、時枝は、「ラング」の存在自体を否定したのであるが、言語が備えている、語彙体系や文法構造に見ることのできる社会的規範的側面、いわゆる「ラング」的側面については、それを主体の観念においてなされる「普遍化」によって獲得されるものと捉えていた。人間関係の社会性を通して、個々人の頭脳に語彙体系や文法構造に関する普遍的観念が確立していくものと考えていた。ソシュールと時枝の言語観の違いを、図式的にいうならば、ソシュールの言語理論は、何故言葉は通じるかを説明する理論であったのに対して、時枝の言語理論は、何故言葉は通じないものでもあるのかが説明できる理論であった、といえよう。実体としての言語、つまり「文章」という単位までを学の対象として捉えようとするなら、通じないこともあるという事実も含めて言語であるという認識に立って、言語は説明されなければならないのである。

表現したり理解したりする行為が言語だとして、そういう行為としての言語が成立するには、どんな条件が必要かを時枝は考えているが、こうした問題設定、発想自体が、それまでの言語学にはみられなかったことである。

さて、時枝(一九七三)は、言語成立の外的条件として、「主体」「場面」「素材」の三つを指摘している。成立する言語とは、言うまでもなく、表現したり理解したりする行為である。それは、言語の単位体としては「文章」に当たる。その「文章」という単位体を、言語学の対象とすることは、「文章」をその成立条件である「主体」「場面」「素材」との関係の中で捉えていくことになるのである。それが、文章の学になる。「主体」とは、表現したり理解したりする主体であるから、話し手・聞き手・書き手・読み手のことである。「場面」とは、主体が向き合う言語場で、それは、表現したり理解したりする相手を中心として存在する。相手とは、話し手にとっては聞き手であり、聞き手にとっては話し手であるということになる。「文章」という単位(体)を、言語学の対象とすることで、初めて「場面」「言語場」という概念が言語学において取り上げられることになったのである。「素材」とは、表現素材のことで、表現したり理解したりする内容をつくるものである。

表現したり理解したりする「文章」という単位(体)を研究することによって明らかになる学問的成果は、文章を理解したり文章を書いたりする学習が中心である「国語」の教育にストレートに反映させられるべきものである。時枝によって提唱された「文章」の言語学的研究は、国語教育との関係が意識され、また国語教育が期待するところともなった。現に、文章の学の成果が、国語教育に寄与するものという自覚のもとに纏められてもいるのである。(1)

(3)　文章論と文章研究

時枝が提唱した「文章論」は、『日本文法　口語篇』においてであったことが示すように、文章論は「文法論(の一部)」と意識されていた。時枝は、文法論は、語論、文論、文章論にわたるものと考えていたのである。言語が成立するとき、統語的なきまりが働くが、それは、言語の単位(体)としての、文章、文、語(単語)の、いずれの成立においても存在するのである。語論は、品詞論で、語(単語)を文の中での働きに注目して区分する論であり、文論は、語(単語)が結合して、いかに文というまとまり(統一性)を生み出し、成立するか(完結性)、そこに見られるきまりであり、文章論は、文が連ねられて、いかにまとまりを構成するかを明らかにする領域であり、いずれも実際の表現が生成する過程において認められる「きまり」を明らかにする点において共通している。こうして、文章論は、文法論の中に位置づけられた。従来の文法論が「文」の成立のきまりまでを対象とするに過ぎなかったのに対して、時枝は、「文章」という単位(体)にまで、その成立にかかわって「きまり」が存在するものとして設定したのである。まずその焦点となったことは、いわゆる語論・文論のレベルにおいては、その働きが究め尽くせない語(単語)が存在するということであった。それは、文を超えて働く指示語、接続詞—語の存在であった。

時枝の文章の学は、文法論としての文章論にとどまるものではなかった。一九六〇年(昭和35年)に『文章研究序説』(山田書院)が出たが、それは文章論ならぬ「文章研究」と呼ばれるものであった。この著書では、文章表現の機構の問題として、文章の冒頭表現、言語の主体と文章、言語の場面と文章、言語の素材と文章、文章の表現性について具体的な作品などを例に論じ、さらに、文章史記述の構想を論じていることが注目される。中でも「和歌史研究の一観点」(『国語学』一九六一、47集)などに深い洞察力を窺うことができる。従来の修辞学や文体論を含みこむ研究分野であると考えられるのである。

時枝の文章の学は、文章論と文章研究からなるものであった。この二つの違いを理論的にどう説明するか、従来も必ずしも明確になっているわけではないが、およそ「文章論」が、特定の個々の文章(パロール)を直接の対象として論じるものではなく、特定の個々の文章の成立において働く「きまり」(ラング的側面)を明らかにしようとするものであるのに対して、「文章研究」は、個々の文章そのもの(パロール)が、研究の対象となっていると見てよいであろう。つまり、序で述べたことに結びつけて説明するなら、文章論は、「文章」を成り立たせている「きまり」、つまり観念として存在する文章を対象としているのであり、文章研究は、実際に目ないし耳で知覚できる対象であるものを直接対象としていると捉えることができよう。個々の作品として存在する漢詩は、それぞれ意味世界を異にしているが、しかしながら、そこに例えば「起承転結」といった展開の規則性（普遍性）を取り出すことができる。それは、私達の頭脳で認知しているもの（観念）であり、「起承転結」というもの、そのものを知覚することはできない。知覚できるのは、観念としての起承転結という規則性に基づいて実現されている個別的な言葉の世界そのものである。いわば、前者は文章という単位体のラング的側面を明らかにする研究であり、後者はそのパロール的側面を明らかにする研究だといってもよいであろう。

もっとも、文章論を文法論として認めるかどうかについては、議論の分かれるところであり、たとえ認めるとしても、文章論として論じられている「きまり」のどこまでを文法論として認めるかについても考えの分かれるところである。

(4) 学界への波及

単位体としての「文章」をも言語学の研究対象として位置づけ、意味づけた時枝の提唱は、やがて学界にさまざまな影響を与えることになる。

文体論においては、大きく文学的文体論と語学的文体論とに区別する認識が確立してくることで、一九六一年（昭和36年）に設立された「日本文体論協会」には、従来の文学研究者だけでなく、語学研究者も多く参加している。

ついでながら、「文体」というとき、二つの領域が存在していたことを認識しておく必要がある。従来、「文体」というとき、和文体、和化漢文体、説話文体、記録文体等々と、いわゆる文章形態（ジャンル）の異なりに注目してのそれぞれの類型的な文体特徴を究めようとする研究と、個別の作品ないし個別の作家の固有の文体を究めようとする研究とがある。いずれも「文体論」の名で呼ばれている。両者を明確に区分する名称はいまだに存在しない（私見では、前者を「文章体（論）」、後者を「文体（論）」と呼んではどうかと考えているが、例えば、『国語学』（二〇〇〇、通巻202号）の「展望」（担当、高崎みどり）では、前者に当たるものを〝類型の文体〟と呼んでいる）。従来、国語学では、「文体」というと、前者を指していう場合が一般的ではないかと思われる。前者がよりラング的側面の文体論であるのに対して、後者はよりパロール的側面を対象とする文体論であるということができる。文体論の領域に、語学的アプローチが確立した背景には、言語学の一分野として文章論が認められたことがあったといえよう。

一方、すでに存在していた表現学を基にして設立された表現学会も、文学研究者、語学研究者、さらには国語教育及び外国語教育の研究者らが参加して、一九六三年（昭和38年）に設立されている。[2]

注目すべきことは、国語学者を中心とする国語学会の機関誌『国語学』の学界展望の分野の一つとして、一九六二年（昭和37年）（49集）にはじめて「文体・文章」（担当・阪倉篤義）という項目が設置されたことである（後に、「文章・文体」となって、現在に至る）。文章レベルの単位体の研究が日本語の研究領域として認知されたことを意味する。

二　文章論の展開

（1）文章論の課題

時枝が指摘したように、意味的統一性・完結性を持った単位を、言語の基本的単位とするなら、それは、語（単語）、文、文章の三つである。そして、文は、語が集まってまとまりをなしたものであり、文章は、文が集まってまとまりをなしたものである。とすれば、文とは何か、文はどのように成立しているか、を明らかにする文法論になぞらえて、文章論を考えるなら、それは、文章とは何か、文章はどのように成立しているか、を明らかにする学問だといえよう。

語（単語）が集まって、文を文たらしめている性質を文法性というなら、文が集まって文章を文章たらしめている性質を文章性―いわゆるテクスト性―ということができる。このテクスト性を明らかにするのが、文章論の課題である。もっとも、語（単語）は、文の中で自立していないが、文は文章の中で自立している。それだけに、テクスト性は複雑であり、明確な形で整理しにくいところがある。

自立した文を連ねていくことで、意味的まとまり（文脈）が形成されていく、ここに、文章の本質がある。この本質を、「展開」と捉えることができよう。この「展開」という本質に基づいて、これまで文章についてなされてきた研究課題を整理するなら、次のように、大きく三つの分野に整理できるだろう。

①断時的に前後に連なる文と文の意味的連なりに関する研究。最も局部的な部分のあり方に関するもので、（結束性）というテクスト性を明らかにする。

②連ねられていく文の連続に、意味的まとまりを乱さずに、文脈がどのように形成されているか、に関する研究。文（情報）の流れに関するもので、（一貫性〈整合性とも〉）というテクスト性を明らかにする。

③連ねられた文の集まり全体が、一つの意味的まとまりをどのように形成しているかの研究。意味的まとまりとして文章が一つであることに関するもので、（全一体性）というテクスト性を明らかにする。

（2）接続詞・指示語の研究

多くの語（単語）の統語的働きは、文という単位体のうちにおいて説明できるが、品詞のうちの接続詞、またいろいろな品詞にわたって存在する指示語に関しては、その働きを文レベルで説明し尽くすことができない。言語のきまり(文法)の研究が、文を最大の単位としている限り、それを十全に捉えることができないのである。言語のきまり(文法)は、文を超えても存在していることを意味する。時枝が、文章をも文法論の対象にしたことの正当性を裏づける言語事象である。

中でも、接続詞の研究は、品詞としてのそれぞれの語の働きを研究することで、そのまま文章の研究の一角につながるものとして、文章論の展開に貢献したといえよう。

(3) 連接論

時枝の提言を受けて展開された、当初の文章論は、先に見た、三分野で言うとほぼ①に集中してなされたものであった。言わば「文の連接関係」の研究であった。これまでの文章・談話研究で最も成果をあげている部分である。これには、次の二つの観点があったことに注意しておきたい。

(a) 文と文とがどんな意味的関係でつながっているか。

(b) 文と文とがつながっていることを、どんな手段で示しているか。

(a)は、意味的関係の異なりを、関係の類型として整理する研究であるが、接続詞の研究成果が最も有効に働いた部分だといえよう。接続詞の分類が、ほぼ意味的関係の類型を分類するのに即役立ったといえるのである。逆に、類型の区分の妥当性を、端的に接続詞が証明したとも言える。代表的な分類に、永野賢、市川孝、塚原鉄雄、土部弘らのものがある。例えば、永野賢によると、「展開型、反対型、累加型、同格型、補足型、対比型、転換型」、以上の7種に整理されている(なお、この分野の研究を総括的に整理したものに、市川孝、佐久間まゆみのものがある)(3)。中で注目すべきは、市川孝の分類で、他の研究者の分類と異なって、意味的関係の類型の一つに、「連鎖型」を立てていることである。ただし、土部弘のものにも一部取り上げられているところがある。

接続詞は、文と文との意味的関係を明示化する。しかし、そこに見落としがあった。あらゆる文と文との意味的関係を示すために、接続詞が用意されているかというと、実はそういうわけではないのである。確かに文と文との意味的関係のほとんどの場合にそれを明示化する接続詞を想定することができる。そこで、接続詞の働き(用法)を整理分類すれば、それが即文と文との意味的関係の類型を網羅することになると考えられたのだが、「接続詞」にあまりに頼りすぎた嫌いがある。市川孝が「連鎖型」とする文と文との意味的関係の場合は、特に想定される接続詞が存在しない場合である。つまり、すべての「文と文との関係」を示す接続詞が用意されていたわけではなかったのである。

そもそも、接続詞と認められる語(単語)はすべて他の品詞から転成して用いられるようになったもので、もともと接続詞として発生したと思われる語は存在しない。転成した代表的な語は、指示語を含むもの、副詞の類、動詞の変化形、接続助詞などである。これらが、文と文との意味的関係を明示化するために転用されてきたのである。時枝が、接続詞を、「詞・辞」のうちの「辞」(主体的表現を受け持つ語)に分類するように、接続詞は実質概念を示す語ではない。いわば、言語主体が、文と文との関係について主体的な解釈を示す語だといってもよい。逆に主体的な解釈を前提にして、文と文との結合を実施しているともいえる。なかにはあえて、二つの意味的関係を接続詞で明示する必要性が認められない場合もあるのである。

要するに、直接的に前後する二つの文の意味的関係が、常に、その二つの文の関係だけで完結するとは限らないのである。いずれは「まとまり」がつけられるにしても、一度は「まとまり」が保留されて、文が連ねられていくこともあることを認識しておくべきであろう。

(a)が、連続する二つの文の関係性を、意味の面から捉えるものであったのに対して、(b)の場合は、連続する二つの文が意味的なつながりを持つことを何によって(どんな手段・方法によって)実現しているか、つまり表現の形式の面から捉えるものである。それは、大きく分けて、語彙的手段による場合と文法的手段による場合とに分けられる。

先に(a)で見たように、接続詞が用いられていれば明らかに二つの文は結びつけられていることが分かる。しかし、接続詞によるのは、二つの文の間のつながりを明示する形式(方法)の一つに過ぎないのである。他に、文末における「のだ」や「からだ」などの使用による場合や指示語による場合、省略表現による場合、などの文法的手段と、同語の繰り返しや類似の語の言い換えなどによる語彙的手段とがある。

これらについては、常にいずれか一つしか用いられないというわけではなく、複合して用いられることもある。注目すべきことは、二つの文が意味的につながっていること(結束性〈cohesion〉があること)が理解されるのに、必ずしも接続詞がなくてもよいことである。むしろ、接続詞を用いることなく、どんな方法・手段で二文間のつながりが保証されるのかについてあらゆる場合を明らかにする必要がある。この(b)の面の分析は、永野賢や市川孝にすでに見られるが、なお一層、分類整理が進められることが期待される。

(4) 連文論

文を連ねることで文脈が形成される。が、そこに一貫性(整合性)がなければ、全体としてのまとまりをなすことができない。これは、先に示した②に関する研究であるが、これを連文論と呼ぶことができようか。もっとも、連接論、連文論という用語が必ずしも一定の理念で統一的に用いられているとはいえない。長田久男には、独自の文章論があり、それは『国語連文論』として、その全体系がまとめられている(長田 一九八四〜一九九五)。文章が二文以上で成立しているときには、一つ一つの文が連ねられていくが、そこに連文が成立している。その連文成立を記述説明するのが「連文論」だとする。

永野賢は、この文脈の展開に求められる一貫性を「連鎖」と呼び、一貫性(整合性)をもたらす連鎖には「主語の連鎖」「陳述の連鎖」「主要語句の連鎖」という三つの連鎖があることを指摘する。市川孝は、この種の問題を、配列論の名で論じている。これにかかわる言語事象に、「は」と「が」の問題、文末の「タ」形「ル」形、歴史的現在や視点の問題などがある。

中でもユニークな論として、この一貫性を表現主体の「姿勢(構え)」の持続の観点から捉えた林四郎の論がある。(4) 文章はどう始発するか、その始発するという姿勢を示す文を「始発型の文」と呼ぶ。その始発文を受けて、以下の文はどう継続するか、前の文を受けつぐ姿勢を持つ文を「承前型の文」と呼ぶ。そして、承前性と始発性の両方を備えた文を「転換型の文」とし、それに「自由型の文」を加えて、文章・談話中におかれた「文」を4タイプに分類している。ここに、「切れ」と「続き」を、「文」の展開上の二大区分とみる見方が窺える。それぞれに位置する文が、それぞれにどういう表現上の特徴をなすものかを姿勢(構え)論として論じているのである。

始発文に限っては、時枝(一九六〇)に「冒頭」と「書き出し」を区別して、文章の始発の表現に見られる類型的整理をなした論がある。「書き出し」のない文章はないが、「冒頭」については、それがある文章とない文章とがあるという指摘である。「冒頭」という用語は時枝特有の用い方であるが、文章の組み立て方の形態として「冒頭」のある文章を、特立させた点は注目すべきことである。なお、塚原鉄雄(一九七一)らに、古典の物語文学作品の冒頭の一文のあり方に注目して、始発の発想を類型的に整理して、それを文章史的観点から分析したものがある。

(5) 段落論

文脈の形成過程において、部分的に意味的まとまりをなすものを、他の前後の部分と形式的に区別して示す、一つ以上の文の集まりを「段落」と呼んでいる。その形式が確認できるのは、改行一字下げによる文字言語の場合であって、音声言語では、客観的に区別できる明解な形式上の区別はない。

「パラグラフ(paragraph)」の訳語である「段落」が意識され、その形式が文章表現において実施されるようになったのは、明治以降、欧米の修辞学が導入されてからである。特に文章作法(コンポジション)の教育において重視されてきた言語単位であった。日本においても、特に国語教育で表現・読解におけるキーワードとなっている(ただし、どちらかと言うと、読解指導において)。

国語教育では、改行一字下げが目で確認できる段落を「形式段落」と呼び、文章全体を意味的に整理したとき、内容的に部分で括れる、または区分できる、一つの段落、または複数の段落群(これを特に「大段落」ともいう)を「意味段落」と呼ぶのが今や伝統となっている。

「段落」は、文章論においても軽視できない単位体であるが、文と文章の間に位置する副次的単位体であることから、これをどういう単位体と捉えるかをめぐっては、いろいろな議論が提出されている。文法論が、文とは何か、文はいかに成立するか、を明らかにする学問ならば、文章論は、文章とは何か、文章はいかに成立するかを明らかにする学問だとすることができる。とすれば、文法論が文を直接構成する要素を「文の成分」とするに習って、文章論には文章を直接構成する要素である「文章の成分」が存在すると考えられるのである。そこでまず文と文章の中間的単位である「段落」こそが「文章の成分」に相当するものではないかと考えることになるが、日本語の段落の実態をふまえるとき、ことはそんなに単純ではなかった。

英語などの「パラグラフ」と日本語の「段落」とは、果たして同じものと考えていいのか、といった根本的な疑念もあり、日本語の段落の「不明瞭さ」「あいまいさ」という面が指摘されてきた。元来日本語の文章には、文章全体を意識しての大きな構成上の展開を構想することはあっても、いわゆる段落意識というものはなく、表記法も特には存在しなかったと言える。文脈を形成する意味内容の展開と、部分的な意味のまとまりを形式で示す段落の展開との間に、明解な対応が感じ取りにくいのが日本語による段落の実態なのである。

　塚原鉄雄(一九六六)は、改行一字下げによる、目で確認できる段落(形式段落)を「修辞的段落」と呼び、表現の形式上には区別が見えないが、意味内容の展開において、より小さい意味的まとまりをなす部分を「論理的段落」と呼ぶことを提案した。塚原の考えでは、例えば一つの修辞的段落が二つ以上の論理的段落であることも有りうることになる。国語教育でいう「意味段落」も意味を重視した段落の整理ではあるが、あくまでも「形式段落」を単位として捉えるものであり、塚原の「論理的段落」とは異なるものである。

　「文章の成分」は言語形式よりも意味内容に関わるものであるとすると、「文章の成分」を、「段落(形式段落)」を単位に捉えることははなはだ苦しいことになる。そこで新たに、文章の中で意味的まとまりをなす部分を「文段」という単位体で捉えることを考えたのは、時枝(一九六〇)であるが、この単位体を重視し、理論的に定義したのは、市川(一九七八)であった。この「文段」が「文章の成分」に相当すると考えられた。もっとも、意味的まとまりとしての「文段」は、意味のまとまりの大小によって様々なレベルの「文段」が想定される。最も大きな文段は、文章全体と一致することになるが、そのレベルではもう「文段」とは言わない。

　「文段」を重視して、研究を継承している佐久間まゆみらは、「文段」は大小さまざまなレベルが想定されるもので、それらが重層構造をなして、一つの文章・談話は構築されているものとみる。文章・談話の統括論を、文章・談話の成分である「文段」で説明しようとする立場である(佐久間　一九八四、一九八七、一九八八)。なお南不二男(一九八三)は、音声言語である「談話」についても、それを構成している単位(文字言語における、段落(文段)に相当するもの)がどのように取り出せるか、について模索している。

　段落自体の構造を明らかにする研究も進められる中で注目されてきたのが、段落の意味的中心をなす「トピック・センテンス」の存在である(佐久間　一九八三)。日本語では、中心文、または話題文、主題文などと訳されて、国語教育にも導入されてきている。また、「文と文の連接」に擬えながら、段落と段落の連接について考える研究もある。

段落ないし文段をめぐる議論は、永野賢(一九八六)の「統括論」を受けて更に進展することが期待されるところである。

三 文章論から文章・談話研究へ

(1) 用語の広がり

言語学ないしは国語学(日本語学)においては、言語の単位体名として「文」と「文章」とは異なる単位体として定義されるが、日常語としては、「文」の語が文章を指すこともあり(例、描写文、擬古文など)、「文章」の語が一つの文を指して用いられることもないことはない。文は〃あや〃の意で、章も〃あや〃の意である。つまり、文も文章も、言葉でつづられた〃あや〃を意味していることに変わりがない。また、言語の単位体名として「文章」は、文字言語も音声言語も区別しない概念であるが、日常語では、文章というと、普通もっぱら文字言語を指していい、音声言語の方は談話という。

一九六〇年代から一九七〇年代にかけて欧米においても、言語学の分野として、文を超える単位、いわゆる文章レベルを対象とする研究が起こり、わが国にも移入された。アメリカからは、ディスコースの研究が談話の研究と訳されて、具体的には、談話文法(文を超える文法)、談話分析として紹介された。研究の対象である談話(ディスコース)には、文字言語も音声言語も含まれている。ただ日本語において、談話という用語は、広義には文字言語を含めて言うが、狭義には、音声言語のみを指して言う。一方、ヨーロッパからは、テクスト論が移入されて、テクスト言語学とかテクスト文法とか呼ばれたりするが、このテクストも、文字言語、音声言語のいずれをも対象としている。テクストとは、これまた、(ことばの)織物の意味で、文章という言葉に通じる言葉である。

欧米からの、新しい波として移入された当初は、談話研究というと、それは広義の意味に用いられていた。というより、談話研究の対象が主として文字言語であったと言ってよい。しかし、ここ十年余り、現在では、会話などいわゆる音声言語を対象とする研究が盛んになってきたこともあって、談話研究という語も狭義に会話などの音声言語を対象とする研究だけを指すようになってきた。そして今では、言語の単位体名としても、文を超える単位を指すとき、単に「文章」とは言わず、「文章・談話」というのが一般的になりつつある(本シリーズの用語もそれである)。

音声言語の研究が盛んになるにつれて、研究対象の単位体として、音声言語である談話が自立してきたと言ってよいであろう。

一方、オースティン(Austin)やサール(Searle)らの言語行動論または言語行為論に理論的根拠を求める語用論(プラグマティックス、pragmatics)もやがて提唱されて、同じく文を超える単位体を対象にした研究とはいっても、単に言語学が対象とするだけにとどまらず、さまざまな研究分野の立場や動機などの違いに発して複雑な研究の広がりを呈するに至っている。それらの間に、必ずしも縄張り意識があるわけではないが、今では、ある程度の整理も必要ではないか、と思わざるを得ない状況にある。そしてまた、それぞれの立場でなされた研究の成果は、互いに活用しあうことがもっとあっていいだろうし、互いに影響しあってこそ効率のよい学問の発展も望めるというものである。

今、安井稔編『新言語学辞典』(研究社)の「語用論」の項をみると、言語の機能面を対象とする記号論は、三つの部門、意味論・統語論・語用論からなると規定している。そして、語用論は、記号あるいは言語表現とその使用者との関係を扱う部門だと説明する。人間を除去して論ずることができないともいうが、それはすでに時枝が重視していた言語主体がやっと言語学に持ち込まれてきたことを意味する。文章論にしても、談話研究にしても、テクスト論にしても、そして語用論にしても、言語の使用者(言語主体)との関係を無視することができないのである。

こうした海外における新しい研究や理論の進展に刺激されたかのように、はかばかしい展開が影を潜めていた感のあった、伝統的な国語学における文章(・談話)研究を活性化させようという意図のもとに、一九八四年(昭和59年度)春の国語学会で、学会設立40周年記念大会の企画の一つとして、シンポジウム「文章論の開拓」が持たれた。樺島忠夫の司会で、永野賢、林四郎、南不二男らがパネラーとして問題提起をしている。(5) やがて、こうした機運の中から、単位体名を「文章・談話」とする、新しい方向と具体的な課題を示した『ケーススタディ日本語の文章・談話』(一九九〇年)、つづいて『文章・談話のしくみ』(一九九七年)が生まれてくることとなる。(6)

(2) 談話研究

談話(ディスコース)を対象とする研究は、具体的には、談話文法や談話分析という名で、研究が展開されている。前者は、文の成立(仕組み・構造)を論じる文法を文-文法と呼ぶのに対して、「文を超える文法」とも言う。国語学の文章論では、指示語や接続詞の働きが中心に研究されてきたところであるが、1970年代後半大江三郎『日英語の比較研究——主観性をめぐって』(一九七五、南雲堂)、久野暲『談話の文法』(一九七八、大修館書店)などによって、文の表現形式に、主体がどのように反映しているかという、新たな観点からの「文を超える文法」が開拓されている。この「文」に反映した主観性の探求は、端的には、主体の視点の問題と言ってよい。特に「豊富な視点表現を持つ日本語」とも指摘されるように、これらの研究が、日本語に関する視点論を誘発したと言ってよいだろう。

「やりもらい」表現やその他の補助動詞による「て形」表現、ボイスの選択、指示語の使い分けや「は」と「が」の使い分け、待遇表現などがこの観点からも見直されているのである。

(3) 言語と視点論

「視点」をめぐる研究は、さまざまな分野に広がっている。ここで、先の文法論における視点論以外について、簡単に振り返っておきたい。

最も古くには、物語・小説を対象とする文芸理論(または、物語学〈ナラトロジー〉)における「視点」研究が存在している。視点の研究に限らず物語言説(語りの言語)の研究一般も、語学の立場から無視できない研究領域である。視点人物や語り手の問題などは、叙述の一貫性の問題を孕んでいる。

物語における語りの展開において、どのように文脈が形成されるかを、特に文末表現に注目して、テンス・アスペクトの観点から分析した研究があるが、これも視点の問題にかかわってくる。日本語の文末形式の代表は、「タ」形(「テイタ」形も含む)と「ル」形(「テイル」形を含む)の二つとされる。これらが物語の展開とかかわってどのように現れるかについて、物語場面が動くときには、「タ」形「ル」形が現れやすく、物語が静止して状況が描写されるときには、「テイル」形「テイタ」形になりやすいという指摘などがある。物語の筋をなす事態は前者の叙述になり、枝葉にわたる細かい描写は後者である。いわゆる物語の本筋と脇筋との関係の研究でもある。物語・小説は、創作主体としての作者とは別に、表現主体としての語り手が想定されるが、語り手が、叙述の視点を、作中場面に移して語ると、「ル」形「テイル」形が現れやすくなる。とすると、本来、あったこと(過去のできごと)を語るのが物語・小説であるにもかかわらず、今眼前のこととして出来事を語ることになるので、これを「歴史的現在(法)」と呼ぶことがある。しかし、日本語の語りでは、「歴史的現在」と呼ばねばならないような特別な叙法ではなく、語り手の視点の転移は生じやすいと言われる。この種の研究は、永野賢が陳述の連鎖の研究で触れたことに始まり(7)、現在の研究の一つに、例えば山岡實『「語り」の記号論――日英比較物語文分析』(二〇〇一、松柏社)がある。

学際的な学問として確立した認知科学においても、「視点」が重要なキーワードになっている。「見え」を重視する認知科学では、表現形式に刻まれた視点の問題だけでなく、読みにおける視点をも問題にしている(宮崎清孝・上野直樹　一九八五)。これらの成果は、国語教育における「読み」の指導にいかされていく必要があろう。

視点論の広がりの一端は、田窪行則編『視点と言語行動』(一九九七、くろしお出版)に見ることができる。そこには、人称表現や聞き手配慮の丁寧表現(ポライトネス)、「複文における因果性」との関係やモダリティの言語行動との関係などが追求されている(8)。

全体的な展開と構成を考えるとき、「切れ」ないし「転換」をいかに捉えるかが無視できない課題の一つである。しかし、一貫性・整合性というと、ともすると意味的連続性にばかり注目がいく。局部における「切れ」の場合については、永野賢によって「飛び石型」「積み石型」という指摘がなされているが(9)、文章・談話全体の展開の過程には、その大がかりな「飛び石型」「積み石型」という展開も存在するわけで、そこに見る「切れ」「転換」がいかにつなげられて文章・談話全体が一体的なものとしてまとまるのか、「切れ」「転換」の存在にもかかわらず、聞き手・読み手が一つのまとまりとして受け取れるのは何故なのか、という課題についてはなお充分な研究がなされてはいないように思われる。例えば、物語・小説において、語り手の視点が、ある登場人物の視点に重ねられて、いわゆる三人称人物の視点で語られたとして、続いて別の登場人物に視点を移して語ったりすることがある。ここには叙述上の「切れ」が存在すると見てよいであろう。にもかかわらず、一つの語り(作品)を、一つの意味的世界と受け取れるのはなぜか、が説明されねばならない。

（4）会話・対話の研究

これまでどちらかと言うと文字言語の研究を念頭において述べてきたが、一九七〇年半ばころから、会話・対話など音声言語を対象とした研究が盛んになってきている。現在、談話の研究というと、この種の研究を指して言うようになってきた。「談話分析」「会話分析」の名での著書や論文が増えてきている。

それ以前においては、国語学では、特に国語教育とのかかわりを持ちながら、「言語生活」という分野名で進められてきたものである。それを継承しているともいえようが、最近の談話の研究は様相を異にしている。コミュニケーション研究の一環として、どちらかと言うと、日本語教育の分野で関心が高いと言えよう。学会の機関誌『日本語教育』を中心にその関心の高さを窺うことができる。聞き手を相手とする言語行動における「あいづち」や「受け応え」、挨拶行動なども研究の対象になっている。

ただ、文字言語を対象とする研究と異なり、実際の言語を対象とするにもかかわらず、そのデータが得にくいというハンディがある。次々と発生しては消えていくものを対象にして、それを客観的に記述しなければならないからである。そこで、会話（談話）のコーパス（実際の会話の音声データ及びその文字化したテクスト、または文脈・状況つきデータ）の開発と活用が盛んになってきた。これによって、音声言語の研究が比較的容易になってきたといえる。あわせて、会話コーパス自体の作成に関する研究も、より有用なコーパスの作成を目指した、あらたな研究分野になってきているのである。

コミュニケーションの研究となれば、それは、言語による人間関係の問題である。その重要な役割を果たす会話・対話の研究は、単に言語学の関心事にとどまらず、いろいろな学問分野が関心を寄せている。心理学、文化人類学、社会学、教育学、認知科学、コミュニケーション論等々である。しかし、これはコミュニケーションに関してばかりでなく、文を超える単位体である文章・談話の研究一般が学際的になってきているのである。人間とのかかわりが無視できない研究対象だからである。
なお、別途に、従来の文字言語(作品)を対象とした「文体(論・研究)」に対して、音声言語を対象として、「話体」なるものの存在を想定する発想も確立している。例えば、「落語」についての言語学的研究が見られる。また、個々人の主体が身に付けた話し方のスタイルの研究や流行歌の歌詞の文体の研究なども含めて、今後さらに開拓が進むものと思われる。

(5) 全体的構造の研究

先にp.285に示した③の領域が言語学において最も遅れている領域である。従来、文章作法などで指摘されてきた「起承転結」「序破急」などが「全体的構造」の例とされてきたが、しかしこれは、「構成」の指摘であって、「構造」といえるかどうか。「構造」とは何かそのものを問い直すことになるが、それを、〈組み立て、仕組み〉の意味だとしても、文章・談話の全体的構造とは、主題を明らかにする、あくまで意味の構造でなければならないと考える。この課題について、最も研究が進んでいるのが、民話を始めとして、物語・小説の「語り」言語の構造分析であろう。プロットが「構成」に当たり、「ストーリー」が「構造」に相当する。「ストーリー」は描かれる内容であり、それをどう描くかが「プロット」の問題である。

民話の構造分析は、ロシアの民話を対象とした、プロップ(Propp)の研究(一九二八)に始まるが、彼は、文を構造的に成り立たせている要素(「文」における「文の成分」に当たるもの)を民話から抽出するに当たって、モティーフでなくストーリーに注目し、民話に描かれた登場人物達の行為を抽象化して、それを「機能(ファンクション)」として取り出す。そして、取り出された各「機能」が、一定の順序で連なり統括されて一つのまとまった民話が成り立っていると分析している。アメリカインディアンの民話を研究したダンダス(Dundes)の構造分析や、意味(価値概念)の二項対立で構造を捉える、文化人類学のレビー・ストロースの研究などが注目される。こうした成果が、文章・談話の研究においても応用できないものか、検討してみるべき価値があるものと思う。

さて、国語学の伝統においても近年、「全体的構造」を捉えようとする研究が見られる。それは、佐久間まゆみ等の要約文の研究である。(10) この研究がここに位置づけられるのは、かつてアメリカの文学教育において、「あらすじ」を重視する方法が注目されたことがあるからであるが、「あらすじ」は、一つの作品の意味構造を取り出していると言ってもよい。これは、何が描かれているか、何を描いているかを捉えるもので、また、いかに的確にテーマに迫れるかということと裏表である。先の、民話の構造分析でも見られることであるが、意味構造をどのレベル(規模)の抽象化で捉えるかという問題が付きまとっている。「あらすじ」は具体性を残すが、それを抽象化すれば、全体的意味構造が得られると考えてよいように思う。「要約文」の研究もやはり、どのレベル(規模)で「要約」するかが、大きな課題であろう。

「要約文」の研究は、情報内容の層の研究でもあり、情報処理という現代社会の要請にこたえていく側面を強く担った課題であるとともに、言語表現の意図を読みとる能力や要約する能力を育成するために国語教育や日本語教育においても応用されることが期待されている。

四　新しい分析理論の開発

文を超える言語単位体を研究する学問分野は、ひとり言語学にとどまらないことは先に述べたが、言語学内においても、いろいろな言語観や言語研究の立場から、いろいろな分析や理論が提出されてきている。そうした成果は互いに活用しあう、影響しあうことがあっていいように思う。文を超える言語レベルの文章・談話の研究においても、今注目すべき分析理論が次々と提唱されている。

文レベルを対象とする意味論によっては、文を超える文章・談話レベルの意味は説明しきれない、捉え切れないことから、いかに文章・談話レベルの発話の意味や発話中の文の意味を動的に解釈するか、説明するかをめぐって、さまざまな理論が提出されているのである。

一つに《談話表示理論》がある。この理論は、特に文を超えて生ずる照応現象の問題に、多くの解決の糸口を提供している。さらには、《関連性理論》や《メンタルスペース理論》がある。これらも、「語用論」の分析理論として、具体的「発話」を解釈するに働く「推論」という認知作用の仕組みを理論化したものである。今井邦彦『語用論への招待』(大修館書店、二〇〇一)によると、《関連性理論》は、「解釈の語用論」であって、「産出の語用論」には対応しないと言う。こうした理論の多くが、海外の研究者の開拓したものである中で《談話管理理論》は、《メンタルスペース理論》に基づきながらも、田窪行則・金水敏の新たに開拓した理論で、日本語による文章・談話を説明するには、より適切な理論だといえそうである。特に、指示語「コソアド」語の使い分けに見る体系性や聞き手との関係を結ぶ終助詞(「ネ」「ヨ」など)の働きを説明するのに、説得力のある理論である。この理論では、話し手には、二つの「談話領域」が区分され、それが話し手によって管理されているとする。二つとは、「自分の直接体験などに基づく直接的な知識」と「人づてに聞いた話などの間接的な知識」であるが、この二つを区分する発想(意識の仕方)は、日本語の表現のいたるところに反映しているように思われる。こうした新しい説明理論については、最近の、言語学の講座類が概説している。(11)

また、神尾昭雄の《情報のなわ張り理論》も注目されている理論の一つである(神尾、一九九〇;神尾・高見、一九九八)。発話によって持ち出された伝達内容(情報)が、自分(話し手自身)のなわ張りに属するものか、相手(聞き手)のなわ張りに属するものかの区別を基本的区別として、そうした区別意識が表現形式にどのように反映しているかを説明しようとするもので、先の《談話管理理論》に近い理論だと言えよう。こうして、日本語の表現の実態に即して、それが捉えやすい分析理論も開発されてきているのである。

「三歳児は文法の天才」（ピンカー一九九五）というが、私達人間はすばらしく賢い頭脳を持っている。複雑に込み入った表現でも、なんなく産出し、また理解しているのである。ところが、その賢い頭脳で、賢い頭脳が生み出す言語現象を説明しようと思っても、なかなか一筋縄で説明できないのである。こうして、さまざまに構築されてきた理論を振り返ってみるとき、つくづくそう思う。半世紀あまりの研究の歴史とはいえ、多くの研究が積み重ねられてきており、それを繁簡よろしく整理することは、筆者の手に余った。やむなく筆者が関心を持つところを中心に整理したものにならざるをえなかったことを最後にお詫びしておきたい。触れられなかった研究も多い。研究史の詳細は、折々に纏められているものがあるので、それに譲りたい。

【注】

（1）時枝誠記「文章論の一課題」（『国語研究』）は、1951年（昭和26年）愛媛大学で行われた全国国語教育学会での講演記録であり、市川孝は、その著書を『国語教育』のための文章論概説』（教育出版、1978）と命名し、永野賢は文章論の概説書の一つを『学校文法文章論』（朝倉書店、1959）とし、林四郎『文の姿勢の研究』（明治図書、1973）は「言語教育の基礎論1」として出版され、土部弘はその著書『文章表現の機構』（くろしお出版、1973）のサブタイトルを「国語教育の実践原理を求めて」としているなど。

時枝誠記は、国語教育は国語学の一領域と考えていた。

（2）木坂基（1976）『近代文章の成立に関する基礎的研究』風間書房、山口仲美篇（1979）『論集日本語研究8文章・文体』有精堂に、文章論、文体論、表現論の各歩みが概観されている。

（3） 上記（1）の市川孝の著書、佐久間まゆみ（1983）「文の連接―現代文の解釈文法と連文論―」『日本語学』2巻9号。
（4） 上記（1）の林四郎の著書、及び「日本語の文の形と姿勢」『日本語教育指導参考書11 談話の研究と教育Ⅰ』国立国語研究所、1982。
（5） 『国語学』139集（1984）にシンポジウムの記録とそれに対する4名のコメントが掲載されている。
（6） 寺村秀夫、佐久間まゆみ、杉戸清樹、半沢幹一らによる。ともに、桜楓社（現、おうふう）の刊。
（7） 永野賢（1972）『文章論詳説』朝倉書店中の「陳述の連鎖からみた文章構造」。宮崎清孝・上野直樹（1985）『認知科学選書1 視点』東京大学出版会。
（8） 他に、澤田治美（1993）『視点と主観性——日英語助動詞の分析』ひつじ書房、森田良行（1995）『日本語の視点』開拓社、熊倉千之（1990）『日本人の表現力と個性』中央公論社（中公新書）、『日本語学』（特集——視点論の現在、1992、8）などがある。
（9） （1）の永野賢の著書。
プロップ、V.（1928）『昔話の形態学』（北岡誠司ほか訳、白馬書房、1983）。
（10） 佐久間まゆみ編（1989）『日本語研究叢書4 文章構造と要約文の諸相』くろしお出版、佐久間まゆみ編（1994）『要約文の表現類型』ひつじ書房。後者には、「日本語教育と国語教育のために」というサブタイトルがついている。
（11） 田窪行則ほか（1999）『岩波講座言語の科学7 談話と文脈』岩波書店、金水敏・今仁生美（2000）『現代言語学入門4 意味と文脈』岩波書店などや、メイナード、泉子・K.（1997）『談話分析の可能性、理論・方法・日本語の表現性』くろしお出版がある。

【参考文献】
神尾昭雄（1990）『情報のなわ張り理論』大修館書店

神尾昭雄・高見健一著（1998）『日英語比較選書2　談話と情報構造』研究者出版
佐久間まゆみ（1983）「段落とパラグラフ」『日本語学』2巻2号
佐久間まゆみ（1984）「文章の成分と統括論」『国語学』139集
佐久間まゆみ（1987）「『文段』認定の一基準（Ⅰ）」『文芸言語研究　言語篇』11号（筑波大学　文芸・言語学系）
佐久間まゆみ（1988）「文脈と段落――文段の成立をめぐって」『日本語学』7巻2号
塚原鉄雄（1966）「論理的段落と修辞的段落」『表現研究』4号（表現学会）
塚原鉄雄（1971）「冒頭表現と史的展開」『王朝の文学と方法』風間書房
時枝誠記（1950）「四章　文章論」『岩波全書114　日本文法口語篇』岩波書店
時枝誠記（1960）『文章研究序説』山田書院
時枝誠記（1973）「言語の存在条件―主体、場面、素材―」『言語本質論』岩波書店
長田久男（1984）『国語連文論』、（1995）『国語文章論』ともに、和泉書院
ピンカー、S.（1995）『言語を生みだす本能（下）』NHKブックス
南不二男（1989）「談話の単位」国立国語研究所編『日本語教育指導参考書15　談話の研究と教育Ⅱ』国立国語研究所
森　重敏（1971）「山田文法の再評価」『笠間叢書21　日本文法の諸問題』笠間書院

〔三〕

日本語のリズムと〈うた〉——音数律論

一 和歌形式生成の論理

序 日本詩歌のリズム

明治のうら若き詩人達は、民族のことばの持つリズムの力を復活させた。それは、遠く一千年来死にたえていたといってもいい長歌の、一種の再誕の姿であった。

とりわけ、島崎藤村は、新しい生命にふさわしい、新しい詩歌を求めて情熱的に実践し、『若菜集』以下の四詩集に、七五調の長歌を結晶させたのであったが、その中のいくつかの詩は、五七調をなしているのである。それらは、『落梅集』中の「小諸なる古城のほとり」「千曲川旅情のうた」「壮年の歌」「椰子の実」などの詩群である。

これらの詩が五七調をとった必然性については、これらの詩が〝人生とは何か〟という人生論的なテーマを内容として発想された詩群であり、それには、万葉調の五七調のもつ重々しさが適合したからであると説かれるであろう。それはまちがってはいない。しかし、筆者は、もう一つの側面を無視できないと思うのである。

すでに『万葉集』において芽ばえていた七五調は、『古今集』以後、すっかり日本の抒情性を荷負う形式の中核に居すわってきた。和歌の三句切れの確立が、連歌形式を発達させ、歌貝(貝覆い)という遊戯としての百人一首の朗詠が庶民の世界に浸透し、そして七七七五を代表とする俗調が流行して、七五調が行きついたといわれる元禄時代以後には、すっかり五七調を生活のリズムから押し出してしまった七五調は、日本人の抒情のリズムとして、短歌的詠嘆的リズム感即七五調といってもよいほどに、日常的感覚のレベルにおいて日本人の心情に浸透し、潜在化していったのである。つまり、七五調は短歌的情緒性のコノテーション[1]として確立し伝統化してきているのである。明治の中期においても事情は同じであった。七五調は、日常的感性に即応する抒情のリズムとして存在していたのであるから、「初恋」などを収める『若菜集』のリズムは、七五調のリズムでよかったのである。しかし、「生活の内部からきざしてくる人生的な思い[2]」から現実に根ざした人生論的なテーマの思索を余儀なくされた藤村が、『落梅集』にいたって少し構えて深い思索をめぐらした歌を生み出そうとした時、なれなれしい、日常性のべたべたしたリズム七五調とは決別せざるをえず、五七調をもってその詩興を表出することになったのにちがいない。『若菜集』の「序歌」が五七調である必然性についても同じことが言えるであろう。音表象としてのリズムの伝統性——コノテーションを無視してリズムの意味を考えることはできないのである。

さて、和歌の美感を支える力として、音数律が存在していることは言うまでもない。しかし、従来の、日本詩歌韻律論の主流は、五音、七音を単位とする韻律美の探究にあったのではなく、五音七音の、それを形成している内在律(P.311参照)の究明に重点がおかれてきたのであり、それはそれなりに、確かに内在律論としての、充分説得力ある美的要因が明らかにされてきたと言えるのであるが、ともすると、五音七音それ自体の持つ美的性格については、それを解明しきれない焦燥感から、日本詩歌の韻律美は、この内在律美を唯一の要因とするという判断に立ち、五音七音単位のレベルでの韻律美については、それに積極的な美的価値を見い出そうとしない、それどころか、美的価値外のものとして扱おうとする消極的姿勢をとることで、日本詩歌の韻律美のなぞを、内在律美にのみ負わせようとする傾向がみられたのである。

だから、今なお「日本の抒情性の正系である——少なくとも正系であったと目される和歌はどうして、その独特なほとんど奇怪とさえいえる永続性や旋回力をもつようになったか。多くの人の心の奥にひそむ疑念でありながら、これはなおおあずけをくっており、学問的にやりすごされていることの一つである(3)」と、いらだたしい思いをこめて語られる段階にあるといっても過言ではないのである。

日本詩歌のリズム生成の論理は、五音七音を単位に究められることによって生み出されねばならない。果たして、内在律論の優勢を超克できる論理を展開しうるかどうかは心もとないが、リズム論の、基本的な原理をふまえながら、私自身の卑見を披歴して、日本詩歌の音数律の秘めている美的なぞがすこしでも明らかにされていく契機になれば幸いと思っている。

一　音数律「五・七」の意味

(1)　律動と律動感—拍とリズム

Ⓐ　五日。（中略）かぢとり、ふなこどもにいはく、「みふねよりおふせたぶなり。あさきたのいでこぬさきに、つなではやひけ。」といふ。このことばのうたのやうなるは、かぢとりのおのづからのことばなり。かぢとりはうつたへに、われうたのやうなることいふとにもあらず。きくひとの、あやしくうためきてもいひつるかな、とて、かきいだせれば、げにみそもじあまりなりけり(4)。

Ⓑ　すみません。アルバイトやら何やらで、ちょっともひまがなかったもので(5)。

Ⓒ　ころは睦月二十日余りのことなれば、比良の高嶺、志賀の山、むかしながらの雪も消え、谷々の氷うち解けて、水はをりふしまさりたり。白波おびたたしうみなぎり落ち、瀬まくら大きに滝鳴って……(6)。

Ⓒ例の七五調による韻文的表現は意識的に生み出されたものであるが、Ⓐ例Ⓑ例は、全く無意識に、偶然短歌形式と同じリズムをなしていたという例である。

このⒶ例Ⓑ例のような例が成立し存在することについて、従来、五音七音による音数律が、日本語にとっては充分に自然な音数であることの証拠として指摘されてきた。そしてそれは日本語の単語(又は、いわゆる文節)を構成する音数の統計的な調査によって、五音七音が無理のない、むしろ自然に成り立ちやすい音数であるということが証明されてもきたのである。

しかし、このⒶ例Ⓑ例が、右の事実性の意味以上の、重要な事情を語っていることについては注目されてこなかったようである。Ⓐ例で、「あやしくうためきてもいひつるかな」と「かぢとり」のことばをうけとった「きくひと」は、おそらく歌人紀貫之であったと思われるが、この舟主のまわりにいた人達には、それときわけられなかったらしく、作者に仮託されている女性自身「かきいだせれば、げにみそもじあまり」であったことを発見しておどろいているのである。この事象は歌人貫之の耳にしてやっと捉えたものであったことに注意を向けねばならない。Ⓑ例のような例からしても、「裁判の対審及び判決は、公開法廷でこれを行ふ」(日本国憲法第八十二条)[7]のように、我々の日常生活の中にかなり認めえたはずの事実であったにもかかわらず、魚返などから指摘されてみて初めて、なるほどと感心もしてみるのである。そして、逆にⒸ例などは、『平家物語』では、自然などの叙景的描写の部分などで流麗なリズムを形成している、という知識の有無にかかわらず、無自覚に散文の意識で読んでしまい、ともすると七五調の韻文表現になっている部分を、それと気づかずに読みすごしてしまうということにもなるのである。

意識しないでいると、短歌形式(又は七五調などによる律文)と同じリズム構造をなしている表現にも、全くといってもよいほどに、そのリズム感を感じとらないでみすごしてしまうのである。ところが、それと気づきそれが韻文的表現であることを意識した時初めて、短歌と同じ調子のリズムをもっている表現であったことに気づき驚くということ、これは一体何を意味しているのであろうか。

「うためく」と感ずる根拠は、「みそもじあまり」つまり三十一文字からなっているという事実によるのではない。その意味で「みそもじあまり」なら「うためく」かと言えば、そうは言えないことは自明の理である。つまり、「みそもじあまりなりけり」と言ったのは、その表現全体が、文節の倍数で切って、五七五七七という音群の小集団にまとめられるということ、又そういう表現形式そのものであることを、『土佐日記』では「みそもじあまり」と指摘していると考えるべきである。では、文節の倍数によって五七五七七に切れる表現になっているなら、内容はともかくとして「うた」になっていると感じうるものかというと、実は、このこともなお否定されねばならないのである。事実Ⓐ例もⒷ例も、そういうリズム構造─正確には拍の構造─を持った表現であったはずなのだから。

つまり、拍の存在は、必ずしもリズムを保証しないのである。「うためく」と納得できるのは、「みふねより○おふせたぶなり○あさきたの○いでこぬさきに○つなではやひけ」と、○印のところで充分な休止をとることで、五、七、五、七、七のそれぞれの音群が音の塊としての独立性を持ちうることを必須条件とすると言わねばならない。「きくひと」が「うたのやうなる」と鋭く感得したのには、波音の荒い海中では大声を出さねばならない「かぢとり」が、相手にしっかり聞きとらせようとして、例の学生運動のスピーカーの、文節きりの演説調のように、かなりとぎれとぎれに、部分をしっかり相手に押しつけるようにどなったからであったかもしれない。しかし、それでも、貫之らしき「きくひと」にしか「うためく」と聞こえなかったと思われる事実に、実は、歌のリズムの問題のなぞを解くカギが秘んでいる。

ところで、「五音節及び七音節は音律の単位ではない。なぜなら五音及び七音の中にすでに律動が感ぜられる」[8]という考えに代表されるような、「五音七音」に対する認識がかなり強く日本詩歌韻律論を支配してきた。そして、この認識が、当然のことながら、内在律による音楽美の追求という方法と深く結びついていたのである。しかし、果たして、内在律の存在によって初めて律動が感じられるとする認識は正しいか。律動―拍―とは、等時的音量の反復(運動)であるという点で、確かに五音が成立すること、七音が成立すること自体にすでに、例えば(二・二・一)(二・二・一・二)といった内在律の形態によって律動―拍―の存在することは事実であり、それはそれで正しい認識であるが、だからといって、それ自体の存在が無条件に律動を感じさせるという体験―リズム体験―に結びつくかというと、そうは言えないのである。

日本語が、リズム表出においては、二拍音単位に整斉されようとする傾向を持つことは、単に詩歌語の世界のみに限られたことではなく、「葉桜」が「ハザ・クラ」と発音上認知されることは、日本語の言語現象一般のことであるので、先のⒶ例にしても、この二拍音単位を基準とする二拍又は一拍の音群の繰り返しによるリズムを内在させているから「うためく」と感じられたのではなく、Ⓐ例が、「うためく」と和歌の形式をなしていることが察知されたのは、鋭い耳―和歌のリズムに堪能している人の耳にして認識しえた現象であったと考えるべきなので、律動―拍―の存在が即律動(感)―リズム―の認識を保証するとは言えないことを意味しているのであって、内在律の存在は和歌を律動的なもの―音楽的美感を備えているものと認知させる必要にして十分な条件だとは考えられないのである。それは十分条件ではあっても、必要条件だとは考えられない。つまり、我々は律動の存在と律動(美、感)の認知とは次元を異にする概念であることを理解しなければならないのである。[9] 律動(音の等間的きざみ)の存在と、それを感覚的に認知する内面的精神活動―律動(感)の認知―とは区別されるべきである。このことをクラーゲスは、拍とリズムとは、別の概念であると捉えて、これまでの音律に関する美学論が、この二つの概念を混同したところでなりたっていたあやまりを痛烈に指摘しているのである。[10]

短歌と結果的には同じでも、つまり短歌の律動形式が内在していても、ⒶⒷ例が「歌」として認知されないでみすごされてしまいがちであることを認めるのなら、もともとそれらが「歌」であるという認識―精神活動が伴っていないと、例え律動形式を内在していても「歌」としての律動感は、充分認知されないことを意味している。この精神活動とは、「歌」であるという自覚―「特殊なるリズム的場面」[11]という位相の認識、そういう刺激の方向をもった、一つの緊張状態をいうのである。換言すれば、一種の傾向のもとに行われる、リズムによる統覚作用である。この統覚作用こそ「歌」であるための必要条件であり、律―内在律の存在は、十分条件であるにすぎない。だから勿論、内在律美の存在は、決して否定―無視されるべきものではなく、十分条件として、この統覚作用を強力に支持する、又は統覚作用の成立を容易にする条件として有効に機能していると考えられるからである。問題は、「特殊なるリズム的場面」としての統覚作用において、その条件としてもっとも自覚的に意識され、文化的歴史的レベルにおいて自覚されている日本詩歌の形式は、五音七音という音の塊そのものであったこと、それがなによりもまず、和歌の律動感の主因であったことを忘れてはならないということである。

「序」章において、日本詩歌の音数律美の探究の方向が、もっぱら五音七音を形成する内在律の究明にほとんど終始してきたことを述べたが、しかし、中には、「日本詩歌のリズムの唯一の基礎は、分解以前の五七音自体に求めるべきである[12]」という米山保三郎や、それに近い考えの伊藤武一郎、斎藤清衛などの主張もあった[12]。そして、そういう主張にもかかわらず、五七による構造の美のなぞは、ついに解明されることがなかったが、その中で、神田秀夫によって一つの解釈―音数律の単位の主なものが、凝集力のあるべき素数音の系列の上を走っている[13]―が提示された。しかし、神田の「素数系列存在論」も、五音、七音の凝集力が、内在律による、五音七音レベルでの統覚作用によって有効な手段たりうることを説明しえたにすぎないもので、肝心の、「歌」全体(統一体)の中での五音七音の荷負っている音形象としての機能、音の流れの中における五音七音の音の塊の果たす機能が、論理的に説明される理論となりえていないところに不十分な点を指摘せざるをえない。統一体としての「歌」の統覚作用を目指す単位としての五音七音の意味が問われなければ解明されたとは言えないのである。このことは、深く、文化、歴史とかかわって究められねばならない問題である。

独創的なリズム理論を持つ中井正一には、美に関する概念としての自然美、技術美、芸術美という機能的分類がある[14]が、この概念関係を私なりに理解し、音数律論に対応させて考えてみると、次のような関係が指摘できる。

Ａ 自然美――リズムの生理的側面・自然的肉体的リズム→内在律論の領域
Ｂ 技術美――リズムの心理的側面・感情的感性的リズム→五七音数律の領域
Ｃ 芸術美――リズムの知性的側面・文化的歴史的リズム→表現論・修辞論の領域

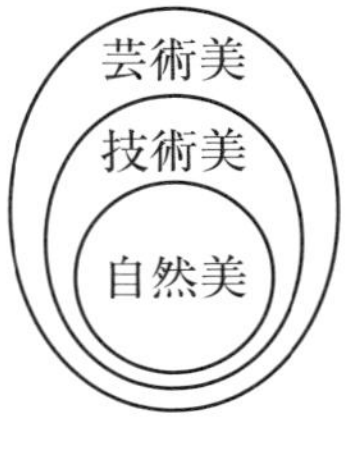

「リズム的場面」の構造

和歌のリズムの問題も、右のように構造的構築的なものと把握して展開されねばならないのであり、この意味においても、従来の内在律論の成果は否定されるべきではない。筆者自身の目標からすれば、文体論として、リズム論の最終的段階と言える「芸術美」の領域を目指して、当面は、右の「技術美」の段階に当たる、「五音七音」単位の音数律論を、ここに展開してみるということになる。

(2) 五七律の黄金分割美

ゲシタルト理論は、本来視覚的な空間形象について解明されてきたものであった。が、音による表象についても、その形象をゲシタルトとして捉えて「音楽の美も本来的には空間的ゲシタルトの上に成立する[15]」と考えるのが、最近の音楽美――リズムの、心理学的哲学的究明の方向であると言えよう。

日本詩歌の韻律は、日本語という言語の特性から必然的に、そのリズム形式――様式は、音数律に基づかねばならなかったが、この音数律よりも音楽的特性をより強く備えているといわれる律、強弱律、長短律、音色律に関しては、個々の日本詩歌の作品において、偶然的な効果は期待しえても、法則的なもの、つまりは普遍的な有効性をもった律としては、日本詩歌では成立しにくいのである。渡辺護が「すべての音が、同高音同音価同音強で奏せられる時、その音をある数にまとめて一体にすることにより、リズムを生ずる。このようなリズムを、クルト・ザックスは〝数的リズム〟と呼んでいる[15]」と指摘するように、音形象（ゲシタルト）としてのリズムを捉える時、この〝数的リズム〟つまり音数律も例外ではないのである。

音数律をゲシタルトとして認識するとはどういうことか。我々は、「特殊なるリズム的場面」に立ち入った時、つまり、和歌を一つの言語文化の表現（発想）形態である様式と認識して、言語活動を体験する時、非リズム的場面におけるとは異質の心的傾向―特殊な緊張を存続させつづけようとすることは先に述べた。口承歌謡である場合には、それは、さらに外的条件―メロディを持つとか、楽器の伴奏を伴うとかといった音楽的特性―によって、より容易にその緊張は形成され、むしろ、その外的条件が主となり、言語の表現性の価値は二次的な機能を持つにすぎなかったと言える。しかし、歌が、その外的条件と切り離され、全く言語芸術としてのみ自立して存在するようになってからは、言語表現自体によって、ある異質の心的傾向―特殊な緊張を維持し、存在させる工夫を形成しなければならなかった。そのことが、日本詩歌においては、日本語の言語の特性を生かした五七の定型化といわれる方向を進め、音数律という韻律による韻律表現を完成させることになったのである。言うなれば、五音七音の音の塊を繰り返すという音刺激を顕現することによって形成される音形象（ゲシタルト）の生成は、言語芸術独自に、この特殊な緊張を持続させるためになされたものであった[16]。

しかし、音の数によるゲシタルトが、民族のレベルにおいて美的価値を持つゲシタルトでありうるには、その形象性が、普遍的な有効性を持ちうるものでなければならない。つまりは、より生理的心理的な快感に根ざしたゲシタルトを形成しなければ、社会的歴史的に継承される可能性を持つものになりえないのである。和歌の音数律形式の生成についても、そのゲシタルト性は、この方向において探究されねばならない。

さて、黄金分割（ゴールデン・セクション）は、空間的ゲシタルトとして、もともと線分法の理論であったが、面積の分割美についても適用される。これは、空間的な量の対比にみられる美的対比のことを言う。しかし、黄金分割に裏づけされた量の対比が、なぜ人間に美的快感をもたらすのかということについては、いまだよくわかっていない。それは例えば、バランスについて、アルンハイムが語る「構図の上部にあるものは、下部にあるものよりおもい。また右側の位置は左側の位置よりおもい。」「人間が物をあつかうとき、底が重いほうが安定することは、経験がおしえている。視覚上のバランスをはかるとき、そういう知覚が見るものに影響するかもしれない。」「大きさ、色、方向などの視覚的なバランスがしばしばおなじ物理的要因とは一致しない。[17]」といった生理的心理的条件が影響しているのかもしれないし、アルンハイムの語る知覚現象自体、生理学的には、身体における、心臓の位置や眼の位置などが影響した知覚上の錯覚によると認識すべきで、根源的原因はここに求められるものかもしれない。いずれにしろ、ここでは、生理的心理的段階にかかわって美感―快感の伴うことが実証確認されている黄金分割に関する数理的理論を演繹して、和歌の音数律による美の一つの解釈を提示してみたい。

「五音」という音数は、「特殊なるリズム的場面」において、一つの心理的緊張のもとに連続する音群であるから、一つのまとまった音塊―量として捉えることができる。五、七、五、七、七というのは、そうした量の変化と連続、つまり、勿論言語活動であるから空間的にではなく、時間的に量と量の対比を形成しつつ一つの流れを、心の緊張の持続の中において形成しているということである。つまり、音刺激によって緊張が累積されていくわけで、そうした緊張が、一種のエネルギーであることは容易に認めうる。そうならば、量として数値化して認識しうるものと判断してよい。これこそ音形象（ゲシタルト）の数学的理解である。

黄金分割は、1対1.618…という比をなす。そして、「異なる人が異なる手段で穿さくした結果、もっとも理想的とする調和律は実に五対八に要約しうる比であったということをこれらの事実は明白に物語っている[18]」と説かれるように、整数で示せば、五対八、八対十三などが、黄金比であると言っていいのである。

口承歌謡から、文字言語芸術として成長した和歌は、五音七音の定型化の道をたどった。しかも、その場合、「短長格」が、意味的にも一行(句)的まとまりをもっていたことは、注目すべき原初的形態である。つまり、いわゆる五七調をなしていたのであり、(57)×nという構造を確立しようとしたのが原初的な方向であった。「混本歌」と称されたリズムが「五七五七」という四句詩形であったかどうかについては、いまだ定説をみないが(私見は後述)、少なくとも口承歌謡は、主として偶数句式であったことは、傾向として確認できる。57×nを志向する短長律を形成し、その単位としての「短長格」を、一つのレンガとして積み重ねていったのが、和歌の原初的形態であった。それは、万葉時代の長歌に、そのすぐれた完成を見い出す。この形態の生成のベクトルに、黄金分割の論理が存在していることが認められるのではないか。

短長律の単位は、「五対八」ならぬ「五対七」であった。それは、「流動的な繰り返しによる律[19]」(流動の律)を形成する機能を負っていたことを意味する。つまり、「五八」リズムなら、それは、完結のリズム、美の完結した対比の率によるリズムをなすことになるのである。これでは、流れ(連続性)を切断してしまうことになる。「五七」となることで、黄金分割に近似値になりながら、もう一歩まとまらないという感じが、さらに次の音刺激を要求する—換言すれば、前進しようとするベクトルを決定づけることによって、五七、五七、五七……と流動的でありえた。しかし、こう考えることが、例えば、太田善麿の卓見「(五音節の)短句の形式に準ずれば七音節になる。しかも、短句の長さに二音節(一単位)を加えた長句は、短句との対照において極端でなく、しかも伝統的に即して明確な印象をともなう変化を含んで居[20]」るという解釈を否定する考え方であるのではなく、内在律の存在は、「自然美」の段階での美として肯定しうるもので、五音をまとまりとして捉える意識は、五音という時間的量としての緊張の持続することを意味しているわけで、この五音の緊張量と七音の緊張量との落差にこそ、ゲシタルトとしてのリズム美を形成しようとする意欲が存在していたのである。この落差感による美こそ黄金分割率に根ざした美であったのだが、リズムは時間性の上に形成される、秩序ある運動である点で、空間的ゲシタルト性に加えるに、時間的持続による繰り返しの美（反復の快感）を持つことによって、詩歌独自のゲシタルトを構築しえたのであって、それが長歌を典型とする「流動の律」であった。しかし、和歌は、短歌に代表されるに至ることによって、「静態の律」[21]へと転移したといわれる。この転移のメカニズムを促進したのは、末句「七」の発見と、その定位にあった。

当初、「五七格」を繰り返す長歌に、末句「七」は存在していなかったが、この末句「七」を要求するという方向で、長歌は生成の過程をたどった。この生成過程については、「三」章で詳述するが、これは「五七」格を単位とする流動律を終結させる形式の発見を意味していたのである。この「五七、五七……五七(A)、七(B)」における、(A)対(B)の比が、これ又、黄金分割比に最も近い整数比をなしているという事実に注目しなければならない。つまり、「五・七対六」より、「五・七対八」よりも、「五・七対七」は、黄金分割近似値となっているのである。但し、正しくは先に述べたように、近似整数黄金比は「十三対八」であり、それなら、リズムとしては「五・八対八」という形になるべきであるが、そうならなかったのは、音の塊としての律の単位「七」と同数であることによって、生理的に整然たる美感を伴う効果を有していたのである[20]。こうして和歌の形式の基礎的単位ともいうべき詩型―五七七は、静態的ではあるが、時間的ゲシタルトとして、かなりの程度の完結性を持ったゲシタルト美を構築している形式だと言えるのである。

五七調のリズムを基調とした万葉時代において、短歌の律は「五七、五七、七」の偶数句切れをもって出発したが、旋頭歌の片歌から独立したと思われること（「三」章）からしても当然、第四句と五句との律的連続性は強くなってきて、次には「五七、五七七」という句切れが構文論的意味構造の上で形成されてきたことは、通説とされている事実である。

この句切れによる、「五七(A)、五七七(B)」の(A)対(B)は、「五・七対七」の比よりも安定度の高い黄金分割比をなしているのである。「記紀」歌謡などの短歌形式のものには、この比になる句切れの歌がかなりみられて—このことも短歌形式が片歌の独立したものであることを証拠づける理由になる—、万葉時代に入ってからも優勢を占めた句切れ形式であった。

　しかし、この句切れ形式が黄金分割として安定した比率をもっているにもかかわらず、この後は「五七、五、七七」から「五七五、七七」という句切れ—七五調へと移行していったのであったが、この律調の変化には、序詞の、構文論的なあり方の変遷と深くかかわっている側面もあると考えているが、特にこの五七調から七五調への転移の論理については、別の機会を期したい。

　黄金分割の導入による「五七律」の解釈は、音数律のゲシタルト性を明らかにするための、全くの一つの仮説の域を脱し切れていないと思うが、この黄金分割という美的対比を保持しようとする力の方向の存在することは明らかにしておかねばならない。ただ、黄金分割は、西洋美学において確かめられた量感の美であるので、それが果たして東洋—日本人の生理的心理的条件にもマッチする量感の美として採用できるかどうかは疑問で、西洋では八頭身を均整ある女性の肉体美としているのに対して、東洋—日本では、六頭身がそれに当たると言われるなど、肉体的条件の相違することもあるので、黄金分割という比率自体、民族によって差が多少あるものとして捉えられねばならないのかもしれない。[22]

二　字余り字足らず現象

短歌における字余りの現象については、つとに本居宣長によって説かれているが、さらに佐竹昭広によって音韻論的な整理が加えられて、『万葉集』における字余り句の八九％が、その句中に母音音節を含むものであり、残りの句についても、改訓、又は音韻論的に「句中に母音音節を含む」場合に準ずる現象と考えることができるもので、以上の原理で処理できる句の総数は、全字余り句の九七・八％にまでなると言われる[23]。

この現象の傾向は、『古今集』(別表Ⅱ)以後も変わらないが、平安末期になって句中に母音音節を含まない八五調などのリズムが現れるようになり、歌謡ではあるが、『梁塵秘抄』になると、かなりの数にのぼる八五調リズムが現れており、一つの傾向を持っていると考えられる。又、『玉葉集』『風雅集』に字余り句を持つ歌が多いことも歌風とかかわって考えねばならない問題をはらんでいる[24]。

字余りといっても、「句中に母音音節を含む」という原則の上に成立していたことは、「句中に母音音節を含む」ことによって、文字は余るが音は余らず(字余りではあるが音余りではなく)、定型律を保持していたと解せるのである。このことはつまり、いかに五音七音のまとまりが、強い抑制力を持っていたかを物語っており、五音七音が伝統的な律動感としてコノテーションの程度を強く形成していったと考えられる。いずれにしろ、五音七音へのまとまりの意欲の強さを感じざるをえないのである。

筆者は先に、短長律(五七律)の、五と七の対比率が含み持つベクトルを黄金分割に根ざした力として説明した。言語の線条性をふまえていうならば、言語現象として先に現出する「五音」の、固定化した音量感を土台にして、その上に、次の「七音」という音の塊が対立的に重ねられるのであるが、その「七音」というまとまりは、ゆれ動きながら、先に固定した「五音」との一種の美的バランスを志向しながら定着するものであり、その定着化の方向は、黄金分割をふまえたゲシタルトを形成する方向であったとみることになる、この仮定の上に立つなら、「七音」とは、「八音」とならなかった「七音」であり、その「七音」に働いている緊張は、先の「五音」という音量感から対立的に引き離れていこうとする力—ベクトルであるので、それ故に流動的ゲシタルト性を獲得する方向をもち

別表Ⅰ（横山青娥『日本詩歌の形態学的研究』による）

字余り句	万葉集	八代集
第一句	二二三	二四一八
第二句	一二六	七一四
第三句	一九五	一五六七
第四句	九六	三六一
第五句	四四一	一七五五

別表Ⅲ 万葉集短歌準不足音句（木下正俊の調査によるもの）

第一句	四三
第二句	六二〇
第三句	二五
第四句	五六〇
第五句	八一

別表Ⅱ 古今集の破調

		字余り（句中に母音音節を含む）						準不足音句					
		第一句	第二句	第三句	第四句	第五句	計	第一句	第二句	第三句	第四句	第五句	計
よみ人しらず	四季歌	4	3	4	8	10	29	1	10	1	6	3	21
	恋歌	15	3	9	7	21	55	2	21	3	20	6	52
	小計	19	6	13	15	31		3	31	4	26	9	
六歌仙・撰者	四季歌	14	16	4	8	16	58	2	22	2	31	9	66
	恋歌	12	5	8	6	19	50	2	19	0	19	14	54
	小計	26	21	12	14	35		4	41	2	50	23	
総計		45	27	25	29	66		7	72	6	76	32	

（注）字余り：句中に母音音節を含む字余り以外の字余りはなし。又、例えば、「わびぬればしひて忘れんと思へども……（五六九）」の歌の第二句は「しひて忘れんと」と切ってこれを字余りの句と処理しないで、第三句「と思へども」と切り、句中に母音を含む字余りと考える。佐竹にその考えがある。注(23)参照。

えたのだと換言できるのである。

三　末句「七」の機能—その定位と展相

末句「七」とは、短長格—「五七」の「七」のことではない。短歌で言えば、第五句（末句）の「七音」のことをいう。この、短歌の第五句にみられる字余り、字足らず現象は、他の「七音句」とは、明らかに異質の現象を呈しているし（別表ⅠⅡ参照）又、他の奇数目の句—第一、三句とも異なる様相を呈してもいる。つまり、第二、四句（「七音」）が、むしろ字余りの句になろうとしていない方向性をもつのに、第五句の「七音句」においては、かなり字余りの句になることに意欲的であるように思われるのである。しかも、第一、三句の字余りの約二倍（『万葉集』の場合）の量を持っている。私は、この末句「七」の創造と定着化が、その後の日本詩歌の進むべき道を決定づける契機となったとみるのであるが、この現象の背後にあるものは何なのか、それを探ってみることにしたい。

和歌のリズムの原初的形態は、「五七」（短長格）の繰り返しにあった。そして、口承歌謡期においては、すでに述べたように、リズムの構成は、言語によるより、「謡」としての言語外的条件によって、歌謡は音楽であった。[25]つまり、原初では、歌（謡）の終結感は、全くその外的条件に託されていたと充分想像できる。原初からこの外的条件に音楽性の多くを負っていた口承歌謡において、果たしてそのリズム形象として、先にみた黄金分割の内在する美的形象を志向する形で「流動の律」が存在していたかいなかについては、知る余地もないが、結果論的には、充分その想定は可能なのであり、とすれば、

(1)　やまとは　くにのまほらま
たたなづく　青垣山

隠れる　倭しうるはし　（紀二二）(26)

(2)　あしひきの　山田をつくり
……………
今夜こそは　安く肌触れ　（記七八）

といった例は、まさに古体を残しており—農耕生活の春の行事における国讃めの歌と考えられるほどに、この歌の発生は古い——、言語表象によって終結感を表出しようとする意欲はまだ姿を現わしていないのである。

万葉仮名表記という工夫によって、「記紀」が多くの歌謡を、少なくとも歌詞の面においては、当時の姿のままに残していることの貴重さはいうまでもないが、しかし、それらは「記紀」成立の八世紀初頭という時期において、すべて共時的に存在していたという共通性は顕現していても、それぞれの歌謡の持っている通時的な深みともいうべき、それぞれの歌の間の、時間性、歴史性は、「記紀」のフィクショナルな歴史記述の方法によっても、たくみにおおい隠されてしまっている。ここに、和歌の定型化の生成過程を探る困難さがある。それは、まさに、平面の映像のみを頼りに、その立体的な実像を想像する困難さに匹敵するが、『万葉集』にみられる、完成した定型という結果を、一つの方向のもとに進められてきた生成過程の結果であると認識することによって、定型化の生成過程を探ってみる以外に方法はあるまい。

言語による表現の意欲が芽ばえてくると、積極的に、言語表出によって終結感を形づくろうとする方向にむかった。そして、その到達点「五七」に「七」を付加するという形式を完成するまでには、終結の形式を求めて様々な工夫が試みられてきたのであった。

(3)　つぎねふ　山城女の
木鍬持ち　打ちし大根

根白の　白腕
まかずけばこそ　知らずともいはめ　（記六一）

（4）　命の　全けむ人は
たたみこも　平群の山の
熊かしが葉を　うずにさせ　その子　（記三一）

これらは、口承歌謡の偶数句（「五七」の倍数）の形式のうちに、末行を「五七」ならぬ「七七」にすることによって終結感を表出しようとしたものと思われる。この形式は、後には、仏足石歌体と称されているものであるが、それは特殊な歌謡圏と結びついて保持されてきたもので、一般に説かれるように、仏足石歌体は、「五七五七七」（短歌形式）に、さらに「七」を加えたものとみるべきではない。「五七、五七、七七」のリズムであったのであり、この偶数句形式がすぐれて謡うことに適応していたからであろうが、一種の唱謡される歌謡圏に、この形式は残っていたものであるようだ。ついでながら、藤村の「五七調」の詩、『若菜集』の「序歌」や『落梅集』の「椰子の実」が、この「七七」という終結形式を持っていることに注目しておこう。

（5）　この御酒を　かみけむ人は
……………
この御酒の　あやに　うただのし　ささ　（紀三二）

（6）　三諸は　人の守る山
……………
うらぐはし　山そ　泣く子守る山　（万雑三二二二）

右の例は、いわゆる「五三七終止」と称されている終結形式で、つとに松岡静雄によって、偶発的に発生したものではなく、一つの類型表現として自覚的に採択されたものと指摘されたが(27)、筆者も、この考えをうけ、この「五三七終止」を持つ歌謡群が、一つの空間的に限定される歌謡圏—仮にこれを〝三輪歌謡圏〟と名づけている—において生みだされたものであると考えている(28)。

発生史的にみるならば、「五三七」の「三」自体の言語場面への現出も、もとは、囃し詞の言語表現化にはじまったと考えられるようである。土橋は「神風の　伊勢の　伊勢の野の」(紀七八)の日本古典文学大系の頭注に、「『伊勢の』の三音の繰り返し句の独立したものが五三七の詞形」と指摘する。又、「記紀」における「この御酒の　御酒の　あやに転楽しささ」も、「五三七終止」の生成過程を物語るもので、「御酒の」という、構文論的にはなんの展開性ももたない単なる繰り返しと思われるものではあるが、それは、唱和性の歌謡における、あいづち的な囃し詞であったと思われるもので、それの言語表現への参加を示しており、また「ささ」は純粋な囃し詞でありながら、言語表現に参加しているものであり、これが例(5)「紀三三」では、「この御酒の　あやに　転楽しささ」という「五三七終止」へと成長—「紀」の記録に際して、他の進んだ「五三七終止」の形態による類推作用から起こった結果であったとしても—しているとみられる。「五三七終止」は偶数句形式から奇数句形式への過渡期的現象を呈しているとみることができ、先の例(3)(4)の「七七終止」より終結部における、言語表出による終結形式創造の意欲は顕著になってきていると認められる。

こうした終結形式を欲求する必然性は、すでに「短長格—五七律」という「流動の律」に内在していた。黄金分割という美的ゲシタルト性を志向することによって、流動性を獲得したわけであったが、その流動性を停止させることによって歌自体の完結性を求めようとする時、最終的には、黄金分割という美的ゲシタルト性を志向することによる目標達成の方向、つまり、黄金分割比をもって終結形式を求めることが、もっとも優位に立つべき趨性であったことは、理論的には、明白なことであった。だからこそ、最終的には、「五七・七」という近似値黄金比になる形式を発見して、みごとな形式美を獲得したのであった。しかし、ここに至るまでには、すでにみた代表的な二形式「七七」「五三七」などの終結形式を模索しなければならなかったのであるが、それらは最終行の「五七」が、それ自体破格をなすことによって、「流動の律」を終結させようとしたものであった。が、まさに破格であるという異常性―反覆し、持続する短長格による緊張を、強い混乱を導入して刺激する―をもたらすことによって、終結感を高めようとしたものではあったが、なお永遠性―美的ゲシタルトとしての優位性を約束されるものにはなりえなかった。

(7)　枯野を　塩に焼き
其《し》が余り　琴につくり　掻き弾くや
由良の門の　門中の海石
振れ立つ　漬の木の　さやさや　（記七四）

(8)　かしの生に　横臼を作り
横臼に　かみし大御酒
甘らに　聞こし以ち食せ　まろが親《ち》　（記四八）

これらの例には、「五七、七」を志向する、奇数句構成による終結形式への意欲が現れてきている。歌謡の実質内容でありながら、擬声語であることによって囃し詞的である「さやさや」によって終結しているような例は、「（榛が枝）あせを」（記七六）や「（残さず飲せ）ささ」（記三九）など、囃し詞の、言語表現への積極的な参加の現出がうかがわれる現象と考えられる。

言語表現の側より、むしろ言語表現外的条件の側に属する「囃し詞」が、言語表現側に参加してくることによって、言語表現自体のリズム構造を変化させていった事情もあったのではないかと想像する。それは、終結形式を志向する過程に、陽性的影響を与えたのではなかったか。又、例(4)の「その子(「紀」では、この子)」と同じ表現性を持つ「まろが親」が例(8)にみえる。こうした呼びかけ表現は、五七行単位の流れをなす歌謡の内容実質―情報伝達の情報―ではなく、情報伝達を送る相手そのもの―言語表現の対象者を示すことばであって、本来、言語表現外的条件(「言語場」の成立条件)の側に属することばであったと考えられるが、このことばが積極的に言語表現の側に参加して、言語によるリズム形象の形成に貢献してきている姿とみるのである。

しかし、まだこれらは「五六五」「四五四」「四七四」といった過渡期的リズムであった。

(9)　み吉野の　をむらが嶽に
しし伏すと　誰そ　大前に申す
………………
かくの如　名に負はむと
そらみつ　大和の国を　蜻蛉島とふ　(記九七)

ここに至って「五七、七」の終結形式の完成をみる。但し、この例(9)については、「紀七五」では、二行目が「しし伏すと　誰かこのこと　大前に申す」(五七八)とあり、末行は「汝が形は　置かむ　蜻蛉島大和(一本　這ふ虫も以下を、斯くのごと　名に負はむと　そらみつ　大和の国を　蜻蛉島といふ　に易へたり)」(五三七)となっていて、この歌謡が、なお「五七、七」の完成の一歩手前に存在したものであったことを示している。

この「五七、七」終結感表出の優位性についてはすでに述べたが、「五七」の反覆による「流動の律」を終結部においてもなお固持しながら「五七・七」の黄金比による美的ゲシタルトを形象しているリズムであったことに、それはある。この終結形式創造の意欲は、すでに「七七」「五三七」にもみられることであったが、特に優位性を持つ「五七、七」の創造によって歌謡形式の多様化、その構造の立体化、そして歌謡発生の場面の拡大化が起こり、又は促進されることによって、顕現化したのである。その意味で、末句「七」という終結感を形象する機能の発見、ないしは創出は、大きな歴史的意義を持っていた。

構造の立体化については、例えば、例(7)は、「琴」の誕生をいう第一段と、その「音」の形容の第二段とからなる叙述構造の対比的立体化がなされており、例(9)は、場所と主人公を提示する問の序段と、その物語で答える本旨の段という構造を持つ。又、「八千矛の　神の命や　吾が大国主」(記五)と冒頭の一行目で主人公を提示し、それだけで独立的な序段を形成していることが、次の行に「汝こそは」とこの主人公をうけてその物語を始めていることからわかる例や、「紀九七」のように、三段構成をなしている例もいくつかある。

こうした構造を持つものは、「記紀」『万葉集』の長歌において「複式」[29](「解」を単位としてそれの二つ以上によって構成されている長歌)と言われるもので、その『万葉集』の例は、憶良の「貧窮問答歌」などを代表として、問答、贈答、対話といった構成になっているのであり、「記紀」歌謡においても、例(9)など、もともと唱和性をもったものであったと想像される。「五七、七」は「流動の律」の終結形式であり、それは、和歌の統覚機能を荷負った表現形式であった。流動的な「五七律」がまだ優勢であった歌謡期にあっては、ましてや和歌＝短歌という偏向が定着した平安朝以後からみると、さらに明らかに「五七、七」は言いおさめ、言い尽くす、言い切るという表象意識を、この形式は強く伴っていた。言うならば、一つの歌謡、和歌の核をなすべき部分としての機能を、それは持っていたと言える。そして、この核たる「統覚作用」の明確な表現様式が確立することは、これまで「短長格」が統覚機能をも荷負うべく終結形式であることを目指してきたのとは逆の方向を目指して、つまり、この「統覚作用」を持つ「五七、七」を核にして―表現の中心にして―歌謡、和歌を創作していくという発想が確立してくることを意味していたとみる。

ここに一つの大きな転換が起こった。

「短長格(五七)」を単位に成長した「流動の律」が和歌の原初的形態であったと考える筆者は、少なくとも長歌を短歌形式の拡大化したものとみることはできない。又、逆に、長歌形式に内包していた短歌形式が独立して短歌(形式)が成立したとも考えない。

「統覚作用」を荷負う「五七、七」の確立—まさに「片歌」の確立は、歌謡の唱和的発想の圏内にあって、いわゆる旋頭歌形式を確立していくことになったと考える。一般に旋頭歌の形式は「五七七、五七七」だといわれるが、それはまさに核構造の指摘としては、その通りであり、必要かつ十分条件を備えているのであるが、むしろ「五七七、五七七」という核構造のみにおいて典型化し、固定化したリズム形式が、いわゆる旋頭歌形式—「五七七、五七七」であったのであり、つまり、「五七七、五七七」形式をはみだすからといって、旋頭歌ではないと考えることはできない。例えば、「高佐士野」の歌謡群

⑽ (大和の　高佐士野を)
　七行く　をとめども　誰をしまかむ　(記一五)
⑾ かつがつも　最前立てる　兄をし枕かむ　(記一六)

これは、言問的発想と呼ばれる旋頭歌の発想の最も典型的な歌謡群であるが、例⑽を「やまとのたかさじぬを　ななゆくをとめども　たれをしまかむ」というリズムとみて、これをもって、変形した「五七、七」リズム形式になっているとみることで片歌とみなし、例⑽⑾が一つの旋頭歌[30]であると判断するような無理な解釈をする必要はない。右の表記のようなリズム(日本古典文学大系による)であったとみなして、そして例⑽⑾を合わせて一つの旋頭歌であったと考えてよいと思うのである。

『和歌文学大辞典』によると、旋頭歌について、次のようにある。「『歌経標式』に旋頭歌のことを『雙本』とよんでいる。『頭句をめぐらす』または『頭句にかえる』意で、三句を繰り返してうたう歌の意であろう」と。とこ

ろで『古今集』真名序に「混本（歌）」なる語があって、それについて古来論議があるが「平安末期以後には、短歌より一句少ないものを混本歌、と考えたらしい[31]」。つまり「五七、五七」というリズム形式のことである。しかし、橘守部が『短歌撰格』で「則頭を旋らし本を混ふとは名づけしなるべし」とみているように、旋頭歌のことであったとも考えられる[32]。旋頭歌を「雙本」とよんだように、「本」とは「五七七」という終結部を指していると考えられるからであり、とすれば、「混」の字からして「混本歌」とは、例⑽⑾のような対歌―一組の歌謡―をいわゆる旋頭歌とは区別して名づけられた名称であったのかもしれない。

⑿　水そそく　臣のをとめ　ほだりとらすも
（ほだりとり　かたくとらせ）
したがたく　やがたくとらせ　ほだりとらすこ　（記一〇三）

この歌謡も旋頭歌―混本歌なのであって、例⑽の「大和の高佐士野を」、例⑿の「ほだりとりかたくとらせ」の部分は、なくても言語表現として、情報伝達の本質を変化させない部分であり、前者は、場面が変われば、又その場面でその土地の名を詠み込むという、語句を置換することの可能性を持っている部分―「地名が動くということは歌謡の大きな性格の一つ[33]」であり、ここは動く部分―自由領域の部分なのである。「五七七」を核として、その「五七七」を装飾する部分なのである。「五七七」を核として自由に表現が拡大してゆく可能性を持った問答体として旋頭歌形式は成立したわけで、その自由領域のあり方には、次の二つのパターンがあったと考えられる。

A型　例⑽など。

B型　次の例⒀など。

⒀　みしほ　はりまはやまち
（岩くだす　かしこくとも）　吾養はむ　（紀四五）

核の「五七七」を「五七」「七」と示して、A・B型の構造を図示すると別表Ⅳとなる。

別表Ⅳ

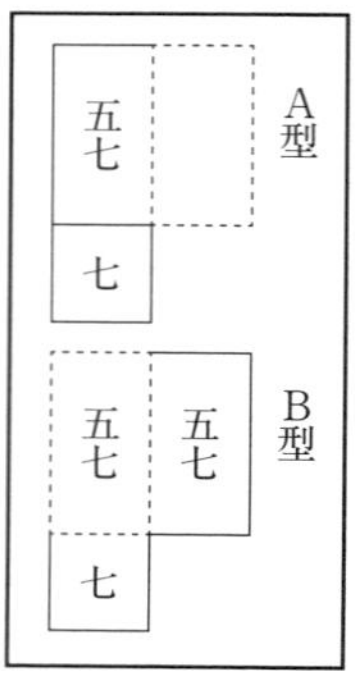

「五七七」の片歌を固定したものとみる立場からすれば、これらは、片歌の拡大、膨張した形態と考えられることになる。発想は異にしながらも結論としては同じになる臼田甚五郎の卓見、[34]〝短歌は片歌形式の成長したもの〟とみるという考えに、私も同意したい。片歌(「問答歌」の片方)の独立、完成の方向に進み短歌形式を促進させ、それが自立したと考えたい。

「記紀」歌謡にあっては、五音七音の定型化がまだまだ混鄀としていて未成熟な状態にあった中で、短歌形式をとるものについては、破調率が格段に低いということは、「記紀」歌謡の中でも、短歌形式の歌謡の成立が、より新しいものであったことを物語っている。

⒁ 大太刀を　たれ佩き立ちて
（抜かずとも　未果たしても）　あはむとぞ思ふ　（紀八九）

⒂ （大君の　八重の組垣）
懸かめども　汐をあましじみ　懸かぬ組垣　（紀九〇）

例⒁⒂は問答歌―形式は短歌形式による贈答歌―であるが、旋頭歌の歌謡形態（機能）に属するといってもよいものである。そして、ここにも詩歌の短歌として独立していった過程をよみとることができるのである[35]。

先に、一つの大きな転換―「五七」による「流動の律」が長形式化した長歌を生んだが、その「五七七」という終結形式が完成することによって、その終結部を核とする、その核を中心にするゆえに短歌形式の歌謡が確立することになったという事象―が起こった、と述べたが、ここに先の、臼田の考えを引用させていただくと、

「片歌の言問的発想と機能は、片歌形式の成長した短歌にも注入して、短歌の問答・贈答・相聞・唱和・応酬は古代にあって実に生き生きとして行なわれている。言うならば、ダイアローグこそが発生論からして本来的なものであり、モノローグは歌が自立性を強化、確立してから発達したものであろう(36)」

古代歌謡と言っても、発想の上から大きく二つに分類して考えるべきではなかろうか。勿論、歌謡であった以上、集団の、集団による、集団のための歌であることには変わりがないが、「神語り」「天語歌」などにその一つの典型をみる。儀式、集団行事などにおける集団全体のためのシンボル的な歌謡と、労働歌や歌垣の相聞歌などにそのもう一つの典型をみる、集団行事や行動の中での、もっと個人的なレベルでの心情を歌い込んだ歌謡と、この、「場」における発想の違いによる二種類の歌謡は、明らかに区別を持っていたと考えられる。形式としては前者が、主として長歌―長形式ないしは混本歌―をとったのに対して、後者は、主として短形式―片歌、旋頭歌、短歌―をとったことに対応するのである。それも又、末句「七」の確立による「五七・七」という終結形式が、すぐれた統覚機能を持ちえたことによって、気楽に端的に心情を、直接的に表現しうることになったことと呼応する現象であった。つまり、長形式をとる前者が、公的な機能をより強く持つ歌謡に用いられた形式であり、「晴」的場面に基づく文学であったのに対して、短形式をとる後者は、個人的レベルでの唱和歌に用いられた形式であって、私的な機能を強く持ち「褻」的場面に基づく文学の源流となるものであったと考える。だから、臼田の指摘の通り、もともと、唱和において一方の歌う片歌が発展したと考えられる短歌は、より一層個人的心情を歌いあげる形式であったのであり、そのために、「五七七、五七七」では、二つの統覚作用を持つために全体が均等に二分されてしまうのであるが、「五七、五七、七」は全体がよく末句「七」によって統括されるという形式でありうることで優位性を獲得したのであった。「短歌」とは、そういう機能を意味する名称であったと思われる。

より古い時期の成立と思われる長歌には、反歌を伴っていない。万葉第一期から第二期にかけて、特に柿本人麻呂らの手によって長歌形式が完成したと言われるが、それは同時に反歌を必ず伴うようになったことも含まれる。『万葉集』において、反歌であることを指示する語には、「反歌」「短歌」の二つがある。この二つがどんな区別の意識をもって使い分けられていたかはよくわからないが、「短歌」の語に、先のような意味が含まれていたと考えると、「反歌」もその意味を含みもっていたのではないかと想像する。先に短歌(反歌)は、長歌形式の一部から独立し完成したものとは考えないと述べたが、「長形式と短形式(反歌)」とを併せ持つ長歌とは、まさに公的機能の歌と私的機能の歌とを唱和させた様式であったのではないかと思うからである。(37) それも又、人麻呂によって創造、完成された様式であろうが、いわゆる私的な個人的な文学精神の芽ばえは、公的な性格を持つ長形式をも、私的な情感を歌う個性的な文学へと転換させてもいったが、一方反歌の機能をも含んで、短歌一般が、私的な心情を詠む文学であったのではないかと考える。こうして「五七、五七、七」のリズム構造をもって確立した短歌は、次の三点をもって、いわゆる「短歌的抒情性」といわれる日本詩歌の伝統の中核にどっしりとすわりこんでいく形式になったのだと思う。

一　「五七、五七、七」が、三重の黄金比に根ざした美的ゲシタルト性を有している。

一　「末句七」の統覚機能が、初五以下のすべてに作用しうる射程を有する。

一　人間や自然に問いかけ・呼びかける発想―片歌の機能―を基盤に「日常的な場」における、私的な心情の表出としての機能を有する。

さて、この章の初めに、末句「七」の字余り字足らず現象の特異性を指摘しておいたが、その字余り現象の多さは、末句「七」に終結部としての重みを欲求する気持の自然な現われであったとみることができるし、「流動の律」を「静態の律」へと転換する機能を一手に末句「七」は負っていたのである。(補注①) 木下正俊は、『万葉集』中の短歌について「第五句に(旋頭歌では第六句)字足らず(準不足音句は含まない)の例がなく、よくよく結句は安定度の高さを要求されるものらしい[38]」と指摘する。そして、この傾向は、これも又指摘されていることであるが、『万葉集』長歌における末句「七」が倒置法になっている歌が、三割強もあること[39]につながる。それも又、古い時代の歌を集めている巻一、二、八、十三などにより多くみられる現象であることは注目してよい。「流動の律」をせきとめる力の表出―終結感を高めるための一つの工夫であったと考えられる。「五七」の定型が安定してくると、末句「七」の字余り（母音音節を含んでの）も八代集においては減少するが、『古今集』ではなお各句の中で、末句「七」が最も多く字余りとなっているのである（別表Ⅱ）。

以上の私見をもとに、日本詩歌のリズムの系譜を整理してみたものが、別表Ⅴである。

別表Ⅴ　日本詩歌のリズム系譜（試案）

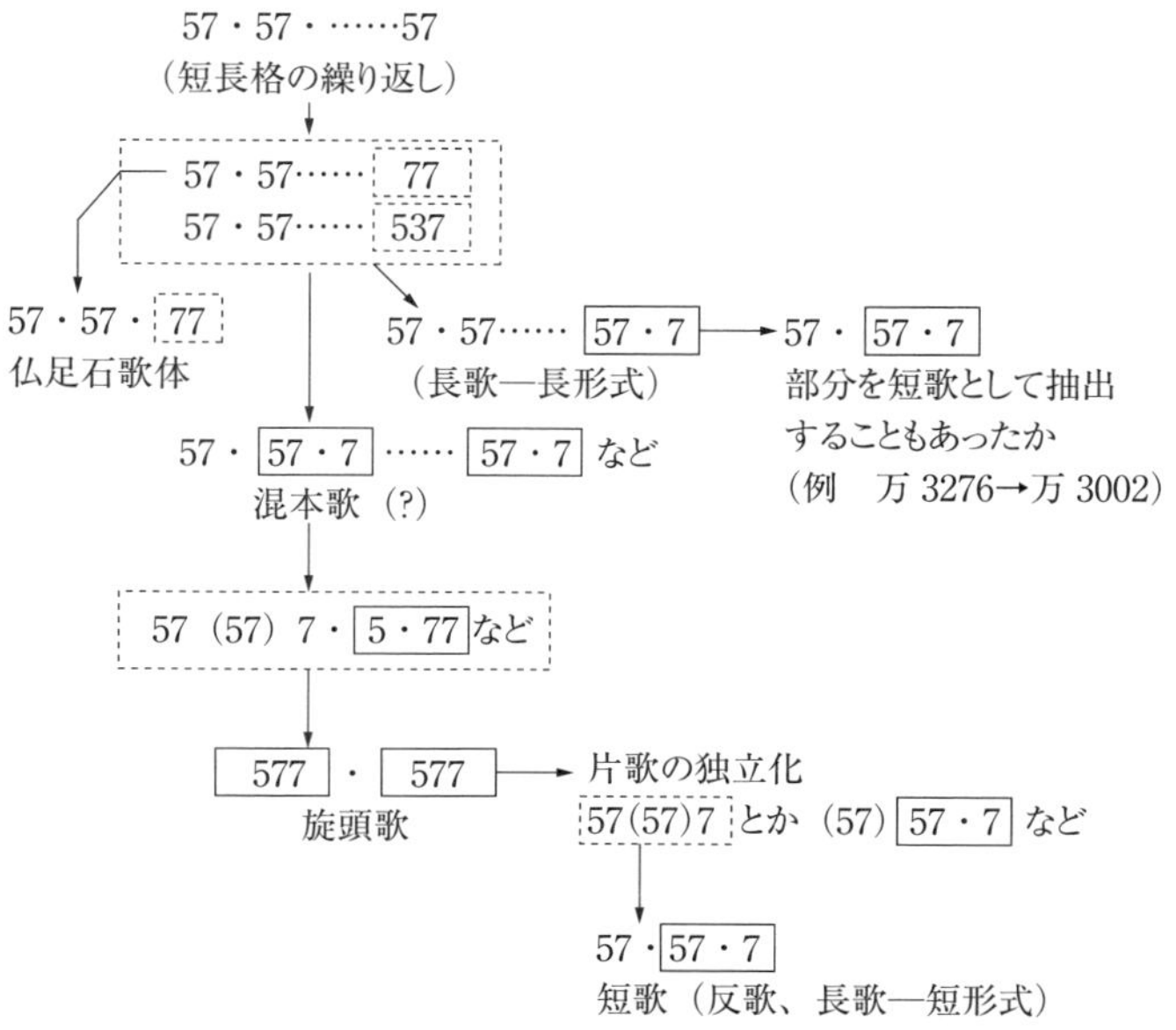

四　律調と文体

中井正一の、「芸術美[40]」としてのリズムを考える領域にこそ文体論はかかわってくるわけであるが、例えば、それには次のような課題が想起できる。

『万葉集』人麻呂以後においては「貧窮問答歌」のような特殊な発想のもの―それ自体歌謡の模倣継承ないし発

展したもの—数例を除いては、万葉長歌には途中に終始形式—例えば五七七リズム—を持つ歌(謡)は存在していないが、口承歌謡においては、そうした形式がかなりみられることについてはすでにふれてきたが、そうした言問的発想に根ざした歌謡の表現性と序(詞)の発生及びその展開とは深くかかわっているように思われ、そして構文論的な立場からみた、歌における「序(詞)」のあり方—その機能と表現性—の変遷が、五七調から七五調への展開とこれ又、深く相関していると考えている。つまり、「序(詞)にあたる部分」とそれにひき出される「本旨の部分」との関係が、暗示的断絶的関係から、明示的用法、同音反復用法を経て、助詞「の」による比喩的用法という象徴的連接的関係に至り、さらに掛詞による用法等々と発達するにおよんで、両者の関係は、類推的融合的一体化の関係となってきたのである。そして、この表現性は、深く和歌の自然と人事の融合という典型的な発想と結びつき、『古今集』以後において特異な展開をみせるのである。

五七調、七五調、というが、構文論的に単純にわりきって考えることは危険であり、五七調のリズム表象が一般的である時期において、リズムは五七調であるが、意味的な構文上では七五調となっているといった、そのずれに表現の新しさを創造しようとした歌もありえたのである。その意味で、和歌の文体論的課題としては、すでに指摘されてもいるが[41]、『古今集』以後における「第三句(腰句)」の果たす機能の問題は、重要な表現探究の課題なのである。

この小論では、中井のいう「技術美[40]」としての「五」「七」単位をレベルとする音数律論を展開してきたのであるが、さらに中井の「自然美[40]」としてのリズムの問題、つまり内在律論に関しても、例えば、阪倉篤義の指摘する[42]ような、『万葉集』における訓仮名の用字法にみるリズム意識から、万葉第二期以前では短長格であったものが、すでに万葉後期には長短格(七五調)が発生してきているという指摘も、なお発展させるべき問題である。又、例えば「あまのつりぶね」なる歌語が生成され定着するに従って、その内在律—「三四」リズムゆえに、短歌においては第五句(末句)にのみ使用が限定されてくるという傾向に、末句「七」がほとんどの歌において「四三」リズムもさりながら「三四」リズムをなしているという事実の普遍性が確認できるといった問題もすぐれて文体論的課題だと言えよう。そして、この末句「七」のリズム表象のコノテーション化が、「なりけり構文[43]」の歌の安定化―「にぞ(こそ)ありける(れ)」型の、時代を下るに従っての激減と平行して―を保証し、「秋の夕暮」などの歌語の体言止めとしての安定をも保証していたと考えることができるのである。

内在律として、「五音」を二音三音に、「七音」を三音四音に分解して短歌の律調を調査したものに、横山のもの[44]があるが、それによると、「その中で理論的に最も合理的且つ優越性を持ったものはN型(「三二・四三・三二・四三・三四」)のそれであろう。これは韻律的特徴として結句の七音が「三四」であることが要請され、更にまた結句を除く七音句がいずれも、「四三」の形にあることがつとめて望ましいという点からして長短律の繰り返しとなるN型が最も整ったものとして理想的だといえるのである」と述べている。

『万葉集』が、「五、七」音数律レベルにおいて、短長格であったのが、『古今集』などの短歌の律では長短格が優勢を占めているという事象は、これ又、五七調から七五調への誘引の一つの原因であったと考えられる。しかし、この長短律も、末句「七」については、「三四」(短長)を優勢とし、リズムの上でも終結部分としての機能を果たそうとする意欲が顕在しているのである。このN型は十六個の型《パターン》の中でも、『後撰集』『拾遺集』では、十二、三位であるが、『千載集』『新古今集』では、一、二位を占める優位を示し、平安王朝末期においては、内在律ながら長短律の優勢化を如実に物語っている。

ただ、横山の調査で、実数においてもっとも使用率の高い型は、G型(「二三・四三・二三・四三・三四」)であり、私見によれば、これは「二三」「四三・二三」「四三・三四」つまり、「五、七五、七七」のリズムをなす歌であることが想像できる。

おおまかな私的な調査によると、『古今集』の「よみ人しらず」では、末句「七」に「三四」が優勢であるという傾向はまだみられず、「三四」「四三」はほぼ同数であるが、貫之ら撰者時代の歌では末句「七」が「三四」となることはほぼ決定的に優勢であるが、第四句の「七」はなお「四三」となる傾向をみせておらず、つまりまだ末の「七七」が「三四・三四」のリズムをなしている歌がかなりみられるのである。ところが『新古今集』時代の歌人の歌では、末句「七」は圧倒的に「三四」をなし、なお第四句も「四三」が優勢をなし、末の「七七」が「四三・三四」(長短短長)となるのが標準型となり、「七七」のまとまり(下の句)の、独立化の進度を物語っている。つまり、新古今時代には、「五七五、七七」が決定的な句切れとなっており、連歌の発想との連関性を強く保持しようとしているのである。それに又、修辞「体言止め」の定着化とが並行した現象であることも注目すべきことである。

こうしたリズム論上のゲシタルト性、表現類型などの基本がとらえられたとき、文体論的表現探究の研究も飛躍することになるにちがいないが、「芸術美」としてのリズム論、文体論(ないし表現論)からみた和歌の形式の考察については別の機会を待つことにしたい。

【注】

(1) 渡辺護『音楽美の構造』(音楽之友社)「私的な心像過程と異なり、同一の文化の中で一群の人々の間に共通である連合をいう」。
(2) 伊藤信吉『現代詩の鑑賞』上(新潮文庫)。
(3) 西郷信綱『詩の発生』(未来社)。
(4) 『土佐日記』(岩波日本古典文学大系による)。
(5) 魚返善雄『言語と文体』(紀伊国屋新書)。この例は、ある短歌雑誌の編集者が、魚返に実際に語ったことばだという。

(6)『平家物語』(岩波日本古典文学大系による1巻九・宇治川の事)。

(7) 阿部正路「日本律文学発生私考」(『ことばの宇宙』昭43・9月)。

(8) 土居光知『文学序説』(岩波書店)。

(9)『ことばの宇宙』(昭43・9月―テーマ・七五調)には、次のような興味ある報告がなされている。「五拍のものは三つの塊をなし、七拍のものは四つの塊をなす。これを音塊と名づける」という仮説を、ソナグラフを使っての実験で確かめたところ、否定的な結論が出たという。そして、「やっぱり五七、七五調なんていわれるのは、七五が最低のリズムだから」という意見を述べている(「日本語における音塊の想定」編集部)。
又、音楽家の林光の次の指摘は示唆に富む(「2n＋1日本語のリズム試論」)。「音楽としてのリズム、つまり日本語の特性を組み込みながら音楽として対象化された文法化されたリズム」と「日本語の、内在するリズム」とを明確に区別しなければならないことを暗示して「日本語のリズムとは、表現の問題であると同時に、多分に認識の問題でもある」と。

(10) L・クラーゲス『リズムの本質』(杉浦実訳・みすず書房)。

(11) 時枝誠記『国語学原論』(岩波書店)。

(12) 米山「国詩に就きて」、伊藤「歌の律呂」の考えについては、吉田精一『鑑賞と批評』(至文堂)により、斎藤の考えは、横山青娥『日本詩歌の形態学的研究』(武蔵野書院)によった。

(13) 神田秀夫「音数律の核をなす素数系列の存在に就いて」(『国語と国文学』一四巻二号)。

(14) 中井正一「機能概念の美学への寄与」(『美と集団の論理』中央公論社)。

(15) 注(1)に同じ。

(16)「二」章その(1)注(9)の『ことばの宇宙』には、ソナグラフにみるリズム形象として、五、七の切れ目でくだり切って谷底になる感じの呼気段落がある、と指摘している。

(17) アルンハイム『美術と視覚 美と創造の心理学 上』(波多野完治・関計夫訳・美術出版社)。

(18) 柳　亮『黄金分割』(美術出版社)。

(19) 小田良弼「脚韻の問題について」(『国語国文』十一巻九号)。

(20) 太田善麿「和歌における定型の成立」(『古代日本文学思潮論　Ⅳ』桜楓社)。

「八五」のリズムの例には、次のようなものがあるが、いずれも各行のリズムの独立性(完結性)が、五七や七五などのリズムの行の独立性に比して強いように思われる。八対五は黄金分割比である。

○まもるもせめるも　くろがねの
うかべるしいろぞ　たのみなる
○おにごっこするもの　よっといで
だれでもいいから　よっといで
○あつまれあつまれ　あいうえお
……………　……………
なかよくなわとび　なにぬねの
やまからやまばと　やいゆえよ
(『しょうがくこくご　一年』日本書籍)

(21) 注(5)に同じ。

(22) 注(4)『黄金分割』には、次のような指摘がある。

「ルート2矩形(1対$\sqrt{2}$の比)が、二つ折にしても四つ折にしても比が変わらないので便利なところから、日本でも洋紙の規格には現在でもこの比例が採用されている。」「ルート4矩形(1対$\sqrt{4}$の比)、日本の畳はこの比を持っており、日本建築に於ける面積概念の基本単位になっている。」

ちなみに、1対$\sqrt{2}$は、1対1.414…で、5対7.07…となり、ほぼ五対七の比をなすのである。この「ルート2矩形」比が日本人的生理感覚にあった、日本のゴールデン・セクションであった可能性が残っているのである。(補注②)

(付記) 管見によると、和歌の音数律に関して、黄金比との関係についてふれられたのは次の記事のみである。『すこしズレている方が、どうしても美的というんですかね、いわゆる黄金律というのがあるんですね(吉田精一氏発

言)』」(「万葉の永遠の課題」久松潜一、吉田精一対談『国文学』昭和四十六年二月号)。
(23) 佐竹昭広「万葉集短歌字余考」(『文学』四巻五号)。
(24) 浜口博章「玉葉和歌集の表現—字余り歌について」(『国語と国文学』四十六巻六号)。
(25) 土橋寛『古代歌謡の世界』(塙書房)は「古代歌謡のリズムは……不均拍であったようで……古代歌謡の音楽的リズムが不均拍であるということは、歌詞の文学性(または意味性)の方が音楽性よりも優先していることを意味する」という見解。
(26) 「記紀」歌謡の番号は『日本古典文学大系　古代歌謡集』により、『万葉集』の歌番号は『国歌大観』番号によった。
(27) 松岡静雄「五三七調」(『文学』一巻六号)。
(28) 拙稿「『五三七終止』の歴史性社会性—三輪歌謡圏と大伴氏族」(『国語と国文学』四九巻五号)。
(29) 岡部政裕「万葉集の長歌」(『万葉集大成7』)。
(30) 阿部正路「日本律文学発生私考」(『ことばの宇宙』昭43・9)。
(31) 『和歌文学大辞典』「混本歌」項。
(32) 本居宣長は『玉勝間』で『古今集真名序』に「長歌短歌旋頭混本之類」とあることについて「(混本は)旋頭歌の亦の名なるべし。……又は長歌短歌といふ四字の対にせむために旋頭を旋頭混本とかけるか」といっている。
(33) 小島憲之「万葉集以前」(『日本古典文学全集　万葉集(1)』小学館)。
(34) 臼田甚五郎「和歌の発生」(『和歌文学講座　和歌の本質と表現』桜楓社)。
(35) 万葉集巻十九　四二二七の歌「大殿の　この廻《もとほり》の　雪な踏みそね　しばしばも　降らざる雪そ　山のみに　降りし雪そ　ゆめ寄るな人や　な踏みそね雪は」

これは、いわゆる「二解」の歌で、初め三句が「五七七」の片歌となっている。この部分の独立したと思われるものが、この長歌の反歌である。

ありつつも見し給はむそ大殿の此の廻の雪な踏みそね　(万四二二八)

この二首の歌は、左注の伝からみて、口承歌謡であったことがわかるが、右の長形式の部分と反歌(短形式)との関係からも、片歌から短歌の発達していった過程が想像できる。

(36) 注(10)に同じ。

(37) 万葉第一期以前の長歌については、その長形式の部分と反歌とが別々に成立したのではないかと思われるものが幾つかあるのも、一つの証査となる。例えば、「額田王下近江国時作歌、井戸王即和歌」という題詞を持つ万葉集一七、一八、一九の歌群や「中大兄三山歌」の万葉集一三、一四、一五の歌群など。

(38) 木下正俊「準不足音句考」(『万葉』二六号)。

(39) 岡部政裕『余意と余情—表現論への試み—』(塙新書)。

(40) 中井正一「機能概念の美学への寄与」(『美と集団の論理』中央公論社)「一」章その一参照。

(41) 松田武夫「和歌の三句めに位置する体言—『古今集』の一つの語法—」(『文法』第二巻七号)。

(42) 阪倉篤義「仮名表記と韻律との関係」(『沢瀉博士喜寿記念万葉学論叢』)。

(43) 拙稿「『なりけり』構文—平安朝和歌文体序説」(『京教大附高研究紀要 Ⅵ』)。

(44) 横山青娥『日本詩歌の形態学的研究』(武蔵野書院)。

(補注①) 末句(七音句)は、五音句同様、内在律による切れを生じず、句(七音)を一息に詠じたこと。末句(七音句)では、母音音節を含んでの字余り(音余りではない)の句の多いことについては、本書407頁の「「字余り」と正調・破調」の節を参照。

(補注②) 1対$\sqrt{2}$の比については、本書419頁の「日本美のカノン」の項を参照。

【付記】 この拙論をまとめるにあたり、中井正一「リズムの構造」(『中井正一全集2』美術出版社)、森重敏「反歌としての短歌の成立」(『文体の論理』風間書房)から大いなる刺激と多くのヒントを得たことを記しておきたい。

二　「五三七」リズムと三輪歌謡圏

序　問題の設定

和歌のリズム形式のうち「五三七終止」とよばれる終結形式は、偶発的に、個々の間に脈絡なしに生産されたものではなく、一つのパターンとして意識されていたものであったことを最初に指摘されたのは、松岡静雄であったようだ。松岡が、「少なくとも或時代において意識して用いられたものとせねばならぬ」「藤原宮の御宇にはすでにすたれていたものとすべき」(1)と考えられたのを、さらに太田善麿が、この形式は「天智天皇の御代の頃を中心として」(2)試みられていたものと論じられた。人麻呂の歌に、この形式がみられないところからも、時期的には、万葉第一期(壬申の乱以前)のうちにすたれたものと考えられ、そのことは又、人麻呂らによって「五七七終止」が完成され、定着すると、その形式が優位を占め、その他こころみられていた終結形式のすべてを凌駕した時期と一致するのである。歴史的には、ほぼ正当に、その時期が想定されていると判断するが、この形式の文化性を究めるには、さらに空間的な側面—社会性に関しても明らかにされなければならないのである。

私見では、この「五三七終止」群が、その社会性において、かなり限定された空間において流行した形式ではなかったかと考える。その考えられる空間的領域を、今仮りに〝三輪歌謡圏〟と名づけておきたい。

この拙論で対象とする「記紀」及び『万葉集』にみられる「五三七」リズムを持った歌謡は、別表Ⅰに示した十七首であるが、それらを四種に分類して、以下に、この歌謡群の社会的歴史的背景の空間的特性を明らかにしてみたいと思う。（別表Ⅰ）（後掲）

一　A群　三輪酒宴歌謡

A群に属するのは、別表Ⅰの(8)(9)の二首である。(9)の「記四〇」の終結部は「この御酒の　御酒の　あやに転楽《うただぬ》し　ささ」であるが、同歌が、「紀三二」では、「この御酒の　あやに　転楽しささ」となっており、同じ「五三七終止」形式の類に属するとはいえ、「紀三二」の方がより洗練された形式を有していることは注目される。

(8)(9)は「記」に「酒楽之歌」と記録される、(8)が勧酒歌、(9)が謝酒歌にあたる一組の歌謡であった。筆者は、これらが、大神《おおみわ》神社に伝承されていた酒宴歌謡であったと考えてよいと思うのであるが、それはまず、この(8)が、

この御酒は　我が御酒ならず
やまとなす　大物主の　かみし御酒
幾久　幾久（紀一五）

という明らかに、三輪の酒宴における勧酒歌とみられる、右の歌謡と、「この御酒は　我が御酒ならず」という同想の句を持っていることによるのみならず、さらに「大物主」（紀一五）を助けて、共に国づくりをしたと伝えられる、大国主神神話の神「少彦名神」を、「酒の神」として歌い込んでいることによる。「石立たす少名彦御神」(8)は、今大神神社の三個所の神座の一つ「辺津磐座」に祭られる神であり、三輪神話の中心をなす神の一柱であったことは言うまでもない。

この二首は、ともに応神天皇にかかわる伝説の中にとり入れられた物語歌で、応神「記紀」にあることが注目される。そこで酒の神の三輪神社に関係すると思われる歌謡が応神「記紀」に結びつけられていることにこそ、この二首の歌謡を三輪の酒宴歌とみなす、積極的な理由は見い出されねばならないことになる。

「記」の伝えるところでは、応神期に、渡来人の「須須許理」が「大御酒を醸みて」応神天皇に献ったとあり、又、吉野の国栖が大御酒を天皇に捧げて歌った歌謡もあって、酒の製法も、応神天皇の御代の事績として考えられていたらしい(3)。

これ又、すでに指摘されていることであるが、応神天皇の御代から、和風の諡号が「彦」の語を持たない、簡略なものとなっているが、それは政権の交替の存在を暗示しており、上田正昭が、河内王朝(ワケ王朝)(4)と称される、河内を本拠とする王権が、崇神天皇に始まる三輪王朝(イリ王朝)に代って、大和の王権を握ったことにつながることで、その河内政権(王朝)の祖こそ応神天皇であったという。神武、崇神、応神(その母、神功皇后)と「神」の字を持つ天皇の存在は、それぞれの時期が、歴史認識において、画期的な時期と認識された天皇期であることを意味しており、応神天皇は、雄略天皇に至って確立された、河内政権の大和制覇を象徴する天皇であったと考えられる(5)。

「記」によると、応神天皇は「軽島の明宮」を宮とし、「紀」によると、別に「大鞆《おおとも》別命」という名を持っていたという。母の神功皇后は、「磐余稚桜宮」を宮として、「紀」によると、九州に「大三輪社を立てて、刀矛を奉りたまふ」とあって、三輪の神を祭ったことを伝えている。さらに、「仲哀紀」には「(神功)皇后、大臣(武内宿弥)及び中臣烏賊津連、大三輪大友主君、物部膽咋連、大伴武以連に詔して曰はく」とあって、皇后が神祭る氏族や河内政権を支えた大伴、物部氏と深く結びついていたことを伝えており、後述するように〝三輪歌謡圏〟の形式と伝承にたずさわったと想定する大三輪族、大伴氏族が、これらの神功皇后——応神天皇、母子の伝説を伝承していたことを示す「記紀」の叙述であると考えてもよいと判断する。

河内政権は、三輪王朝の朝鮮侵略に伴う勢力のゆるみから抬頭し、大和王朝の新しい主君となったが、大和の国の神である三輪の神を祭ることを継承することによってこそ、大和における王朝政権の安定は保証されたのであり、応神天皇が、武内宿弥と甘美内宿弥とに探湯《くがたち》をさせた所は磯城川(初瀬川)のほとりであって、その場所こそ、「三輪万葉」文学発生の地の一つに数えられるところであり[6]、みそぎの場として尊ばれた三輪川流域であった。

二 B群 雄略伝説歌謡

雄略天皇をめぐる伝説――歌語りの物語歌と思われるものを、このB群で考察する。雄略天皇の歌謡物語は、特に「記」において多くを占めるのであるが、ここでは、天皇を詠み手とする歌謡と、天皇を歌の受け手とする歌謡とのみをB群の歌謡と規定する。前者に属するのが、(1)(12)、後者は(13)(15)(16)である。

「五三七」リズムにつていは、(16)(紀七八)が原初的な形態「神風の伊勢の　伊勢の野の」を残しており、三音「伊勢の」は、歌謡において、はやしことば(あいずち)的な働きをしていたものが、歌謡の詞章に組みこまれていった姿をとどめているとみられ、この種の例は催馬楽などに多くみられる[7]。

ここに、「伊勢」という地名が出てくることは、「記」の天語りの伊勢の国の三重婇《うねめ》のことや、「紀」に伝える皇女稚足姫が伊勢大神に斎宮として仕えたこと、又「伊勢本来の祭神天照大神が雄略天皇の夢に誨覚して伊勢に奉遷したという伝承[8]」の存在などから、その必然性は考えられることであるが、直木などによって、伊勢神宮と皇室との関係が、王権勢力の東国征覇の進められた雄略朝ごろからであると考えられている史実から一層、伊勢は雄略歌語りにとって、由縁深い地名であったと考えられるのである。

⒂(紀七六)の「遊ばしし　猪の　うたきかしこみ」は、同歌の「記九八」では「遊ばしし　猪の　病猪の」とあって古い形を残し、又「在峰の　榛の木の枝」(記九八)が、「在峰の　上の　榛が枝あせを」⒂紀七六)となっていて、総じて「紀七六」の方が、より発展した形態を持っていることがわかる。こうした関係は類歌とみるよりも伝承されていく過程で詞章が動いていることを意味していると考えるべきであろう。それは、⑿の「記九七」と「紀七五」の関係についても言えることである。(9)

雄略天皇は、三輪の山麓に泊瀬朝倉宮を築き、そこを本拠として活躍した天皇であった。この天皇と三輪との結びつきは深い。「みもろの神の佩ばせる泊瀬川(三輪川)」の流域にあって、河内政権を代表して「五世紀の政権の一つのピーク」(10)となった雄略天皇は、三輪御神体山に最も近い所に位置して、大和の国魂大三輪の神を崇め祭ることをおこたらなかったと想像される。皇居の名「朝倉」は「朝の神の御座つまり神座としての意味」(11)を持つといわれるが、そのことにも、それはうかがえるのである。

三輪山と泊瀬川を中心とする地域は雄略天皇由縁の地として、その地に伝承される独立歌謡は、容易に、その地の雄略伝説に編入され、その歌語りの物語歌となったことであろう。B群は、それぞれそうした背景を持った歌謡であり、三輪歌謡圏に属する歌謡群であったと考えてよかろう。これはC群でとりあげる歌謡であるが、(7)(万三三三一)は、『万葉集』では「よみ人しらず」であるが、同想の類歌が「紀」では「雄略天皇、泊瀬の小野にて」歌ったものとして伝承されていることも、そうした歌謡圏の存在を物語っているのである。

『万葉集』巻頭歌を雄略天皇の歌として伝えているのも、やはり同様な伝説が「記」にみえており、雄略天皇の求婚譚―三輪河伝説などの一連の歌謡の一つ、雄略歌謡物語として、三輪の地に伝承されていた歌謡であったと考える。しかし、巻頭歌は『万葉集』で「雑歌」に分類されているように、独立歌謡としては、三輪の地の人々の儀式の歌、春の山のぼりにおける歌垣の儀式で謡われた歌謡であったにちがいない。それが雄略歌語りの歌垣として編入され、物語歌となったものと思われる。

三　C群　隠国泊瀬歌謡

三輪山と泊瀬川を中心とする三輪地方（磯城）の地名を有する歌謡をC群とする。ここでは、(3)(5)(7)(17)の四首を対象とする。

(3)(5)(7)は、三輪地方の山を素材にして、春の山遊びにおける、山讃めの歌など、その山をたたえる気持ちを表出している歌謡であり、三輪地方に縁深い人々によって伝承されていたものとみることができる。

(17)は、「泊瀬の川」を詠み込んでおり、橘守部のいうように、「葬送の地」として知られる泊瀬で伝承された挽歌ではなかったかと思われる。又、この歌謡にみえる「本辺をば……末辺をば……」という対句表現のパターンは、『国歌大観』で検するところ、すべて、筆者のいう三輪歌謡圏に属する歌謡に限られて使われていることも注目していい事実である。つまり、(5)（万三二二二）(10)（記五一・紀四三）(17)（紀九七）とそれに雄略天皇の歌とする「記九一」―（河内より）宮に還り上ります時の歌―にのみ見られる対句表現である。

例えば、(17)（紀九七）の贈歌にあたる歌謡「勾の大兄の皇子（安閑天皇）」の歌（紀九六）に、「庭つ鳥鶏は鳴くなり野つ鳥雉はとよむ」の対句が、『万葉集』巻十三の「こもりくの泊瀬の国に」（三三一〇）の歌と、三輪神社の祭神大物主神の別名「八千矛神」の求婚譚の歌として伝える歌謡（記二）にのみみられるもので、このパターンの対句表現がやはり三輪地方の人々の伝承する歌謡―歌垣における儀式歌、又は演劇的叙事的歌謡―に固有の表現の一つであったように思われる。対句表現の句としてではないが、「庭つ鳥」なる語句の、少ない用例も、万三〇九四（寄物陳思）・万一四一三（挽歌）・新葉集六六三にのみみられるもので、それらは、右の「記紀」などの古代歌謡の表現に影響されたものと考えてよいものだと思う。こうした、この歌謡圏固有の用語、表現等の存在する問題はすぐれて文体論的課題でもあると思うが、これについては別の機会にゆずりたい。

(7)(万三三三一)の類歌「紀七七」が、泊瀬の地に縁の深い雄略歌語りに結びつけられて、雄略天皇の歌として「紀」に伝えられていることについては前節で述べた。

(5)(万三二二二)の「三諸は　人の守る山」について、沢瀉久孝は『注釈』において「飛鳥の雷丘と思われる」とされている。もともと「三諸(三室)」は神の降臨する神座を意味する普通名詞であって、各地に「三諸」と称される土地があり、「記紀」『万葉集』などに残る「三諸」については、どこの地の「三諸」をさすのか断定しかねる場合がかなりあるのであるが、大和地方において神の信仰の中心となり、大和の国魂として崇められたのは、「三諸つく三輪山」(万一〇九五)であったことはいうまでもない。しかし、この事実よりも、この歌謡を収録する巻十三の性格(後述)と、この歌謡自体が持っている対句表現―「本辺は……末辺は……」、「五三七」リズムという表現性との三点からみて、この歌の「三諸(の山)」は三輪山とみるべきで、やはり三輪地方に伝承していた山讃めの歌と考えるべきだろう。ちなみに、土橋寛は「大和の三輪山をさすであろう」とされている。(12)

(3)(万一七)は額田王の歌と伝えるものである。題詞に「(前略)井戸王即和歌」とあり、この長短三首(万一七、一八、一九)については、種々の諸説がある。

綜麻形《へそがた》の林のさきの狭野榛の
　衣に着くなす目につくわが背(万一九)

少なくとも、右の反歌(二首目、万一九)は、「井戸王」なる人物の「和ふる歌」とみてよいと思うが、その反歌にみえる「わが背」の語は、「額田王」の立場で詠んでいる故に用いられたともみられるが、「井戸王」自身女性であることを示すためのことばであると考えたい。『日本古典文学全集　万葉集(一)』(小学館)に注するように、「榛」は

「針」の意を掛けており、「記」の伝える「活玉依毘売」の、いわゆる三輪山神話をふまえた歌であろう。活玉依姫を祖とする神主「大田田根子命」を主神とするのが、現在の大神神社摂社「大直禰子神社（若宮社）」で、他に少彦名神、活玉依姫命をも、その摂社で祭っており、今に残る杉の古株を「伝説緒環杉」といっているという。[13]

「井戸王」とは何者なのか。大田田根子神社の横を流れる狭井川の上流に位置する狭井社―正しくは狭井坐大神荒魂神社―に仕える巫女のことではなかったかと想像する。狭井社は、大神神社の中でも重要な摂社の一つで、大神荒魂神を主神とする魂鎮めの神であり、「薬井戸」と呼ばれる井戸があり、今でも酒屋、薬屋などが、製品のつくりはじめにこの水をもらって帰る風習が残っているという。[13] 大神神社は蛇の神であり、水の神であった。そして、「みわ」は「神酒」のことであり、酒の神でもあった、この神社では、水が重要な機能を果たしていた。御神体山から湧き出る清水、流れでる川の水は、巫女達によって守られねばならない尊い水であったのである。前掲書の『古典全集』の「付録（人名一覧）」によると、元暦本、冷泉本には「井戸主」とあり、「戸主」が主婦を意味する「刀自」の語源だと考えられているとすれば、「井戸主」とは、井を守る女主人の意であったとも考えられるが、「井戸王」であったと考えてみても、なお問題の残る推論ではあるが、高崎正秀が指摘する「（王に、神を祭る者を指す、特殊な王の存在が考えられることから）神祭りに奉仕する女性には不思議と『女』をいわない『王』が目立つ」[14]とされることと関連して解くべきものかもしれず、「井戸王」は「ヰノヘノヒメミコ」を意味し、斎宮的存在であった巫女を意味したのかもしれない。高崎の、右のことばは、「額田王」の本性を「水の女」であったのではないかと想像されていることを説明せんがためのことばであった。

河内から大和へ入り、新しい政権を確立した「河内王朝」は、三輪山から磐余、軽のあたりに本拠をおいて、東西へと大和王朝の拡大と統一のために、常に軍を派遣する必要があったことは充分想像が立つ。そうした旅立ち、特には軍の出発などの時、大和の国魂神に別れをする儀式の歌謡として、この額田王の歌は存在していたのではなかったか。よその土地に入って道祖神にぬさを手向けるのとは、逆の意識による儀式であった。三輪山――泊瀬川地方における、そうした儀式の歌の痕跡とみることのできる歌として、送別の宴で歌われた、次のような歌があるのである。

大神《おおみわ》大夫の長門守に任けらえし時に、三輪川の辺に集ひて宴する歌

三諸の神の帯ばせる泊瀬川水脈し絶えずはわれ忘れめやし(万一七七〇)

後れ居てわれはや恋ひむ春霞たなびく山を君が越えいなば(万一七七一)

四　D群　久米戦闘歌謡

⒁(紀一一)は、いわゆる来目(「記」では久米)歌といわれているものの一つである。

えみしを　一人　百な人

人はいへども　たむかひもせず(紀一一)

という短い歌謡である。冒頭句が「五三七」リズム(その原始的な形態であるが)になっているが、元来「五三七」リズムは終末形式であるとみてきたのであるが、その点、この例は「えみしを　一人百な人」と四八のリズムとみて、「五三七」リズムとみるべきでないかもしれない。しかし、少なくとも、意味構造からいっても、又短長律リズム優勢期の歌であることからみても、「えみしを一人　百な人」と七五のリズムと考えることはできない。その後句が「七七」となっていて、これまた終結形式であることからみて、⒁の歌謡自体が、ある来目歌の一部(終末部分)がとり出されたものかもしれず、それとも「紀九、一〇、一一」の歌謡は、「紀」の記述からみて一連の来目歌で、もとは一つであったものとも考えられる。「紀一〇」は、かけあいのことば―はやしことばのみでできあがってい

るような歌謡なのである。

「紀」に「(神武天皇)顧かに道臣の命に勅したまひしく『汝、宜しく大来目部を帥て、大室を忍坂の邑に作りて、盛りに宴饗を設けて虜どもを誘けて取れ』とのりたまひき」と伝えている。「道臣の命」は、大伴氏の祖であり、説かれるように、久米部は、大伴氏に従属する部族として、主に軍事にあたり、来目歌などの戦闘歌謡を伝承していたのであるが、その来目歌、久米舞などの芸能は、後には大伴氏の管理するところとなったようである。

久米氏の拠点が、大和高市郡から宇陀を経て伊勢地方にあった[15]とするならば、来目歌にみる「神風の　伊勢の海の」(記一三)が、⒃の「神風の　伊勢の　伊勢の野の」(五三七リズム)と同じ歌謡圏に属していたという点で、この句の固有性も納得できる。雄略天皇―大伴氏―久米部という従属関係のうちに考えることのできる歌謡である。「忍坂」は雄略天皇の泊瀬朝倉宮とは、泊瀬川を隔てて対岸の地に当たるが、そこは、大伴氏ゆかりの地であった。久米歌、久米舞などが、大伴氏に吸収、伝承されていったことにより、後の戦闘歌などの管理者は、宮廷の軍事面をうけもっていた大伴氏が、一手にひきうけていたと考えられる。

⑽(記五一・紀四三)は、「記紀」によると、応神天皇の子宇治の稚郎子の歌となっているが、土橋が物語歌とみているように、初行「ちはや人　宇治の渡りに」という設定は、もとは「初瀬川」に関していたものを物語に編入の際に、改変して伝えたとみることができ、内容は、来目部―大伴氏の伝承する軍歌―例えば、特に武器でも弓材に対する愛着心を詠んだ[16]―ではなかったかと想像される。いずれにしろ、本稿で想定する三輪歌謡圏にのみみられる「本辺は……末辺は……」という対句のパターンを含みもつ「五三七」リズムの歌謡であることからみても、大伴氏の伝承する歌謡であったと考えられるのである。

たとえ「ちはや人　宇治の渡りに」が改変された行だとはみないにしても、天武帝側について戦った壬申の乱における、大伴連御行らの功績をたたえる記念碑的歌謡、又は軍《いくさ》語りの物語歌謡といったものとして、生み出された、大伴氏管理の歌謡であったという想像は充分なりたつのである。

五　三輪歌謡圏と大伴氏

歌謡の内容と、「記紀」『万葉集』の伝承するその歌謡の背景とから、「五三七終止」の歌—但し、⑵⑹⑼⑾の四歌謡を残して—を、以上、四群に分けて考えてきた。そこに、すでに三輪山—初瀬川—雄略天皇—大伴氏—久米歌という相関性を考慮してきたのであるが、以上の四群に属さなかった—従来の解釈、又は表現に現われた、直接の事実性からみてのことであるが—四歌謡についても、この相関の射程内において理解—解釈のなしうる歌であると、筆者は考える。次に、この四歌謡の検討をしておきたい。

⑹(万三二四七)は、巻十三雑歌よみ人しらずの歌である。

沼名河之　底奈流玉　求而　得之玉可毛　拾而　得之玉可毛安多良思吉　君之　老落惜毛　(万三二四七)

「沼名河之」は、「ぬな川の」とよめ、「ぬ」は「瓊」で玉の意であり、「ぬな川」とは「玉の川」の意であることは諸注釈の指摘するところである。「ぬな」の形容を持つ語には、『万葉代匠記』のとりあげているものも含めて示すと、次のような例があげられる。

(イ)天渟名井亦名去来之真名井(神代紀上)
(ロ)渟浪田稲(神代紀下)
(ハ)沼河比売(神代記)
(ニ)神沼名河耳尊—綏靖天皇(神武紀)
(ホ)天渟中原瀛真人天皇(天武紀)

(ヘ)渟名城入姫命―崇神天皇娘（崇神紀）

(ト)奴那登母由母良邇、振二滌天之真名井一而」（神代記）（神代紀上では　濯二浮於天渟名井一とある）

「天渟名井」の存在から、「代匠記」は、「沼名河ハ天上ニ有河ナルベシ」と考えており、「全註釈[17]」の「実在の地名ではない」の考えをうけて、「注釈[18]」もその考えを肯定し、岩波「大系」の頭注には「空想上の川」と説いている。ところで「天渟名井」につき、「神代紀」が「亦名去来之真名井」と伝えるが、「真名井」は、例えば、梅原猛の報告にみるように、九州宗像神社の中津宮の後《うしろ》に「天の川という川があり、そこに天の真名井というものがあり、そこでみそぎをする[19]」のだというように、地祇《くにつかみ》の神域に残る「真名井」はみそぎ、はらひの行なわれた水域を意味する語であったと考えられる。八千矛神が妻問いした「沼河比売」について、臼田甚五郎は、「沼河」とは、「玉川」の意であり、「新潟県糸魚川市の姫川の水神をさしてゐるのであらう[20]」とされている。又、「崇神紀」の伝える三輪神社起源説話の「渟名城入姫命」の名は「瓊の城―大和の国魂《くにつたま》を祭る神籬《かむろぎ》の意」に、祭司権を求めて入り込んだ、神主たらんとする起源説話の「姫」の名にふさわしいものであり、この姫こそ上田正昭のいう「イリ王朝」の祖、崇神天皇―この天皇の宮を磯城瑞垣宮という―の姫であった。なお、垂仁天皇の宮は、「珠城宮」（紀）と言った。

元来「ぬ」の意味する「玉」は、地にあっては地祇の魂を意味し、「ぬな川」とは「魂の座す神座―神城を流れる川」の意で、みそぎ、はらひなどの神事の行われた川を意味する普通名詞であったと考える。つまり、従来、固有名詞と認識されていたために、具体物と対応させようとしても、その実在するものがなく、空想上の川などという捉え方がなされてきたわけであるが、「ぬな川」を普通名詞と捉えることによって、この「ぬな川」の歌（万三二四七）が、三輪歌謡圏に属するという場面性から、御神体山三輪山に源を発する、みそぎの川のことを指していった語とみて、特には、この川は「狭井川」のことではなかったかと推定する。狭井川については、すでに井戸王のところでふれたが、三輪の摂社狭井神社は、垂仁天皇の時代に「渟名城稚姫命」（「紀」分注の渟名城入姫命に同じ）が勅命を奉じて創祀したものという。[21]「高佐士野を行く七処女」のうち、神武天皇がまず心をとめ言い寄ったのが、大物主神の子伊須気依姫であり、姫は狭井川のほとりの岡に住んでいたと「記」は伝えている。この社は、正式には「狭井坐大神荒魂神社」といい、古来鎮花祭の行事で知られるように、魂しずめの神であり、水の神、酒の神でもあった。この社を中心に、狭井川でみそぎ等の神事の行われていたことはまちがいあるまい。

先にもふれたが、「神代紀上」には、「天渟名井」の亦の名を「去来《いざ》之真名井」と伝えるが、三輪神社の摂社に率《いざ》川のほとりの「率川神社」(奈良市)があり、「伊須気依姫―記では媛蹈鞴五十鈴媛命」、母神「玉櫛姫」、父神「狭井大神」らを祭っているのである。

又、綏靖天皇のことを「神沼河耳命」といったが、彼の異母兄の「当芸志美美命」が彼を殺そうとしたのを、御母「伊須気依比売」が「神沼河耳命」を助けんとして歌ったと伝える歌が、次の歌であった。

狭井河よ雲立ち渡り畝火山
木の葉さやぎぬ風吹かむとす

真名井の地上の例には「丹後風土記」逸文の伝える比治の里の羽衣伝説のものがあるが、天女が酒醸の技術を教えていることからも、真名井の、水の神、酒の神との結びつきも考えられ、天女が巫女的性格の人物であったことが想像される。

「ぬな川」を普通名詞であったと考えて、その「ぬ」を国魂の意とみたわけであるが、文字通りの「玉」とみてもよい。新潟県姫川の上流にはヒスイやメノオの原石が埋蔵されているというが、大物主神(八千矛神)の「沼河比売婚《よば》ひ」の国、高志(越)はヒスイの産地であった。大物主神を祭る三輪山からも古代の考古学的遺物が出土しているが、狭井川の上流の「山ノ神祭祀遺跡」からは、碧玉製曲玉、臼玉をはじめとし、種々の玉が発掘されている。[22]又、三輪山の禁足地からも遺物が出土しており、「ちょうどこの禁足地の南よりに御祓川が流れているので、大雨のあとなどこの川の中で色々のものが発見される」[23]というから、五、六、七世紀の頃には、狭井川では「玉」が発見されることもあったと想像するならば、⑹の歌の発想の根底となった背景が首肯できるのである。

⑵（万一三）は、いわゆる大和三山の歌である。伊須気依姫の里、出雲屋敷と呼ばれる岡からは、大和三山が畝火山を真中にして、左右に耳梨山、香具山という位置関係にみえるという。地理的にみて、総じて三輪山周辺からは、そのように三山は見えるのである。この歌を中大兄（天智天皇）の歌とするのも、独立歌謡であったものが、天智天皇をめぐる物語と結びついて伝承された結果と考えるべきで、この「妻争いの内容から歌垣の起源譚であり同時にその儀礼における詞章から成立したもの[24]」と考えるのを妥当と思う。『万葉集』では、この歌を雑歌の類に入れていることからしても、三輪地方の人々による春の山のぼりに際しての歌垣における祭式の歌であったとみるべきものと思う。春の生産予祝行事において、三輪山から大和国原を見渡しながら、国讃めをし、生産性のアナロジーにおいて、国魂の雄大な恋物語を語り、それを歌謡となして伝承してきたものと思う。つまり、この歌を、三山の鼎立する様を眺望できる場所から発想された歌とみて、以上のように考えたい。ただ、「香具山は」という主題の提示の仕方に注目すると、香具山を我が土地の山と誇る土地の人々―例えば磐余の地の人々によって伝承された歌であったとも考えられるが、「香具山」を歌全体の主題（主語）と考えることはできないので、歌全体を香具山の地に結びつけることは無理で、反歌からみても三山は同等に意識されているものとみるべきで、三山が客観的に一度にみえる位置からみて発想された歌謡と考えるのが素直な判断だと思う。そのことは、三山の男女の関係の追求から、三輪の地から眺めた歌だと考え、三輪山を伝説発祥の地と考えた吉永登の考え方にも裏づけられることで、氏の意見に大よそ賛同する。[25]

⑷（万一五三）は、天智天皇の皇后「倭姫王」の歌だと伝える。その父「古人大兄―古人大市皇子」の私宮は桜井市北部巻向川の流域箸中の辺にあった。

⑾（記八三・紀七一）は木梨の軽の太子の歌と伝えるもので、土橋の指摘の通り、独立歌謡であったと思われるもので、それが「軽の太子」の物語に編入されたものとみてよかろう。かの禁断の恋の悲劇の主人公達、木梨の軽の太子と軽の大郎女（衣通王）とは、いうまでもなく雄略天皇の兄妹にあたる。筆者は、この歌謡も、雄略歌語りを創造し伝承した人々によって作られた歌謡であり、それを更に歌語りに結びつけたのも、その人々の手によったものと考える。「記」の伝える、軽の太子と軽の大郎女との一連の物語の中の一つの歌謡として、次のような歌謡を含み込んでいることが、右の推定を証拠づけるであろう。

こもりくの泊瀬の山の
大峰には幡張り立て
（略）　　（記八九）
こもりくの泊瀬の川の
上つ瀬に斎杙を打ち
下つ瀬に真杙を打ち
（略）　　（記九〇）

「記九〇」と類似の歌が『万葉集』巻十三・三二六三にあり、その左注に「古事記を検するに曰く、件の歌は木梨の軽の太子のみづから身まかりし時作らししものといへり」と記することから、三輪歌謡圏内伝承の歌謡であったことにまちがいあるまい。

問題は、地名として、その主人公達の名が持っている「軽」が詠まれていることにある。大和三山歌にも関連することであるが、歌謡民謡の常識からすれば、土橋がこの歌を「軽の市」の歌垣の歌であるといわれるように、「軽」の地に伝承される歌謡であったと考えるべきだからである。が、少なくとも、歌垣における相聞歌であったことにはまちがいあるまい。

ところが、「五三七」行に詠まれている「波佐の山」には、その山が墓所であった、又墓所に縁の深い山であったことがうかがわれ、そこに住む「軽のをとめ」は普通名詞であり、巫女的存在の女性を意味した語ではなかったかと想像する。

天飛ぶや軽の社の斎槻幾世まであらむ隠妻そも(万二六五六)

軽の池の浦廻もとほり鴨すらに玉藻の上にひとりねなくに(万三九〇)

この二首の歌から考えてみるに、柿本人麻呂の例の「隠妻」の挽歌で「天飛ぶや軽の路は吾妹子が里にしあれば」と詠んでいる背景には、そこにすでに、恋してはいけない女性「軽のをとめ」と通じていたことを語っているとみるべきではないかと思う。「天飛む　軽のをとめ　いた泣かば　人知りぬべみ」(11)と詠んでいる背景も、このように考えることで首肯できるのである。「軽をとめ」が、そういう社会的性格を持っていたものだとすれば、「木梨の軽の太子」が、当時禁じられていた同腹の姉妹と結婚したということ、妻にしてはならない人と結婚したという事件に、この「軽をとめ」に誘いをかける歌垣の歌が結びつけられて伝承されたことが納得しうるのである。歌垣の歌で、恋してはならない女性―巫女などに誘いかけることを歌った歌謡が、外にも存在していることからみても、以上のように考えることができる。例えば、

御諸の厳白檮が本

白檮が本忌忌しきかも白檮原嬢子　(記九二)

「五三七」行の「波佐の山の　鳩の　下泣きに泣く」について、宣長、守部が「(ここは)下泣きに泣け」と命令形であるべきであると説いている[26]、というが、この歌謡(11)記八三)は、「記八四」ともとは一体であった歌謡とみるべきであろう。「五三七」の、途中句における終止形式の存在は、別表Iで知れるように多数存在しているので

あり、命令形は「記八四」の「しただにも寄り寝て通れ」に表出されているとみるべきであり、「記八三」は、そう命令せざるをえない「軽をとめ」の事情を象徴的に提示している部分であり、主旨は「記八四」に表出されているという、組歌の関係に「記八三・八四」はあると考えるべきなのである。

さて、この「五三七終止」の歌謡群を伝承してきた人々は誰であったのか。

三輪山神域―初瀬川流域―泊瀬朝倉宮（雄略天皇宮）という空間区域に、さらにその周辺部にあたる高市郡から宇陀地方を経て伊勢に拠点を持つ久米部の存在を加えると、以上考えてきた歌謡圏は、別表Ⅱのようになる。この三重の空間性を貫いて、この歌謡群（圏）を伝承記録してきた人々は、大伴氏を除いては考えられないようだ。久米部の伝承する歌謡芸能を大伴氏が吸収伝承していったことについては、すでにふれた。そして、大伴氏の庄田のあったところとされているのが、忍坂の外見《とび》の庄であり、耳梨山の東方十市県の竹田の庄であった。この地に大伴氏の庄田の存在したのは、河内に拠点を持っていた大伴氏が天皇に従属する伴造の統率者―特に軍事的に―として、大和川をさかのぼっての、河内政権の大和入りに伴って、雄略天皇を助けて、三輪地方に拠点を敷いたことに起因していることはいうまでもあるまい(27)。

雄略歌語りを伝承していたのは、歴史的伝統性の崇高さを語るにふさわしい「やすみししわご大王」雄略天皇を助けて大和政権の確立と拡大化に貢献したことを氏族の誇りとする大伴氏であったに違いない。雄略天皇は「白鳳時代の尊崇として敬慕された(28)」ともいわれるだけ、そのことが、又大伴氏族の尊大さを誇示することになったのであり、『万葉集』後代において、巻頭歌に雄略天皇の歌をもってきているのは、単に「（雄略期に）我が国の歴史は、ここに一時期を画した観がある。その雄略天皇の御製が本集巻頭に掲げられる事は偶然でない(29)」という歴史的意義だけによるものではなく、ここにも、準勅撰集的性格の巻一、二が大伴氏によって編集されたものであることを物語っていることを、より積極的に認めなければならない。『万葉集』は「記紀」の歌謡を再録せず「記紀」にもれたものを拾遺した観があり、歴代天皇にわたってその伝承歌、物語り歌を集めているのではない。それだけに、古代の天皇の誰の歌を巻頭にもってくるかについては、かなり恣意的でありえたはずである。又、このことを裏づけるように、伊藤が後拾遺的性格の巻と規定する巻九の巻頭歌が雄略天皇の歌であり、巻二の巻頭歌磐姫皇后の歌（万・八五）は、雄略歌語りのうちに属すると考えた(11)の歌謡と一連の、衣通王（軽の大郎女）の歌（万九〇）と同類歌なのである。

「記紀」の歴代天皇の伝説、物語には、壬申の乱の投影がみられるというが、この三輪歌謡圏にも、多分に壬申の乱の時の歴史物語、歌謡が影響しているのではないかと思われる。大伴氏は壬申の乱において、大海人皇子（天武天皇）側に積極的に参加し、壬申の乱勝利に大きな貢献をなした氏族であった。大伴連吹負は、大和の旧豪族の三輪君高市麿、鴨君蝦夷—ともに姓君を有する神域を守る祭祀氏族—をしたがえて、近江から攻めくる大友皇子軍を防ぎ攻め、三輪から磐余、飛鳥の地を敵軍から守ったのであった。(30) 雄略天皇の吉野行幸伝説も、この大海人皇子の吉野幽宮と重なって伝承されたものかもしれず、又、宇治川の歌(10)も、近江大友軍を迎えうった時の戦記文学として発生し、伝承されてきたものであったとも考えられる。万葉第三、四期になるにつれて、権勢のおとろえと、中央政界から遊離してゆく中で、大伴氏にとっては、もっともはなばなしかった時期、天武朝期に対する回顧的歴史讃歌の意識は高まっていたのである。

三年辛未、大納言大伴卿、ならの家に在りて故郷を思ふ歌二首

しましくも行きて見てしか神名火の
淵は浅みて瀬にかなるらむ　（万九六九）
さすすみの栗栖の小野の萩の花
散らむ時にし行きて手向けむ　（万九七〇）

右二首の詞書にある「故郷」は、二首に共通する土地であるべきで、それは忍坂、外見の地ではなかったかと思う。とすれば、「淵は浅みて瀬に……」の発想に、後の『古今集』九三三の歌から「飛鳥川」を想起させるけれども、「神名火の淵」とは「初瀬川の淵」であったと考えるべきであろうし、「栗栖の小野」は、「大伴氏の里に葬せられた妻をしたう」[31]歌とみられる以上、「泊瀬の小野に遊びたまひ」(雄略紀)て歌われた「紀七七」の類歌が(7)(万三三三一)で、そこでは大伴氏の庄、跡見《とび》の地の「忍坂の山」を歌っていることから、ここの「小野」であったか、又は、このことは、文武天皇の頃からはじまったという火葬の風(『続日本紀』)が「隠国の泊瀬の山」でも行なわれていたらしく「奈良朝時代の庶民の集団墓地」[32]も発見されており、埋葬地でも知られる泊瀬の地は、旅人のいう、妻を葬った、大伴氏の「故郷」であったと考えられる。又、

引田の若栗栖原若くへに率寝てましもの老いにけるかも(記九三)

は、雄略天皇の歌と伝えるが、「引田」は今の初瀬町の地名(『大和志』)であるから「栗栖の小野」とは、このあたりの野であったことを思わせる。「引田」は、又「三輪君」氏族と深い関係にもあったようだ。

三輪山―初瀬川を故郷の地とする大伴氏の意識は、次のような歌にもみえる。つまり、家持の「族に喩す歌」(長歌)の反歌に

磯城島の大和の国に明らけき名に負ふ伴の緒心つとめよ(万四四六六)

があり、「大和」の枕詞「磯城島の」は、大和の国魂大三輪神社の神籬を中心とする志貴御県の地域、つまりは大和宮廷の故地をさす語であり、それは、日本の朝廷の「ふるさと」であり、大伴氏の、由緒深い、誇りとする土地であるという意識をもって使われた枕詞であった。

三月十五日、家持の庄の門の槻の樹の下にして宴飲する歌二首

山吹は撫でつつ生《おほ》さむありつつも君来ましつつかざしたりけり(万四三〇二)

右の一首は、置始連長谷のなり

わが背子が屋戸の山吹咲きてあらば止まず通はむいや毎年に(万四三〇三)

右の一首は、長谷花をよぢ、壺を提げて到来り、是に因りて大伴宿弥家持この歌を作りて和ふ。

にみる「庄」も、この初瀬の地の大伴氏の「故郷」を指しているにちがいなく「槻の樹」が「斎槻」とも呼ばれるように「神の木」であったことからも、この地にふさわしい樹である。この「山吹」は、又、額田王と天武天皇(当時大海人皇子)との間に生まれた十市皇女の死を悼んで、高市皇子の詠んだ歌で「三輪の神杉」(万一五六)「三輪山」(万一五七)を歌った後、その三首目に、

山吹の立ちよそひたる山清水汲みに行かめど道知らなく(万一五八)

とあるように、この地ゆかりの花であったと考えられるのである。

若浜汐子が『万葉植物原色図譜』で「この時の病中往復の詩文に、桜の花以上に山吹が主題となっているが、それは家持が山吹を非常に好んでいることを知って親しい仲の大伴池主が、特に山吹に主題の座を与えたのかもしれない」と巻十七の家持と池主との贈答歌について指摘するが、山吹の花を詠んだ『万葉集』の歌十七首のうち、家持にかかわる歌が十一首を占めることから、先の指摘は首肯できる。しかし、そうした山吹と家持との内面的なつながりは、山吹を「故郷の地の花」と意識していたことに求められるのではないかと思う。

久米女郎との贈答歌のある厚見王の歌に

蝦《かはづ》鳴く神名火川に影見えて

今か咲くらむ山吹の花　(万一四三五)

とある。この「巻八」は「おそらく家持が、手許に伝えられた大伴家関係の歌を」(岩波「大系」の解説による)中心に編集した歌集とみられ、巻十三の続編的な性格が感じられるのであるが、厚見王と大伴家とのつながりはよくわ

からぬが、「万一四三五」の「神名火川」について、従来の説のように、飛鳥川、又は竜田川とみるのはあやまりで、大伴家ゆかり―故郷の地の「初瀬川―三輪川とも称されるように神名火川であった」とみるべきではないかと思う。巻八にはもう一首、山吹の歌がある。

山吹の咲きたる野辺のつぼすみれ
　この春雨に盛りなりけり　（万一四四四）

高安の娘「高田女王」の歌である。山吹は「家持の庄」のある故郷の地の花であったのにちがいない。

以上から、三輪歌謡圏と称する歌謡群を伝承し管理していた氏族を「大三輪族 久米部―大伴氏」と想定するわけで、それは大伴氏の「故郷」において継承―歌い継がれてきたものであったと考える。

「五三七終止」の認めうる『万葉集』中の歌は七首で巻一、二のものを除くと、残る三首は全て巻十三に所属している歌である。筆者は巻十三の性格をも、もっと積極的に大伴氏と結びつけて考えてみるべきであると思うが、つとに五味保義によって、巻十三は家持の編んだものとは考えにくいが、先人の纏めたものがあって例えば「竹田庄に坂上郎女を訪うた前後から（家持の）手に入ったか[33]」と指摘されている。この考えをさらに発展させて考えてみると、大伴氏の「故郷」竹田庄さらに外見の庄で伝承され保存記録されていた歌謡群であったと考えられる。それは単に「五三七終止」歌謡が存在しているという理由からだけでなく、この巻十三には、圧倒的に「三諸山―泊瀬川」を詠んだ歌が多いことと、吉野、伊勢、宇治、近江と、雄略天皇―天武天皇を「やすみししわご大王」と讃える大伴氏にとっては、ゆかりのある地名でほとんどが占められる歌の多いことがこれを物語っている。「隠国の泊瀬小国によばひ為すわが天皇よ（略）」巻十三・三三一二の「天皇」は雄略天皇のことであろうと思われるし、この歌の「わが（天皇）」という意識に、雄略天皇に対する大伴氏の意識が如実に現われているとみるべきであり、又、天武天皇の飛鳥浄御原宮を崇める気持ちは、例えば、

別表Ⅰ 「五三七終止」歌謡群

番号	出典	歌い手	受け手	地名(歌詞)	歌謡の種類	五三七句の歌詞
1	万巻一一	雄略天皇		大和の国	雑歌	われこそは のらめ 家をも名をも
2	万巻一一三	中大兄		大和の三山	雑歌	うつせみも つまを あらそふらしき
3	万巻一一七	額田王		三輪山・奈良山	雑歌	こころなく くもの 隠さふべしや
4	万巻二一五三	倭姫王		淡海の海	挽歌	若草の 夫の 思ふ鳥立つ
5	万巻一三三二二	よみ人しらず		三諸(山)	雑歌	うらぐはし 山そ 泣く子守る山
6	万巻一三三二四七	〃		渟名川	雑歌	あたらしき 君が 老ゆらく惜しも
7	万巻一三三三一	〃		泊瀬山・忍坂山	挽歌	あたらしき 山の 荒れまく惜しも
8	記三九・記三二	神功皇后	応神天王		讃酒歌	まつり来し 御酒ぞ 残さず飲せささ
9	記四〇・記三三	健内宿弥	応神天王		〃	この御酒の 御酒の あやにうただぬしささ
10	記五一・記四三	宇治稚郎子		宇治の渡り	独立歌謡	※渡瀬に 立てる 梓弓まゆみ
11	記八三・記七一	木梨軽太子	軽大郎女	軽・波佐の山	〃	波佐の山の 鳩の 下泣きに泣く
12	記九七・記七五	雄略天皇		吉野・大和の国	物語歌	※ししふすと 誰そ 大前に申す
13	記一〇四	袁杼比売	雄略天皇		宮廷寿歌	脇几が 下の 板にもがあせを
14	記一一	皇軍来目部			来目歌	※えみしを ひたり 百な人
15	紀七六(記九八)	舎人	雄略天皇		物語歌	※遊ばしし 猪の うたきかしこみ 在峰の 上の 榛が枝あせを
16	紀七八	秦の酒の公	雄略天皇	伊勢の野	物語歌	※神風の 伊勢の 伊勢の野の ※大君に かたく 仕へ奉らむと
17	紀九七	春日の皇女	勾の大兄皇子	泊瀬川・御諸	独立歌謡	※流れ来る 竹の い組み世竹 ※水下ふ 魚も 上に出て嘆く

(注) 1、「記紀」歌謡で※をつけたものは途中句としての「五三七」リズム、その他は末行の「五三七」リズム。
2、宮廷歌謡としての「神楽歌」「催馬楽」などは対象としなかった。

(略)神名火の三諸の神の帯にせる明日香の川の(略)(万三二二七)

味酒を神名火山の帯にせる明日香の川の(略)(万三二六六)

といった表現が、もともと「三輪山」のことを意味した「三諸の神名火山」を、スライスして「明日香川」を引き出す形容に使用されたところから生まれた表現であり、それは三輪歌謡圏を支えてきた大伴氏の側からの発想の歌と考えられることにも認めうる。三輪と飛鳥の関係は、飛鳥の開き主の女神「稚国玉―下照姫」は、三輪の「大国魂」を父とする、その子、若く新しい「地祇」という関係であることを[34]意識していると考えられることからも、右の「明日香川」の形容表現の発想は理解できるように思うのである。

ところで、(13)の「春日の袁杼比売」、(17)の「春日の皇女」には、三輪山の祭祀者であった形跡があるが、彼女達が、天理市櫟本和邇を本貫とする、奈良市周辺に栄華を誇った和邇族系の春日氏出自の巫女であったことは、(13)(17)の歌謡が、〝和邇歌謡圏〟とでも称すべき口承世界において創造―伝承されていた歌謡であった可能性を意味する事実であり、さらに(8)の神功皇后が「記」では「息長帯比売命」とされ、「紀」では「気長足姫命」と呼ばれている、その名から、神功皇后伝説―又、その物語歌謡が、近江の坂田郡を本貫とする息長族に伝承されていたことを意味していると考えられることから〝息長族―和邇氏〟と三輪山との関係からも「五三七

別表Ⅱ　三輪歌謡圏

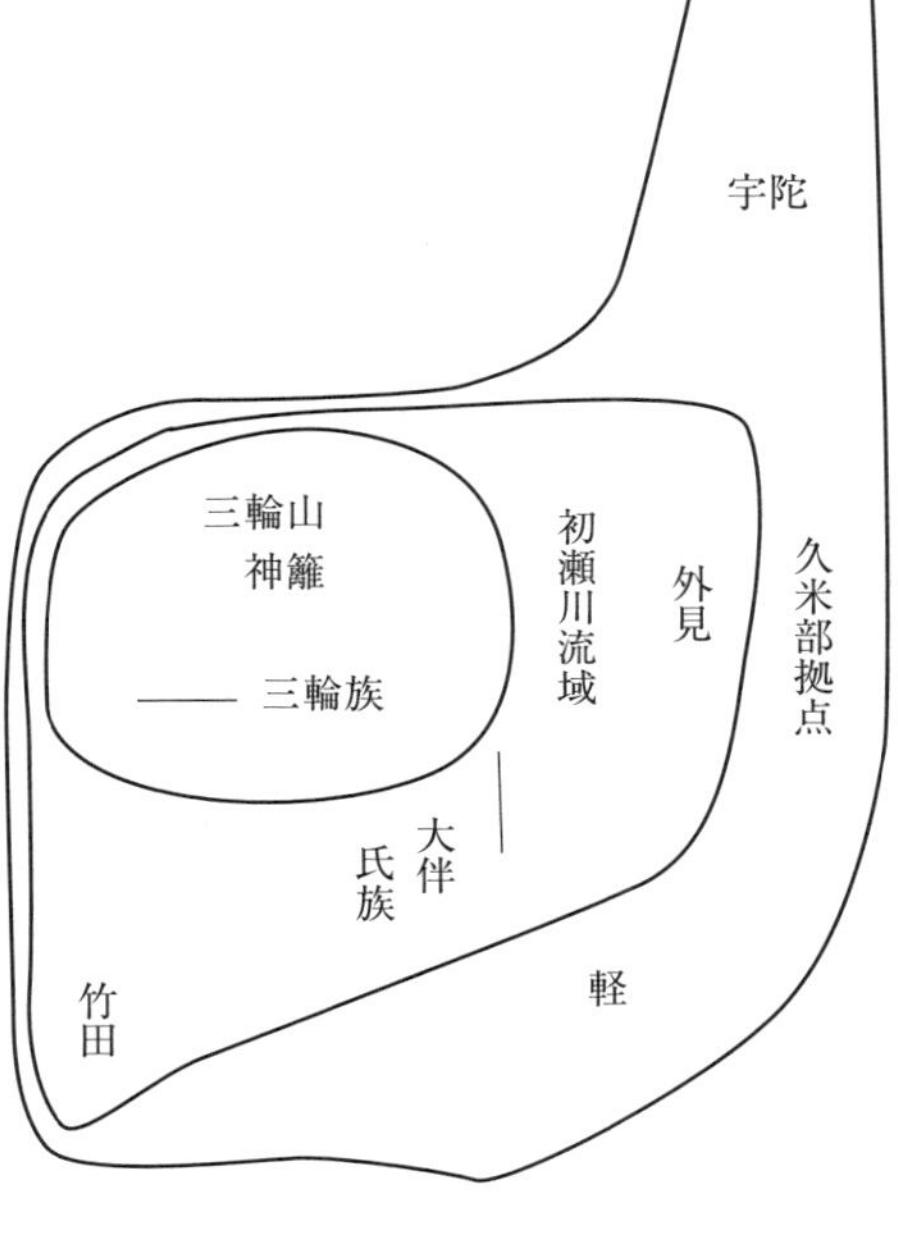

終止」歌謡群についてはなお考察を深めなければならない問題を残していることになるのであるが、ここでは〝三輪山―大伴氏族〟との結びつきを確認するだけでとどめておくことにしたい。三輪歌謡圏の想定は、まだ正に粗雑なスケッチの段階である。(35)

【注】

（1）松岡静雄「五三七調」（『文学』一巻六号）。
（2）太田善麿「和歌における定型の成立」（『古代日本文学思潮論Ⅳ』桜楓社）。
（3）相磯貞三『記紀歌謡全註解』有精堂。
（4）上田正昭『日本の原像』文芸春秋社。
（5）上田正昭『女帝』講談社現代新書、直木孝次郎『奈良』岩波新書など。
（6）堀内民一『定本万葉大和風土記』人文書院。
（7）土橋寛『古代歌謡集』岩波日本古典文学大系頭注。
（8）森重敏「かぐや姫と伊勢斎宮」（『文体の論理』風間書房）。
（9）「五七」のリズムを核とする和歌形式生成の過程については別稿を期したい（本書「一　和歌形式生成の論理」参照）。
（10）注（5）直木著書。
（11）注（5）上田著書。
（12）土橋寛『古代歌謡の世界』塙書房。
（13）中山和敬『大神神社』学生社。
（14）高崎正秀「額田王」（『和歌文学講座　万葉の歌人』桜楓社。）
（15）上田正昭「戦闘歌舞の伝流」（『論集日本文化の起源2　日本史』平凡社）。

(16) 注(3)に同じ。
(17) 武田祐吉『万葉集全註釈』改造社。
(18) 沢瀉久孝『万葉集注釈』巻第十三、中央公論社。
(19) 梅原猛「日本精神の系譜2　蔭の部分」(『すばる』第2号)。
(20) 臼田甚五郎「道行の源流」(『国語科通信』No.14角川書店、『日本芸能叙説』新人物往来社に収録)、水野祐『勾玉』学生社。
(21)(22)(23) 注(13)に同じ。
(24) 遠藤庄治「初期万葉における天皇歌の問題」(『日本文学研究資料叢書　万葉集Ⅱ』)。
(25) 吉永登「三山の歌の否定的反省」(『万葉文学と歴史のあいだ』創元社)。
(26) 注(3)に同じ。
(27) 注(5)直木著書。「跡見田庄」(坂上郎女・万一五六一)、「大伴宿弥稲公の跡見庄」(万一五四九)、「竹田庄」(万七六〇・一五九二)。
(28) 伊藤博「舒明朝以前の万葉歌の性格」(『日本文学研究資料叢書　万葉集Ⅱ』)。
(29) 沢瀉久孝『万葉集注釈』巻一。
(30) 直木孝次郎『壬申の乱』塙書房。
(31) 益田勝美「鄙に放たれた貴族」(『火山列島の思想』筑摩書房)。
(32) 注(6)に同じ。
(33) 五味保義「万葉集巻十三考」(『日本文学研究資料叢書　万葉集Ⅱ』)。
(34) 注(6)に同じ。
(35) 「五三七」リズムと認めなかった歌(謡)には次のようなものがある。問題点を指摘しておきたい。
◎「記四二」(「この蟹や何処の蟹」)。途中句に「木幡の　道に　逢はしし嬢女《をとめ》」(岩波「大系」)とあるが、『全註解』が「木幡の道に　逢はしし嬢女」とするように「七七」リズムとみることができる。応神天皇の歌と伝えるもの。この歌は、和邇氏が制作、管理していた歌謡圏中の歌謡(土橋寛「氏族伝承の形式」(『沢潟博士喜寿記念万葉学論叢』)。

◎「万葉巻十三　三三四二」(「……吾通道之奥十山三野之山……無意山之奥礒山三野之山」)。『注釈』は「吾が通ふ道の　おきそ山　美野の山……心無き　山の　おきそ山　美濃の山」と訓む。岩波「大系」は、「吾が行く道の」「心無き山の」と訓む。途中句に終止リズムを持つ点では、いずれに訓んでも変わりなく、口承記録されたもの。巻十三に所属することからみて、この歌は「五三七」—但し、この歌は五三五五という古形—終止群の一つと認めるべきではないかと思うが、確定しかねる。畿内及びその周辺から東国にかけて大伴氏の勢力は分布していたといわれるが、大伴氏との伝承関係はまだ充分にはわからない。

◎「記四」(「……山県に　蒔きし　藍蓼《あたて》舂き　染木が　汁に　染衣を……」岩波「大系」)。「記二」から「記五」までの、八千矛神に関する「神話」には、「記五」の冒頭句「八千矛の　神の命や　吾が大国主」とある以外に、終止形式のみられない歌謡群で、まして、右の「記四」のような途中の叙述部分に「五三七」の終止形式を想定することはできない。「五八、四八」のリズムとみる以外にない。

◎「記四九」(「……事無酒　笑酒《ゑぐし》に　我酔ひにけり」岩波「大系」)。松岡静雄は[1]、右のリズムを「五三七」とみ、「笑酒に」は三音の字余りとみるべきものとして指摘されているが、句中に母音音節を含んでいないことから、三音句の字余りとみることはできなくて、四音句とみるべきもの(佐竹昭広「万葉集短歌字余考」『文学』一四巻五号)。しかし、「五四七」リズムは、「五三七」と類縁関係にあるリズムとみるべきであろうか。「記四九」は応神天皇の歌で、酒の神大三輪神社に関係して伝承された歌謡であったろうと想像できる。

◎「顕宗天皇の名宣り」(岩波大系『古代歌謡集』)。本文は、一字一音式の仮名書きでないので、一応対象からはずした。顕宗天皇は、雄略天皇に殺された市辺の押歯の王の子である。

◎「紀一〇四」(「……飯に飢て　臥《こや》せる　その旅人あはれ」)。「五四七」リズムで、先の「記四九」の場合と同じ。聖徳太子の歌と伝えられているもの。

三　音数律論のために
――和歌リズムの諸問題――

一　「よむ」こと

凡て余牟と云は、物を数ふる如くにつぶつぶと唱ふることなり。故物を数ふるを余牟と云へり。又、歌を作るを余牟と云も、心に思ふことを数へたてて云出づるよしなり。（本居宣長『古事記伝』允恭天皇条）

「歌」に関する行為には、少なくともつくる・よみこむ・口ずさむ・吟ずる、という四つの行為の側面があるが、それぞれの観念を区別する用語が確立しているとは言えない。

『古今集』では、作歌行為は「よむ」という語で統一されている。ところが『万葉集』において、作歌行為を和語で「よむ」と言ったという確証はない。それどころか、万葉時代において、作歌行為を和語でなんと言っていたのか、不詳である。『古今集』になって「よむ」によるみごとな統一がみられること――詞書の規範意識からみて当然かもしれないが――、そうした「よむ」の使用はいつ頃までさかのぼりうるものなのだろうか。

「よむ」は数えるの意が原義だとみるのが定説である。ものに傷をつけて印をつけることを「かく」と言い、そのかききずの印をなぞり数える行為が「よむ」であったと思われる。「月読命」「日読み（暦）」などの語の背後に、そうした行為の存在したことがうかがえる。とすれば、数を数える意の「よむ」が作歌行為を意味する語にもなったことにこそ歌に対する上代人の意識を明らかにするヒントがあると思われる。

『万葉集』で万葉仮名の「よむ」はすべて数える意で、作歌行為を意味する例はない。「作（歌）」「詠」「為（「記紀」のみ）」は、はたして「よむ」と訓読したのかどうか。『古今集』などの「よみ人知らず」も『万葉集』では「作者（作主）不審（不詳・未詳など）」と記す。

「作」と「詠」には違いがある。「作」は、完結した統一体としての歌を創作することを意味したが、「詠」は「詠河」など（『万葉集』）「詠長谷四韻歌」（『歌経標式』）「若詠天時……」（『倭歌作式』）など、『玉台新詠』の「詠物」と同じ用法の語であり、「よみこむ」（歌の表現素材とする）ことを意味する字であった。しかし、もう一つの意味用法があり、

恒至于今詠之歌者也《ながむるうたなり》（応神記）

次弟将儛時、為詠曰《ながめごとしけらく》（清寧記）

など「声を長く引くこと」をも意味して使われた。「詠」は又、名詞として

作称威之詠（『歌経標式』）

などと使われ、動詞の「詠」の「詠河」などの「よみこむ」の意の場合と同様に歌の形式の側面より、「うた」の内容を主として表示する意をもった字であったと考えられる。

さて奈良期までの「歌」に関して「よむ」の語を用いていると思われる例は、次のものだけである。

(1) 此二歌者、読歌也（允恭記）

(2) 乃為御謡之日謡此云宇哆預瀰（神武紀）

(3) 正月元日余美歌（『琴歌譜』）

(1)は「よみうた」と訓まれている。しかし、それが曲節の名称だとしても、その名称が歌の内容を意味するのか、

唱法を意味しているのかは、はっきりしていない。⑵は「凡諸御謡皆謂来目歌」の一つであり、「古典大系」頭注は「『謡』の文字をウタに用いてあるのは、来目歌と童謡・謡歌だけ。『謡』は楽器を用いないウタ。『歌』は楽器を用いるウタ。」とする。⑶は宮廷歌謡としては奈良期にさかのぼるものとみてとりあげたが、この「余美歌」について、土橋寛は歌の内容が国ぼめ歌であり、「正月元日」の儀礼歌であったと思われることから、寿歌祝歌を意味する名称であったと考え、[1]その傍証に与論島の「ユミウタ」などとの関係を指摘する。さらに、⑴の「読歌」についても、この「余美歌」の歌い方で歌われたことによる名称とみている。

数える意の「よむ」とこの「余美歌」の「よみ」が同語なのかどうか、同根の語としても、どちらが原義に近いのかということになると、なかなかむずかしい問題である。土橋は、寿歌の歌の発想・表現が、祝物を列挙することを特色としていることから「寿」の意を原義として、そういう「寿する行為」の性質から、数えるの意が派生したものと仮定する。ここではこの仮説に対する具体的な反論は割愛し、可能な語誌的解釈をするにとどめておきたい。

宮廷歌謡として『琴歌譜』におさめられている「余美歌」は奈良期には歌曲として儀礼に用いられるようになっていたであろうが、歌詞に「五三七終止リズム」を有するところからすると、「三輪歌謡圏」[2]に属する土着の宗教的な歌謡であったと思われる。いつ頃から宮廷歌謡になったのかはわからないが、記紀に「しづ歌」「しらげ歌」など歌曲名称と思われる語の存在することからしても、大化頃—持統・文武朝の間のうちであろうという、土橋の推定は妥当であろう。

『琴歌譜』は勿論、奏琴のための譜面であるが、歌詞がどのような唱法にのっとっていたかも示されている。その譜面をみるとき、筆者は「余美歌」は唱法を示す名称として定められたと考える。そうみると、その方が「数える」の意に近く、又作歌行為を示す用語としての「よむ」をも導きやすいと思われるからである。譜面から読みとれるものを形式化して示すと次のようになる。

そ……ら……み……つ……や……ま……と……の……く……に……に……は……か……むが……ら……か……あり……
が……ほしきもくにが……ら……か……(以下略)

といった調子の唱法で、ことに冒頭は特色ある唱法となっている(後半は多少くずれる。又、題詞につづく仮名表記の歌詞とも後半で違っていて「在りがほしき　国は　あきつしまやまと」の「五三七終止」にあたる部分の譜面が欠けている)。これは『琴歌譜』に納められた他の歌謡の唱法に比べてみてもきわだった特色をなしており、それは歌詞の一音一音を丁寧に切りはなして詠ずる唱法であることにある。益田勝実は、この譜面に対する印象を「今日の正月の宮中御歌会での短歌の詠み上げ方に似た方法で発声。『歌』というより詠《よ》むといいたい歌い方であろう。」と語っている。[3]

一音一音を延引しながら唱《うた》うというのは、一音節ずつ確認していくような印象を与えたであろうが、これこそ「数える行為」を連想させるものであった。「数よむ」と類似した行為であった。「余美歌」という名称は、この唱法の性格を端的に表示した名称であったのではないかと思う。記の「読歌」も記紀歌謡の中では比較的長い部類に属するものであるが、これもこのような唱法の性格をもったものであったのではないか。「うたよみ」と訓《よ》まれた「謡」が「楽器を用いないウタ」とされるように、来目歌や、即興的で「曲節」を伴ったと思われない童謡・謡歌など、これらも曲節らしい曲節をもたない、朗読調のもの、又は語りに近いものであったのではないかと思われる。

これらはいうならば、曲節よりも歌詞のことばが、より表に立つものであった。それは歌詞の意味が表立つことであり、そのためには歌詞のことばの一音一音が意識の表に立たなければならなかったと考えられる。そうした一音一音の意識化は、「時守之　打鳴鼓　数見者《よみみれば》」(万二六四一)などの「よむ」と心理的に共通するものであったであろう。「等時的拍音形式[4]」を源本的な場面とする日本語の言語リズムの特質に支えられて、言語そのものの、曲節からの浮上―旋律に従う歌詞から歌詞に従う旋律へ―、又は曲節以前の「以歌語白」(記)「口号《くち》曰」(紀)「口唱《くち》曰」(紀)「口出《くち》歌」(紀)といった唱法を意味するものであったと思われる。

作歌行為を意味する語としての「よむ」の定着には、歌詞の一音一音の意識化が前提になっていると思われる。つまり、源本的な場面のリズムから特殊なる場面の詩歌リズムとしての作歌行為が徐々に個人的レベルにおいて成立するようになるに従って、この一音一音を意識化した、又は、歌の形式に一音一音を意識化しながら充填していく行為が確立していくことによって、この「よむ」の用法が定着したのではないかと考える。

以上、一体日本人が日本語の歌を創作していくにあたって、いかなる場としてのリズム意識を有していたのかという問題を、この「よむ」という語をめぐって考えてきたのであるが、等時的拍音形式としてのリズムが、言語(日本語)の源本的なリズムとして意識されていたことを、少なくとも「よむ」という語は物語っている。しかも特殊なる場面のリズムとしての「歌」の創作において、このリズム意識があらためて自覚化され、それを基本的なリズム単位として音の「群化」を行なおうとしていたことが、わかる。ただ音の「群化」の意識・自覚において、すでに前提条件として、後の定型化した形の五七に象徴される「短長律」を群化の基本的な単位とする学習化が進んでいたことを指摘しなければならない。

ただ、「五七」律という形への自覚が成立するにあたって、次のような言語に対する感覚・状況が存在したことは充分考慮しておかねばならない。

それは、例えば

第一句尾字与二句尾字不得同音(『歌経標式』)

みそもじあまりひともじはよみける(『古今集』序)

かきつばたといふ五文字を句の上にすゑて、旅の心をよめ(『伊勢物語』)

にみられる「字」をもって「音」を数えるという歌の場合の特殊なる言語意識が成立していなければならなかった文化的状況のことである。「仮名のほうが、その漢字に対峙して、にわかに言語的記号の価値を発揚してくる。十七文字とか、三十一文字という言い方において、一つ一つの音節を字とよぶ習慣が日本語に存する……[5]」という指摘もその間のことを意味している。つまり、口承歌から書記歌へ、耳のみによるリズム享受から目にもよるリズム享受へという変化において、書記のために漢字の果たした役割は一音一音の表音的表記を促進することにあった。

冒頭に引いた宣長の考え方は近代の学者にも受け継がれ——『大言海』は宣長のことばをほぼそのまま採用——、一般的に認められているが、物を数える意と「つぶつぶと唱ふること」との系譜関係は逆であり、又作歌行為を「よむ」といったことについて「心に思ふことを数へたてて云出づるよしなり」としていることは、以上に示した仮説に基づけば修正されねばならないことになる。「心に思ふことを数へたてて」とは、詠ずる素材、語句を次々と思い浮かべ重ねていくことを言ったものであろうが、「よむ」はそうした内容の「よみこみ」を意味したのではなく、リズム意識を、つまり音の群化したリズム形式に音を充填する行為を意味する語であったとみるべきであろう。あるいは、「心に思ふことを、(音を)数へたてて云出づる……」と解せるのなら問題はない。

坂本一郎が「詩歌をつくる」意の「よむ」を概念に形象を与える——生産的過程のよむ——ものとして「定型詩の時代には、意識的にか無意識的にか、シラブルの数をかぞえて〝字余り〟になることを避けたのであろう。この製作の過程を重視して『歌をよむ』と言ったもの[6]」と考えているのが私見の仮説に近い考え方である。

平安初期においてすでに、作歌行為を意味する語として「よむ」が一般化してしまうと、「よむ」の語は用法変化を起こして、「よみこむ」ことをも単に「よむ」と言うようになっていった。

二　音数律の原理

時枝言語理論—言語過程説—が導き出した、その音声論—国語美論[7]は、もっともすぐれた音数律論の域に達しているといってよいかと思う。ただ、このリズム論においても時枝学批判としてよくいわれることがあてはまりはするが。つまり、リズム論の本質・原理を鋭く問題提示をして、その方向づけをなしてはいるが、さらに具体的な研究・展開という点になると、後学の士にゆだねられたままになっている。

言語の音声の問題について、時枝は、物理的生理的条件と主体的心理的意識とを峻別され、「それは同一対象に対する異なった立場の観察ではなくして、同一物の異なった段階に対する観察」と捉える。従来、音数律論が、こうしたレベル思考の点で全くあいまいにすましていることに対して明晰な理論化を行っている。さらに心理的な音声としてのリズムが音の群団化された形式である詩歌のリズム、とりわけ五音七音という音数律についてふれた場合に、それを「詩歌の建築的構成的美の要素となるもの」というレベル認識を展開する。ところが、その五音七音を「詩歌の進行的リズム形式の単位」と認めるまでには至っていない。

時枝言語理論がゲシタルト心理学からも影響を受けていることは、森岡健二の解説もある[8]。その「全体性」を強調するゲシタルト心理学において「構造化された総体内においては全体の法則は部分を規定する。これらの部分はある仕方で完結化しようとし、そしてこれがこの完結化を構成すると考えられる場の諸要素をひきつけるのであろう。」とも言っているのである[9]。

詩歌のリズムは、社会的標準的な型によって形成された心理的意識が生み出す言語行為だといえよう。五音七音が心理的に特殊なる場面のリズムであり、それは「表現に先立って存在し、そして常に表現そのものを制約するもの」[10]として存在していることは、少なくとも定型化して以後においては、明らかである。抑五七五七七(『倭歌作式』)とある。五・七が、完結化を志向する部分、和歌形式の単位として認識されていたことは明らかな事実である。

しかも、時枝のリズム論―特殊なるリズム場面としてのリズム論ではことに―のすぐれていることの一つは、日本語のリズムの音の群団化において、「それを構成する要素として音の休止」を重視したことにある。音の「休止」とリズム単位としての音節数(音の群団)とを区別されていることも注目すべきことであり、なによりも「休止」が群団化の作用を促進するものと認定されていることは注目される。

音節としての音声と休止とは本質的に異なる。休止は勿論時間的な空間のことである。その空間のひらきかた(量)によって、その前後の「まとまり」(ゲシタルト心理学用語)が「まとまり」としての認定を拒否されたり、又「まとまり」と「まとまり」の切れてなおつづいているという認定が拒否される可能性を有してはいるが、日本詩歌の音数律においては、休止の量的(拍音数で示されるような)制約はかなり恣意的であるといってよい性格を有している。少なくとも休止は音群の部分としての「まとまり」を保証する、そういう機能を有するものとして理解すべきである。

例えば、時枝は、「瓜や茄子の花盛り」を

ウリヤ　ナスビノ　ハナザカリ

と分解して、そこに音節数対比を認め、音数律の言語美を説明しているが、実際の民謡においても「(ウリ)ヤ」の後の切れより、「(ナスビ)ノ」の後の休止は大きく――旋律において捉えるときは単に休止の時間的な差だけで認定されるべきものではない[11]――「ウリヤナスビノ」が「ハナザカリ」と対比的になっていることは明らかである。ただ、「ウリヤ」の後の切れについてもリズム論の中に位置づけられねばならない切れであり、それはさらに「ウリ」「ヤ」の切れ、又、「ナス」「ビノ」という切れについても配慮すべきものであり、さらに「ナ」「ス」「ビ」「ノ」

という音の切れにまで至ると、時枝の用語でいうなら、源本的な場面のリズムと音の群団化した特殊なる場面としてのリズムとの間の段階（レベル・層）的関係が問題になり、それらはレベルとしては内在律の問題と一括しうるものであろう。

ことに詩歌のリズムになると、リズム形式は文化的産物として、文化一般の現象にみられると同様にリズムの形式という意匠に対しては、ある観念が固定化し、それはかなり強い社会的束縛をもって個人の心理に影響するものである。詩歌リズムはそうした、一種のコノテーションとしての性格を具有するもので、こうした文化的伝統、ましてやそれを支える言語的状況に関係がなかったり、なじみがなかったりすると、特定の詩歌リズムに対して違和感をもつということになる。逆に関係したり、なじみをもっていると詩歌リズムの一種のコノテーションとしての機能が発揮して、客観的に認定される以上の心理的主観的な感覚意識でもって、その詩歌リズムは享受されることになるとも言える。いわゆる「短歌的抒情性」というコノテーションを具有すると言われる短歌形式などは、その典型的な例の一つであろう。

詩歌のリズムが文化のパターンであるということは、心理的に言い直すと、短歌なら短歌という形式——それは一つの完結した様式をもつ統一体を形成するもの——が、あらかじめ表現ないし理解行為に先き立って、行為主体の心理に、ある期待される緊張感を生起させる。そういう用意された心理的状況の中《うち》に、音声が充填されていくことによってリズム感が満足される、という心理現象であることを意味する。

「五七五七七」が完結してからリズム感が発生するのではなく、リズム感の発生は、すでに初発の「五」のうちにある。正確には、「五」の完結以前においてリズム感の発生はある。

例えば、「久方の……」の歌において、「ひさ……」と歌い出したとき、すでにリズム感を抱いている（一種の緊張が生じている）。それ故、「まとまり」の五音以前、つまり内在律をこそ日本詩歌のリズムを形成する唯一の単位と認定しようとする考え方が生まれてくることにもなるのであるが、これはある錯覚に基づいている。「ひさ……」ですでにリズム感を抱いているということは、表現しよう（詠じよう）としていることばが「歌」であるという意識が先にあって、その意識が、すでにある予感のもとにリズム感を感じとらせているということである。だから、これを「歌」だと意識していなければ、我々は、「久しぶりに友人に出会った。」という散文のときと同じ意識でしか「ひさ……」とは言い出さないのである。「ひさしぶりに」と六音であるにもかかわらず、和歌においてなら感ずる字余り意識を、「久しぶりに友人に出会った。」においては感じないですむのである。吉田一穂が「それ自らの比率に於て立った短歌は日常語からの純粋分離の最初の文体である。しかも心理的に昂奮持続の一定時間の形式としての感動律である。[12]」と言っているのはこのことであろう。

そういう意味において、短歌形式という一つの完結した統一体は、（しかもあらかじめ量の限定が約束されている統一体であることにおいて一層）ゲシタルトとしての性格を有する言語現象である。

時枝は、言語の美を「身体的運動の変化」と「調和」から知覚される美的快感といい、日本語の音声の美的構成の理念を「変化」と「明晰」との原理とみ、「和歌形式の変化と安定性は、猶五七五七七の音節群の配合分散によるもの」とされる。この問題については、私なりの一つの解釈を提示したことがあるので、それを参照していただくことにしたい[13]。

三　諸説の批判的考察

(1)　詩歌リズム四拍子論

日本詩歌の音数律論に関する諸説について横山青娥が一つの整理を試みられたことがあるが、[14]ここではそうした諸説の、さらなる整理ないしは音数律論史の考察は別の機会にゆずることにして、最近みられる考え方のうち特色あるもの、又はその傾向の代表的なものを二、三取りあげて批判的な考察をして見たい。

まず、別宮貞徳の説で「四拍子文化論」(『言語生活』一九七三・一〇)をとりあげたい。

「五七音」はなぜ快いのかの説明を、読まれる詩歌にも、リズムを見い出すことによって明らかにしようとして「日本の詩歌の根本的なリズムは四拍子」だという結論・原理を見い出し、さらに日本文化一般において、四拍子がその基本であって、日本文化は四拍子文化だとされる。言語のリズムに限って考えてみると、四拍子論の根底にあるのは、「等時的拍音形式」の日本語のリズムが実際の言語活動においては一般に二音ずつに結びつきやすいという事実に基づいているもので、それは「なすび」が「なす・び」と、「なすびの」が「なす・びの」と、「葉桜」が「はざ・くら」というように「まとまり(分凝)」をなしているように感じられるということによる。しかし、この分凝は特殊なる場面としての詩歌リズムにおいて始めて発生するリズムでなく、日常言語のレベルでも存在しているもの、つまり言語リズムなのである。このことは、アクセント体系との関係、アクセントの高低と、小さい二音ずつの「まとまり(分凝)」と感ずる印象とは深く関係があるように思われる。

この二拍子論は夙くから提示されているもので、最近では、緩拍子急拍子の組み合わせに国語リズムの表現性を追求して湯山清理論を一歩進めた植野晃久の考え方もみられる。(15) ただ、この言語の源本的な場面としてのリズム（部分）でもって、それ（部分）が集合し音の群団化されて生み出される詩歌のリズム（全体）を説明し尽すことはできない。全体は単なる部分の集合ではなく、全体は全体としてのゲシタルトを形成しているということを無視することはできない。特に歌謡とか唱歌とかいった、殊に西洋的な小節単位のリズムパターンの枠をもっている場合（それはそれなりに、全体性に支配される部分としての存在を有しているが）、そうしたリズム形式と日本の読まれる詩歌のリズムとを同一に扱うことはできない。同一視するところに、いわゆる「休止」の扱い方において別宮の五・七音の説明には無理が生じているのである。

五・七音が落ち着いた感じで快感をおぼえさせるのは、四拍子のリズムになっているからだと言うのであるが、その根拠は「休止」の処理にかかっていると考えられる。五七調七五調いずれの場合も、五音の後の「三つの休み」七音の後の「一つの休み」を勘定に入れると八八調の四拍子になるというのが導き出された原理であるが、果たして、五音の後の「三つ」の休みというものが、どれだけゲシタルトに奉仕する心理的空間として確立していたかどうかは保証できない。間のびは、五と七との「きれつづき」を生まず、「切れ」てしまうことになろうが、しかし、「つづく」というために、「三つ」の休みでなくても、リズム感が得られることは経験的実験的に確かめられるのである。別宮はいわゆる「七五調」を前提にして五音の後の「三つの休み」をわり出されていることは明らかで、だから、五七調を説明されるときには、

というように、冒頭に休止符をもってきている。和歌のリズムとしては不思議な処理である。こうした無理は、

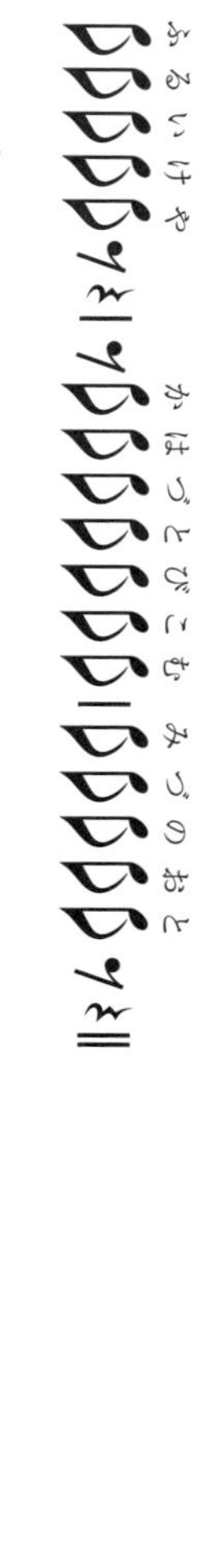

といった分解にもみられる。こうした考え方は、西洋音楽の譜面を唯一のリズム形式の枠だと考える機械主義におちいっているとみざるをえない。

「回帰性」(繰り返し)がリズム感を生み出すということは基本的な原理であるが、その回帰性をもたらすものの一つは、リズム単位間の時間的等質性であろう。[16]だから、桂広介の実験で、五七の各句がほぼ等時であったということ[17]はそうした、朗読者の心理の存在を証明していることになるが、別宮が、この実験の結果を傍証にして四拍子論を確信されることには論理的矛盾があるように思われる。桂の実験では、勿論「休止」の時間も含んでの計測がなされているが、その結論の等時性には、明らかに質の差があるのであり、別宮のそれは小節的機械的等時性であると規定しうるのに対して、桂のそれは、心理的感覚的等時性と規定しうる。それは実数において、別宮の期待されるほどの拍数の等数性をなしていないし、明らかに七五調のゲシタルト性(上句(五七五)と下句(七七)との計測数がほぼ黄金比になっていることに如実に顕現している)に基づいた現象を呈していると考えられる。

「休止」を入れて等時的であろうとすることと、言語音自体の「持続感」において等時的であろうとすることは、本質的に異なることなのである。

さて、「休止」は「間」の問題であるが、これについて、別宮が、リズムのブロック(群団のこと)が、単位としてそこにリズムが認識されるためには、そのリズムのブロックが、あるまとまりをもった意味を持っていなければならないと指摘されたことは卓見であり、詩歌のリズムの芸術的レベルを考察する上にも有意義な指摘であるが、ただ「詩の受け手の心の中で行なわれている操作を分析すれば、まず意味の上からブロック(句)を識別し、その各々に適当な休止をつけ加えることによって四拍子をつくる」という考え方には論理の短絡がある。

つまり、意味がなければ、リズムのブロックが意識されないというものではなく、経験的に日本人の頭につくられたリズムの場(予定調和)があって、それがすでにリズムを予感させるものとして存在しているのであり、それをことばの意味の切れ目が補強することになる。そういう関係であることの認識が不充分ではないかと思われる。「ハッパフミフミ」で一時流行った万年筆の宣伝文句は意味をもたない音声からなっていたが、それが一つのリズムをもっていたことは、いうまでもない。

「休止」の必要性はいうまでもないが、旋律を伴わない詩歌のリズムとしては、「休止」はリズムの構成要素であっても構成単位ではない。八五調になると、「七音」の後の「一つの休み」は音でもって充填―「さしかえ」られることになり、別宮の言う「休止」はないことになるが、しかし、やはり八五調としてのリズムを感じさせるためには、八音の後に休止が必要なのである。『梁塵秘抄』の歌謡から現代の童謡などまで、八五調の歌詞がみられるが、七五調との違いについては、八五の音節数の対比性が黄金律をなしており、[18] 八五調の詩歌では、各行(八五で一行とする)の独立性(完結性)が強いゲシタルト性を有して、その切れが大きいこと、意味的には八五の一行一行が、一つの強いイメージ(まとまり)を提示する機能を有していることが感じられる。

吉田一穂は、すぐれた空間感覚・言語感覚を有する詩人であり、詩の理論家でもあるが、氏は短歌の音数律美について二音(協和音)三音(不協和音)の組み合わせを基本的原理として設定し、例えば五音を二、三とか三、二の組み合わせとみて、そこで短歌においては、二音が八つ、三音が五つあることによって、八と五とが黄金比であることに、短歌形式の永遠的な究極美の存在することを確認されているが、[19] これは奇想天外な理論と言わざるをえない。これは絵画的構成美にまどわされた考えであり、なによりも言語の本質ともいうべき、その線条性を無視した理論であるところに致命的な欠陥を有している。なお、吉田の音数律に対する美的感覚・感覚美分析にはみるべきものがあるが、別の機会にゆずることにする。

(2)　四拍子論(批判)補遺

(1)において、最近の四拍子論として、別宮貞徳の論文を対象に、その批判的考察を試みたのであったが、日本の歌のリズムを四拍子とみる考えは、すでに樺島忠夫によっても提示されたもの[20]であり、古く、この論の起源ともいうべきは、高橋竜雄『国語音調論』(昭七)であろう[21]。

五・七音数律のリズム性(音楽性―美的快感を喚起する要素)を四拍子にみるということは、いわゆる五七調・七五調を同じリズム性にあるものと認定することである。さらに、別宮は「八七調・八六調・八五調・五五調など、新体詩も四拍子であることに変りはない[22]」という。しかし我々の経験的感覚では、明らかに両者には、リズム性の質の違いを認めている。そして、また別宮は、「五とか七とか人は字数ばかりを気にして、たまにそれが八や六になると、字余りと称して破格扱いにするけれども、実はリズムを形作っているのは音節だけではなく、そのほかにおもてに現われない休みがあることを忘れてはならない。そして休みまで勘定に入れれば、五も七も皆八になるのである。」という[22]。

例えば、七五調も八五調も同じリズム―四拍子―とされるわけで、次のように

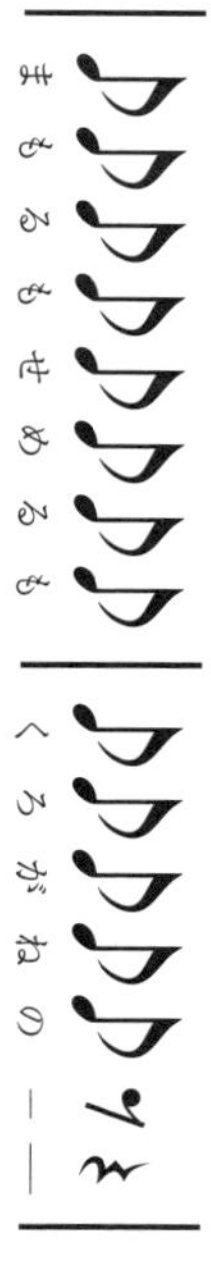

音符にしてみると、なるほど共通して四拍子だと思わせられる。しかし、ここに大きな錯誤がある。とりわけ五・七音句による日本の詩歌においては、七五格に対して八五格は字余り—破格と感ずるのは経験的事実である。勿論、この種の字余りが登場するのは、古代歌謡の時代を除けば、平安末期以後のことであり、奈良・平安の和歌には、後世にみる字余りは存在しない。四拍子の音譜—西欧的音楽にのせて歌われる場合はともかく、七五調の中に登場する八五格は、七五格の破格であることを認めねばなるまい。この事実を無視してしまっては、「破格」と感得する我々の経験的事実を説明することができないのである。

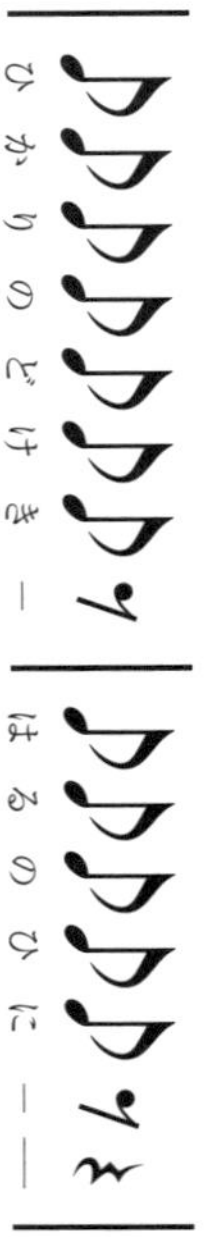

ことは「間(ま・休止)」をいかに認識するかに係っている。四拍子の音譜—音楽にのせる場合はともかく、朗詠する場合には、八五律—八五調の音律句でも、やはり、八と五の間に、「間」はおくのである。七と五との間と同じように、同じような間をおく。それゆえに、七五調における八五格は字余り—破格を意識させ、八五調の八五律は、七五調とは別種のリズム性をもった音律となるのである。

つまり、このことは、五七調・七五調のリズム性は、五と七という音の、自律したかたまりの相関性(継時的順序性)にあるとみるべき事実を意味し、時枝誠記の構成的美とは、このことを指して言う。

ただ、時枝においても、ある種の不徹底があったことを、ここに指摘しておくと、「ウリヤナスビノ・ハナザカリ」(七五律)について、ウリヤ(3)　ナスビノ(4)　ハナザカリ(5)という3：4：5という音数の構成美ととらえている[23]のは、ウリヤナスビノ(7)・ハナザカリ(5)という詩歌リズムの特殊なるリズム的場面を基盤にしてのことであるという条件を付加しなければならなかったのである。この前提の上に、内在[24]律的事実として、3：4：5が認知されるのだ

と修正すべきところだと考える。それは、例えば、

アンタ(3)　アノコニ(4)　ホレテルネ(5)が、先のように3：4：5であるとして、

あんた　あの子に惚れてるね

を前提にしている場合と、

あんたあの子に　惚れてるね

を前提にしている場合とで、リズム感に微妙な差のあることからも理解される。勿論、この歌詞(?)が大衆にアピールした深層の心理には、後者のリズムが前提になってのことであり、その上に「都々逸」(七七七五の七五のことだが)などで錬り上げられた、せりあげるようなリズム(3：4：5)を、内在律に有していたからであったのである。

日本の詩歌の場合、「間」はリズムに付加して捉えるべきものではないのではないか。「間」はリズムに連続するものではない。「間」はリズムの一部ではないと考える。平野健次の「間が不安定であるからこそ、むしろどれだけの間をとるかということが問題となる」[25]という指摘にも、間の自律性が語られている。

間はリズムを積極的に切ることによって、つづけていくという機能を有し、実声の部分(リズム)とは、むしろ対立的に存在するものであろう。日本文化の間とはすべてそういうものではないか。間はリズムを生むものであって、リズムそのものではない。間そのものが自律している。自律する存在であることによって、間はリズムと対立する関係に位置していると考える。

四拍子論では、日本の詩歌のリズム性は明らかにしえないように思われるが、どうであろうか。

(3)　漢詩影響論

ここにとりあげるのは、五・七音句が漢詩の五言・七言と影響関係にあるとする考えで[26]、内部告発的に短歌滅亡

論をひっさげてはじまった、斎藤正二の労作「和歌史の基本構造」を対象に批判的な考察をしてみたい。『短歌研究』昭50・6月号をもって、二十五回の連載に一応の終止符がうたれたものである。教えられるところの多々ある論考ではあったが、基本的なところで疑義を抱かざるをえない。まず斎藤理論を要約しておく。

五七・七五音及び短歌形式は支配者（専制政治《ディスポティズム》）の韻律である。それは、七〜八世紀の交（天武・持統・文武朝）律令体制化を目指す為政者が貴族官僚に押しつけた韻律であって、古代歌謡—和歌のおのずからなる発展の結果といったものではない。日本語の特質に基づいて自然になった音律ではなく、律令体制化による「飛躍」の結果であった。中国（唐）の冊封体制圏にあって、中国音楽及び漢詩（五言詩・七言詩）の影響を受けて、人為的に施行された音律であった。

斎藤が上記のような結論（仮説）を論証される過程に、斎藤の論理体系の本質にかかわると思われる、論理の矛盾と飛躍、認識の不徹底とが存在すると思う。そのいくつかを指摘してみたい。

五七・七五音及び短歌の成立を和歌の自律的な「連続的」発展として捉えることは、「日本律令国家が成立した以前に五七調・七五調の詩歌（もしくは詩歌以前の歌謡）があった、という確実な証拠がない」ことから不可能だといわれる。そして「記紀歌謡」をもって、その証拠とするのは、律令以後の官僚の手になる「記紀」自体に、貴族官人の編修と偏向の明らかにされている史学的現況において不可能なことである、と。

しかし、この論理に立つならば「飛躍」という結論も出せないことになりはしないか。ここに論理の矛盾がある。「連続」とみるのも、「飛躍」とみるのも、継起的に存在する前と後との両方の実態が明らかになっていてこそ導き得る結論である。連続論を否定される論理が、氏の飛躍論を否定する。また「説話が疑わしいように、説話に付随する歌謡や和歌だって疑ってよいのではないか」ともいわれるが、何を疑うか、どこまで疑うか、という思考はなく、疑うことが否定につながっているのは問題であろう。

斎藤は「五七調・七五調」を「おのずからにして到達した究極詩形であると考えること」が「誤謬」であることをいい、五・七によるリズムは朝廷が貴族官人に押しつけたリズムだったとする。だから、五・七及びそれによるリズム形式(ことに短歌形式)そのものが古代貴族官人の律令体制的なリズムなのだという。

確かに、歌人や国文学者らによって、五七・七五調が日本語のおのずからなる究極美と捉えられているむきは否定できない。しかし、上記の「誤謬」の指摘が直ちに、五・七の成立について、中国音楽詩歌の五言七言の人為的な導入であったという結論になりうるか、「誤謬」の指摘が、そういう結論を論証する絶対的論理を形成しうるか、という点が大いに疑問である。ここに論理の飛躍がある。

「五七調・七五調がおのずからにして到達した詩形である」ということと、それが「究極詩形」であるということは次元を異にする。「五七調・七五調がおのずからにして到達した詩形である」としても、必ずしもそれが「究極詩形」でなければならないことはない。歴史的展開の一過程として捉えることができる。だから、先の「誤謬」の認定をもって―つまり、究極詩形であることを否定するために―「おのずからにして到達した」という事実の存在を否定することはできないということになる。「誤謬」の認定が「飛躍」の肯定を導くとはいえないのである。勿論、「飛躍」の肯定をも否定しない。

また、斎藤は「支配者の韻律」であったのは、五七音律が人為的政策的に押しつけられたリズムであったからだという。つまり、そこに日本の詩歌形式の展開に「飛躍」があったとみているわけであるが、リズムの形式が支配者的発想そのものであったというのはあやまりではないか。

和歌(とりわけ短歌)が後世において果たした社会的機能をみるとき、斎藤の考察には首肯すべきものがある。それを支配者の韻律(小野十三郎は奴隷の韻律)と規定するかどうかはともかくも、少なくとも短歌の現代性を問うとき、和歌史的に和歌及びその形式の果たしてきた社会的機能はもっと科学的に見直されねばならないという意味で斎藤の考えにも大いに学ぶものがあるのであるが、それは、五・七という音数律(リズム形式)自体がもたらしたものであったかどうか。

斎藤は、鍵概念として、ロラン・バルトの生み出した文学概念[27]〝エクリチュール〟をもち出して、短歌の果たした社会的機能を説く(私自身はかつてそれを〝コノテーション〟を用いて説明したことがある)[28]。しかし、エクリチュール(書き方、書く行為、書いたことば、などと訳されているが、まだ未熟な感があり)の捉え方にも錯誤をみる。ことに斎藤には、文学的エクリチュールと政治的エクリチュールの区別が明確でなく、単にエクリチュールというと、政治的エクリチュールを意味しているかのようで、いわば、文学的エクリチュールをも包みこんだものとして政治的エクリチュールを捉える偏向がある。そこから、言語は社会を反映するという点について、文字—言語の捉え方にいささかの錯誤を生じているのではないかと思う。

斎藤の言う、短歌(又は五七・七五音律)が支配者の韻律であったと認定するとしても、それは、五・七音数律又は短歌形式そのものがもたらしたものとみるのはおかしい。科学的認識の不徹底がある。正しくは、五・七音数律文は短歌形式を用いて表現された和歌—短歌(形式と内容の総合体としての)がもたらしたものとみるべきである。エクリチュールとは、内容(意味・精神・発想・考え方)に呪縛された形式が、そういう内容をもったものとしてしかかえりみられなくなった言語形式のことをいうのだと、私は理解している。ことに、音楽や詩歌の韻律のような抽象度の高いものは——それゆえにすべての芸術が音楽をあこがれもするのだが[29]——例えば、「聞け万国の労働者……」の労働歌のメロディー(とリズム)が、別に学生の応援歌、そして軍歌のメロディーとしても用いられたという事実をもたらしもするのである。思想との相関性の微弱なところに、メロディー(とリズム)がある。ただ、上記の例の場合でも、思想との関係はともかくとして、そのムード(情意性)において、やはり一種の類縁性がみられ、いわば内容との相関性は自由だとまではいかないものであろう。形式がおのずと内容を制限する領域はあると考えなければならない。その点で、五・七の音数律又短歌という形式(ことに短詩型という特質)が、おのずと、その内容をある範囲に限定するような求心的な力(ゲシタルトとしての凝集性)を有しているということは、史的事実をふまえてみても、充分認めうることではある。

中央集権的な国家統一を目指して、大和朝廷を頂点にする律令体制化が、それまでの日本の政治体制からの「飛躍」であったことは認めなければなるまい。その「飛躍」のマイト(火熱力・斎藤の用語)が、中国の高度な文化・制度であったことは事実である。そういう律令体制確立期の全体性の中で、和歌だけがその全体性の埒外にありえたわけがないと斎藤はいう。それはそうであったわけであるが、だからといって、五・七音数律の確立、短歌形式の完成が「飛躍」の結果、つまり、外部(中国)から導入し押しつけられたものであったと考えなければならないとは限らない。リズムそのものに「飛躍」をみる論理はなりたたない。五・七音数律、短歌形式の成立が「飛躍」の結果とみる必然性はない。それは、リズム形式そのものがエクリチュールではないからである。又、形式(五・七音律及び短歌の)が律令体制化の全体性の中にまきこまれ、律令官人的発想を託された形式として、和歌(内容に呪縛された言語形式—エクリチュール)に利用されていったと考えても、斎藤自身の基本的な考え方と矛盾しないからである。繰りかえすが、リズム形式そのものに「飛躍」をみなければならない必然性はないし、また、斎藤の論理体系の中にも見い出すことができない。いったい、斎藤が「和歌の叙情とは、摂関制デスポット・院政デスポットの思考にほかならない。そこから脱出したのが俳諧である[30]」と指摘することについて、どういう理解があったのか疑わざるをえない。「俳諧」も五・七音律に呪縛された言語芸術であったことには変わりがないではないか。

又、「飛躍」に象徴される律令体制確立期の全体性にあっても、中国の文化・制度の日本への移入の過程において、日本的なゆがみのあったことも、例えば、官僚制度における、神祇官の重要な位置づけ、宦官の制の不採用、科挙制度の不徹底などの指摘によって証明されるし、又逆に、日本の詩歌もこの全体性の中にあって、律令体制化にまきこまれていたことは、「素材と構成と用語」[31]の面では認められることである。「全体性」の認識という科学的歴史認識においても、五・七音律や短歌形式の成立までをも、漢詩の影響とみなければならない根拠はない。七〜八世紀の交、日本においても漢詩文がおこっている。しかし、趣向に偏向が認められる。『懐風藻』に残された作品の詩形はほとんどが五言詩で、七言詩は七首である。七〜八世紀の交に、七言詩が知られていなかったわけではない。しかし、五言詩（漢・六朝時代以来の伝統的詩形で、七言詩は唐代に入ってから成立する）のみへのかたよりは、その「五」音にのみ注目するのなら（斎藤は漢詩の五言を和歌の五音に、七言を七音にむすびつけているように思う）、和歌形式完成期の和歌の実態と相応しない点も指摘できる。

一つは、和歌では結句「七音句」が重要な、意味をになう音律句であったこと。

一つは、五音句と七音句とは、自立的に存在したのではなく、勿論音数律中における自律的な機能を有するそれぞれであったが、発生的には、「五七」を一つの意味的単位とするものであったこと。[32]

「五・五・五……」とか「七・七・七……」といった詩形をなぜとらなかったのか。又、『万葉集』という作品の表記をみるに、一字一音式の万葉仮名表記の存在が、一見、漢詩の五言・七音の視覚的模倣かと思わせるが、すべてにわたった表記でなく、又、六音句、八音句（後世にみる字余り句ではない、母音音節を含んでいる句）が比較的多くみられるという事実は、消極的ながら、漢詩の五言・七言の影響による音律ではなかったことを物語っていはしまいか。又、枕詞（五音句）の存在も考えねばなるまい。

五七律は、言い換えると「短長律」は、リズムを形成する具体的な単位であり、音楽でいえば小節にあたるだろうか。この日本の古くにおいて、短長律であったということに、外国文化の影響をみることは可能であろう。四言詩の後、漢代に発生した五言詩の形式は、2：3の短長律であった。[33]そして、注目すべきは、最近金思燁の発表されたところによると、[34]朝鮮の新羅時代の古歌謡（郷歌）が、3：4を基本にする音数律で、短長律であったという指摘である。朝鮮半島との関係が古くから深かった日本列島が、短長律を有したのはかなり古くからのことであって、それが朝鮮との関係において生成展開したものであったと考えるべきことかもしれない。(補注)

例えば、「情なく　雲の　隠ふべしや」(万葉集・一八)にみえる三音句「雲の」をも、斎藤は、古詩、白詩そして『懐風藻』の詩にも散見される三言句に結びつけて理解されるのであろうか。

和歌文学が「よむ」の語を獲得していった過程に歌謡から自立する和歌の世界をみることができる(一「よむ」こと参照)。それは一種の飛躍であったといえよう。しかし、それは歌謡との連続をたち切ったものではなかったと考える。

斎藤は言う。「短歌のリズムは〝律令官人貴族〟の思考を表現する唯一絶対の手段たるべく、本来は、民衆との共有物たる長歌および旋頭歌に永遠の袂別を告げた」と。五七・七五音律を支配者の韻律と規定されるのも、短歌のみを対象にしてのことのようにみえる。とすれば、それをもって、五七・七五音律は支配者の韻律であるとされるのは、論理の飛躍である。長歌や旋頭歌においてこそ、五七(七五)律は発達したものである。短歌が支配者の歌であったというのなら、短歌(ことに、和える歌としての短歌)の社会的機能からみるとき、首肯しうる面もある。しかし、それは短歌の形式そのものの機能ではなく、短歌形式をもった「短歌」のはたした社会的機能であったと認識すべきで、それをもって、五七・七五音律を支配者の韻律と考えるのは錯誤と言わざるをえない。

斎藤の長大論文を対象としての批判的考察、意を尽しえていないし、誤解もあることと思う。方々のご叱正を乞う。

四 おわりに—今後の五七・七五調論—

七言詩の流行が、つまり長短律（四言—三言）の流行が、七五調の成立をうながしたという影響は考えられる。しかし、七五調は平安朝の長歌、そして典型的には今様によって確立したものと考えるべきかもしれない。短歌の、いわゆる七五調との関係についてはもう少し慎重に考えてみるべき問題があると思う。短歌の七五調の成立とその例証を万葉集時代にその多くを求めるということについても考えねばならないことがある。短歌の場合は、すぐれて構成的な美としての音律機能を有していたと認められるからである。

私自身の音数律論は注（28）の拙稿にゆずることにする。

【注】

（1）『古代歌謡と儀礼の研究』。
（2）糸井通浩「『五三七』 リズムの歴史性社会性—大伴氏族と三輪歌謡圏」（『国語と国文学』 昭和四七・五）。
（3）『記紀歌謡』（日本詩人選1）。
（4）時枝誠記 『国語学原論』。
（5）日本語の歴史別巻 『言語史研究入門』。
（6）「読みの構造」（『講座ミュニケーション6』）。
（7）注（4）に同じ。以下の時枝の引用はすべてこれに同じ。
（8）「言語過程説の展開」（『講座日本語の文法』 1）。
（9）P・ギョーム（八木冕訳）『ゲシタルト心理学』。

(10) 注(4)に同じ。

(11) 「時間的近接は分凝を規定するといっても、それのみが唯一の作用原理ではなく、……他の諸原理が錯綜する」と桂広介はいう(『日本美の心理』)。

(12) 「火をめぐる歌」(『古代緑地』 吉田一穂大系2に収録)。

(13) 糸井通浩「和歌形式生成の論理　序説」(『国語国文』 昭和四七・四)。

(14) 『日本詩歌の形態学的研究』。

(15) 「国語のリズムの基礎二拍子論(試論)」(『学大国文』 第17号)。

(16) 佐久間鼎『国語の発音とアクセント』によると、

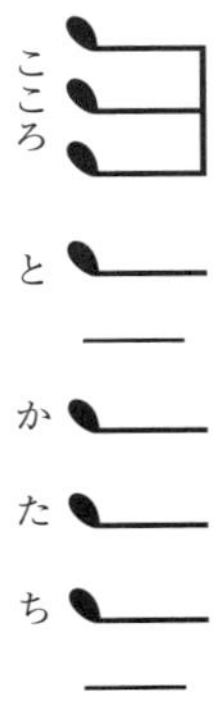

というリズムをなす「こころとかたち」。これが一つの完結体をなす標題であるとすると、「こころと」「かたち」に二分され、各部は均等な時間性を有しようとして、全体で安定したリズム性(ゲシタルト性といってもよい)を保持しようとする。だから「かたちとこころ」と逆にすれば、

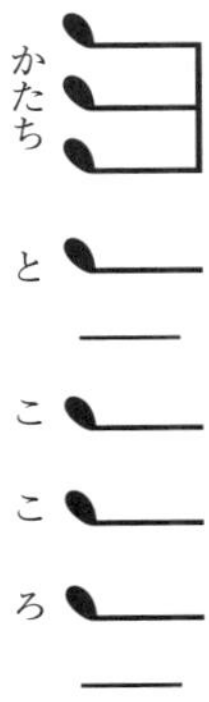

というリズムになるであろう。

(17) 注(11)著書に同じ。

(18) 注(13)に同じ。

(19) 『吉田一穂大系2』。

(20) 「現代和歌の言語的様相」(『国語国文』 昭三一)及び『表現の解剖―続文章工学』(三省堂新書40)。

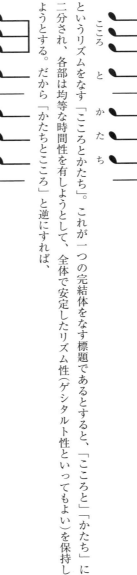

(21) 同著に「国語二音語基調論」「四分、四拍子論」を含む。
(22) 「日本語四拍子論」(朝日新聞昭四八・四・三付)。
(23) 「国語美論」(『国語学原論』)。
(24) これまで筆者は、音数律論において「内在律」という用語を用いてきているが、それは、五や七のレベルの音数に対して、それを構成する下位の音数律のことを指して言ってきた。今後もその意味で使いたいが、和歌文学においては前田夕暮「内在律短歌のリズム」以来定型音数律(外在律)に対して、「自由に表現して、しかもそこに感じられるリズム」(『和歌文学大辞典』)のことを指して言っている。筆者は後者は内面的リズムという。
(25) 「邦楽入門(6)拍子と間」(「朝日新聞」紙上連載講座)。
(26) 土田杏村『文学の発生』、家永三郎『日本文学史』、村尾次郎『奈良時代の文化』などにみられる。
(27) 『零度のエクリチュール付記号学の原理』(渡辺・沢村訳、みすず書房)。
(28) 「和歌形式生成の論理　序説」(『国語国文』昭四七・四)。
(29) ハーバード・リード『芸術の意味』。
(30) 「五七音・七五音の思考—専制支配の韻律—」(「読売新聞」(夕刊　昭四八・三・三付)。
(31) 塚原鉄雄「万葉的表現」(『萬葉集講座第三巻』有精堂)。
(32) 土居光知は、この単位を「行聯」と称し、短歌を発生的に三行聯詩とみる。
(33) こうした面からの影響関係については、高野辰之『日本歌謡史』、中小路駿逸(直談)から多くのことを教示された。
(34) 『古代朝鮮語と日本語』(講談社)、「万葉集の中の朝鮮語」(『万葉集の言葉と心』毎日新聞社)。
(補注) 和歌における五七調(短長律)から七五調(長短律)への変化を漢詩における五言詩(「二・三」の短長律)から七言詩(「四・三」の長短律)への変遷の影響とみる説もある。

四　日本語のリズムと〈うた〉のリズム
――「四拍子論」を見直す――

序　日本文学の謎

かつて次のような指摘に出会ったことがある。日本語の〈うた〉の定型律、例えば七五調、又は短歌(形式)が、なぜ快いリズムなのか、これは日本文学の七不思議の一つである、と。多くはないが、これまでに、この謎に挑んだ仮説はいくつかある。しかし、いずれも人々を納得させるまでに至っておらず、まだ「謎」のままだというのである。今もなお折々、この謎に触れられることがある。最近はもっぱら、土居光知の日本語二音歩説(1)を受け継いだ論で、基本的にそれを元にして展開されて来たといってよい。短歌のリズムの心地よさを、いわゆる四拍子で説明する「四拍子論」(2)が盛んである。そしてこの考えが、世に受け入れられ、定説化する勢いを持っている。

しかし、筆者は、この「四拍子論」に納得できない一人である。かつて和歌形式の定型化の過程を追いながら、「五音」「七音」が形成する美について、一つの仮説を提案したことがあり(3)、またすでに「四拍子論」についても批判を試みたことがある(4)。それから随分時がたったが、その間もいろいろ模索を続けてきた。これといった説明の原理を、見いだしたわけではいまだないが、日常語における言語(日本語)が備えているリズムを、そのまま非日常語のリズムである〈うた〉のリズムに当てはめること自体大きな見当違いとみる立場から、あらためて、表題についての私見をここに述べて、「四拍子論」を批判してみたい。

一 日本語のリズム

等時的拍音形式―日本語の音節構造 日常語において最も小さい音の単位として意識されるものを「音節」(母音、または母音と子音の組み合わせからなる)と言う。日本語を構成する音節の異なり数は、世界の言語の中でも比較的少ない方である。現代語でも約百十と言われる。しかも、音節構造が単純、ほとんどが一母音、または一子音＋一母音からなり、それら全てが母音で終わっていて、日本語は開音節言語であると言われる。そのことから各音節の発音に要する時間がいずれも等しく、モーラ(拍)という単位をもつ言語だと認められている。この音韻的特徴から日本語のリズムは「等時的拍音形式」であると、時枝誠記は規定した(5)。

現代日本語には、シラビーム(音節)方言とモーラ(拍)方言の二つがあると主張する学説もあるが、古代語にさかのぼれば、日本語は本質的にモーラ言語であったと考えざるを得ない。中古の時代以降、いわゆる音便現象によって、撥音便、促音便が発生、そしてウ音便、イ音便がもたらした長音や二重母音の登場が、かつての日本語の「母音・子音・母音、または子音・母音の繰り返し」という単純な音節連続に、異例なものを持ち込むことになったが、撥音便、促音便という、音節を構成していない音が、日本語では一モーラ(拍)として意識されるのであり、日本語は本質的にモーラ言語であるという性質の中に、これらの雑音も巻き込んで同化させているのである。「新聞で汚れた社会の大掃除」の「新聞で」「大掃除」を「しんぶんで」「おおそうじ」と五音に数えるのは、その事を意味している。

「歌をよむ」の意味―音数律の選択 固有の文字を持たなかった日本語に、純然たる和語として「よむ」や「かく」

の語が存在するのはおかしいと、一瞬とまどわれるが、中国から漢字が導入される以前においては、「よむ」「かく」はもともと「読む」「書く」とは異なる意味の語であった。「かく」はひっかくなど、傷つけて印を付けるの意であり、「よむ」は数えるの意が原義であった。『万葉集』の十数例の「よむ」は全て「数える」の意味で理解できる。「歌をよむ（詠む）」の「よむ」が、この「数える」の意味に依ることは明らかである。

日本語の〈うた〉を、不定型から定型へと整備されたものとみるか、元から定型を持っていたと見るか、についてはまだ決着していない。もっとも一般には前者の考えが通説となっているが、後者の議論が近年において存在する[6]。少なくとも定型に律せられた、和歌の諸様式は、五音の固まりと七音の固まりの構成に依っていることは否定できない。音の数の違いがリズムを造っている。音を数える（よむ）ことで整った形式を作りだすのが、「歌をよむ」ことであった。しかも音（音節）がすべて同じ長さを持っていることから、それぞれが数える単位として活かされたのであり、またその一つ一つの音（音節）が単純であり、一つ一つの音質が淡泊でもあったことから、言語の音を活用して非日常の美を造る〈うた〉のリズムは、音の集まり（固まり）の変化と繰り返しに頼らざるを得なかった。それが日本語の〈うた〉が選んだ「音数律」であった。

音節（シラブル）を持たない言語はないが、拍（モーラ）という単位を持っているかどうかは言語によって異なる。拍（モーラ）を持つ言語は少ないと言われる。日本語は拍（モーラ）を持つ言語ということになる。〈うた〉のリズムを説明するときには、等時的な音を数えるわけであるから、シラブルよりモーラで音（音節）を捉えた方が良いことになる。以下、もっぱら、拍（モーラ）を用いることにする。

日常語のリズムとフット(foot)　日常の日本語（音声言語）が、発音上2モーラを「まとまり」としていることは、早くから指摘されてきた[7]。こうした単位をフット（歩・foot）という[8]。例えば、「さくら」（桜・単語）、ないし「さくらが」（桜が・文節）は現実の発話においては、一息に発声するのが通常であるが、内省してみるに、その一息の内で

「さく・ら」「さく・らが」のような音のまとまり（フット・音歩）が存在することが分かる。そして、たとえ語源的に「さ・くら」（稲の神「さ」＋宿る場所「くら」）であっても、リズムはその影響を受けない。丹波（地名）は、語源的には「た・には（田庭）」と考えられているが、当てられた漢字は「丹波」つまり「たに・は」のリズムで捉えている。発声上、語ないし文節は先ず2拍ずつのまとまりをなすのである。

ところで、日本語の語彙を分類するとき、語を構成している拍数の違いで分類することがある。既に指摘されている調査結果によると、語数がもっとも多いのは、四音節（拍）語で、全体の約39％を占めるという。[9] 四音節語は語構成の観点から分類すると、①4音節の一語からなるもの（例：むらさき・紫：語源的には「群れ＋咲く」か。うぐひす　鶯）、②3音節語＋1音節語からなるもの（例：むさし・の　武蔵野）③2音節語＋2音節語からなるもの（例：あま・がさ　雨傘、ぱら・ぱら　擬音語）④1音節語＋3音節語からなるもの（例：は・ざくら　葉桜）の四種類になる（ここの「語」は形態素と言うべきであろう）。これらは、③は当然、②も④も、そして①さえもすべて、一息に発声しながらも2拍ずつのまとまりが内在していることが認められる。一息に言う語、ないし文節の拍の数が奇数であっても、この傾向は変わらない。拍を音歩とみて、日常の日本語に備わる、このリズムを「二音歩」と見ることがある。三拍語であれば、先の「さくら（桜）」と同様に、「てじ・な（手品）」、「まぶ・た（瞼）」となり、それは「て・じな」「ま・ぶた」より自然であるし（このリズム現象に連濁現象が関わっているであろう）、五拍語であれば、「ほと・とぎ・す（時鳥）」と、まず二拍ずつでまとまろうとする力が働く。ただし、「かつ・お・ぶし（鰹節）」などのように、語源的に意味の切れ目が意識されやすいものは、意味の切れ目に音歩が対応することがある。この場合、少なくとも「かつ・おぶ・し」より「かつ・お・ぶし」が自然であろう。

なお、日本語における四音節（拍）語好みは、次のような事象にも現れている。一つは、オノマトペ（擬声語・擬態語）、その多くは二拍の形態素の繰り返しの形をなす。また、語を省略して言う場合、四拍短縮語になる傾向が見られる。「国連」「日銀」など漢語の省略形だけでなく、「アメフト」「渋カジ」「えのけん」「なつメロ」などがそれで、数年前には「あけおめ」(明けましておめでとう)「ことよろ」(今年もよろしく)などまでが流行った。また、畳語を形成するときにも、「所々」「日々」などの例外もわずかながらあるが、原則は、「山々」「人々」など、二拍語の繰り返しにほぼ限られるのである。

この点、共通語のアクセント(東京式アクセント)の特徴とされる、かならず第一拍と第二拍とが高低を異にするという事実は、語連続の中での語の自立を保証する効果を持っていると言われているが、それだけでなく、日本語の2拍ずつになろうとするフット(歩)にも対応している現象と見ることができる。逆に、それだけ東京式アクセントには安定性があるといえよう。

四拍子論の実態　五音(拍)または七音(拍)のまとまりを単位とする日本語の歌のリズム、とりわけ短歌形式のリズムを説明するとき、以上見たような、日常の日本語が持っているリズムを当てはめて、説明しようというのがいわゆる「四拍子論」である。研究史で言うならば、高橋龍雄の「国語二音語音調論」や土居光知の「二音歩説」(10)をベースに、短歌形式のリズムの心地よさを四拍子であることによると説くのが、別宮貞徳や坂野信彦らの「四拍子論」(11)である。

その理論の基本的な原理を、具体例で確認しておきたい。二音歩(一拍)単位でリズムは刻まれていると認定する。「・」は拍の切れ目、「＊」は充足する音がない、つまり休止の部分を指す。また「―」は五音句・七音句の切れ目を意味する。

①　やま・やま・かす・み＊―いり・あひ・の＊・＊＊―
　　かね・は＊・なり・つつ―のの・うし・は＊・＊＊―　(七五調の歌・土居光知)

②　これ・や＊・この・＊＊―ゆく・も＊・かへ・るも―

わか・れて・は＊・＊＊—しる・も＊・しら・ぬも—

あふ・さか・の＊・せき—（短歌・別宮貞徳）

③ ＊う・たは、よに・つれ—よは・うた、につ・れ＊—（七七句・坂野信彦）

以上、いずれも四拍子になっているというわけである。③を例に、「七七形のばあい、ことわざ、しゃれことばなどで圧倒的に多い構成」であり、その多くは「三・四、四・三」構成になっていると説明する。しかし、「七七」句が「三・四、四・三」のリズムになっていることが多いことは認められるものの、例③の後半の「七」が「よはうた・につれ」という「四三」であるという認定は認めがたい。これは「よは・うたに・つれ」という、和歌研究で認められている「二・三・二」ないし「二・五」のリズムと見るのが自然であろう。なお、「＊」「・」「—」という三つの、いわゆる「息の切れ」の違いについての、明解な説明はなされていない。論理化の不徹底がここに存在するのである。

その他のところでも、上記の区切れには疑問がある。③の冒頭の「＊」は意識される休止時間であろうか、そのため「歌は」が「う・たは」となってしまうのも不自然である（先にみた二音歩説の根拠からすると、「うた・は」が自然なリズムであろう）。②については、実際短歌を声に出して朗唱するとき、「これや」「ゆくも」「しるも」の後で一音の休み〔＊〕を入れるだろうか、という批判的指摘[12]があり、このことは①の「かねは」のあとの休止についても言えることである。四拍子説の弱点をついた指摘で、首肯できる。

日本の和歌、五音句・七音句による定型の〈うた〉のリズムの美を説明するのに、以上のような、四拍子であることに依るという四拍子説には、いくつかの疑問がある。主な疑問点は、以下のような三点に整理できる。

A リズムには切れ目がある。日本語の〈うた〉のリズムの切れ目は「ポーズ（間）」なのか、休止なのか。それは、リズム内要素か、リズム外要素か。

B　五音句が六音に、七音句が八音になることを「字余り」という。これは破調とも言われ、リズムを崩すが、このことが四拍子論では説明できないのではないか。

C　従来の説明では、いわゆる「七五調」の〈うた〉の例でもっぱら説明され、比較的説得力あるが、日本の〈うた〉は、「五七調」から始まっている。「五七調」も四拍子論で説明できるか。

以下において、この三点を中心に、四拍子論を批判的に考察してみたい。

二　ポーズ(間)と休止

音数律である意味　等時的拍音形式というリズムを特徴とする日本語が、〈うた〉という形式美を獲得するために、音数律という方法を選んだのは自然な成り行きであった。しかも、全ての音節が単純構造と単調な音質であるため、韻を踏むことに、どれほどの効果をも期待できなかったし、アクセントも高いか低いかの違い(変化)しかなく、いわゆる中国語詩に見られる平仄におもしろみを見いだすという方法を定式(様式)化することもできなかったのである。

古来、五音の固まりと七音の固まりを、音数律の基本としてきた。様式としては、二つの固まりの配置によって様々な様式が生まれたが、〈うた〉のリズムの主流となる様式は、「五音・七音」の繰り返し、または「七音・五音」の繰り返しであった。近代になって、五音、七音以外による音数(律)の様式が、これまたいろいろ試みられてはきたが、いずれも安定して形式美として定着したものはない。

日本語の〈うた〉の形式を説明するには、何よりもこの音数(律)として、なぜ五音であり七音であったか、が説明されねばならないのである。原子論的な四拍子論とは異なり、五音・七音という音の固まりこそが、日本語の〈うた〉の形式美の基調なすという主張も一方ではなされている。古いところでいうと、哲学者の大西祝や国文学者の五十嵐力の考えにうかがわれる。

音の固まりと、その機能　音の固まりとは、結論を先に言えば、発声において一息に言う単位ということである。橋本進吉の文法学説(13)は、文節主義と呼ばれ、批判も多い。それは文節を「文の成分」(文を直接構成する要素)と捉えたところに元凶があるとする批判と言って良いであろう。しかし、橋本が「文節」という単位を取り出されたこと自体は、日本語を説明する上で、重要な指摘であったと考えられる(14)。文節とは、「文を実際の言語としてできるだけ多く句切ったもっとも短い一句切り」つまり日常の発語において、これ以上は途中で息づきをしないという単位のことである。

それ故に、日本語の発話における音韻上のさまざまな現象は、この文節という単位において起こっていると言えるのである。アクセントがそうである。単語レベルでは、全てのアクセントの種類をとり出すことができない。文節を単位にしなければならないのである。また、古代日本語には濁音で始まる語はなかったとされるが、にもかかわらず助詞の「が」「ば」や助動詞の「べし」などが存在することは、文節を単位とする、日本語の実態を捉えなければ説明できない。さらには連濁現象やハ行転呼音の発生についても同じことである。つまり、これらの音韻現象は、実際に一息に言う音の固まり(文節という単位)において生じている変化なのである。この一息に言うことを、「緊張(発声のはじめ)から弛緩(発声の終わり)へ」の一回過程と説明することができる。そういう文節が、日常語としての日本語に見られる基本的な区切れである。

しかし、日本語の〈うた〉においては、五音の固まり、七音の固まりを「句」という単位名で呼ぶが、この〈うた〉という非日常語の単位「句」が、先に見た日常語における「文節」に相当するのである。その意味で本来、〈うた〉における句(五音句・七音句)は、日常語の文節と同様一息で言う音の単位であると見るべきなのである。

『土佐日記』に次のような一節がある。

「船とく漕げ。日のよきに。」ともよほせば、楫取り、船子どもにいはく、「みふねより　おふせたぶなり。朝北の、いでこぬさきに、綱手はや曳け」といふ。このことばの歌のやうなるは、楫取りのおのづからのことばなり。

楫取りは、海上という、声の通りにくい状況にあって、くぎりくぎり大声で叫んだのであろう。それが自ずと「五・七・五・七・七」の区切れになっていたのである。文節の切れ方と異なっていることに注意したい。日常語の文節による区切れと、〈うた〉における句による区切れとは本質的に異なる単位であるが、形式において、偶然日常語が〈うた〉の形式に一致することはあり得るのである。例えば、

あらためて山田と話し合うべきかどうか、じっくり考えてみる。

この例を示して、「これは短歌だ、と言われても、にわかには信じられないだろう。だが内容はともかく、形式の上では、これでも五・七・五・七・七の五句から成るれっきとした短歌である。」と説明される。[15]日本語の〈うた〉の表現も日本語そのものによって紡ぎ出される。それが、日常の日本語が持っている文節やフットという単位を備えていることは否定のしようがないことである。しかし、日常の日本語の単なる延長に〈うた〉の表現があるわけではないのである。それぞれのリズムを直接構成する単位が異なっていることに注目したい。

「切れ」の意味　定型の〈うた〉を直接構成するリズムは、五音、七音という音のまとまりである。これらの音の「まとまり」を保証しているものは何か。一息に言うときに必ず伴う緊張の開始とその弛緩、その後の「切れ」である。日常語では、文節という音の「まとまり」を保証しているものはアクセントである。アクセントが文節という音の集まりを一つのものとして統括している。本来アクセントの存在意義は、この語を統語するという機能にこそある。この機能が、〈うた〉では、句において働くわけである。

この〈うた〉に見られる句切れを「ポーズ(間)」と読んでおく。ところが、四拍子論では、この区切れに時間の存在を認めて、「休止」と捉えているのである。弛緩の後の句切れをポーズと見ることは、ポーズは五音・七音というリズム単位の外にあるものと見ているのであるが、それを休止と見る四拍子論は、時間を持つ休止自体を、五音・七音とともにリズムを構成する要素と見ている、つまりリズム内構成要素と見ているのである。

五音、七音の後のポーズが、五音、七音のまとまりを保証しているというのは、あたかも地と模様の関係といって良い。ポーズという地が五音・七音という模様を際だたせているのである。空白の白地の部分が描かれた素材を浮き立たせている東洋画の論理である。地は模様そのものではない。それに対して、四拍子論はあたかも塗りつぶす西洋絵画、埋め尽くす西洋音楽の論理である。西洋的科学の論理である。

そもそも、先に①②③の例で見たが、特に五音の後の、一拍ないし一拍半という休止の時間は、何によって保証されているのだろうか、存在の根拠は何か。リズムの休止の部分について、そんな計算が日本人にできているのだろうか。これが疑問であり、実感として納得できないのである。先に指摘した疑問[16]はこのことと同種のことを主張していると言って良い。先に「四拍子」という結論があって、引き算で一拍、一拍半、半拍といった数字がでてきているとしか考えられない。とすれば、本末転倒である。しかし、ポーズがなければ、リズムが刻まれないのは言うまでもない。ポーズ(間)は時間的単位ではないのである。

リズムの切れ目を、時間的な休止と捉えるのでなく、ポーズ〈間〉と捉えると言うことは、非日常語としての〈うた〉の形式(形態)美を拍子によってもたらされるものとは捉えないで、一定の音の固まりの時間的展開にみられる「構成美」と捉えることを意味すると言って良い。こうした観点を明確に打ち出したのは、時枝誠記[17]である。

日本語の〈うた〉の形式美には二面がある。一つは五七、ないし七五の「繰り返し」であり、一つは、五音の固まりと七音の固まりとの音量の「変化美」とである。本来意味的に五七を表現の単位として、それを繰り返すというリズム(これを五七調という)の典型美を形成していた。少なくとも長歌においては、両方の形式美が備わっていた。中古以降七五調になっても、長歌の場合は、繰り返すというリズムを失うことはなかった。しかし短歌という歌体が主流を占めるように成って、繰り返すというリズムの形式美が弱まって、音量の変化という構成美が表立ってきたのである。そこに新たに自立化の目立ってきたのが、内在律というべき、七音句では「三音・四音」「四音・三音」という副次的音の固まりであったといって良い。(18) いわば日本の〈うた〉は、三音・四音・五音の固まりによる構成美となったのである。短い俳句形式でさえ、いわゆるリズム美が感じられるのはその構成美が機能しているからである。

三　「字余り」と正調・破調

ここから一のP.398に示した、四拍子論に対する、三つの疑問点のうちの二つ目(B)に移りたい。

古代和歌にみる「字余り」　現代の俳句や短歌で「字余り」(また、「字足らず」も含め)といえば、定数の音数(五音・七音)による正調に対して、「破調」と受け取られて、リズムを乱すものとされている。ところが、古代和歌では少し事情が異なったのである。

年のうちに春は来にけり一年を去年とやいはむ今年とやいはむ

右の歌は、『古今集』冒頭歌。初句(年のうちに)と末句(今年とやいはむ)が字余りになっている。この歌の「去年(こぞ)」「今年(ことし)」の語は、意味的には入れ替えることができるはず―つまりどちらが先になっても良いのであるが、しかし当時の和歌のリズム上の制約からすると、先のような順序(去年が先で今年が後)でなければならなかった。それは、以下のような事情が存在したからである。なお、以下歌のリズム上の単位である五音の固まり・七音の固まりを、「句」と呼ぶことにする。

『万葉集』や『古今集』など（ほぼ『千載集』の歌あたりまで）、古代和歌に見られる、字余りになっている句のほとんどに、単独母音（または母音音節）の「あ・い・う・お」（「え」がないのは、単独母音の「え」で始まる語の少ないことが理由）が含まれているという事実が、江戸時代の本居宣長によって指摘され、その後佐竹昭広を始めとして、精密な整理と法則性の発見がなされてきた[19]。これらの先行研究によって、単独母音を含んで字余りになっている句は、仮名文字化すれば、確かに五音句が六文字に、七音句が八文字になっていて「字余り」ではあるが、リズム上は、音は余っていない、定数通りであって「音余り」ではない、つまり、定形のリズムを崩すもの（破調）ではなかったと解釈されている。句中の母音音節（単独母音）は、前の音節の母音と連続して二重母音になるのであるが、おそらく朗詠上は、前の音節と一つになって、一音（節）と認知（知覚）されたものと考えられる。

字余りになる句の偏在　ところが、単独母音を含んだ句が全て字余りになるわけではなくて、単独母音を含んで字余りになる句とならない句があるのである。しかし、この二種の句の出現の分布に、偏在の認められることが、木下正俊や毛利正守らによって指摘されている[20]。毛利による調査結果をここに借用すると、次のような様相を呈しているのである。

	第一句	第二句	第三句	第四句	第五句
字余り	290	233	262	187	743
字余りなし	31	620	24	561	38

これは、『万葉集』の短歌のみを対象にした調査である。この表から、単独母音を含んだ「字余り」句数と、単独母音を含んでも字余りにならない「字余りなし」句数との分布の仕方によって、各句を次のように二グループに分

けることができる。

A：五音句（第一句・第三句）と七音句（第五句・末句）

B：七音句（第二句・第四句）

ここにみる分布の傾向は、長歌における五音句・七音句及び七音句の結句（末句）の間にも認められることを、毛利は調査結果を示して述べている（数値をここでは割愛する）。

注目すべきは、同じ七音句でも末句の七音句とその他（歌の途中）の七音句とでは、単独母音を含んだ時のあり方が異なっていることである。つまり、単独母音を含むと字余りになるのは、末句の場合で、その他の場合にはなりにくい。この事実を踏まえて、先の『古今集』冒頭歌について分析すると、「今年（ことし）」は末句でなければならないのが、当時のリズムのあり方であったということになる。「去年（こぞ）」だと、単独母音を含んで「字余りなし」の句（こぞとやいはむ）になるのである。

朗詠と字余り、及び内在律　上記のごとく「A・B」二つのグループが存在することは何を意味しているのだろうか。「A」は、単独母音を含んで字余りの句になるグループ（例：としのうちに）である。先に見たように、これらの句は、字余りであっても音余りではなかった。つまり単独母音は前の音節と融合し、一音と知覚されたものと解されるのである。この事は、少なくとも基本的に「五音句」は、一息に朗詠されたことを意味していよう。このことはまた、日常語における「文節」（発声における「緊張から緩和へ」の一回過程）に相当する。それによって全ての単独母音は前の音節と融合して朗詠されたことを意味する。とすれば、第五句（末句）の「七音句」（例：ことしとやいはむ）についても同じことが言えたはずである。この事は何を意味するか、これについては次の「B」の場合を見てから述べることにする。なお、「A」グループには、圧倒的に少ないにしても、単独母音を含んで、字余りにならない句が零ではない。しかし、これらを本稿では、まずは例外として扱っておくことにする。(21)

「B」は、句数の数値から、二種類あると見るべきであろう（句数の少ない方を例外と扱うには句数が少なくない）。

(a)　単独母音を含んで字余りになる場合。　（例：とものおとすなり）

(b)　単独母音を含んで字余りにならない場合。　（例：こころはおやじ）

後者(b)の方が遙かに多いことは注目して良い。単独母音を含んで字余りにならないのは言うまでもなく、それで音余りは勿論、音不足にもならない（つまり正調）とすると、単独母音が句の冒頭にあるときは問題ないが、句中にあるときでも、前の音節と融合しなかったからだ、と解釈すべきなのである。そのためには(b)の場合、七音句は「三音・四音」または「四音・三音」（時には「二音・五音」「五音・二音」）に切れるリズムを持っていたと考える必要がある。このように日本の詩歌の基本リズムである「五音句・七音句」がその内部において、さらに細かなリズムを持つことが認められるとき、これを「内在律」と呼ぶことにする。(b)の場合、「七音句」では、内在律が確立していて、各句の後半の「三音」「四音」（あるいは「二音」「五音」）の最初の音節が単独母音（例：こぞとや・いはむ、あはぬ・いもかも）であっても、前の音節と融合することなく、単独母音はそれだけで一音としてカウントされたと見ると、以上の現象は説明できる。

以上のように考えると、(a)の場合においては、さらに二つの場合があり得たことになるのである。しかし、いずれにしても(a)の場合は、単独母音が前の音節と融合しなければ、「字余りであるが音余りではない」という正調をなさないことになることを踏まえておかねばならない。(a)の場合の一つは「A」グループの「七音句」同様、内在律化していなくて、「七音句」として一息に朗詠されたと考えられる場合、もう一つは、内在律化していて、その「三音」や「四音」の内において、単独母音が前の音節と融合して音余り（破調）にならなかった場合（例：しほひ・なありそね、あそぶ・このいけに）である。実態として原則的に後者の場合が基本であったようだ。とすれば、「B」グループの「七音句」では原則的に、内在律が発達していたと考えられる。[22]

逆に、「A」グループの句では、内在律化が発達していなかったこと（この事は、五音句については後世になっても変わらなかったと言える）を意味する。なお、『万葉集』においては、短歌の第五句（結句）、及び長歌の結句の「七音句」が内在律化していなかったことの意味については、後述する。

四拍子論の難点　古代和歌において、リズムの基本単位である、五音の固まりと七音の固まりは、かくも厳しく守られていた。定型化して以降の和歌においては、「音余り」という破調はさけられたのである。後には、「音余り」になる、いわゆる字余りが、それが破調であることを自覚した上で、詠まれることにもなるが、それは破調であること自体に一種の表現的価値を見いだしていたと言える。ともかく五音句が六音になり、七音句が八音になることは、字余りという破調なのである（「字足らず」の場合も同じことであるが、実態としてはないに等しかった）。

ところが四拍子論は、句の後にリズム内要素としての「休止」を認めて、「休止」も拍として数え、五音句も七音句も四拍子になると考える。しかし、四拍子に整うということでは、五音句が六音、あるいは七音になっても、また七音句が八音になっても四拍子であることには変わりがない（四拍子が崩れない）。つまり無理なく四拍子に整えられるのだから、破調ということにはならない。長々と述べてきたが、これでは日本語の詩歌に見られる正調・破調の、リズム上の違いが説明できないのではないだろうか。四拍子論の大きな欠陥であろう。

文節中の単独母音　これまで見てきた、単独母音を含んで字余りながら音余りでないという法則性に基づく歌を第一種字余り歌と言い、この法則に基づかない、いわゆる音余り（破調）のうたを「第二種の字余り歌」[23]と呼ぶ人がある。現在言う「字余り」である。平安末期の歌から顕著に見られるようになり、歌人では西行あたりから自覚的であったようだ。しかも平安末期になると、それまでの第一種字余り歌も、音余りと見られるようになったと指摘されている。おそらくこの認知（知覚）の変化には、平安時代になって確立する音便現象、この場合特にイ音便・ウ音便の確立が、文節中での単独母音の存在を許容するようになったという音韻上の変化が深く関わっていると考えられる。

現在では、方言によって、文節中の単独母音の許容、言い換えれば連続母音の許容のあり方は異なるが、共通語では、例えば「ふるいけや(古池や)」は五音節(拍)からなる句と認められ、朗詠上「ふる・いけや」という内在律化を認めなくても、「イ」という母音は独立した母音音節としての自立性を獲得しているのである(これがイ音便・ウ音便の定着がもたらした、日本語史上における意味である)。

日常語の文節中に起こった現象が、後世の歌の「句」にも反映してきたのである。単独母音が前の音節と融合することなく、単独母音を含んでも字余りは字余り(=音余り)とされるようになったわけである。しかし、一貫して日本語は本質的にモーラ言語であるという性質は失っていないのである。

イ音便・ウ音便発生以前の日本語は、一息に言う単位(緊張から弛緩への一回的過程)、日常語では「文節」、和歌では「句」(内在律の音のまとまりも含む)において、其の途中や末尾に母音音節(単独母音)が現れること、または残ることを避ける言語であった。例えば、「わがいもこ(我が妹子)」という連語も一語的になると「わぎもこ」と言うようになったように。

四　五七調から七五調へ

次に、四拍子論に対する、三つの疑問の最後の疑問について述べることになる。

定形化と歌体の形成　日本語の詩歌・和歌は、当初は音数によるリズムも不定形であったが、五音句、七音句を単位として定形化したものになってきたと捉えるのが通説である。残されている資料の問題もあるが、この不定形から定形化への変化の要因については、いわゆる歌謡と言われる、音楽に伴う詞章として存在した「言の葉」が、音楽から自立した詞章となったことによって定形化したものと解釈される。歌を作ることを、本来は数を数える意味の語であった「よむ」を用いて、「歌をよむ（詠む）」といったところにも、音数による定型化が浸透したことを窺わせるのである。

定型化の過程にも、いくつかの生成過程の段階があったと思われる。基本的な原型（モデル）として、「短詞句＋長詞句」のペアが意味的なまとまりをなして、それを繰り返すことによって歌の詞章が成立したと思われる。これが定型化して「五音句（短）＋七音句（長）」となった。そして「五音句」には「枕詞」が置かれることが多く、「五音句」は次の「七音句」を引き出す機能を託されていたのである。この事実にも五音句と七音句の意味的結合の強さが見て取れる。

「五音句＋七音句」というまとまりは、意味的単位であり、リズム的単位でもある。この連句（ペア）が、和歌の構成上の形式単位として、繰り返されるところに和歌は成立し、それがいくつかの様式（歌体）を派生させる基本単位となった。短歌形式は、この形式単位を三度以上繰り返したものであり、最小限の繰り返しでまとめられたものが、短歌形式として自立することになった。繰り返しをせずに、一つの形式単位句だけで自立したものは、片歌形式と呼ばれた。こうした中で注目すべきは、これらの様式の全てが最終的な形として、末句（結句）に「七音句」を持ったことである。片歌は「５７・７」の形式をとり、これを繰り返すことで一つの完結した歌体をなしたのが旋頭歌であると見て良いであろう。先にも述べたように、基本的な形式単位「五音句＋七音句」の「七音句」と各歌体の末句（結句）の「七音句」とは、このように成立を異にした。言い換えれば、歌というリズムの中での機能が両者では異なったわけである。

末句の七音句の機能　この二種類の「七音句」の機能の違いが、先に見たように、末句の「七音句」では、単独母音を含んで字余りになることが多いことから、内在律化せずに一息に朗詠することを意味し、一方歌中の「七音句」では、内在律化する傾向が見られるという違いになって現れているのである。つまり、それぞれの歌体において、末句の「七音句」は、歌一首を統括する、あるいは歌の流れを差し止める終結のリズムの機能を持っていたことを意味する。それだけ重い機能を託されていたと言えよう。本書〔三〕の一参照。

七五調の成立　和歌史において、上代から中古へと移ると、文芸としての和歌は、いわゆる短歌一辺倒になるとともに、リズムにおいては、五七調から七五調になったと説かれる。しかし、『万葉集』の長歌が、「五七調」の典型だとすれば、「七五調」が特に顕著に見られるのは、今様などの歌謡においてであろう。(24) 中古になって、和歌といえば「短歌」ということになったが、その短歌は、七五調とは言ってみても、「七五」となる部分は現れたとしてもたかだか一回だけで、「調」(拍子)と言えるものではなかった。

かつて筆者は次のように説明したことがある。長歌は、「五七」という意味的形式的単位によって構成することが義務づけられていたが、その繰り返し(調・拍子)の度数については自由であった。多く繰り返しても短くても良かった。ただその中で、繰り返しという点において、最低(最短)の繰り返しである、いわゆる短形式(五七、五七、七)が短歌として独立したと捉えればよい。

一方短歌は、長形式の一種として、「五七」を二度繰り返した「五七・五七・七」が基本形式であったが、後には、初句切れ、三句切れなどの歌が現れたように、「五七五七七」という音数の配置は義務づけられたが、区切れは詠み手の自由であった。少なくとも「七五」調(拍子)とは直接の関係はなかった。言い換えれば、繰り返しによる美的リズムは短歌とは無縁である。短歌の美的要素は、いわば五音、七音の配置の変化(構成美)に集約された。それはさらには、末句(七音句)においても内在律化が進むことで、三音、四音、そして五音の配置の変化(構成美)に求められるようになったと言えるようだ。

五七調と四拍子論　五音句、七音句をともに四拍子で捉える四拍子論の特徴の一つは、休止の長さが、七音句の場合が一音分であるのに対して、五音句の場合、三音分になることである。当然三音分のところの、句と句の切れが長くて大きい。この理屈は、七五調の歌では、比較的納得されやすい説明になる。例えば、

④　これ・や＊・この・＊＊―ゆく・も＊・かへ・るも―
　わか・れて・は＊・＊＊―しる・も＊・しら・ぬも―
　あふ・さか・の＊・せき―
　（別宮貞徳による[25]・古今集歌）

この歌の場合、意味上第二句と第三句のつながりが強く、第四句と第五句のつながりが強いから、第三句のあとに「＊・＊＊」（三音分・一拍半）の休止があること、また、初句は第二句以下の全体と意味的にかかわっているから、その後に「＊＊」（一拍）の休止があることは、納得がいくのである。にもかかわらず、この別宮のリズム分析について、「この短歌を読唱する場合、「これや」で一音休み、「ゆくも」で一音休み、「しるも」で一音休むような休止を入れるだろうか。音歩説からいくと、三音語のところは必ず一音の休止を入れなければ音歩間の等時は成立たないのである」、そういう実態に合わない無理な分析をしているという指摘[26]があり、当然私もこの疑問に納得できるのである。

では、五七調の歌の場合はどうであろうか。次のようになるという。

⑤　やく・も＊・たつ・＊＊―いづ・も＊・やへ・がき―
　つま・ごみ・に＊・＊＊―やへ・がき・つく・る＊―
　その・やへ・がき・を＊―
　（別宮貞徳による・古事記歌謡）

これでは五七調とは言えない。むしろ七五調になっている。こうした四拍子論者による、五七調のリズム分析について、「そこから生じる字句と朗誦リズムのずれ具合は、ほとんど滑稽ですらある」[27]と批判されるが、まさにその通りで、実態を無視した分析と言わざるを得ない。次の歌なら、さしずめ、

⑥　ひさ・かた・の＊・＊＊—ひか・り＊・のど・けき—
　　はる・の＊・ひに・＊＊—しづ・ここ・ろ＊・なく—
　　はな・の＊・ちる・らむ—　　　　　　　　（古今集歌）

となるのであろうか。この歌は、区切れ論では無句切れの歌とされる歌であるが、意味上の句切れとしては、この歌の場合、第三句の後が一番大きな区切れのところである。そこが「＊＊」とあって、一拍分の休止があることは納得できるが、初句の後に「＊・＊＊」の休止があることになるのは、納得できない。枕詞（ひさかたの）は係り受けの関係で次の句の語（ひかり）を引き出す機能を持っているのだから、そこで切れていては枕詞としての働きが無為になるからである。こうした矛盾が、枕詞を伴って「五音句＋七音句」という意味上のまとまりをなす五七調の歌では生じてしまうことになる。ただ四拍子論者は、こんな矛盾を次のように解決しているようである。[28]

⑦　＊＊・やく・も＊・たつ—いづ・も＊・やへ・がき—（以下略）または、

⑧　＊＊・＊や・くも・たつ—いづ・も＊・やへ・がき—

これで確かに五七調の説明になっているが、どちらにしても、歌の冒頭の休止拍の設定は、現実的でなく、我々の意識からしても荒唐無稽な分析としか言いようがない、ほとんどつじつま合わせのわるあがきの議論である。

五音句・七音句による日本語の詩歌が四拍子であることで音楽的リズム（美）を獲得していたと主張するなら、当初のリズムである五七調においてまず、その理論は適用されねばならないはずである。しかし、以上見た矛盾は解決できないであろう。とすると、四拍子理論は誤りと言わざるを得ない。

内在律化の浸透　私見であるが、句の等時性を考えてみる必要があるかも知れない。「からだとこころ」は「からだと」と「こころ」に切って発声するとき、「からだと」と「こころ」とが時間的に同じ長さで言われはしないか。「こころとからだ」であれば、「こころと」と「からだ」との関係となる。三音節の「こころ」「からだ」の方が

「こころと」「からだと」に比して多少ユックリ目になってはいないか。[29]

各句の等時性ということを言うなら、四拍子論は正に各句は等時であるという前提に立っているわけである。しかし、もし各句が等時的であるとしたとしても、それが四拍子でなければならないことはない。五音句も七音句も同じ長さで朗誦される方法としては、五音句を多少ユックリ目に、七音句は多少早めにという朗誦もあり得たことを、先の「こころとからだ」という句の場合は物語っている。

さて、先に中古になって以降、末句の「七音句」も内在律化が進んだのではないかと述べたが、中古中期になると、短歌が上の句(五七五)と下の句(七七)の二分割で捉える意識が高まってきて、いわゆる短連歌が生み出されても来る(後の連歌や歌がるたへと展開する)。つまり構成美の変化である。そして、平安末期には、下の句「七七」は内在律として「四三・三四」(例：かすみに・おつる／うぢの・しばぶね)が典型ないしは標準的内在律となっていたと言われるのである。[30]

こうした内在律化の安定した典型例として、「都々逸」のリズムが指摘される。都々逸の歌体は「七七七五」で、比較的新しい民謡や童唄の形式にも取り入れられている。そのリズムが、「七七七五」であるのは言うまでもないが、その多くが「三四・四三・三四・五」になっているのである。なかで後半の「三四五」のリズムを活かして「あんた・あのこの・なんなのさ」という文句や「みつい・すみとも・ビザカード」といった広告コピーが登場したが、これら三つの部分が時間的に同じ長さで発声されることで、三音は多少ユックリ目、五音は多少早めに言うことになり、ユックリから早めへと、せり上げるような流れを構成する、これこそこのリズムの構成美であって、それが効果的なのである。

混合拍子説　四拍子論は、五七調の説明で破綻すると批判する川本皓嗣[31]は、「五七調の詩句は、元来、三拍子と四拍子の混合拍子の形で朗誦されたものと考えられる」と言い、それが「詞のリズムに即したもっとも自然な韻律パターン」と説かれる。五音句が三拍子、七音句が四拍子だというのである。しかし、こういう繰り返しを「拍子」と言っていいのだろうか。もし拍子という語で捉えるなら、「五音句＋七音句」の固まりが繰り返されると捉えるべきで、いわば「五七拍(子)」とでも言うべきである。それを、従来「五七調」と言ってきたわけである。川本の混合拍子説も苦し紛れの説と言わざるを得ない。和歌の、非日常言語としての形式美は、五音と七音の音量差を活かした構成美と、五七または七五を繰り返すというリズム美とを基本とするものであったとみるべきである。中古以降の短歌では、五音、七音による、さらには三音、四音、そして五音による構成美がもっぱらとなり、繰り返しを感じさせるリズム美は消えたということになる。

五　まとめ―日本語詩歌の美・私論

構成美と黄金律　ここまで四拍子論に対する疑問を提示してきたが、二音歩(フット)を基にした原子論的な説明によっては、日本語の詩歌の定形美は捉えきれないという観点からであった。和歌のリズムの美は、何よりも五音句、七音句という単位をベースにして説明されるものでなければならない。その点、四拍子論は基本的な誤りを犯していると、筆者は考えている。

単位としての音の「かたまり」が、なぜ五音、七音なのか。これに答えるものでなければならない。この点についても、従来いくつかの議論がなされてきた。主に、五、七という奇数(しかも、素数)であることの意味(価値)、その差が二音(節)であることの意味の説明を試みるものであった。しかし、なお定説を見るに至っていない。

筆者はかつて五音と七音がペアになることと、その音量の差(量の対比美)の意味を考えて、黄金律(分割)を応用して、説明を試みたことがある。[32] 黄金律は、西洋の古代絵画・彫刻などを分析することから発見された美的比率のことで、数式にすると「A：B＝B：A＋B」になるような、AとBの比率のことで、10までの整数で言うと、5：8が、ほぼ黄金分割の比になるのである（5：8≒8：13である）。[33] つまり和歌における五音、七音のペアを5：7という音量比と捉えて、そのペアを繰り返す（五七調・七五調）ことで歌のリズムが獲得されたと考えたわけである。しかし、五七ないし七五が繰り返されるには、そこに「連続・継続」する勢いが要求されることは必然である。それが保証されるリズムでなければならない。ところが、ペアが黄金律の五八、ないし八五であると、そこに安定した美的比率が成立してしまうために、先を求める連続感を生成することができない。そこで黄金律を基盤としながら、安定を求めて継続するリズムとして、五七、七五という形式に至りついたのが、日本語の歌のリズムだと考えたわけである。

現に、明治以降、八五ないし五八のリズムも試みられている。しかし、その美的比率の安定性から、五八、八五だけで自立的・完結的であり、連続感に欠ける。八五、五八が構成美として安定した美的比率にマッチしているからである。「朝日だ朝日だ・あいうえお」で始まる五十音の歌、「垣根の垣根の・曲がり角」の童謡の「焚き火」など、それこそ西洋的な四拍子の音楽に乗せると、連続感に欠けることは意識されず、四拍子に乗ってリズミカルなのは言うまでもない。

こうして、日本語の音数律を説明する原理として、黄金律で説明するという仮説を提示してみたものの、何かしっくりいかないものを抱き続けてきた。かといって、四拍子論にも納得できかねていたのである。五七の音量差の比率は黄金律（構成美）ではない。また黄金律は西洋で発見された美的感覚・原理である。この美的感覚が東洋とまでは言わなくても、日本人の生理的美的感覚にもマッチするものなのかどうか、が気になっていた。日本の構成美としては、むしろ1対1や1対2が優勢な気もしていた。

日本美のカノン――1：$\sqrt{2}$　一方で以前から、知人で盛んに$\sqrt{2}$を持ち出して日本の絵画や生花の美の原理を説明する人があり、彼の話が気に掛かってはいた。しかし余り日本美を説明するのに、$\sqrt{2}$を持ち出す理論に出くわすことがなく、好事家による、単なる思いつき(理論)程度に受け取っていた。ところが、実は最近二つの文章に出会って、悟るところがあったのである。

一つは児島孝著『近代日本画、産声のとき―岡倉天心と横山大観、菱田春草―』(思文閣出版・2004・8刊)の中の「『図案法』―カネ割り」であり、[34]一つは中西進の「多角形の美しさ」(岩波書店『図書』2003・8月号)である。後者には、黄金律(比)が五角形に由来すると知ったことを踏まえて「黄金比の正体は分かったが、一方、東洋では別の黄金比があったらしい、法隆寺もそれによって作られ、大阪の御堂筋もこの黄金比によって設計されたとの説があるという」と述べられていた。その東洋の黄金比こそ「1：$\sqrt{2}$」のことなのである。[35] 1：$\sqrt{2}$は四角形型黄金比であることから、中西はこうも書いている。「安定感は五角形型(西洋の黄金律)にあり、軽快さは四角形型にある。好みが東洋型と西洋型いえるのかどうか。」と。

「1：$\sqrt{2}$」は、1対1.414…の比で、これが整数だと、1：1.414≒5：7となる。五音と七音の音量比は、東洋の黄金比に相当したのである。ちなみに、七音の内在律の三音、四音も、1：1.414≒3：4という関係を秘めているのである。また三音、四音、五音が、ピタゴラスの定理に見る三辺が3：4：5になる直角三角形の辺の比に相当しているのである。もっとも従来、西洋・東洋を問わず黄金比といえば、もっぱら空間(視覚)の構成美について言われてきた。しかし、ここでは日本の歌の形式に適用するわけであるが、歌における、この音量比は言語音によるものである。つまり、線条的に展開する時間の長さである。しかし、対比は時間差に関しても知覚されうるし、五音、七音が等時性を持てば、線条性においてスピードの違いとして知覚されうるものと考える。

ひとまず、ここでは日本語の詩歌の音数律が秘めている美的原理の、構成美に関わる原理を、軽快な四角形型黄金比と言われもする「1：$\sqrt{2}$」という比率によるものという仮説を提示しておきたい。私は、いわゆる西洋の黄金比に長年とらわれてきたが、ここにきて、西洋の黄金比より東洋の黄金比「1対$\sqrt{2}$」で説明する方が、日本語の詩歌における構成美（時枝誠記[36]は「音の群団化」という用語で説明している）を説明する上で、説得力があると判断する。

これで音数律の美的原理が全て説明できたわけではない。今後に残された課題も多い[37]。

【注】

（1）土居光知『文学序説』（岩波書店・再訂版1949）。

（2）主なもの：別宮貞徳『日本語のリズム―四拍子文化論』（講談社現代新書）・川本皓嗣『日本詩歌の伝統―七と五の詩学』（岩波書店・1991）・坂野信彦『七五調の謎をとく―日本語リズム原論』（大修館書店・1996）・川本皓嗣外「韻律と短歌」（座談会）（『韻律から短歌の本質を問う』岩波書店・1999）など。

（3）糸井通浩「和歌形式生成の論理　序説」（『国語国文』1972・4号）。

（4）糸井通浩「音数律論のために―和歌リズムの諸問題」（『表現研究』第21・23号・1975～6）。

（5）時枝誠記『國語學原論』（岩波書店・1941）。

（6）大野晋『日本語の形成』（岩波書店・2000）は、インドのタミル語を日本語と同祖と見る学説に立つが、タミル語の古代歌に五七のリズム、短歌形式などの歌体が存在すると指摘する。工藤隆「歌詞の定型とメロディーの定型」（『武蔵野文学』50号・2002）。

（7）注（1）及び高橋龍雄『国語音調論』（中文館書店・1932）。

（8）「フット」という単位は、窪薗晴夫外『音韻構造とアクセント』（日英語比較選書・研究社出版・1998）に所収の「フットをめぐって」（太田聡）による。従来日本語にはフットの事実が認められることがなかったが、近年の研究では日本語のフット（1フットは2モーラから成る）の存在が注目されている。しかし、このことは、ほぼ高橋、土居らによって指摘されてきたことではある。

（9）『日本語発音アクセント辞典』（日本放送協会編・林大・1951）による。

（10）高橋は注（7）、土居は注（1）参照。

(11) 別宮、坂野ともに注(2)参照。
(12) 松林尚志『日本の韻律―五音と七音の詩学』(花神社・1996)。
(13) 橋本進吉『国語法要説』(岩波書店・1934)。
(14) 糸井通浩「『学校文法』への提言―『文節』をどう位置づけるか、をめぐって」(『京都教育大学紀要』81号・1992)。「文節」という単位の存在を疑問視する町田健『まちがいだらけの日本語文法』(講談社現代新書・2002)。
(15) 川本皓嗣『日本詩歌の伝統―七と五の詩学』(岩波書店・1991)。
(16) 注(12)参照。
(17) 注(5)に同じ。
(18) 五音句・七音句の内在律の分析調査は、横山青蛾『日本詩歌の形態学的研究』(武蔵野書院・1959)。また、平安後期以降、短歌が上の句(五七五)・下の句(七七)の二分形式が自覚されてくることも、構成美の問題と捉えるべきであろう。
(19) 本居宣長『字音仮名用格』、佐竹昭広「万葉集短歌字余考」(『文学』1946・14巻5号)。母音連続に関する解釈は、橋本進吉『国語音韻の研究』(岩波書店・1941)。
(20) 木下正俊「準不足音句考」(『万葉』26号・1958)、毛利正守「万葉集における単語連続と単語結合体」(『万葉』100号・1979)など、特に毛利には多数関連の論考がある。本稿で引用の数字は、同「字余り論は歌の訓をどこまで決められるか」(『国文学』41巻6号・1996)による。
(21) 例外としたものの内には、既に試みられているが、訓読の見直しや外の法則の設定によって、例外でなくなるものもあろう。
(22) 佐藤栄作「万葉集の字余り、非字余り―形式面、リズム面からのアプローチ―」(『国語学』135集・1983)。
(23) 山本啓介「『新古今集』時代にみられる新種の字余りについて―西行歌を中心に」(『和歌文学研究』85号・2002)。

(24) 平安時代になると、長歌の記録は『蜻蛉日記』などごくわずか。七五調はむしろ、『梁塵秘抄』など、口頭で朗詠された歌謡に引き継がれた。「いろは」歌や七五調の「四句神歌」など。
(25) 別宮貞徳『日本語のリズム　四拍子文化論』(講談社現代新書・1977)。
(26) 松林尚志『日本の韻律　五音と七音の詩学』(花神社・1966)。
(27) 川本皓嗣『日本詩歌の伝統―七と五の詩学』(岩波書店・1991)。
(28) 理詰めの西洋音楽の応用であるが、日本の詩歌には適用は無理である。
(29) 糸井通浩「音数律論のために―和歌リズムの諸問題」(『表現研究』第21・22号・1975)。
(30) 横山青蛾『日本詩歌の形態学的研究』(武蔵野書院・1959)。
(31) 注(27)参照・川本著書。
(32) 糸井通浩「和歌形式生成の論理　序説」(『国語国文』41巻4号・1972)。
(33) 柳亮『黄金分割』『続黄金分割』(美術出版社・1965)によると、西洋の黄金比は、ユークリット幾何学で提出されたもの。5：8の比がもっとも理想に近い整数比で、審美的目的に適用されやすいという。
(34) 1：$\sqrt{2}$の比例法は、仏教伝来とともに大陸から移入されたものとされる。日本では、寺院建築、絵画、茶道の様式、生花の構図、を始め、広く日常生活の家具調度や和服などにも活用・応用されているという。大工用の物差し「曲尺」には、表目の目盛りの$\sqrt{2}$の目盛りが裏目につけてある。この物差しも中国起源で、魯班という人の創成したものという伝説もある。
(35) 1：$\sqrt{2}$の矩形は、ギリシャの基本矩形の一つでもあったという(ただし、黄金比がもっとも尊ばれたようだ)。必ずしも東洋ないし日本専用の矩形でもなかったらしい。先に「知人」と述べたのは、華道家児島孝のことで、彼から多くの文献の紹介を受けた。誌上ながら、謝意を表したい。
(36) 時枝誠記『国語学原論』「国語美論」(岩波書店・1968版)
(37) 字余り論については、山口佳紀「字余り論はなにを可能にするか」(『国文学』35巻5号・1990)が課題をよく整理していて指針になる。

五 日本語のリズム

一 日本語の音韻—音節とモーラ

言語のリズムというと、一般に歌などを典型として現れる韻律のことを指すが、ここでは広い意味で捉え、狭義の詩歌のリズムにとどまらず、日常の話し言葉をも対象にして、日本語のリズムについて考えてみたい。

日本語の音韻の特質は、発話上最小の単位である音節が、基本的に母音一つ、または子音一つ母音一つの結合したものであって、全てが同じ長さ(時間)を持つというモーラ(拍)という単位と認められることである。これは拗音も含んでのことであり、さらに例外とみられる特殊音節(撥音、促音、長音)についても、他の音節と同様に一モーラと認知している。例えば、新聞(しんぶん)は、二音節(シラブル)であるが、四モーラと数える。撥音(「ん」)などを特殊ながら音節と認めるなら、日本語では「音節＝モーラ(拍)」であり、日本語はモーラ言語と言うことができる。

日本語の話し言葉に観察される音韻的特徴を、時枝誠記は「等時的拍音形式」と名付けている。(1) つまり、日本語の音節が全て「等時(性)」をもったもの(モーラ)であることを意味している。時枝はこれを「国語の基本的リズム形式」と呼んでいる。日本語の非母語話者には、日本語の話し言葉が機関銃の音のようだという印象を与えると言うことを耳にするが頷ける。窪園晴夫によると、(2) 話し言葉にみるリズムの「音節拍リズム」を「機関銃リズム」と呼ぶ学者もいるという。

五音句、七音句を核にする日本語の詩歌のリズムについては、早く高橋龍雄に二音節ずつを単位として四拍子であるとする論[3]があり、ついで土居光知は二拍を単位とする「音歩」の存在を認定し詩歌のリズム構造を説明している。[4]土居の「音歩」に相当する単位は、日常語の話し言葉にも見いだすことができるとして、「フット」(foot・韻脚)という、音節・モーラという単位より大きな音韻的単位の存在が、近年音声・音韻論において認知されるようになって来ている。[5]日本語では日常の話し言葉において2モーラを1フットとする単位が認められるという議論に関して、日本語の詩歌のリズムを論ずる研究者にも、実際の発語において「音歩」あるいは「フット」が存在すること、詩歌のリズムにおいてばかりでなく日常の口頭言語にも見いださせることを指摘する研究者はあった。[6]

次ぎにいちいち断らないが、既に指摘されている事象も含め、日本語に見られる「2モーラ1フット」の事例を整理してみたい。

二　日本語の「フット」の諸相

（1）お経を唱えるとき、「なむみょうほうれんげきょう」が「ナンミョーホーレンゲーキョー」となる。「げ」が「ゲー」と2モーラとなり、2モーラがリズムをなす。全体的に韻文的になるともいえる。

（2）数をゆっくり数えるとき、和語では「ヒーフーミーヨーイツムーナナヤーココノツトー」、漢字音では「イチニーサンシーゴーロクシチハチクージュー」となることが自然である。速くいえば「イチニサンシゴロクシチハチクジュー」となるが。

（3）人を愛称（ニックネーム）で呼ぶとき、本来の名前の一部（2モーラ）を取り出して言うことが多く見られる。

「シゲ」(長島茂雄)、「キヨ」(清原和博)などプロ野球選手の例がよく話題になる。「ノムさん」とは野村克也のことであるが、「野村」の最初の2モーラを切り取っている。「の・むら」と語素が分解できるが、「ノさん」とは言わない。「さやか」という子を親が「サーちゃん」と呼ぶが、「サちゃん」とは言わない。知人の坂口氏を、我々は「サーちゃん」と呼んでいる。名前の最初の1モーラを切り取ってもそれを長音化して、つまり2モーラにして愛称にしているのである。愛称に用いる接辞が「さん」「ちゃん」と2モーラであるから、「ノムさん」「サーちゃん」はとても言いやすく安定している。

(4) よく話題になるのが、京言葉には一音節語を1モーラ伸ばして発音する傾向があると言われる事象がある。例えば「眼(め)」を「メー」と2モーラで言う。

(5) 室町中後期から盛んに生まれた「女房詞」の造語法の一つに、「お+既存語の省略形」というパターンがある。例えば、「おでん」は「でんがく(田楽)の省略形」に「お」を付けた語、「お+はま(ぐり)」、「お+こわ(いい)」、「お+さつ(まいも)」「お+なす(び)」など、これらの省略形が元の語の2モーラを切り取っている。もっともこの造語法は絶対的制度的なものではなく、自然発生的に見られる現象であるが、そこに「1フット2モーラ」という音韻的単位の存在が感じ取れる。

なお、女性語の一種としての育児語に「おてて」「おめめ」「(お)とと」「じょじょ」等がある。

(6) 既存語の省略形で新しい語形が再生されることは、(5)ばかりでなく(3)の呼称語(愛称)にも見られたが、以下の事象が日常語のなかで蔓延している。次々盛んに生まれていると言えよう。

(1) 単独語の省略形

スト、デモ、オペ、プロ。さつ、やく、むしょ、ねた。

外来語の省略形や業界用語などの隠語に多くみられる。「テレビ」、「アニメ」などもあり、2モーラでなければならないわけではないが、2モーラが自然に多い。

古い例にモボ、モガがあるが、これは複合語をなす二語から1モーラずつ取って合成された語である。「1フット」にしている点で注目される。

（2）　複合語の省略形（きりがないが、以下に例示する）

なつメロ、ひらパー、あけおめ、テレあさ、なまコン、合コン、外ため、あさドラ

パソコン、エアコン、ファミコン、マザコン、ゼネコン、ラジカセ

東大、国鉄、国連、日銀、日赤、卒論、農協、京信、せかほん

複合語の元の二語からそれぞれ2モーラを切り取って結んだ「2フット（2拍子）」をなすものが圧倒的に多いが、これも決まったものでなく、「ミスド」、「マクド」など3モーラ（3音節）の省略形等も見られ、オーソドックスな「2フット（4モーラ）」に対して、すこしヘテロドックスな違和感が若者好みなところがあるように思われる。ぱしり、しかと、ヤバイ、ビミョウ、きもい、ナウい、きしょい、しょぼい、うざい、スマホなど、若者ことばに3モーラ語が目立つ。

現代日本語の共通語の母体である東京語の語アクセント（厳密には「文節」アクセントというべきか）には、基本となる二つの法則が働いていると言われる。[7] ①「高い拍が二カ所に現れることはない」がその一つであるが、ここではもう一つに注目したい。日本語のアクセントは高低アクセント（ピッチアクセント）で、拍（音節・モーラ）の高低の配置に依ってアクセントの型が区分されるが、東京式アクセントでは、②「第一拍と第二拍とは高さが必ず違う」という法則が成り立っている。①がアクセントの機能である「統語機能」、つまり語ないし文節の自立性を保証する機能に叶う法則であるのに対して、②の法則は、文ということばの流れのなかでそこから新たに別語ないし別の文節が始まっているという信号（マーク）になるとともに、2モーラが1フットとして認知されやすいことを意味し

ていよう。

例えば、「キョーイク」(教育)は高いアクセント(注・ゴチックで示した)が一ヵ所で一語であるが、「キョーイク」(今日行く)は、「キョ」と「ク」の二ヵ所で高く二語の連続であることが分かる。「イク」で「低高」となっていて、新たに語が持ち出されたことを示している。アクセントの「高低」または「低高」のペアが1フットをなすと見ていいだろう。

日本語の歌詞にメロディーを付けるとき、どこを連続させどこをのばすか、の調査をしてみるとおもしろいであろう。例えば「あおーげばー、とおーとしー、わがーしのーおんー」(仰げば尊し・原曲はスコットランド民謡かとも言われているが)や「なのはーなばたけーにー」(朧月夜)となっている。メロディーの自然な流れにおのずとフットが影響していることが見いだせるのである。

三　四音節語のリズム

日本語の語彙は、構成する音節の数の違いで分類することができる。『図説　日本語』によると、[8]もっとも多いのが四音節語で、約39%になるという。それに次ぐ三音節語、五音節語に比して格段に多い。先に二の(6)で見た、省略によって語形成された語は、多くが四音節語であったが、この一角を担っていることになる。

その他は、下記のようになる。

(1)　畳語形式をなす四音節語

A　音声の繰り返しによる畳語　いわゆる「オノマトペ」(音象徴)である。

a　カラカラ、ゴロゴロ、ドタドタ、チカチカ、フラフラ(と)　同時性「—(と)」型

b　ふわふわ、ばらばら、てかてか、すべすべ、ふらふらに　結果性「―に」型

動詞を修飾して、動作作用によって生ずる様態を示すが、「―(と)」型をとるaは動作作用にともなって同時的に存在する様態であり、「―に」型をとるbは動作作用の結果生じた様態を示す、のが原則である。

B　意味の繰り返しによる畳語

a　あつあつ、いろいろ、まるまる、あかあか、くろぐろ、さむざむ、ひえびえ、ふかぶか、ことごと、かるがる、しみじみ、ちりじり

参考：ものものし(い)、ことごとし(い)、にがにがし(い)

意味の繰り返しで音声の繰り返しではないから、「くろぐろ」のように後項が「ぐろ」と濁音になって音声が異なっても問題ない。オノマトペとの大きな違いである。

b　ひとびと、かみがみ、くちぐち、くさぐさ、いえいえ、むらむら、やまやま

参考：ひび(日々)、きぎ(木々)、むかしむかし。

単なる単数に対する複数を示すものではなく、二音節語の名詞が全てこの形式の複数形を持つわけでもなく、この複数形を持つものには限りがある。

(2)　その他の四音節語

a　あまがさ、くつひも、かみしも、あさがお、たちよみ、まえがみ、やまかわ

b　むさしの、かたりべ、さくらぎ、かさねぎ／はざくら、のざらし、みまわり

c　あじさい、こおろぎ、なめくじ、どぶろく／カステラ、ソプラノ、ハモニカ

a、bは複合語で、aは二つの語素がどちらも二音節でおのずと「2モーラ1フット」の繰り返しになり、bは語素が「三音節＋一音節」または「一音節＋三音節」の組み合わせであるが、実際の発語では、「むさ・しの」「は

ざ・くら」のようにフットが観察できる。ｃは、語源を感じさせる語素が取り出せない語で、外来語もこれに相当する。しかしこれらにも「あじ・さい」「カス・テラ」とフットが感じ取れる。

以上、二の(6)も含め、四音節語は全て、2フット(2モーラ＋2モーラ)からなっていると言っても好いことが分かる。日常の日本語(話しことば)に、等時的拍音形式を基本的リズムとしながら、「フット」という音韻的まとまりが浸透していることが分かるのである。

四　日本語の歌―四拍子論は正しいか

日本語の詩歌のリズムの核をなすのは、五音句、七音句というまとまりであり、その韻律美を、フットに相当する「音歩」を用いて説明しようとする試みは、先に見たように明治の高橋龍雄や土居光知らに始まり、1フットを一拍子としてそれの展開が五音句も七音句も四拍子になるという、いわゆる日本語詩歌の「四拍子論」が導き出され、非常に説得力を持つ説として受け入れられてきている。しかし、筆者は以前から、この四拍子論に疑問を抱いてきた。

以上見てきたように話しことばに「フット」が認められることについて、窪薗は、(9)「フット」を世界的に普遍的な言語単位であると言い、語形成に働く最小性の条件として「1フット＝2モーラ」を持つのは人間の言語一般に観察されると指摘している。日本語特有の音韻的特徴とは言えない。また、日常語としての話しことばにみられるリズムをそのまま当てはめて、非日常語としての短歌や俳句のリズム美を説明できるものだろうか、という疑問も生まれる。勿論、日常語、非日常語を問わず、日本語に変わりはなく、日本語で詠まれた、非日常語の短歌、俳句にも、日本語の持つ音韻的特質が失われるわけではない。短歌、俳句にも2モーラ＝1フットは認められる。

問題は、発話においての、音連続における区切れの在り方に大きな違いがあることにある。日常語の話しことばでは、「文節」が最小のまとまりとされる。アクセントもそのパターンは厳密には語(単語)単位でなく文節単位でないと確認できない。「トンボがネ／木のネ／枝にネ／とまったヨ」が自然な最多の切れ方で、これ以上細かく切って発話をすると不自然になる。一方、日本の伝統的な詩歌では、詩歌用語でいう「句」が最小のまとまりになる。五音句、七音句と言われるものがそれである。区切れの在り方の違いは、日常語では「文節」、非日常語(伝統的な詩歌)では「句」ということになる。非日常語の「句」であっても、通常の日本語を用いている限り、詩歌のことばも文節の連なりではある。勿論一つの「句」がそのまま一つの「文節」から成ることもしばしばである。但し、極一部、「文節」に相当するものが「句」渡りしている例を除いてではある。いずれにしろ、日本語の詩歌のリズムを考えるとき、「句」(詩歌用語)という「一定の音(音節・モーラ)のまとまり」がリズムのベースとして捉えられねばならないのである。

さて、かつて四拍子論への疑問点を三点に絞って論じたことがある。(10)ここではその要点をまず確認しておきたい。

①　日常語の「文節」や和歌の「句」の後には音の切れ目がある。四拍子論ではこれを「休止」と呼び、「休止」を拍子の内として数え、七音句では「半拍」の、五音句では「一拍半」の「休止」があると数えて、それぞれ四拍子になるとするが、私見ではこの「切れ目」を「間(ポーズ)」とみる。つまり「休止」を〈ことばの塊〉の一部に加えるのは疑問である。模様と地の関係で言えば、「休止」は地にあたるが、地は模様を際立たせるための存在であり、模様の一部ではない。但し、絵を模様と地の総合(一体化)とみるなら、地は絵を構成する一部と見ることはできる。

②　①のことはさておいても、四拍子論は七五調では一定の説得力を持つが(「七音」の後の半拍より「五音」の後の「一拍半」の方が長いから)、しかし、伝統的な和歌は、本来「五七調」から始まったものだが、その「五七調」

が四拍子論では説明できない。「五音」と「七音」との間の「休止」が長すぎることになり、「五七調」とは認知できなくなる。そこで、「一拍半」の休止を「五音」の冒頭に想定するという説明まで生じているが、ますます実際の朗詠の実感から遠のく説明になっている。

③「字余り」と呼ばれる破調のリズムがある。五音句が六音句になったり七音句が八音句になったりする事象をいう。破調という語が指すように、調子が外れたという違和感を感じさせる。これが四拍子論では説明できない。つまり五音句が六音句になっても七音句が八音句になっても同じ四拍子であることに変わりはない。つまり「破調」とまで言うこともないはずであるから。(11)

五 日本語の歌のリズム—構成美論

日本語の基本的リズムが「等時的拍音形式」であることから、日本の詩歌は韻律美として自ずと「音数律」と呼ばれる韻律を取ることになった。五音という音数、七音という音数が基調となっている。しかも当初「五七調」と言われるように、「五七」が意味のまとまりの単位となり、それを繰り返す調べを確立した。つまり「五音」と「七音」という変化(時枝は「対比」という)と「五七」という単位の繰り返しと終結をなす「七音句」の獲得による統一性とが日本の詩歌のリズムを確立したのである。この韻律美を構成美と呼んでおこう。その最も短い形式が短歌(「五七」が二回)と呼ばれ、はやくに長歌から自立した。もっともさらに短い片歌(五七・七)があるが、これは本来問答歌である旋頭歌の一部に過ぎない。

平安時代になると、和歌(やまとうた)と言えば短歌形式が文芸としての歌の主流になる。と同時に万葉時代の五七調から七五調へと変わったと言われる。しかし、短歌では「七五」をなす部分は一ヵ所に過ぎず、「七五調」といえるものではない。むしろ、七五調は、細々生き残って詠まれた長歌、あるいは歌謡の世界に実現したものである。平安中期には「今様」が生まれている。

和歌の代表となった短歌は、その一定の音数律形式の中で、自ずと様々な「切れ」をなすようになり、「五七調」の最短の形式である「五七、五七、七」の規範性は失われていった。余談ながら、上の句（五七五）・下の句（七七）という「切れ」が自覚されて、短連歌まで生み出すことになる。

ここで新たに導入したいのが、「内在律」と私に呼ぶ事象の存在である。次に例示するのは、『古今和歌集』の冒頭歌である。

としのうちに春は来にけり　一年をこぞとや言はむことしとや言はむ

この歌の初句（五音句）と結句（七音句）が「字余り」になっている。しかし、どちらにも母音音節（「う」、「い」）が含まれていて、「音余り」（破調）にならないと解されている。『万葉集』から『千載和歌集』あたりまでにみられる、「字余り」ではあるが「音余り」ではないという詠法である。ここで注目したいのは、第四句（こぞとや言はむ・七音句）も母音音節（「い」）を含んでいるが、字余りではないことである。これは何を意味するか。第四句の七音は「こぞとや／言はむ」と詠じられたことを意味する。この小さな「切れ」で生まれる音群を「内在律」と呼ぶ。結論的に言うと、五音句及び結句（七音句）は一息に詠ずる、つまり字余りの要因である母音音節を直前の音節に融合させ、「音余り」を解消するが、その他の七音句は、「三―四」や「四―三」のように小さな「切れ」によってより小さい音群（内在律）をなすことになるのである。(12)

五音句は比較的短く、二―三、三―二の小音群で構成されることはあっても一息に詠じやすかったであろうが、七音句は二つの小音群に分かれやすかったと考えられる。但し、結句（第五句）の七音句は歌全体を纏める機能を持たされ、重々しく一息に詠じられたものと考えられる。こうしたことは、既に『万葉集』の歌からも観察できることで、横山青娥にはここで言う「内在律」に分解しての古代和歌の音数律的分析の労作がある。[13]『新古今和歌集』ころには、下の句「七七」が「四三―三四」になることが自然に取られやすい内在律化をなして、安定した内在律となっていたようだ。象徴的な例として、宇治川に吹く風は、「宇治川の風」ではなく、「宇治の川風」と詠んだが、前者だと「五・二」になるが、それを後者では「三・四」にしているのである。「五・二」「二・五」も用いられなかったわけではないが、美的感性は自ずと「三・四」の音群を選んだようである。

「七五調」は今様など歌謡の世界で受け継がれたが、その流れからいわゆる都々逸調と呼ばれる「七七七五」のリズムが生まれてきた。「五七」や「七五」の繰り返しにこだわらないリズム形式が生まれ安かった要因として、内在律化の安定が背景にあると考えられる。この都々逸調では、「三四、四三、三四、五」となるものがほとんどで、江戸期に生まれた、多くの民謡の歌詞でこのことは確かめることができる。

例：めでた、めでたの　わかまつ、さまよ　えだも、さかえる　はもしげる
　　つめよ、つめつめ　つまねば、ならぬ　つまにゃ、にほんの　ちゃにならぬ

「三」と「四」の音数変化（対比）と繰り返しがリズム美をもたらしているのである。

この都々逸調の後半（「七五」）が「三、四、五」のリズムをなすが、ここに見る音数の「対比」は見事であることから、多くの名文句を生み出してきている。「末は、博士か、大臣か」「巨人、大鵬、卵焼き」から「あんた、あの、この、なんなのさ」や「三井、住友、ビザカード」（CM）まで今も盛んに生まれている。日本語のリズムが構成美であることを象徴している事象である。

日本の歌のリズムは、五音、七音の対比[14]と繰り返しを起源としているが、「五」「七」がともに「奇数」であったことに構成美としての有効性があった。五音句は二音、三音に、七音句は三音、四音、あるいは二音、五音にと偶数句と奇数句とに分かれて、対比性を保持した。さらに本来日本語に備わっている音韻的単位であるフットで詠じ

ても、三音なら2・1に五音は2・2・1あるいは2・1・2となって、偶数と奇数という対比性は保持されている。最も大きなリズム単位である五音、七音が奇数であることで、細部にわたって、対比と繰り返しの構成美が確保できたと言えるであろう。

六　まとめ―時枝の構成美論

本稿での日本語のリズムの捉え方は、時枝誠記の構成美論[15]を是とするものである。日本語の詩歌のリズムについては、四拍子論を採らない。時枝は「かくして、リズム的群団の対比ということが、美的構成の重要な方法になって来るのである」と言い、「和歌形式の発達は、私はやはり上述した音節数の対比にその根拠を見出したいと思う」とする。俳句についても、「五七五という変化と統一を持った音節数の組合せが大切なのである」と述べている。これらの結論に異論はない。「切れ目」(間・ポーズ)についてそれが、「群団化の標識となる」とするのも異論がないが、「基本的リズム形式は、右の調音の休止の間も等時的間隔を以て流れていると見るべき」と捉えている、つまり休止を1モーラ(拍・音節)とみているようであるが、この点は納得できない。「切れ目」は物理的現象というより心理的なものと見るべきであろう。

(本稿は、平成27年7月の京都教育大学国文学会での講演内容を基にして補説したものである)

【注】

(1)　時枝誠記『国語学原論』「第六章国語美論」(岩波書店・1943)。

(2)　窪園晴夫「リズムから見た言語類型論」(『月刊　言語』、1993・11号)。

（3）高橋龍雄『国語音調論』（中文館書店・1932）。
（4）土居光知『文学序説』（岩波書店・再訂版 1949）。
（5）太田聡「フットをめぐって」（『音韻構造とアクセント』研究者出版）、窪薗晴夫「音韻論・フットの発見」（『言語の科学』）岩波書店所収）。
（6）坂野信彦『七五調の謎をとく―日本語リズム原論』（大修館書店・1996）。
（7）山内洋一郎他編『国語概説』「音声・音韻」（和泉書院・1983）による。
（8）日本放送協会編『日本語発音アクセント辞典』（1951）、『図説　日本語』（角川書店刊）によると、四音節語が38・8％、三音節語が22・7％、五音節語が17・7％と続く。
（9）注（5）に同じ。
（10）糸井通浩「日本語のリズムと〈うた〉のリズム（一）」（『日本言語文化研究』第七号・2005）。
（11）奄美・沖縄の民謡・島唄などには「八六調」が見られる。
（12）注（10）の拙稿、及び佐藤栄作「万葉集の字余り・非字余り―形式面、リズム面からのアプローチ」『国語学』135集・1983）。
（13）横山青娥『日本詩歌の形態学的研究』（武蔵野書院・1959）。
（14）1：$\sqrt{2}$の比にもっとも近い整数比が5：7であり、3：4も近似する比であることに「対比」の美の鍵が潜んでいはしないであろうか（糸井通浩「日本語のリズムと〈うた〉のリズム（二）」〈『日本言語文化研究』第八号・2005〉、及び本書〔三〕の三参照）。
（15）注（1）に同じ。

六　「日本語のリズム」に関する課題

はじめに

本章では、前章（「日本語のリズム」）で触れていない、あるいは詳述していないことや日本語のリズムに関わって今後研究すべきと思われる課題などについて、箇条書き的になるが、述べてみることにしたい。

本章では日本語の伝統詩歌の、音数律による韻律美は、音数の違いによる「固まり（音群・音の群団化）」の変化（対比）と繰り返しがもたらすものとみる。この考えを時枝誠記[1]に基づき「構成美」論と名付けたが、四拍子論とは相容れない論である。

一　フットに関する課題

日本語の音節は、特殊音節と呼ばれる「撥音・促音・長音」をも含めて等時拍（モーラ）をなす。「アクセント」という語は5拍（モーラ）を数える。しかし実際の発音では、藤井貞和が「〃アク・セン・ト〃と三音節（ママ）で言う人も多い[2]」というように、「アク」のように2モーラを1フットとする音韻的単位が日本語には認められることを、いろんな事例を挙げて「大会」(以下、2016年6月帝塚山大学で開催された表現学会全国大会での講演のことを指す)では述べた。三音節語「さくら(桜)」も、語源が「さ・くら」かどうかはともかく、「さく・ら」と音韻的には受け取っている。「はざくら(葉桜)」になると「はざ・くら」と2フットになる。

日本語に見られる「フット」という音韻的単位については、さらに様々な言語現象において検証してみる必要があろう。例えば「大会」でも少し触れたが、歌詞とメロディの関係において歌詞(の意味)を生かすために、日本語のフットがメロディでどのように処理されているかは研究に値しよう。例えば「みあーげて、ごら・んー、よる・のー、ほし・をー、ちい・さな、ほし・をー」。メロディにおいて、どこを纏めて、どこを伸ばすか、歌詞のことばを生かすためにどう工夫されているかの検証も表現論の課題になろう。(3)

因みに日本語のアクセントは高低アクセントで、いわばメロディアクセントであるが、日本語の歌詞が曲に乗せられた時、歌詞の意味を生かす上で、曲のメロディがどのように付けられているかも気になる課題である。『日本語の研究』(日本語学会、第12巻3号・2016年7月刊、「学界展望号」)の「音韻(理論・現代)」で白勢彩子は、『日本語学』(明治書院・2014年5月号)の特集「語呂、発音とリズム」を取り上げて「広義の「ことばのリズム」の議論が従来少ないこと、モーラ等の音韻単位以外にも追究すべき課題があることを感じた」と述べている。この『日本語学』特集に寄せられた論文における「語呂(合わせ)」や「リズム」などの分析をみていると、日本語の「フット」、あるいは筆者の言う「内在律」にももっと注目してほしいと思われるものがあった。

二 オノマトペに関する課題

日本語の語構成の一つに、「語素」を繰り返す畳語法がある。これには、A)語素の音韻に注目しての畳語と、B)

つあつ（熱々）」「いろいろ（色々）」などのように、後項が濁音化できない場合もあるのである。(神々)」のように後項が濁音化しても問題がない。むしろ連濁によって語としての固まりを高めている。しかし「あまでもない。後者Ｂ）の場合、「語素の意味」に注目しての繰り返しであるから、「さむざむ（寒々）」や「かみがみ語素の意味に注目しての畳語とがある。前者Ａ）は、オノマトペ（音象徴語）を生む主要な造語法であることは言う

Ａ）とＢ）とは峻別すべきであるが、事例によっては判別の困難なものもある。ただ、２０１５年表現学会全国大会の口頭発表資料にオノマトペの事例として「あつあつ」「しみじみ」「ほのぼの」（星野祐子「料理や菓子の形容に用いられたオノマトペ」表）が例示されていたり、『国文学』（特集「おのまとぺ」、２００８・10月号）に、「ご飯もアツアツ」（岩永嘉弘「広告文のオノマトペ」）、「しらじら」（黒川伊保子「ことばの力」）を例示したりするのはいかがなものか。また、『日本語学』（特集「オノマトペ研究の最前線」２０１５・9月号）では、「ほのぼの　いらいら」（小野正弘「オノマトペの意味変化」）が例示されている。但し、小野は、後注で「以下の議論は、「いらいら」や「ほのぼの」が、現代語ではオノマトペと認識されているという前提で進める」とする。かつて、「あつあつ」（早川文代「食感のオノマトペ」・『月刊言語』）がオノマトペと扱われてもいた。

最近でも、金谷武洋が「日本語では……「伸びる」から「のびのび」、「熱い」から「あつあつ」「晴れる」から「はればれ」など現在でもオノマトペが作られるしその生産性は非常に高い」（「述語制の日本語が示す非分離の思想」・『季刊 iichiko』１２８号２０１５・10月）と述べている。金谷は、『季刊 iichiko』１３１号（２０１６・７月）でも同じ例を引いた上で、「オノマトペと動詞の関係は密接だ。一体どちらが先なのか議論の余地は残る」としながら、「騒ぐ／ざわざわ」などの例を列挙している。

特に「あつあつ」のように、畳語の後項が連濁で濁音化しない語の場合、Ａ）なのかＢ）なのかの判断は難しくなる。もっとも、畳語の前項が「ざわ（つく）」など濁音で始まる語素を用いた「ざわざわ」などの場合も、畳語形

成の際、後項が連濁を起こすことがないから、A)なのかB)なのかに迷う例になると言えそうであるが、この場合は、本来の和語には語頭に濁音を持つ語は無かったことを考えると、濁音を語頭に持つ畳語はオノマトペ、しかも後世になって誕生したオノマトペと見てよいのではないか。オノマトペ「ざわざわ」から「ざわつく・ざわめく」は派生したのではないだろうか。

三　日常語の「文節」と詩歌の「句」

日本語は発音上の最小の単位「音節」を連ねて意味を乗せていく言語である。発話においては意味を失わず一息に言う最小の単位を日本語では「文節」—緊張から弛緩への一過程—と言う。非日常語である詩歌、日本語の伝統詩歌では、日常語の「文節」に当たるものを「句」と言う。五音句、七音句がそれである。非日常語であっても日本語である限り、詩歌の日本語も「文節」を連ねたものでもある。「文節」と「句」の関係は、詩歌の「句」では一つあるいは複数の「文節」からなるということになる(今「句渡り・句跨ぎ」と言われる詠法の場合は問わない)。

日常の発話が意図せず詩歌の韻律(リズム)になっていることがある。『土佐日記』(二月五日条)の例がよく知られている。舵取りの叫ぶ「御船より仰せたぶなり、あさきたの出で来ぬ先に綱手はやひけ」が歌の「三十文字あまり」になっていると気づいたという。ある人の指摘だが、日本国憲法にも短歌がある。「裁判の対審及び判決は、公開法廷でこれを行ふ」(第八十二条)。正岡子規の句「毎年よ彼岸の入りに寒いのは」は、この句の前書きに「母の詞自ずから句になりて」とある(坪内稔典『子規のココア・漱石のカステラ』、山下太郎の教示による)。船の甲板でタバコを吸っている父に娘が言った台詞「吸い殻を捨てると船が火傷する」、これも五七五の俳句になっている。このように日常語が短歌形式になっている事例を、魚返善雄『言語と文体』(紀伊国屋新書・1963刊)が沢山指摘している。

「あらためて山田と話し合うべきか　どうか、じっくり考えてみる」

川本皓嗣(4)が、右の例を挙げて、次のように述べている。「これは短歌だ、と言われても、にわかには信じられないだろう。だが内容はともかく、形式の上では、これでも五・七・五・七・七の五句から成るれっきとした短歌である」と。同じ一つの発話(ひとまとまりの表現)が、日常の会話とも、非日常語の短歌ともなる。問題は、この違いは一体何がもたらすのか、にある。川本は「いわゆる音数律の詩や歌では、散文を読むのとは違った心構えのもとに、ある特殊な読み方、韻律的な読み方をすることが、どうしても必要である。そのさいに何よりも肝心なのは、個々の句の切れ目を示すため、また各句の間合いを整えるために、要所要所に適当な長さの休みを入れることである。」と説明する。長々と引用したが、納得いく説明であり、鍵を握るのは「切れ(目)」であり、「切れ(目)」をいかに捉えるかで、日本語の詩歌の韻律美のとらえ方も本質的に異なってくる。

「切れ」は息継ぎによる。日常語では「文節」が「切れ」の最小の単位であり、「文」という単位で大きく切れる。文末の「切れ」では特有のイントネーションが付加する。しかし、「妹がネ先生にネ作文をネ誉められてネ喜んでいたヨ。(5)」のように「切れ」を入れることもできるが、必ず文節で「切れ」を入れなければならないという制約はなく、「文」にも長さの制約はない。息の長い人短い人という差もあろう。書記言語における「句点法」は比較的確定的であるが、「読点法」がぼやっとしていることからも頷けよう。一方、伝統詩歌では「句」が「切れ」のベースになり、詩歌の様式によって異なるが、特定の様式においては、それぞれベースの「句」が連ねられた全体(統一体)は固定した量である。「文節」も「句」も意味の纏まりであるが(但し、「句」については「句跨ぎ」の場合は除く)、音の纏まりでもある。

音の面に注目してみると、日本語では、音韻的なものから順に次のような〈音の纏まり〉が存在していることになる。①「音節」（日本語の音節は全て等時性を持った拍（モーラ））、②「フット」（２音節（モーラ）を１フットとする）、③「文節」、④「句」（詩歌におけるもの）、などである。①②③は、日常・非日常を問わず日本語である限り備えている。③④では、意味が関わってくる。そして、④は非日常語の詩歌に限られる〈音の纏まり〉である。

④「句」については、日本語では、五音句・七音句をベースとする「句」であり、さらに次のような「纏まり」を派生させる。五七調・七五調と言われる韻律は、「五音句＋七音句」ないし「七音句＋五音句」が一つの意味的な大きな纏まりとして繰り返されて韻律をなすことを言う。五七、ないし七五の後の「切れ」ほどではないが、言うまでもなく五と七、あるいは七と五の間にも「切れ」があるのは言うまでもない。「五七」、「七五」を大きな纏まりとするなら、それを構成する「五音句」「七音句」は、その内在律と見ることもできる。一方、五音句や七音句が複数の「文節」（意味的纏まりを持ち一息に言う単位）から構成されている場合、その「文節」がそれぞれの「句」の内在律をなすと見ることができる。例えば七音句の例で言えば、「秋の夕暮れ」「去年とや言はむ」といった七音句は、「秋の・夕暮れ」と「三音句・四音句」に、あるいは「去年とや・言はむ」は「四音句・三音句」にと内在律に分解できる。内在律に対する認識（自覚）は、「字余り句（が、音余りではない句）」の考察を中心とした和歌の詠法の研究から、既に『万葉集』の歌にも認められるのである。内在律に注目した古代和歌の構成については、横山青娥に詳しい研究[6]がある。

韻律における「切れ」にも、深い切れ、浅い切れ、心理的とも言えるような切れなど、様々なレベルが存在しているとみるべきであろう（注13を参照）。

因みに都々逸調と言われる「七七七五」のリズムを持つ殆どの歌謡が、「三四、四三、三四、五」の内在律をなしていて、都々逸は「三四、四三、三四、五」の音律（様式）の歌謡だと定義しても好いほどである。後半の「三四五」のリズムが「うりや、なすびの、はなざかり」など名文句を沢山排出していることは「大会」でも述べた。「五音句」「七音句」をベースとしながらも、特に「七音句」の「三四」あるいは「四三」の内在律が表立ってくるのは、平安時代以降、五七調から七五調に変わり、それは主に長歌や歌謡の世界で引き継がれたが[7]、平安時代には「七五」の四句形式である今様がはやり、『閑吟集』や『宗安小歌集』になると、「七五七五」の二句形式が多くを占めるようになったことが引き金になったと考えられる。志田延義（『日本歌謡圏史』）が、「二句形式になって四音三音二音の内部の音数の組合せが格段に緊密になったといっている」と言う[8]。この「四音三音二音の内部の音数」が内在律である[9]。歌謡が短詩型化して、一層「七音句」の「三四」あるいは「四三」の内在律が重きをなしてきて、「七七七五」の都々逸調を確立させてきたと言っていいだろう。日本語の詩歌の「音数律」というリズムは、一定の音数句の変化（対比）と繰り返しを生命としているからである。

四　これまでの構成美論

かつて『表現研究』21，23号の拙稿「音数律論のために―和歌リズムの諸問題」で四拍子論に疑問を呈して以来、和歌のリズムの美を追究してきたが、「大会」は、これまでの総まとめをするいい機会となり、四拍子論を否定し、構成美論と名付ける理論に至ったことを述べた。

四拍子論と構成美論、両理論の根本的な違いは、韻律（リズム）にとって命とも言うべき「切れ（目）」をいかに捉えるかの違いにある。以下「久方の　光のどけき　春の日に　静心なく　花のちるらむ」（古今集・友則）を例に説明する。

四拍子論では、「切れ（目）」を四拍子内要素、休止と見る。「ひさ・かた・の●・●●／ひか・り●・のど・けき／はる・の●・ひに・●●／……」の「●」部分が「切れ・休止」と見るのである。「切れ」そのものも拍子を構成するとみているが、ここにいろんな疑問が湧く。「久方の」は「光」を引き出す枕詞であるのに「久方の」のあとに大きな「切れ・休止」があって、枕詞の働きと矛盾する。そのことは五七調の場合、全てで同じことが起こる。そこで四拍子論者は、休止(●)を句頭に持って行って「●●・ひさ・かた・の●」と処理し「光…」の句に連なると説明をするが、川本が「(休止を)五字句の前に移すという苦肉の策であるが、その結果はなお一層不自然なリズムを生み出すことになった」というように、五七調の歌には四拍子論は無理であると言わざるを得ない[10]。五七調に四拍子論が有効でなければ、日本の伝統詩歌が四拍子という韻律美を持ち伝えてきているとは、到底主張できないことになる。そこで四拍子論者である川本は、例えば素戔嗚尊の歌を例にして「やく・も●・たつ／いづ・も●・やへ・がき／つま・ごみ・に●／やへ・がき・つく・る●／……」と捉えて三拍子と四拍子の「混合拍子」という解釈を試みている。拍子論として認められるのかどうか疑問であるが、むしろ、五音句、七音句の対比、あるいは三音・二音、三音・四音、四音・三音といった内在律(小さい音群)の存在を認めた構成美論に益する考えだとも言えよう。

もう一つ「切れ目」について気になるのが、「ひか・り●・のど・けき／はる・の●・ひに・●●」の「ひか・り●・のど・けき」のあとに「切れ目」(「／」)がある(無ければこの歌のリズムは成り立たない)が、この「切れ目」(「／」)を無視しているように思われることである。この切れ目(「／」)と●の休止とどう異なるのか、はっきりしない。かつて説明もない。かえって藤井貞和[11]が「五・七・五・七・七」というまとまりを「分節化する」といい、「分節」は五音句七音句という纏めを造る「節目」(注：ここで言う「切れ目」)を意味するとして、その注において次のように述べている。「この分節を休止と受け取るひとが少なくない。5音に一拍ないし三拍を加えて6音や8音に延ばすと落ち着きがよくなるということらしい。琉歌の標準形式は、8、8、8、6である。これには何拍の休止を加えるのか、あるいは加えないのか、そう反論すれば、〈分節＝休止〉説は簡単に崩壊すると思う」と、少しわかりにくい説明ではあるが、要は四拍子論のアキレス腱を見事切っている。

藤井（２０１１）を長々と引用したが、四拍子論を批判する論者の数少ない一人である。四拍子論を批判的に見る論者は、藤井（２０１５）もそうであるが、すべて時枝誠記の、「音数による音の群団」の対比（異なる音節数による）と繰り返しを韻律美とする「国語美論」[12]を引き継ぐ人たちである。そして、「切れ目」を拍子には加えず、「切れ目」は、音数による音の「群団」化の標識となる機能を持っていると見ている。筆者もその一人で、「音の群団」と「切れ目」の関係を、「大会」では、絵画やデザイン画における「模様と地」の関係で説明した。「地」は「模様」そのものではなく、「模様」を際立たせる働きをしている。

四拍子論に批判的な構成美論を展開する人は少数派で、時枝誠記の音声論及び日本語韻律論（「國語美論」）を受ける論者には、菅谷規矩雄[13]、松林尚志（注８の著書）、藤田竜生[14]、藤井貞和（注2、11の著書）、筆者などと言うことになる。今、日本語の伝統詩歌の韻律論の研究史も纏めてみるべき課題の一つであろう[15]。

五　その他の課題

● 日本語の〈うた〉の世界では、これまでにも色々な韻律（リズム）が試みられてきた。八五調に注目してみよう。平安時代以降七五調になったと言われ、歌謡集である『梁塵秘抄』に納められている「今様」に、その典型が窺える。七五の四句形式を基本とする。ところがその内特に「法文歌」を中心に、「八五調」（例：「このごろみやこに流行るもの」「遊びをせむとや生まれけむ、たはぶれせむとや生まれけむ」）がかなりを占めている[16]。歌謡の世界では一時の流行に終わったようであるが、近現代でも、軍歌「軍艦マーチ」の歌詞は八五と七五が行ごとに交互する。童謡の「どんぐりころころ」「夕日」や「ああ、人生に涙あり」（ドラマ・水戸黄門の主題歌）などが八五調になっている。古い国語の教科書『しょうがくこくご一年』(日本書籍)では「あつまれあつまれ、あいうえお……やまからやまばと、やいゆえよ」が教材になっており、「ありさんあつまれ、あいうえお……」など、バリエーションも生まれている。しかし、八五調が七五調を凌駕できないのは、八音句が内在律において「四四(五)」になってしまうという単調さが原因であろう。七五調から見れば、八音句は字余りで破調となるはずであるが、破調と感じられていないのは何故かなど、八五調史も研究課題と言える。一方、最近の歌謡曲でも「七五調」が相変わらず根強く見られる。

●「上野発の夜行列車　降りた時から…」にみる内在律とも言える音の群団「三音節」の連なりは、作詞者阿久悠自身の意図的作詞だったというが、非常に効果的である。メロディに乗せる「歌詞」の韻律(リズム)についても、研究課題であろう。

●　近年、岡部隆志他編『七五調のアジア—音数律からみる日本短歌とアジアの歌』(大修館書店・2011刊)が象徴するように、五音句七音句の成立、音数律という韻律を、照葉樹林文化の歌垣とともに東アジア一帯に普遍するものと捉える研究の動向がある。[17] なぜ「五七調」で始まったのか、の探究に欠かせない視点であろう。

【注】

(1)時枝誠記『國語學原論』(1943・現在、岩波文庫に収録)「第六章国語美論」。

(2)藤井貞和『文法的詩学その動態』「四部　リズム・音韻・文字」(笠間書院・2015年2月刊)。

(3)小島美子『音楽からみた日本人』(NHKライブラリー)が、日本人のリズム感覚を水田稲作農耕民の「静かな二拍子のリズム」と捉えているのは、日常言語に認められる「フット」が音曲に乗っても生きているレベルを捉えているのではないか。

(4)川本皓嗣『日本詩歌の伝統—七と五の詩学』(岩波書店・1991刊)。

(5)文節の後には「ネ」(間投助詞)を、文末には「ヨ」(終助詞)を用いているように文節の「切れ」と文末の「切れ」が異なることを端的に物語っている。
(6)横山青娥『日本詩歌の形態学的研究』(武蔵野書院・1959刊)。
(7)短歌形式では、「七五」をなす箇所が一つしかなくて、とても「七五調」とは言えない。ただ、七五で切れる「三句切れ」が多く見られるようにはなった。
(8)松林尚志『日本の韻律―五音と七音の詩学』(花神社・1996刊)。
(9)注2に同じ。藤井(2015)は、「さらに5のなか、7のなかが、2や3や4やに分かれて意識される感じもリズム感としてある」と述べている。
(10)注8の松林(1996)では「小節(注：和歌の「句」に当たる)の冒頭に休止を持ってきたのはいかにも苦しい」と指摘する。
(11)藤井貞和『日本語の時間』(岩波新書・2011刊)。
(12)注1に同じ。藤井(2015)は時枝の「国語美論」を「才気を存分に花ひらかせたと言える」と評価する。
(13)菅谷規矩雄『詩的リズム―音数律に関するノート』(大和書房・1975刊)、同著『同・続編』、(大和書房・1978刊)。「リズム群団」を重視し、二音、三音、四音などの「群団」が、「五音の「句」ならびに七音の「句」の構成に包摂され、より潜在的なものになり、内在的な屈折のモメントとなって、音数律の構造を重層的なものとしている」と述べている。
(14)藤田竜生『リズム―日本人の音感覚とリズム』(風濤社・1976刊)は、「四拍子論」を「ことばと音楽、詩的言語と日常言語をごっちゃにしすぎた意見ではないか」と言う。
(15)筆者は、『表現研究』に「音数律論のために―和歌リズムの諸問題」を発表する以前に『日本詩歌韻律論主要文献・資料一覧』(『解釈』解釈学会、19巻11号・1973)を公開し、増補した「続」を『愛文(愛媛大学)』(第16号・1980)に掲載している。
(16)志田延義『日本歌謡圏史』(至文堂・1958刊)に詳しい研究がある。
(17)工藤隆『歌垣と神話をさかのぼる』(新典社・1999刊)、大野晋『日本語の源流を求めて』(岩波新書・2007刊)、西條勉『アジアのなかの和歌の誕生』(笠間書院・2009刊)などがある。

〔四〕

日本語論に関する書評

鈴木　泰著『古代日本語時間表現の形態論的研究』

（一）　この原稿の任務には、評価・批評だけでなく、紹介も含むものと察するが、大部な本書の内容を記述で紹介するのは無理である。まずは、目次で本書の全貌を捉えてもらうのが簡便かと思う。しかし、九頁にもわたる目次をすべて掲げることもできない。以下には、やむなく各章の節は割愛して紹介する。

第三部　古代日本語動詞のテンス・アスペクト・パーフェクト
第一章　テンス・アスペクト・パーフェクト体系
第二章　はだかの形の個別的意味
第三章　ツ形、ヌ形の個別的意味
第四章　タリ・リ形の個別的意味
第五章　キ形とケリ形のちがい
第六章　キ形の個別的意味
第七章　完成相過去形――テキ・ニキ形、タリキ・リキ形の個別的意味――
第八章　ケリ形の個別的意味

さて、テンス・アスペクト・ムード等の概念によって文法研究が進められてきたのは、もっぱら現代日本語の研究においてであったが、著者（鈴木）は、それらの概念を古代語の文法研究にも導入して（前著『古代日本語動詞のテンス・アスペクト――源氏物語の分析――』ひつじ書房、その間の一つの成果）、特に時間表現をめぐっての研究に長年力を注いできた。その積年の集大成が本書である。筆者（糸井）には、かつて著者の「メノマエ性」という概念（用語）に接してもやもやしていたものが吹っ飛ぶような衝撃を受けた記憶がある。この用語自体及び概念は、著者の創造になるものではないが、古代語の表現を読み取り説明するのに、これほど鮮やかな切り込み方はこれまでなかったと思った。実は、こうして前著以来密かに注目していた著者の、この度の大著、自省することなく書評を引き受けたが、あまりにおけなきことであったと今は後悔している。評価・批評にまで至るのはおぼつかないことだが、この著書から何が学べるかという観点から、私なりの解釈を試みてみたい。

まず、本書の研究的立場や特徴を整理してみる。

① 本書の構成(目次)は先に示したが、読者にとってありがたいことに、「はじめに」で本書の構成の意味と各部・章の趣旨が述べられ、「おわりに」では本書のたどり着いた時間表現の体系の骨子と著者自身の研究の過程とがまとめられている。これは著者にとって必要な記述であったのであろうが、大部な本書に向き合う読者に対するサービス(?)になってもいる。その点は、第一部、第二部についても同じことが言えよう。第一部では、著者の研究的立場からの、時間表現の文法研究がもっぱら現代日本語についてなされてきた、その時間的カテゴリーの整理がなされており、古典語へのアプローチの基礎づけとなっている。また第二部では、これまでの研究史が明治以降から丹念に振り返られて、著者の理論の位置づけがなされている。〈参考文献〉を見ても分かるが、その博捜ぶりは言うまでもなく、先行論文の丹念な読みと的確な批評には驚嘆させられる。読者自身が、自分の研究がどの方向を目指しているものかを振り返る契機になる。

第二部第三章は、「語り論の系譜」に属する研究の批評である。筆者などもその研究者の一人に位置づけられているが、古代語の時間表現の文法研究の多くがこの系譜に属するようである。しかし、それぞれの研究者は、自らのが「語り論」の系譜にあるという意識を明確に持ってはいなかったのではないだろうか。著者がこの立場を明確化したのには、次の②に関係するところがある。

② 著者の研究的立場は、伝統的な国文法の流れにはない。著者は、ロシアのフォルマリズム以降の、ロシアの言語学の理論を取り入れている言語学研究会グループの一人である。殊にマスロフから学ばれたことが大きいようだ。この立場では、テクストを「話し合い」のテクストと「語り」のテクストとに峻別する。本書で目指されたのは、「話し合い」のテクストにおける時間表現である。著者は「凡例」で「本書で対象とするのは中古仮名文学作品の会話文中の動詞終止形である」と規定している。①に触れた「語り論」は、「語り」のテクスト(地の文)の時間表現を論じているというわけである。ただし、本書においても必要に応じて、例えば「ケリ形」に関しての記述にお

いて、「語り」のテクスト(地の文)の事例にも触れている(この問題については後述)。もっとも、著者は両テクストの関係については、「語り」のテクストにおける用法も、「話し合い」のテクストにおける用法の「転移的用法」であると見ている。

③ 伝統的な国文法であれば、時の助動詞の文法的機能の研究ということになろうが、著者は形態論的立場から、助動詞「キ」「ケリ」とせず、「キ形」「ケリ形」としている。それは、「動詞の語形」と捉えていることを意味している。動詞の語形には、「はだかの形」をはじめ「ツ形」「ヌ形」「タリ・リ形」「キ形」「ケリ形」さらに複合形の「タリツ形」「ニタリ形」「テキ形」「ニキ形」「タリキ・リキ形」があり、これらの語形はそれぞれ異なる文法的意味を持っており、対立的(選択的)、いわば範列的な関係にあると捉える。「食ふ」(無徴)と「食はず」(有徴)とが、みとめ方(肯否の認定)という文法的機能の点では、範列的な関係にあるように。そしてどの語形が選ばれるかには、その中核になる動詞の語彙的意味が対応していることに注目して、動詞が「どんな時間的意味を表わすかという観点」から、動詞の徹底的な分類を行っている(第三部第二章)。時間表現に関わる「動詞の語形」は形態的に大きく二種に分類できる。「はだかの形(終止法)」(無徴)と「はだかの形(連用形)+接辞」(有徴)とである。しかし、時間認識を反映する接辞(助動詞)には、なお、「はだかの形(終止形)+らし・らむ、めり・なり」、「はだかの形(連用形)+けむ」、「はだかの形(未然形)+む・じ」があるが、これらがどうして時間表現の動詞の語形に加えられないのかについての言及はない。形態論的立場では、これらのいわゆるムードの助動詞の付加したものは動詞の語形と認めず、命題に付加される接辞(助動詞)と見るのだろうか。

④ 時間表現の動詞の語形がもつ文法的意味は、テンス・アスペクト・パーフェクト・メノマエ性という文法的カテゴリーで記述され、それぞれの語形の持つ「個別的意味」がエビデンシャリティ(証拠性)やアクチュアリティ(現実性)などの分析的観点から腑分けされている。特に先にも触れたが、「メノマエ性」というカテゴリーに注目して

みる。語形の示す「できごとがメノマエにあるということを表わす空間的性格」のカテゴリーであり、古代語では「タリ・リ形」が持つ機能であるが、その意味的系譜にある現代語の「テイル形」は積極的に「メノマエ性」を示さない（形態的系譜としては「居る」につながる）。が、形態的系譜にある「テアル形」の方が、琉球方言の「テアル形」相当の語形なども「メノマエ性」を強く残してるのは興味深い。

「メノマエ性」は、「できごと」が認識主体（発話主体）の眼前に存在していることを意味する。つまり認識主体の〈いま・ここ（私）〉において捉えられているのである。本書で引用されている松本泰丈（一九九三b）も「時間表現に関わる以上に空間表現にこだわるカテゴリー」と言い、「ココに、イマ、アクチュアルにあらわれているできごと」と述べている。「メノマエ性」というカテゴリーは、認識主体の存在抜きには把握できないカテゴリーで、認識主体と対象のできごととの関係そのものが表現されていることを意味する。とするなら、終止接「ナリ」「メリ」も「メノマエ」の不確かな「できごと把握」であり、確かな把握をする「タリ・リ形」とは範列的関係にあると言えよう。これらは存在詞「アリ」を含むことで共通している。また、「ツ形」「ヌ形」も「タリ・リ形」とはアスペクトを異にするが、「メノマエ性」と深い関わりを持っている。「ツ形」は本書の用語で言えば「メノマエ性ばなれ」という認識を明示し、「ヌ形」は言わば「メノマエ性あらわれ（?）」ということになろうか。この「ツ形」「ヌ形」のアスペクト的相違が、「タリ・リ形」とのいわゆる相互承接において、「タリツ形」「ニタリ形」という順序の違いをもたらしていると考えられる。〈いま・ここ（私）〉において、「タリ・リ形」と空間的隔たりが意識される場合には終止接「ナリ・メリ形」の認識が現れ、時間的隔たりが認識される場合には、「ツ形」「ヌ形」が起動するということになるのではないだろうか。

⑤ 本書の事例は、すべて「中古仮名文学作品」から引き出されている。事例の「動詞の語形」の意味用法を確認する上で、必要かつ充分な文脈を伴って引用されており、丹念な現代語訳がすべてにつけられている。やっかいな

本文の場合などとても助かる。筆者は常々思っているのであるが、現代語訳は単に古文の内容(何が書いてあるか)を理解するための補助手段にすぎないものではなく、表現形式(如何に書いてあるか)を理解する上で重要な作業である。可能な限り直訳することで、古代語と現代語の表現の違いを的確に捉える、このことが特に日本語史にとっては重要な作業過程になる。もっとも意訳をせざるを得ない表現にこそ、現代語とは異なる、古代語特有の言い回しが露出しているわけで、そのことを自覚することが日本語研究にとっても古典文学教育にとっても重要なことだと思っている。

第三部第八章(「ケリ形」の個別的意味)の引用例の、著者の現代語訳を見ると、いわゆる「ノダ」文、またそれに準じる「モノダ」文その他になっていることが目に付く。古典語の「ケリ」の用法について、池上嘉彦(「日本語の語りのテクストにおける時制の転換について」『記号学研究6　特集・語り』所収)は、「過去の出来事について述べながらも、その出来事の現在への関連性が暗示されて語られる」、そういう機能を語義としてもっているとし、「現代語では「ノデアル」「ノダ」という表現が、過去の出来事に言及しつつも語り手がそれに解釈ないし評価を加えるという形で、現在時と結びつける機能を果たす」と述べているのを参考にして言うなら、「ノダ」文形に現代語訳できる「ケリ形」は、池上の指摘するような機能を有していると考えられる。なお、「ケリ形」については後にも触れる。

⑥　本書における著者の研究の本体は、第三部にある。各章のタイトルを見れば分かるが、それぞれの語形の「個別的意味」の追求である。テンスなどの文法的カテゴリーを基礎に、どういう動詞がどういう語形をとり、どういう意味用法を持っているか、各語形でのその広がりを腑分けしている。その際、「時間的局在性」を持つか持たないかで大きく意味用法が二分されるように思われる。あぶり出された「個別的意味」(以下に〈　〉で示すもの)は、伝統的な国文法に見られるものとは全く異なっている。興味深い結論を紹介しながら具体的例を見るなら、〈具体

的過程の意味〉〈一般的事実の意味〉さらに〈くりかえしの意味〉〈潜在的質的意味〉を共通に持っていることで「はだかの形」と「キ形」とが近い関係にあり（アスペクトの面で共通）、「ツ形」「ヌ形」が独自な〈具体的事実の意味〉及び〈例示的意味〉を持つのに対して、「はだかの形」「キ形」はそれらの「個別的意味」をともに持っていないことで、両者は大きく異なること、「タリ・リ形」については、先の四語形とは全く異なる〈パーフェクト〉〈メノマエ性〉〈恒常的状態〉などを「個別的意味」として指摘している。また「ケリ形」は〈思い至り〉〈再認識〉〈気づき〉〈言い及び〉といった「個別的意味」を持つと指摘し、「キ形」とは反目する、あるいは共通するカテゴリーに基礎づけられている「個別的意味」のないことが注目されるのである。

（二） 最後に筆者が最も関心を寄せる「キ形」「ケリ形」の問題を考えてみたい。どちらも「過去の助動詞」とくくり、他の助動詞と文法的機能を異にするとみる、伝統的な国文法の考えは勿論、著者は、古典文学者も含め現在最も通説化している、細江逸記の学説—「キ形とケリ形は主観的な回想というムード的意味」を示すという同一のカテゴリーに属し、「キ形」は目睹回想（経験回想）、「ケリ形」は伝承回想（非経験回想）という違いで対立的関係にある—を、根底から見直している。確かに助動詞「キ」「ケリ」は重ねて用いられる（共起する）ことがない故に、時間表現において対立的選択的関係（一つのカテゴリーでくくれる）にあるように錯覚されやすい。しかし、従来から疑問視されていたことだが、助動詞「ケリ」には、大きく分けて「過去」と「詠嘆」という意味用法があって、「詠嘆」の対象となる事態は、「過去」のことばかりではなく、むしろ現在時のことであることが普通なのである。この矛盾が指摘されてきた。著者はこの事実を「ケリ形」の本質を捉える上で最重要視し、はたして「ケリ形」はテンス「過去」を示すのか、という疑問を提示し、両語形の文法的機能について次のような結論に達している（要約的に引用する）。

キ形は、テンス（過去）を表わすという特徴をもつが、ケリ形は、そのできごとについて特定の情報のでどころを表わす（証拠性・エビデンシャリティ）という特徴を持ち、テンスからはフリーである。キ形はテンスにおいて、はだかの形と対立し、ケリ形は証拠性において、タリ・リ形や終止メリ形・ナリ形、さらにラシ形などと対立する。つまり、それぞれ対立相手の系列が異なる。キ形とケリ形は一つカテゴリーをなすわけではない。

著者は、「ケリ形はテンスのカテゴリーを構成するメンバーからはずれることになる」と結論する。問題は、助動詞「ケリ」を過去の助動詞と従来捉えてきたことをどう解するかであろう。例えば、「今は昔、竹取の翁といふもの、ありけり。」この「ケリ」が対象としている事態は過去のことと言わざるを得ない。「しかし」と著者は言う。「過去でもキ形では表わせないはるかとおい過去のできごとをケリ形があらわすのは、伝承や物語りなどに依拠してその内容をとりあげる」「ケリ形の〈言及〉の用法」であるのだとする。

〈言及〉とは、ケリ形の個別的意味として取り出された、〈思い至り〉〈再認識〉〈気づき〉〈言及〉の一つである。この四つの意味は、詠嘆と証拠性の観点からみちびきだされたものであるが、最初の三つとあとの「言及」とは少し異なるところがある。古代語の「語り」のテクストにみられる「語りのケリ」は、この個別的意味で用いられているという。

以上の「キ形」「ケリ形」についての著者の結論は、これまで筆者が思い描いてきたそれぞれの本義に対して大きな違和感はない。目を開かれた観点や学んだ分析が多いことは言うまでもないが、少々疑問点がないわけではない。それを最後に述べてみたい。

「ケリ」は存在詞「アリ」をベースに生まれた語である点で、「タリ・リ」「（終止接）メリ、ナリ」と共通することは明らかであろう。いずれも表現主体（会話では発話者、語り・地の文では語り手）の〈いま・ここ〉という視点時において「出来事」が認知されていることを示す。著者のいう〈言及〉も、言い及ぶ行為者・表現主体（の視点）の存在が前提になっていると言えよう。しかし、〈いま・ここ〉における認識と、すでに存在していた神話や伝承などに〈言い及ぶ〉という個別的意味との結びつきがもう一つ腑に落ちない。改めて、今ここに「昔」のことをとり出したという語り手の主体的態度を明示するという用法（個別的意味）なのだろうか、それなら納得できる。

そもそも著者は「話し合いのテクスト」と「語りのテクスト」を峻別する。それは良いが、「語りのテクスト」の時制（テンス）について次のように言う。「物語の語りにもちいられている過去形は決して作者、または語り手がかいたり、はなしている時間を基準に過去のことであることを表わしているわけではない」「発話時が基準時間にならないどころか、基準時点すら存在しない」と。この「過去形」は「キ形」を指し、「ケリ形」は含まれていない。

作者は読者とアクチュアルな関係にあるが、作者と語り手はそういう関係にはない。作者は作品の創作主体であり、語り手は作者が生み出した、作品世界を語る虚構の表現主体である。「語り」における時制の基準時の議論に作者が取り上げられるのは適切でない。一人称小説では、語る語り手（私）と語り世界で語られる（私）やその他の登場人物とはアクチュアルな関係にある。しかし、三人称小説（ほとんどの物語。地の文で（私）という人物は登場しない）では、語り手と三人称の登場人物とにはアクチュアルな関係はない。それ故、語り手の発話時が語り世界の時制の基準時には確かにならない。この発話時を基点にして「キ形」は用いられることはない（もっともテンスからフリーな「ケリ形」は用いられる）。しかし、語り手が発話時から語り世界へと視点を移したり、登場人物の視点に重なったりして語られるときには、その視点時が「基準時間」になって「キ形」が用いられるのではないのか。

これといった言語理論に立つわけでない筆者が、本書で展開された、著者の精緻な理論構築に基礎づけられた研究を充分消化して論じたとはとても言えそうにないが、ここらで責めをふさぐ筆を擱くことにする。

（二〇〇九年二月一四日発行　ひつじ書房刊　A５判　五二〇ページ　六四〇〇円＋税）

藤井貞和著『日本語と時間――〈時の文法〉をたどる』

一　追随したい「姿勢」

筆者（以下糸井を指す）は、この度藤井貞和（以下著者とする）の表題の「書評」を依頼されたが、奇しくも昨年は鈴木泰（２００９）の書評を『日本語の研究』に書いた（糸井（２０１０））。共に『源氏物語』を中心に平安文学を対象にして、片や文学学を極め、片や言語学（日本語学）を足場にする研究者であるが、共に古代語の「時の助動詞」の本質を明らかにせんとした著書の書評であった。

言うまでもないが、ここでは橋渡し的任務を負っているわけではない、藤井著書に集中する。まず本書のバックボーンをなすもの――それが筆者にとって追随したい、本書のスタンスとほぼ重なる――を取り出しておきたい。

①　まず「本書の狙い」（「始めに」）とする「（古代文学の）文の性格や技法を存分に説いてみよう」とする姿勢。とかく「読むこと」が「何が」あるいは「何を」の了解で留まりがちだが、「如何に」書かれているかを重視する姿勢と理解する。そのことは本書が「口語訳」に心血を注いでいることにも伺える。筆者も「口語訳」には、単に古文を理解する補助手段に留まらない意味があると考えている（古典教育においても）。

②　「如何に」の探究の姿勢は、各「助動辞」の間にみられる関係性の意欲的な体系化となって現れている（第二節

で取り上げる)。

③ 時枝誠記の言語観を重視する姿勢。助動詞を「助動辞」というのも時枝理論の徹底であり、時の助動辞の探究において、山田(孝雄)文法──時枝文法──そして竹岡正夫の理論上の系譜を、一歩先へとおし進める姿勢である。主体的立場からの「認識のしかた」(竹岡用語)から「時の助動辞」は生まれてきたとみている。竹岡(1979)には独自の「言語過程説」もある。もっとも、最近の認知言語学は時枝言語観を重視するが、例えば池上(2007)が時枝を取り上げている。日本語は「主体的立場を好む言語」とみて、「今ここ(私)」の主体的立場からの認識を言語化する言語、と池上はみる。実は筆者もこの観点から日本語の表現を、そして日本語の助動詞をも捉えたいと考えている。

因みに、著者の時枝傾倒は、日本語のリズムに関しての見解にもみられる。別に触れたことがある(補注)が、このことは、筆者にとって心強いことである。

二 時の助動辞の体系

本書が意欲的に試みている一つは、「時の助動辞」群の体系をイメージ(モデル)として図表化したところに見られる。称して「krsm 四面体」(図1)という。古代語では、時の認識を六つの助動辞(き・けり・つ・ぬ・たり・り)に分節化して捉えていて、それらが「た」一つになった近代語から見ると、「うらやましく」も豊かな認識と表現を獲得していたと述べている。六つの「時の助動辞」は、ばらばらに存在するのでなく「系列化、構造化」して捉えることができる。「構造的に相互依存しながらはげしく動いている」(39ページ)、つまり互いに関係性をもって存在していたと、著者は言う。それを図表で示している。

このモデル化の背景に、著者なりの、各助動辞の生成過程(語源)の追求がある。それらも踏まえて、この図表に関して、筆者なりに感ずる問題点を列挙してみる。

①「krsm」とは、四つの「角」に位置するものの略号。時の認識のしかたを支えた核(筆者の詞)に当たる。この想定は斬新である。特に「-asi」(形容詞性の核、sと記号化)、「am-u」(「む」形の核、mと記号化)の設定は興味深い。しかし、「am-u とかかわる「まし」(a) mu-asi は複雑に活用し」(40ページ)と指摘はあるが、図に「まし」が無いのはなぜか。「まし」は「む」の形容詞形であるから、未然形接続をする。因みに「k」は「k-i きの記号化」、「r」は「ar-i あり」を記号化したものである。

②「am-u」は、「む」形の助動詞(む・らむ・けむ。及び、まし)の核になる。六つの時の助動辞にさらに、「けむ」「あり」をこの群に加える(「始めに」)としているが、図には「らむ」(合わせて「らし」)も位置づけられている。「らむ」と「時の認識」との関係を著者はどう考えているのか。「む」は未然形、「けむ」は連用形、「らむ」は終止形にそれぞれ接続する。

③「ar-i」(あり)を助動辞生成の核に位置づけているが、特に日本語では重要で、納得がいく。言わば、終止接の「めり」「なり」はじめ「けり」「り」「たり」などをも派生させた核である。著者は「あり(ar-i)」を含む助動辞が時制「現在」に働くと見ているが、図には「めり」「なり」「たり」が位置づけられていない。

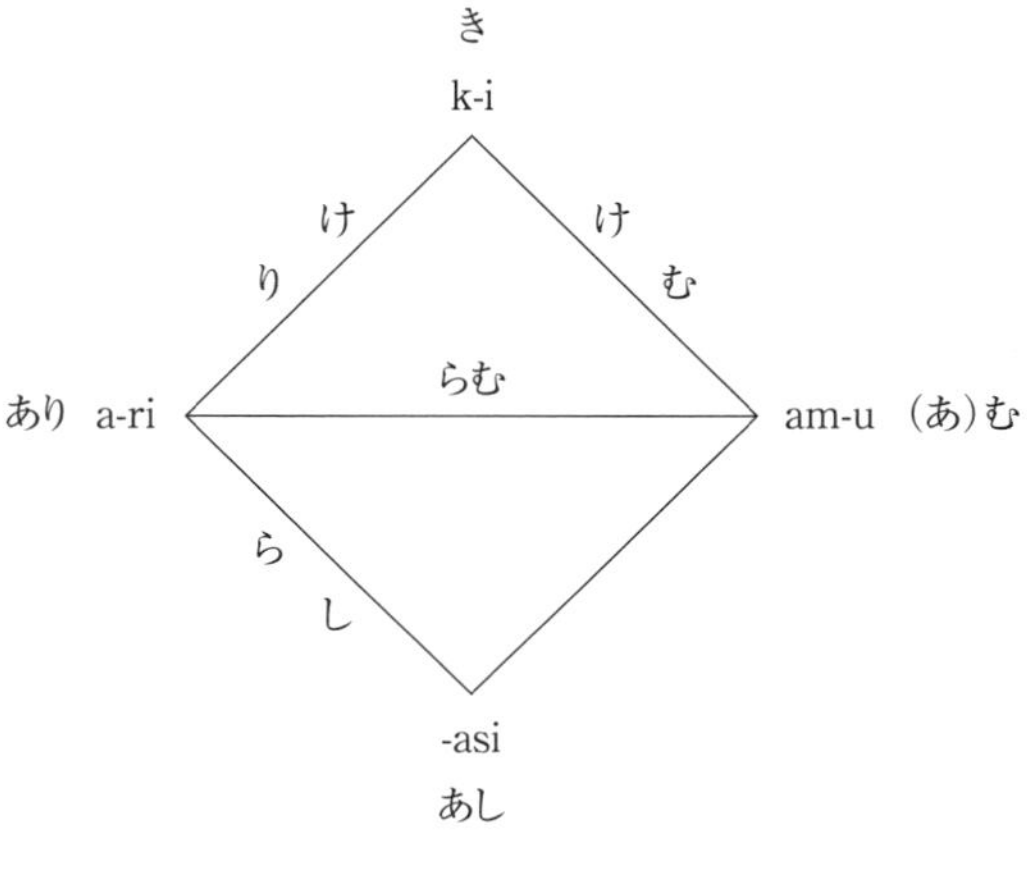

図1

ところで、国語学(日本語学)においても、助動詞群の体系性が追及されてこなかったわけではない。著者が「日

表 2

意味＼接続	未然	連用	終止
1	す さす しむ		
2	ら らる		
3	（まほし）	*たし	
4		ぬ *り	
5		たり	
6		つ	
7	ず		べし まじ
8			めり （なり）
9		き けり	
10	む じ まし	けむ	らむ （らし）

｛敬語（1・2）

（橋本進吉『助詞・助動詞の研究』）に筆者（糸井）が「接続」区分を加えて改訂したものである。

〔助動詞の相互承接表〕

本語の動詞は、助動辞をしたへしたへと付加する――下接する」（32ページ）と述べる事実に関して、「下接」には「順序」があるという研究がなされてきた。橋本進吉（1969）らによって「助動詞の相互承接」としてまとめられたものがある（表2参照）。その整理の結果からは次のようなことが読み取られている。

助動詞の順序は、現代語に関して指摘されている「ヴォイス―アスペクト―みとめ方―テンス―ムード」という順序がほぼ古代語に関しても一致する。

各助動詞には、意味用法の別、何形接続かの別、活用の型の別という三つの要素があり、これらが助動詞の分類基準に活用されることもあるが、相互承接表を見れば、これら三要素が相互に関係し合っていることが分かる。まず動詞には未然接（ヴォイス）の助動詞が、次いで連用接（アスペクト）の助動詞が、そして終止接（ムード）の助動詞が最後につく。接続に関しては、未然形接続、連用形接続、終止形接続の三類に整理できる（例外とされる、又は例外と見えるものにも、それぞれその理由が指摘できる。ここでは詳述を省略。学校文法などで助動詞とするもので、この表にみられないものがあるが、それぞれにこの表に位置づけられない根拠・理由があるからである)。もっとも未然接については、否定(みとめ方)の助動詞がテンスの前に現れ、推量(ムード)の「む(じ・まし)」が文末にのみ現れるということになる。

活用の型をみると、先ず動詞には動詞型活用の助動詞がつき、ついで「あり」系及び形容詞型の助動詞がつき、最後には特殊型が来る。

終止接の助動詞群はすべてムードの助動詞である。終止接であることは、命題としてまとまった文(コト)に付くことを意味し、主体的な判断(ムード)であることを示す。それらにも順序があり、まず「べし・まじ」が確信的な推定における「肯定・否定」で対立し、「めり・なり」が断定以前の判断として「視覚・聴覚」の区別を示し、「らし・らむ」が推定の「根拠の有無」で対立していた(平安時代になると崩れるが)。先にも見たが、「む」系は、未然接の「む・じ・まし」、連用接の「けむ」、終止接の「らむ」と、すべての時制の区別に対応している。

著者が「(助動辞群を)系列化、構造化して説明できるなら、一転して愉しい授業風景にならないか」(39ページ)と言うのも尤もなことで、筆者も授業への「相互承接」の導入を提案したことがある(糸井(1998))。ただ、著者の試みは、従来(国語学)の相互承接とは全く異なる発想で整理しているもので、単なる修正案

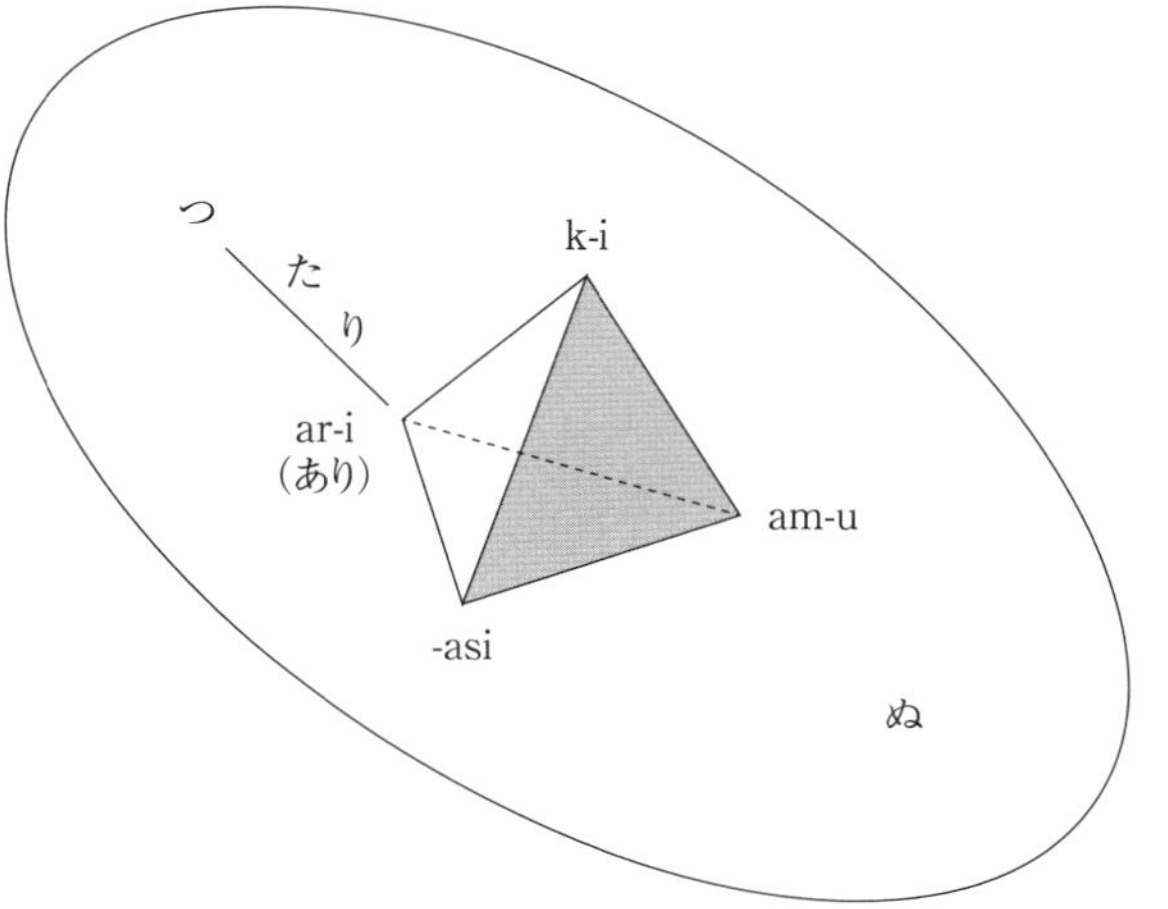

図5

ではないことから、著者は相互承接に触れることもなく、またそれに対する批判的言辞にも及んでいないものと思われる。

しかし、助動辞は、動詞の文法的機能を補充するものとして存在する。助動詞の中でも動詞型活用のもの(す・さす、る・らる、しむ、つ、ぬ)が他より先に動詞に下接することにはそれなりに意味があるからである。その点で、本書の図1(及び図5)においては、「動詞(用言)」がどこに位置するものかが不明である。さらに図5で示された「つ」「ぬ」の位置づけには、理解しかね、疑問が残る。つまり、動詞は「四面体」の中核にあり、それに次いで「つ」「ぬ」が位置づけられるべきではないか。相互承接論では動詞を中心に、より「詞的な」助動詞からより「辞的な」助動詞へと並ぶとも言われる。この事実を踏まえたものが欲しいが、著者の試みは、「時」の認識に限って、その分節化の体系性を追求したものであったから、助動辞全体との関わり合いは、論外だったということであろうか。

三 「けり」の本質

本書第二章から、時の助動辞が個別に論じられる。「最初のめだま」として「けり」が登場する。章題に、「けり」の性格を示して「遡る時の始まり」とある。この意味するところを確かめてみよう。

まず、筆者は、次のような記述に、著者が今なお細江逸記の呪縛から解放されていないことが気になった。

a 「けり」が「き」と対比的だとは、よく言われることだ。しかし「き」がかならずしも体験的過去を担う性格を持たない以上、軽々に言うわけにゆかないことで、ただ「けり」が伝承的なフレーム(あとに見る竹岡理論では〝物語口調〟)にかかわるとだけ、声を大にして主張してよい(56ページ)。

b 細江説の思い通りに「けり」が働いてくれるわけではけっしてないにしろ、「けり」を諸言語の未完了過去や半過去に類推できるとする細江説は、いまなお色褪せていないはずだ（64ページ）。

細江逸記説（『動詞時制の研究』1932）とは、トルコ語にヒントを得て、「き」を「目睹回想」、「けり」を「伝聞回想」とみて、「き」「けり」ともに「過去（回想）」の助動詞と捉える説で、学校文法をはじめ日本語日本文学の研究者の間にもかなり浸透している。また、著者は次のようにも言う。

c山田孝雄が「回想」というのは、〝認識する主体〟においてなされることだから、時枝文法の先駆的形態と言える。「回想叙述」を説く英文法学者の細江逸記にも影響を与えているはずだと私はにらむ（45ページ）。

細江の「回想」が山田の「回想」と同種なら、それは主体的（あるいは主観的）立場から「時」を認識していることを意味し、客観的テンス過去を指すものではない。つまり「目睹」と「伝聞」は、主体の経験・非経験の区別を意味すると言える、まさに「主体的表現を好む」（池上（2007）日本語的発想であり、自分のことか人のことか（渡辺実は「わがこと・ひとごと」という）という認識のしかたは、一般に納得されやすい。しかも擬古文で書かれた、日本の古典の代表的作品である『徒然草』における「き」「けり」の使い分けが、細江説を支えたとも言える。その上、確かに「き」と「けり」とは共起することなく、あたかも「き」か「けり」かという、同じ文法機能の範疇にあって、選択関係にあるように受け取られやすかった。

しかし、著者の先のa、bの記述にも見られるように細江説には疑問点が多い。鈴木（2009）は、目睹（経験）・伝聞（非経験）という対立関係は、情報の出所（証拠性）の対立を意味するはずであるが、そういう根拠は証明できないとする。筆者も、両助動詞は文法機能を異にして、同じ文法機能の範疇にあって選択関係があるとは、とても言えないと考えている。

「けり」に「けりをつける」問題点は、端的言えば、「語りのケリ」と「和歌のケリ」に通底する、いわゆる「けりの本義」（竹岡（1970））を如何に捉えるかに架かっている。では、著者は「けり」をどう捉えているか、確認しておこう。

「けり」の語源について、「来」が文法化して助動辞「き」が生まれたが、その助動辞「き」とも「来」の連用形「き」とも未分化な段階で存在詞「あり」が結合して文法化したものが助動辞「けり」だと見ているようだ。「来」の動作性(あちらからこちらへの移動)が文法機能として生きていて、対象の事態(コト)をその「遡る時の始まり」から認識したことを意味するのが「けりの本義」、つまり「時間の経過」を示すことこそ「けりの本質」と見ている。

ところで、著者の論述でもう一つ追随したいことがある。「けり」の文法機能を捉えるにあたり、「論理上」(事態そのものが持っている論理か)と「文法上」とを区別し(22ページ)、さらに「文法上」と「意味内容」とを区別する(31ページの表)。そして、

d竹岡氏に拠れば、たとい「気づき」や「詠嘆」のようなことが文脈的に醸成されていよう

と、それらがただちに文法上の「意味」でありえない(67ページ)。

と述べているように、竹岡(1970)の、助動詞の「本義」と「文脈的に醸成される」用法とを区別することに賛同している。「けり」について言えば、著者の「文法上」とは「本義」に相当し、「過去から現在への時間の経過」と規定する。また、「意味内容」は「文脈的に醸成される」ものに担当し、「回想、伝承、気づき」とある。鈴木(2009)では後者を「個別的意味」と呼んでいる。この区別は重要で継承すべきである。例えば、助動詞「む」の文法機能は、未確認・未確定の事態であることを示す機能にあり、一人称に関わる場合は多く「意志」用法に働き、二人称に関わる場合は「勧誘」的用法となり、三人称や未確認事項に関わる場合は「推量」用法となることが多い、という区別は、文脈上に見られる意味内容である。

表(31ページ)

	ar-i(あり)	けり	き	けむ
文法上	現在	過去から現在への時間の経過	過去	過去
意味内容	～である・在る	回想・伝承・気づき	～た(いまはない)	過去を推量する

著者は、「けり」の文法機能を「時間の経過」と規定する。竹岡（1970）が「けり」の機能を、対象の事態を「あなたなる世界として」、今主体的に認識していることを意味するとした考えを継承したものであるが、「何の時間」が経過しているのかという観点からみると、全く異質な二つの場合があるように思われる。

一つは、すでに実現していた事態が今もなお継続してあるという時間の経過（和歌のケリなどに多い）、つまり「事態」の時間であるのに対して、昔から今に至るまで語り継がれてきたという、つまり「伝承」の時間の経過（語りのケリの場合に多い）とである。「昔、男ありけり」の「けり」は後者の場合で、昔の男が今も生きていること（事態の時間）を意味するわけがないので、昔男の話しが今も語られているという伝承の時間を示す「けり」だということになる。しかし、これだけ異質な時間を同じ「時間の経過」で総括するのはどうであろうか。

さて、本書で最も筆者の目を驚かせた記述が次の一文である。

e 最終的には乗り越えられる必要のある竹岡理論だとしても、理論の名に値する竹岡学説から、われわれは退転すべきでない（のに退転しきってついに落ちるところまで落ちた現代が「気づき」説、詠嘆説ではないか）（64ページ）。

細江説を批判的に受け取り、「気づき」説に立っている筆者には（著者に筆者が念頭にあったわけはないだろうが、ひとごとならず）、手痛いパンチを食らったように感じた。しかも筆者は、山田文法はともかく、時枝―竹岡路線を引き継ぎ、「あなたなる世界として」認識する「けり」を、退転どころか発展させて「気づき」が「けり」の本質という考えに至ったつもりでいたからである。

池上（2007）は、日本語を「主体的表現を好む」と捉える。また時枝が「言語成立の外的条件」として「主体、場面、素材」を取り出した背景に、時枝がそういう日本語で育ったことが幸いしたと思っている。日本語は、言語主体（今ここ）が向き合う対象とどういう関係にあるか、その関係そのものを言語化する。それが主体的表現を好むと言うことであり、ある事態を「あなたなる世界として」認識するのは、「今ここ」にある主体の立場からである。

「今ここ」にある主体の認識領域になかった事態（つまり、あなたなる世界のものとしてあった事態）が、「今ここ」の主体の認知活動に侵入してきたとき、そのように今初めて認識された事態であることを「けり」（眼前の存在を意味する「あり」を含む）で表明した。初めて主体の認識の領域に取り込まれた、つまり「気づき」、認識外にあったものが認識内に入り込んできたことを意味する。それが「けりの本質」と筆者はみる。

「今ここ」にないとは、時間的にも空間的にも言えることであり、すでに時間を経過して存在していたもの（事態）もあれば、気づかずにいた「ものの断り」（理法）もある。「気づき」の対象になった事態には、自ずと時間の経過が伴っているとも言える。「詠嘆」と捉えたくなるのは、「気づき」という認識に文脈的に醸成されてくるもの（「おどろき」などの感情）があるからである。

〔主体的認識〕

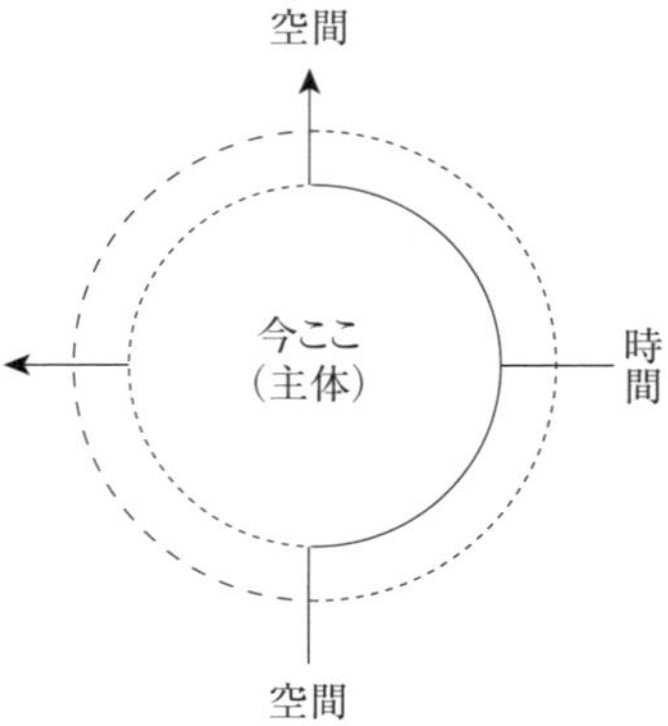

『言語学大辞典』（1996）は、「過去」の［いわゆる詠嘆のケリ］の項で、「詠嘆のケリ」とされる事例は和歌などに多く見られるが、「詠嘆」は「文脈的に情緒的効果を生じるから」感じられるものと否定し、「けり」の文法機能を「事態への注意の喚起」とする。私見の「気づき」は此に通じるもので、いわゆる「語りのケリ」も同じである。

「気づき」説がもっとも苦慮するのは、「語りのケリ」の用法の説明である。鈴木（2009）は「言及」という個別的用法と捉えているが、もう一つ「言及」という用語の理解に苦しむ。筆者は、「語り」の本質にも関わることであるが、語り手は聞き手に対して「何でも知っている私が何も知らないお前に教えてやる」という姿勢を取ってはいないと考える。「語り」を共有しようとする姿勢である。「語り」においての重要な情報を「実は」「――だったって」「―とさ」などと聞き手に「事態への注意を喚起」するのが「けり」の機能だったと見る。係助詞の「取り立て」機能に近いものを文末表現においてもたらすのである。その典型は、「―なむ(ぞ)―ける」に見られる。そもそも著者の言う「時間の経過」は、対象の事態が自ずともっているもので、「論理上」に属することであろう。つまり、「文法上」のことに属さない。

四　おわりに――古代語の近代化

著者ばかりではないが、著者も古代語の時の助動辞六つが近代語では「た」一つになったと言うが、少なくとも「た」と選択関係にあってテンス・アスペクトを担う文法形式には「―ている(ある)」及び動詞裸形(ル形、現在形とも)もあることを無視してはならない。日本語の近代化の一つの研究課題は、「て」(接続助詞)、ないし「――て」形の発達を跡づけることである。また、文法概念の形式上の合理化、例えば、「らむ」「けむ」を時制と推量とに形式上切り離し、「じ」「まじ」を否定と推量とに切り離してきたのも近代化の一つの有り様であった。

その他、本書の三章「き」以下にはほとんど触れられず、また口語訳に関することなど、さらに細部にわたると、色々感想を持つところもあるが、すべて割愛して、他の機会に譲ることにする。

【参考文献】

（1996）『言語学大辞典六　術語編』(三省堂)「アオリスト」「現在」「過去」の項。
竹岡正夫(1979)「私の新・言語過程説」(『表現研究』三〇)。
竹岡正夫(1970)「『けり』と『き』との意味・用法」(月刊『文法』五月号)。

藤井貞和（１９８４）『古文の読みかた』（岩波ジュニア新書）。

糸井通浩（１９７１）「『けり』の文体論的試論―古今集詞書と伊勢物語の文章」（『王朝』第四冊）。

糸井通浩（１９８０）「古代和歌における助動詞『き』の表現性」（『愛媛大学法文学部論集』十三。主体の「今ここ」を重視した考察。また助動詞「き」の用法に「今はない」の意味を含み持つこと（『土佐日記』二月十六日「ほとりに松もありき」）に触れる。

鈴木泰（２００９）『古代日本語時間表現の形態論的研究』（ひつじ書房）。
＊糸井通浩（２０１０）は、右著の書評（『日本語の研究』六巻四号）である。
池上嘉彦（２００７）「日本語学について」（『日本語学』特集―日本語学とは何か・九月号）。同著『日本語と日本語論』（ちくま学術文庫）など。

橋本進吉（１９６９）『助詞・助動詞の研究』（岩波書店）。

糸井通浩（１９９８）「生徒は古典文法の何に躓くか―学習のポイントを探る」（学燈社『國文学』十月号）。


（二〇一〇年一二月七日　岩波書店〔岩波新書〕二二三頁　八〇〇円）

（補注）本書の〔三〕―五、六を参照。

根来司著
『時枝誠記研究　言語過程説』

因縁話めくが、今年（注：一九八五年）になって二月に、丸山圭三郎編『ソシュール小事典』（大修館書店刊。以下『小事典』という）が出て、追っかけるように、五月に根来司著『時枝誠記研究　言語過程説』（明治書院刊）が出た。筆者（糸井）は、十数年前になるか、大岡信『紀貫之』などが書かれて、古今和歌集が再評価される気運が高まった頃、それに対抗するかのように、その貫之を「下手な歌詠み」と酷評した正岡子規の全二十五巻にもなる講談社版全集が配本を開始したというめぐり合わせを思い起こした。日本における「ソシュールVS時枝誠記」はかれこれ約半世紀にわたる。

ソシュールの「一般言語学講義」が、言語学者小林英夫によって、『言語学原論』の書名で世界に先がけ日本で最初に翻訳されたのが昭和三年のことだったが、京城大学で小林英夫と同僚であった時枝誠記が、小林にソシュールを学びつつ、言語観をめぐってソシュールを批判し、やがて言語過程説をうちたて、その理論に基づく時枝言語学―国語学の体系を完成させた『国語学原論』を昭和十六年に刊行したということは世に周知のことである。爾来「ソシュールVS時枝誠記」をめぐる論争は絶えない。今年になっての、前掲二書による応酬（?）は、今後に何をもたらすのだろうか。

根来の著書を前にして、今何故時枝誠記なのか、と考えてみる。この問いには、少なくとも二つの観点から答えられねばなるまい。一つは、著者根来の学問とその学問史にとって「今何故」なのかという観点であり、一つは、世の(日本の)言語学・国語学にとって「今何故」なのか、という観点である。このように書き始めた都合上、まず後者に関して少し考えてみる。後者の問いは、今何故ソシュールなのか、と重なってくるところがあろう。前掲書(『小事典』)は、丸山らによるソシュール研究のめざましい進展がもたらした成果で、ソシュールその人、ソシュール学、ソシュール影響等、ソシュールの全貌がコンパクトにまとめられたものであるが、中でもソシュール学―その言語理論が、世に隆盛の記号学―文化記号論の原点とも言うべきものであるところに、「今何故」の問いに直接するところがあった。

一方、従来、学の対象として「文」を最大の単位としてきた言語学が、言語記号論から文化記号論への拡大とも無縁でなく「文」を超える単位をも言語学の対象として認めつつある。チョムスキーの流れをくむ研究部門に談話《ディスコース》部門が位置づけられ、世に「談話文法」「談話分析」「談話構造論」などの研究が盛んである。ヨーロッパ系の言語学では、「テクスト文法」「テクスト言語学」などと称するが、言語学の対象とする「談話《ディスコース》」にしても「テクスト」にしても、これらはすでに早く、時枝誠記が、その言語過程説からする必然の結果として、言語学の単位として認めていた「文章」という概念に相当するものであることは言うまでもない。国語学においては、時枝に導かれて、文章論―文章研究がすすめられてきた。時枝の言語過程説は、「談話《ディスコース》」研究や「テクスト」分析にとって、いわば原点とも言い得べき位置にある。そう考えると、ここに時枝誠記の言語過程説が「今何故」、という問いに答え得るところが見えてくるのである。かつて「パロールの学」(文体論など)は、言語学の外に存在する学問であった。ちなみに、日本にソシュールを紹介した小林英夫自身、文体論者の名で知られる人であるが、時枝の文章論―文章研究は先駆的であったのである。ある若い哲学者で、オースチンなどの「スピーチ・アクト」(言語行為論)も研究している人が、時枝誠記を知らず、ましてや、その言語観「言語は表現・理解の行為そのものである」という言語過程説のことを知らないと言ったことがあるが、国語学に身を寄せるものにとって、はなはださみしい思いをしたことが数年前にあった。

人は、なかには、根来司著『時枝誠記研究　言語過程説』（以下「本著」という）の出現に一驚するむきもあるかも知れないが、根来学（史）にとって、時枝学は決して異質なものではなかった。「姉小路式」などの「てにをは」研究、そして「中世文語」の研究へ、また源氏物語の本文《テクスト》分析にはじまる平安女流文学の文章論的・国語学的研究など、殊に文学作品の内質をその言語の実態をよく読みよく見据えることによって引き出し確かめていかれる方法は、時枝の文章研究に通うものである。根来が時枝の学問に心ひかれ、その理論や研究を学ぼうとされたのは当然のなりゆきであった。根来は己が専攻を「中古語中古文学」と記し、「国語学と国文学の間の道をいく私」（新刊自己紹介『日本語学』昭60・6月号）と自称されているのである。それにしても、本著のような人の思いもよらぬような著述をものされるほどに、根来の、時枝（学）への思いが深かったことには誰しも驚かざるをえないであろう。氏は、言語過程説に時枝の国語をみつめる暖かさを感じるといい、時枝の詞辞論を、もっともよく国語の本質（理法）に適っていると評する。時枝の人と学問に惚れ込んでおられる心持ちが本著の随所にうかがえるのである。

根来の多くの著書の中で、本著はいくつかの点で異質である。例えば、本著がもっとも大部な著書となったこと、全二十四（章）からなるうち、既発表の論文を下敷にするものはわずか五章にすぎなくて、後は数年かけて書きためられた書き下ろし論文からなることなど、そしてこのことは本著を世に出すことへの氏の情熱のほどをうかがわせるに足る。

本著の構成にも氏ならではの工夫がみられる。時枝の学問を、国文学の池田亀鑑の学問、中国文学の吉川幸次郎の学問（それに哲学の西田幾多郎の学問）などと対照したり、「そういえば」とさりげなく話を展開させて、氏のアンテナの感度のよさを証明するような、様々なエピソードや文献などがひきあいに出されてきて、読者を説得していく語りの方法など、時枝誠記の人と学問とを立体的に捉え、その真髄を明らかにしようとする努力のあとがよく読みとれる。しかし、本著が最もねらいとしたところは、「時枝博士の学問の体系全容と学問形式の方法を発展的に考察し」ようとされたことにある(「序」による)。ただ、その場合に「時枝博士の業績を言語本質論とか文法・文章論とか言語生活論とかいったふうに分けてそれについて論じていくことをしないで、おおよそそれが発表された年代順に述べていく方法」(第二十一・冒頭)をとられた。この「言語本質論云々」のところには、岩波書店刊の時枝誠記博士論文集(全三集)のテーマ別書名がふまえられているのだが、そういう方法によると、「時枝誠記像が生き生きと再現できないと考え」られたのだという。周辺の人々のしがらみや時代の流れや学界・教育界の動向などとのかかわりの中でどのようにすぐれた論文や著書が生まれてきたのか、そしてどのように発展していったのか、その軌跡を追うという方法をとられたのである。

(Ⅱ)・(Ⅲ)の部分が本論篇で、ほぼ時代順に、時枝の「卒業論文」をはじめとする主要論文名や著書名などが各章のタイトルとなっている。(Ⅱ)と(Ⅲ)の区切りの意味は今ひとつ明らかでないが、昭和二十二年を境にそれ以前を(Ⅱ)、それ以後を(Ⅲ)とされただけのものかどうか。全二十四(章)を貫いて、「卒業論文」―『国語学史』―『国語学原論』―『現代の国語学』(そして、(Ⅳ)の「時枝誠記博士の国語学」をも含めて)といった章が「言語過程説」の成立と展開を説く本流をなしており、その他の章も、言語過程説といかにかかわり、いかにそれから生み出されてきた研究(領域)であるかが前提となって説かれている。

もっとも、こうした叙述の方法をとられたことが自ずともたらす長短さまざまな限界が、本著の性格を制約し規定することになっているのはやむをえまい。例えば、「この辺を一々紹介しえないのは心残りであるけれども」(第十)とか、「おわりに近づいた」(第十四)といったことばが象徴するように、全体の構成を目配りされて、突っ込むべきところも突っ込まずにすまされたところも多かろう。そこで、各章が解題的解説的性格をおびるのはやむをえず、タテの流れにしてもヨコの広がりにしても、もう少し掘り下げてほしいと筆者などには思えるところも存在したのである。また、例えば「心的過程としての言語本質観」などは章をたてて論じてほしかった論文であり、それに合わせて最近のソシュール学における時枝研究などについても意見を述べてほしいと思うところであった。また、「時枝博士の学問の体系全容」とあるが、その「文法教育」については、「序」に「時枝博士の文法教育についてはさらに考えてみたい」とあり、その予告通り、根来（直談）によるとすでに『時枝誠記研究』の「文法と文法教育」編が構想されており、すでに執筆に入ってもおられるとのこと。それはそれでいい。大いに期待したいところである。

以上のように、本著の構成をながめてきて、実は筆者のもっとも気になっていることは、本論部分の最終章が昭和31年12月刊の『現代の国語学』であることだ。つまり、昭和35年9月刊の『文章研究序説』（または、昭和26年11月の「文章論の一課題」でもよい）がとりあげられていないことである。時枝の言語観「言語過程説」の生んだ最大の功績の一つは、「文章論—文章研究」分野の開拓であったと筆者などは思うのであるが……。最初に述べたように、「今何故時枝誠記か」の答えの一つには、この「文章論—文章研究」の領域こそ、現在の研究動向が最も要請しているところだということがあると考えると、本著がこの面を等閑に付しているのはなんといっても残念である。

各章の柱に立てられたタイトル（時枝の論文や著書及び研究分野による）を改めてながめてみると、根来自身が進めてこられた研究となんらかの点で縁の深いものが多くとりあげられているようにも思えてくる。例えば、第六の「語の意味の体系的組織は可能であるか」などは形容詞を論じることを得意とされる根来ならではと思える。これは当然のことで、それでこそ、「時枝誠記」の主体的な研究に価する本著になり得ているのであろう。それが解題的という啓蒙性とみごとな融合を遂げているといってよかろうか。

たまたま読んでいた坂部恵著『仮面の解釈学』（東大出版会刊）が、時枝の『国語学史』にふれて、「時枝説の歴史的奥行きを示すという意味にとどまらず、ある意味で『国語学原論』以上の名著とわたしにはおもわれるこの書物は、もっと一般に読まれ論ぜられてよいはずのもの」と述べているところに出合って、根来もやはり「もしかすると『国語学原論』以上の名著かも知れない」（第二十二）と述べられていることを思い起こしたが、確かに、根来が、講座本『国語学史』と単行本『国語学史』とを読み比べての、その分析とその発展の本質（言語過程説への道）を闡明化されていくところは、本著の圧巻ともいうべきところであった。

さて、根来の研究と時枝の研究とが直接的に重なっている章を一つとりあげてみることにする。それは「第七」の「敬語法及び敬辞法の研究」である。時枝は、敬語を詞のそれと辞のそれと二大別して、さらに詞の敬語を、(イ)いわゆる尊敬語で、話手と素材との関係を規定するもの、と、(ロ)いわゆる謙譲語で、素材と素材との関係を規定するもの（つまり、話手との関係を含まない）、とに区別したが、そのうち(ロ)については多くの学者に批判され、大かたの考えは、(ロ)も話手との関係を規定するものというところに落ち着きつつある。それに対して、根来は、時枝の考えはやはりまちがっていなかった――後学に簡単に否定し得るような脆弱な説ではなかった――と結論される独自の論を展開している。根来の論は、時枝の説の、単なる補強にとどまらず、時枝説では「素材と素材との（上下尊卑の）関係を規定する」としか言っていないのに対して、それを是認しつつ、その「素材間の関係規定」の「意味するもの」を考察するところに出て、「作中人物（注・動作主体）の心づかいの表現」という結論を導かれたのであり、それはもう新説の域にあると考えてよい。

私の知り得たかぎりでは、この新しい根来説――根来もかつては現在大かたの説となっている「話手の動作の受け手に対する敬意」という考えに立っておられた―例えば、「源氏物語の語り口」（『源氏物語枕草子の国語学的研究』所収）は、昭57・9・25の国語語彙史研究会（第十一回）でのご発表にはじまる。私もその場で御説をお聴きした。しかし、もうひとつ納得しかねたのだった。そこで本著に接した機会に改めて根来説をじっくり考えてみることにしたい。その後根来は、この新説を説くに情熱的で、昭57・10・30中古文学会で研究発表(「源氏物語の敬語法―分身の方法―」)され、昭58・3・19の第一回新村出賞記念学術講演(「王朝女流文学と王朝語」)でも大きくふれておられ、さらにこれらは『国語語彙史の研究　四』及び『同　五』、『中古文学』三十一号、御著『研究発表　中古語中古文学』などに、視点、観点、発想構成などの点で少しずつ叙述態度を変えながらも繰り返され、そして本著にも大筋は再説されている。もっとも本著では、自説紹介に重点があるのではなく、それによっていかに時枝の敬語説が国語の本質をよく捉えたすぐれたものであったかを説き、タイトルにとった時枝論文を「珠玉の名編」と価値づけるところにあったことは言うまでもない。さて、具体例に即して、根来説を検討してみる。

　(光源氏ガ)若君(ヲ)見奉り給へば、こよなうおよすけて笑ひがちにおはするもあはれなり。(葵)

「若君」は生後四か月の夕霧、「見」るのは親である光源氏、「見奉る」とは「源氏から夕霧へと上下尊卑の関係が逆にな」っている例である。このままでは、時枝説の「素材と素材との上下尊卑の関係を規定する」という説に矛盾する。関係が逆だからである。そこで根来は、この「奉る」は、作中人物(光源氏)の(夕霧に対する)心づかいの表現であると解して、これを話手(注・語り手)からの(動作受け手である)夕霧に対する敬意の表現とみる通説を否定される。

話手の介入を否定される根拠は、源氏物語が分身の方法による文学であるからで、この方法は「分身以外の人間を排除する」からだとされる。この「分身の方法」という規定は、哲学者務台理作博士に学ばれたという。確かに根来の「分身の方法」の解説部分はほとんど務台の「私と文学」(『文学』昭28・4月号)によっておられる。そこに「この分身の方法は人間存在に対する一種の遮断の方法であって、そこに分身以外の人間は排除され……」とある。しかし、これが「語り手」(話手)の存在を排除する理論になるだろうか。作者紫式部は、かなり実態的な存在者として語り手をも分身のひとつとして設定していると考えるべきではないか。この実態的な語り手の設定という方法が同じ虚構の文学とはいえ、物語文学を近代の小説などと異質なものにしているのであって、物語には明らかに地の文に敬語が用いられ、近代小説では地の文から敬語は消えているのである（一人称小説を除いて）。少なくとも地の文の「給ふ」が話手と素材との関係を規定するものであることを認めるかぎり、話手の存在を消し去ることはできない。つまり、話手（語り手）を、分身以外の排除される対象として考えることはできない。話手（語り手）は実態的な登場人物（場面の傍観者・目撃者）として認められないというのなら、物語における「語りの視点」の問題として捉え直してもよい。視点の問題とすれば、語り手が主語人物（動作主）の視点に重なってその人物の立場から、つまり一人称的立場から描写することがあることはよく知られた物語や小説の方法である。しかし、この方法と根来の言う「作中人物の心づかいの表現」とは異なるものである（こう筆者の説くところなどは、かつて前掲論文「源氏物語の語り口」で根来も考えておられたところであるのだ）。

語り手（話手）が主語側の視点に立つといったが、「（光源氏ガ）若君（ヲ）見奉り給へば」の部分では、語り手の視点と主語（光源氏）とは完全に融合しているわけではない。しかし、語り手が主語側に身を寄せていることはあきらかだ。そして、主語の動作が「見（れ）ば」と設定されると、その後の叙述は、見る人（光源氏）に見えるままにありさまが描写され（主語の視点に語り手の視点が重なり）、文末の「あはれなり」になると、語り手は主語（光源氏）と共感覚者となっていて、この「あはれなり」は、作中人物（光源氏）の感覚感情の直接的表現ともなっている。

根来は、例えばこの例の場合、「『奉り』には源氏の母なき子をいじらしく思う気持がよく表れている」といい、そのように「作中人物（光源氏）の心づかいを表現する」と説明される。この「作中人物の心づかいを表現する」とは、語り手が作中人物の行動には心づかいがあると客体的に表現しているという意味ではなく、「（作中人物の）気持がよく表れている」とも言われるように「奉り」が作中人物の主体的表現（辞的表現）であることを意味されていることになるのだが、主語が一人称ならともかく、三人称主語において、そういう表現がありうるだろうか。根来引用の築島裕博士なら「B（光源氏）がA（夕霧）を尊敬して『たてまつる』を用いたのであろう」（または、「尊敬すべきものと父帝が考えたからであろう」）と説明されることになるのだろうが、『たてまつる』が三人称主語のB（光源氏）が「用いた」語だという解釈がなりたつのだろうか。時枝が「素材と素材との（上下尊卑の）関係の識別を示す語」と言ったのは、行為者と被行為者である素材間の関係自体に備わっている、いわば「対象《ノエマ》」の側に備わっている客体的概念（詞）を表示する語の意味で、だからこそ話手が関与しないと言っているのであって、それを、三人称主語の主体的感情の表現（辞的表現）と解するのは、時枝の考えとは全く別の考えに立つことになると考えられるのだが、どうであろうか。

因縁話めくが、私が京学大（現京教大）に二年間在学したときの学長が山内得立であった。丹後の田舎出の私は、山内学長のことをよく知らなかったし、井上ひさしのように、高校時代に時枝誠記をよむ（『自家製　文章読本』によると、愛媛の『国語研究』に載った「文章論の一課題」を夢中で読んだという）など思いもよらず、京大での同級生に卒業論文に時枝の言語過程説批判をやった者があったが、その頃私はまだ時枝の言語理論をよく知らないでいた。しかし、その後私は、時枝学に魅せられ、国語学と国文学の間の道を行くという根来と同じような研究の方法や関心のもち方をしてきたが、多分に時枝国語学に影響されてきたと言える。そして今新版で山内得立著『意味の形而上学』（補説）を手にすることができないことを残念に思っているのだが、時枝誠記については、こうして若い学徒にとっても恰好の時枝学への誘いの書が誕生したことは、私なども喜びとするところである。根来は「私は若い学徒が本書を読んでもう一度国語学というものを考えてくれるとうれしい」といい、それは「研究が思索的になる」からだと言われる。この一語に、根来自身が時枝の論文や著書にどのように魅せられてこられたかが、凝縮的に語られていると思われる。

本著は、叙述の方法において、「時枝誠記読本」とも言い得べき楽しい性格や、「時枝誠記小事典」とも言い得べき便利な性格をも合わせもっている。しかし、片やソシュールについて本格的(?)な『小事典』が出た今、『時枝誠記事典』が別途に用意されてしかるべき時ではないかとも思う。

(補説) 時枝の言語過程説は、フッサールの現象学におけるノエマ(対象面)・ノエシス(志向作用)などの概念の影響を受けたとされる。時枝は、山内得立の『現象学叙説』などを通して現象学を学んだという。

山口佳紀著『古代日本文体史論考』

一　古代・文体(史)

標題の山口(以下、著者と呼ぶ)の著書を本書と記すことにする。筆者(糸井)の知るところ、すでに二つの書評がある。一つは、阪倉篤義の評(『国語と国文学』平五・十二月)であり、一つは拙稿(『週刊読書人』平六)である。これらと一部重なることになるかと思うが、改めて、本書の研究上の功績、その性格・特質について、学んだこと考えたことについて論じてみたい。

本書の「古代」とは、作品でいうと平安末期の『今昔物語集』までを指すが、本書の構成は、第一章の『万葉集』に関する論考に始まり、対象となった資料・作品の史的順序に章立てがなされている。が、「後記」によると、著者の文体研究は、卒業論文としての、『今昔物語集』に関する研究に始まり、時代を遡るように、『万葉集』へと至り着いたことがわかる(そして、周知の通り、著者は今、『古事記』の表記・文体研究に取り組まれていて、すでに『古事記の表記と訓読』という書をものされている)。いわば、文体史として、この「論考」(集)は、対象文献の時代順に整理されてはいるが、著者の研究史は、その逆をたどってきたこと(約三十年)がわかる。著者は、「文体研究」について「奈良時代あるいはそれ以前の言語についての文体的研究は、その時代のためにのみなされる訳ではない。と言うのは、平安時代の言語においてみられる文体差が何に由来するかという問題を考える時、やはり奈良時代までの言語との関係が是非とも解明されなければならないからである。」(14　注―以下数字は本書のページ数)と述べているところに文体史を目指した問題意識が窺い知れる。

著者の言う「文体」とは何かについては、序章（古代日本文体史研究のために）に定義がなされている。「位相」と区別して、「表現の媒体（音声・文字）、ジャンル、目的・意図・場面・状況などによって、言語が異なった姿を呈する現象。また、そうした観点から見た時の言語の姿。この方（注―「位相」でなく「文体」）は、表現者が同一人物であっても、さまざまな要因によって、表現上の差異が生ずることを考えるものである。」（10）とある。「文体」をどう捉えるかは、研究者ごとに差異があると言われるが、筆者は、大きくは、文体と文章体とを区別したいと考えている。著者の「文体」とは、「表現者が同一人物であっても云々」とあることからみて、筆者のいう「文章体」に相当するものと考えられる。つまり、個別作品や個別の表現主体の筆ぐせを指す「文体」とは異なるものとみられる。このことは、著者が随所に、「言語様式」「文章様式」「表現様式」「表記様式」という用語を用いていて、それらがほぼ著者のいう「文体」にあたるもの、ないしは、「文体」を左右する要素とみなされていることからも知れる。このことにつき、阪倉書評（前掲）では、特に『今昔物語集』の文体の研究において、「撰者には撰者の固有の文体があって、それが本集の『文体基調』をなし、本集に統一性を与えている」（399）といった観点のあることから、序章の定義に齟齬するところのあることが指摘されている。今、このことはこれ以上触れない。

しかし、著者は、従来『今昔物語集』の文体について、漢文訓読文体と和文体と、この二つの文体との関係のみで論じられてきたことを批判して、変体漢文体の影響が無視できないことを明らかにし、文体基調として編著には固有の文体があって、独特の和漢混淆文体が誕生してきたのだと論じている。平安時代後期、男性知識人の日常の文章体が変体漢文体であったことを考えてみると、この指摘ないしは観点には、説得力がある。そこに新しい研究の方向が示されていて注目されるのである。

ところで、「文体」という用語にかかわって言うなら、第三章第二節（「於」字訓読考）で、「漢文中の『於』字を訓読するための翻訳語として生まれた」「ニオキテ（ニオイテ）」（303）が「男性の会話語として用いられることもあったらしい」とし、この語の有無が「その文章の文体的性格をはかるための、顕著な目じるし」と説き、仮名文学作品では、『宇津保物語』に六例と集中して、『源氏物語』に一例、『浜松中納言物語』に一例であることを示して、「物語の文体」を考える一助になろうと論じているが、しかし、これらの例は、著者も指摘しているように、すべて会話または手紙の中で用いられた例ばかりである。

物語の文体の基調は、地の文にある。仮名散文では文体を論じるとき、和歌、会話語、心中語、地の文を区別する。表現主体・表現様式を異にするからである。会話語、心中語などは、地の文の語り手の描写対象(素材)であって、語り手の「物言い」そのものではない。もっとも、会話(手紙を含む)とは言え、その内容を、直接話法的に扱うか間接話法的に叙述するかは、語り手(ないしは作者)の文体選択の一部をなすと言えないことはない。「話法」の学的研究はいまだしの観があるが、表記様式(文章様式)によっては、直接話法的叙述のあり得ない場合があり、日常語をそのまま写し得る仮名文でこそ直接話法、ないしは直接的な話法があり得たとも言えよう。先の事例が会話文(手紙を含む)のみでの用例だとすれば、物語の「文体」の問題というより、「位相」の問題と捉えるべきではないか。

なお、第四章第三節(今昔物語集における「以テ」の用法)では、やはり「漢文訓読語の系統」に属する「以テ」の、和文における全用例(二五例)が列挙されていて、『宇津保物語』『栄華物語』に用例の集中することが指摘されている。そして、「物語の文体的特徴を表示するものであろう」(408)という。しかし、著者には、特にその指摘はないが、多くの用例がやはり「会話」中のものであり、特に『栄華物語』の場合は、「会話」以外の例についても、「漢文訓読調の強い文」に用いられている例が多く、しかも、「七宝もちて」など慣用化した語句ともみられるものが目立って存在するのである。とすると、この「以テ」の使用も、物語作品の文体(文体基調)にかかわる言語事象というよりは、当代の「位相」を文章表現に反映させたものとみるべきではないかと思考する。

二　挑発的結論

この見出しはちょっと大げさかも知れないが、本書で、筆者が最も刺激を受けたのは、第二章(平安時代語の源流)であった。

奈良時代及びそれ以前、つまり上代の日本語は、数少ない記紀歌謡やわずかの散文的資料(祝詞・宣命)を除くと、『万葉集』中の和歌によってわかるのがほとんどである。にもかかわらずともすると、この『万葉集』中の和歌語をもって、上代の日本語の全体像と受けとりがちなのであるが、著者は、『万葉集』の言語は、韻文という文体的制約のもとに成り立ったもので、それは散文語、日常会話語とは異なったものであったはずだという。こうした着眼点には、蒙を啓かれる思いがする。

『万葉集』を中心とする上代文献語と、平安時代以降の和文語を中心とする平安語との間には断絶(非連続性)がある。それは、史的連続的な変化によって生じる差を超えたものであるから、上代文献語は平安語の源流として認めにくいものと著者は判断する。そこで著者は、次のような仮説を立てることになる。平安語の源流となったものは、「万葉語とは別の文体的性格を有する語―別の体系の言語」であったと推定し、それを「言語X」と名づけ、大和方言によった上代文献語に対して、「言語X」は山城方言(平安京が開かれた山城地方の言語)であったという、刺激的な結論を提出することで、上代文献語と平安語との間の断絶を説明しようというものである。これはなかなか証明のしにくい仮説であり、著者の柔軟な発想をもってして初めて提示し得たものであろう。日本語の謎の一つへの大胆な挑戦であるとも言える。ただ、ここに疑問がある。勿論、日本史学の研究成果に期待しなければならないところだが、問題は、文体を生んだ言語主体のことにある。確かに現存の文献(文化)を生んだ都は、大和地方から山城地方へと遷ったのだが、ではその遷都の実態はどうだったのか、ということである。著者は、山城地方には、遷都以前から、出雲系勢力、加茂族、秦氏などの氏族集団が存在していたことに触れて、その彼らが、大和地方のことばいわば大和方言に対して、山城方言ともいうべき、言語体系を異にする言語を使用していたと想定するわけだが、その点は充分考えられることではある。『万葉集』中に、すでに方言差のあったことが、東国方言による和歌の存在によって知られているのである。

しかし、問題は、都が遷ると、言語もその中央語として、その遷都先の言語体系が採用されるということがあったのだろうか。遷都のたびに、土地の豪族(氏族)が王権を支える政《まつりごと》を交替したのだろうか。少なくとも、平城から平安への遷都(長岡京時代を含む)では、文献(文化)を生み出した人々(貴族層)は連続的であったと思われる。もっともその間に世代の交替はあり、時代の変化とともに氏族間に栄枯盛衰もあった。又、平安京になって土着の氏族の中には中央に進出するということ——例えば秦氏が財力や産業技術の面で王権を支えた——はあっただろうが、それは平安語が全面的に山城方言によったといった変化をもたらすほどの状況ではなかったのではないか(平安遷都にしても、都が恒久的に平安京に定まったと意識されたのは、嵯峨帝以降で、当初は「ことあらば遷都」という意識を為政者たちは持っていたと思われる)。

なお、一方、奈良時代末期から文献的に確認できる漢文訓読語が、著者のいう上代文献語を受け継ぐものであることによって、訓読語が平安和文語と異なる体系の言語であった、という結論は説得力があり、納得できる。

三　類義の語詞・語法

本書はさながら類義語の研究書と思われるほどに、類義関係にある語詞が豊富に取り挙げられていて圧倒される。もっともここでは、「類義関係」を意味論的に厳密な規定をせず、少し巾広く捉えておくことにする。類義の関係にある語詞間の差異性には種々の場合があり得るのだけれども、日本語の場合、それが著者のいう「文体」の異なりに対応する使い分けの場合が多いことを考えると、「文体」研究にとって、このことは当然のことだったといえるかも知れない。語彙(の性格)と文体との関係には緊密なものがあると考えてよい。この語詞レベルのものを(A)とするならば、本書には、単に語詞間にみられる類義関係だけでなく、助詞、助動詞にかかわる語法の面での、いわば「類義語法」ともいうべきものもふんだんに取り挙げられている。これを(B)とする。

まず、(A)から少し具体的に例示してみると、第一章第一節(万葉語の歌語的性格)では、従来から「通常語」と「歌語」の対立として認められている「ツル」と「タヅ」の類が、これまで指摘されてきたものに加えて、「イカヅチ―ナルカミ」(雷)、「ハカ―オクツキ」(墓)などが取り出されている。さらに、副詞類「アラカジメ―カネテ」(予・兼)などが同章第三節(万葉集の用語と上代漢文訓読語)で、「タブ―タマフ」(給)、「～カニ型副詞―～ケシ型形容詞」などが同第六節(続日本紀・宣命の文体と口語性)で、「シカ―サ」(指示語)「ゴトシ―ヤウナリ」「オナジ―オナジキ」(同)「ク―キタル」(来)などが第二章(平安時代語の源流)で、また「ムカシ―イニシヘ(昔・今)」が第三章第四節(説話文献の文体史的考察)で取り挙げられている。そして、同第三節(アヲとミドリ――平安仮名文学の文体――)では、題目にみる語詞を、語史的に分析して、古代において、空(の色)を表すのに「あをし」といった例はなく、平安仮名文学では、「(あさ)みどり」といった例ばかりであることを明らかにし、それは、「みどり」の語源から考えて、当初は春の季節をイメージして意図的に用いられた、一種の詩的表現であったと指摘する。とすると、確かに「ミドリがgreenのみならず、blueにまで及ぶことがあったことを示す」ことになり、まさに「この事実は、従来余り重視されていな」(319)かったことであった。この詩的表現は、現代でも、例えば、文部省唱歌「スキー」(昭17)の歌詞「(略)空はみどりよ大地は白よ云々」と受け継がれているのである。それにしても、greenの色合い《イメージ》の明確であったと思われる「みどり」の語が、詩的表現とは言え、また早春のイメージをかもし出すためとは言え、いわゆる空色(blue)とは異質な色合いにもかかわらず、空色を示すため用いられたのは何故か。現代語における使われ方にしばられた我々の語感からは、その用法にはなお納得のいかないものが残る。著者の述べるように「みどり」がblueをも指す語だった、と結論していいのだろうか。(補説)

「あを」はgreenを指す場合が多いが、blue自体を指した例がほとんどない。空の色さえ、平安の文学においてとは言え、「みどり」と表現されたのだが、考えてみると、空の色以外に、日常生活の中で典型的なblueなものは実際にはないのである。あるとすれば、それは着物や紙の色合いや絵画においてであったのではないか。本来日本語で色彩専用の語は、「くろ・しろ・あか・あを」の四語だといわれる。和語「あを」には、「青」の字が主として当てられることが多く、その意味はblueを典型としているように思われているが、本来は「あか（赤）」と対照的に、地方によっては黄色を含むところもあるが、寒色系一般を広く指した語であったと思われる。

なお、『土佐日記』の「あをうなばらふりさけみれば」（安倍仲麻呂の歌）の例を「平安時代の例とは言いかねる」（317）と著者はいうが、普通この例は、仲麻呂が「天の原」と詠んでいたもの（『古今集』）を、日記中の状況をふまえて、貫之が「あをうなばら」と改作したものとみられていることからすると、平安時代の例とみてもよいのではないか。また、『兼盛集』の「あを馬」の歌例を引いて、「平安中期になると、white の馬を指すようになった」（311 傍点は筆者による）とするが、これは中国伝来の節会の一つ「青馬の節会」の馬のことで、一般には、その儀式で用いられる馬の種類（毛の色）が変化（青馬から白馬へと）したが、儀式の名は当初のまま使って変えなかったことから、実と名にずれが生じたものとされている。早い例に、やはり『土佐日記』に、「今日はあをむまを思へど、かひなし。ただ、波の白きのみぞ見る」（一月七日）とある。

類義語の研究というと、その類義の関係を語誌（史）を目標に通時的に明らかにする研究がないことはないが、もっぱら共時的に研究されることが多い（特に現代語）。しかし、本書を通観して教えられることだが、類義の関係にある語詞について、通時的な研究――類義の関係の発生と展開の研究――がもっと盛んにならなければならないと痛感する。例えば、もっとも資料・文献的に困難を極めることは目に見えているけれども、上代においてすでに類義的な関係にある語詞たちが存在するのは何故なのか。「ヤマ―タケ」「イハ―イシ」「イソ―ハマ」「フツ（ノミタマ）―フル（ノミタマ）」など。例えば、「ツル―タヅ」の文体的対立にしても、結果的にそういうテリトリーができたものであって、おそらく当初からそうだったとは言えないだろう。とすると、なぜ二語が必要だったのかを、通時的観点から追及してみたくなるのである。

次に、(B)を例示する。「連体形＋ユヱ（二）」と「連体形＋ガ＋ユヱ（二）」の対立や「～ヲモチテ」と「～ニヨリテ」の使い分けなどが第一章第五節（続日本紀・宣命の文体と漢文訓読）で取り挙げられ、第二章では、「ズシテ」と「デ」の問題、「ムトス」と「ムズ」の問題、「マクホシ」と「マホシ」の問題、「ドモ―ド」「～ニシテ―～ニテ」や「～クシテ―～クテ」の文体的対立を語法の面から追及している。さらに、第三章第二節（「於」字訓読考）では、「～ニシテ」と「～ニオキテ（オイテ）」の語法上の違いについて、第四章第一節（今昔物語集の漢文訓読文体と和文体）では、「ユメニミラク……」系と「ユメニ……（ト）ミル」系との文体的対立などが取り挙げられている。

そして、第三章第四節（説話文献の文体史的考察）では、説話における冒頭の発語「昔」と「今は昔」の違いの問題に加えて、いわゆる過去の助動詞「キ―ケリ」が論じられている。細江逸記『動詞時制の研究』以来の「キを『目睹回想』とするのは誤りである」（341）とするなど、大旨、著者の考えに賛成したい論述が展開するが、「ケリを『伝承回想』とするのはよい」という考えや「説話文献は、キ体専用からキ体・ケリ体併存へと移って来た」（345）という結論などについては、もう少し考えてみたいところが残るように、筆者には思われる。例えば、著者は、「気づき」の用法と「伝聞過去」（過去の事象を人から伝聞したこととして述べる用法）を区別するというが、後者も「気づき」ではないのか。また、「上代において、伝承説話をケリで語るという様式があったかどうか、資料の関係で厳密には不明という外はない」（343）としつつ、「ケリで統一されている」『万葉集』長歌の例（菟原処女の伝説歌・巻九・一八〇九）を示して、「口承の世界にケリ体で説話を語る様式が存在していた」（344）と推定している。この点は、その通りだと筆者も思う。しかし、かつて原田芳起（「『けり』の変遷――活用を中心として」『月刊文法』昭45・5月号）が取り挙げた、同じく伝説歌である「浦嶋子伝長歌」（巻九・一七四〇）では、「キ」「ケリ」ともに用いられている。この長歌で伝説（説話）世界を語る部分が基調とする文体はケリ文体だが、それに包まれるかたちでキ体が存在している。紙数の関係で「キ」体の部分だけを示すと、「言成之賀婆《ことなりしかば》」、「堅目師事乎《かためしことを》」、「若有之《わかかりし》（肌）」、「黒有之《くろかりし》（髪）」の四例である。「キ」「ケリ」(の類義的関係)を考える上で見のがせない事例であると、筆者は考えている。

四　発想と分類　文体(筆者のいう文章体)研究は、文章様式(文体の性格)を全体的総体的に捉えるものであるが、しかし、本書は決して印象的思弁的論述に流れることなく、文体弁別上に浮上してくる、問題の語詞・語法に関しては、その個々について徹底的な考察が実施されていて、設定された仮説の確かさを納得させられてしまうのである。殊に、その発想――問題設定の鋭さや、分類――言語事象の形態整理による分析の的確さが随所にみられ、筆者にとっては学ぶところが多かった。

ともすると、現存資料の制約から、「万葉語」イコール「上代語」といった認識に陥りやすいという一般の盲点を指摘して、第一章中第一節から第四節までは、「万葉語が上代語全体の中でいかなる位置を占めていたかを明らかにする」(123)、つまり、万葉語の相対化を目指した論考が並ぶ。しかし、その「相対化」自体が困難なわけだが、著者は、そこに著者特有の発想の豊かさを発揮して、さまざまな分析の工夫――例えば、第二節では「万葉集に無いことば」というテーマの設定――から相対化のアプローチを試みているのである。

「万葉語を相対化する」ことによって初めて「万葉語とは別の文体的性格を有する語」の存在が具体的にイメージされるのである。上代語の研究において常に念頭においておかなければならない認識である。

ここで、ターゲットとして選ばれた語彙が副詞類である。文体差を明らかにするためには、文体差を左右しやすい語――いずれの文献にも共通して出現しやすい語に目をつける必要がある。そこで著者は、「副詞は同一語を頻用する傾向のあること、また名詞などと違い、表現素材として何を取り上げるかということとは直接関わらず、文体差の現れやすい語類だ」(76)という理由から、副詞類を選んだ、そのアプローチの手堅さに敬服する。なお、第二章第一節(形容詞より見たる漢文訓読語と和文語の性格)では、形容詞がターゲットとなっているが、やはり、それには、形容詞が「認識や物事の把握方式に関係する部分が多」いこと、「事柄に左右されやすい」名詞や動詞を避けたことが明らかにされている(262)。

何を明らかにしたいのか、それにはどうすれば良いのか、何をどのようにすれば何が見えてくるのか、という思索がなければ、いかなる研究でも結果がむなしいものになる危険をはらんでいるということを思い知らされる。何のために分類するのか、どう分類すれば何が見えるのか、何を見るためにどんな分類をするのか。分類は、方法論上、その成果を決定づける課題である。ところで、著者ならではの分類の典型が、第四節(万葉語の性格)にみられる。

一定の基準で万葉集語から選び出された副詞139語を、その語性を明らかにするために、次のように分類する。Ⅰ類―平安時代の訓点資料にも、和文資料にも普通に用いられるもの。Ⅱ類―平安時代の訓点資料には、全然あるいは殆ど用いられないが、和文資料には、普通に用いられるもの。Ⅲ類―平安時代の訓点資料には、普通に用いられるが、和文資料には、全然あるいは殆ど用いられないもの。Ⅳ類―平安時代の訓点資料にも、和文資料にも、全然あるいは殆ど用いられないもの。ここでいう「和文資料」とは、「和歌資料を含めず、平仮名文の散文資料を指すもの」(125)である。和歌資料が含まれなかったことには意味があり、そこで右のⅣ類の語をさらに、次の二群に分けて分析することになる。A群―その語が、奈良時代あるいは平安時代において、和歌以外にも用いられたという徴証のあるもの。B群―その語が、奈良時代あるいは平安時代において、和歌以外には用いられたという徴証のないもの、の二群である。「和歌」と「和歌以外」の二区分に「有」「無」の組み合わせは四通り(群)になるはずだが、それを右のように二群にまとめたために、B群がどういうグループなのかがすぐには理解しにくかった。

こうした分類を踏まえた考察によって、万葉語と一口では言えない、それほど「その性格はなかなか複雑」だとわかる。そして、右の「Ⅳ類B群には、上代において既に和歌専用的な性格をもっている語が多く含まれていると推定される」と結論されてはいるが、しかし、Ⅳ類B群が存在することには「特に注意を要する」とあるだけである。著者の注視の指向するところをもう少し、先の「言語X」との関係にも触れて具体的に示唆して欲しかったところである。

紙数に限りもあり、あちこちのつまみ喰いのようなことになったが、触れたくて触れ得なかった事項も勿論多いのだが、本書は必ず各節（もと独立論文を母体とする）の後に「おわりに」の項があって、著者の論点と結論がまとめられている。また各節の冒頭部分には、他の論文との研究上の関係が序説されていて、著者が抱いている文体観──文体研究観が奈辺にあるかが理解できる。確かにまだまだ「古代」に関して論じられていない文献・作品は多いが、本書が「論考」つまり論集とは言え、「古代」における文体（筆者のいう文章体）の性格と、その成立と展開の大筋は、著者に導かれてイメージを深めることができたと思う。ともすると、いわゆる「文章史」は解題的な「点」の列挙に終わりがちであるが、本書は、それを「線」にしてくれている。つまり正に「史的」観点が実践されているのである。ひとり文体論の書としてだけではなく、語彙論、意味論、文法論、表記・用字論などの立場からも本書は無視することができない。ましてや「従来の今昔（物語集）の文体研究に最も欠如していたものは、本集の文体を全的に理解するための有機的観点である」（423）という考えに立つとき、そうした文体研究が成立不明の文学作品などの「成立論に何がしかの寄与を果たすこと」（444）もあるという著者の指摘に賛同するならば、本書は文学史研究者にも無視できない書であることを意味しているのである。

浅学の筆者故、誤読や曲解が多々あるかと思うが、すべて筆者の器に合わせて、学び考えさせてもらったところを列挙させていただいた。何よりも著者に感謝申し上げげたい。

（補説）　源氏物語・梅枝巻に「浅緑なる空うららかなるに」とある。浅緑色は、染色では浅葱（浅蔥・六位の袍の色）と言われるが、グリーンというより淡いグリーンを少々含む淡いブルーといっていい色で、空の色としてそれほど違和感なかったようだ。

（一九九三年四月五日発行　有精堂刊　Ａ５判　四九三頁　一二〇〇〇円）

『日本語論の構築』初出一覧

〔一〕私の日本語論

一　日本語の哲学

「日本語の哲学」(一)〜(四)『日本言語文化研究』18、19、20、21号(2013・12、2015・1−11、2017・1)

二　「こと」認識と「もの」認識—古代文学における、その史的展開—

「「こと」認識と「もの」認識—古代文学における、その史的展開—」『論集日本文学・日本語1上代』(角川書店・1978)

三　古代文学と「さま」認識の発達

「古代文学と「さま」認識の発達」『古代文学研究』5号(1980)

四　基本認識語彙と文体—平安和文系作品を中心にして—

「基本認識語彙と文体—平安和文系作品を中心にして—」『国語語彙史の研究』2(和泉書院・1981)

五　「体用」論と「相」—連歌論における—

「「体用」論と「相」—連歌論における—」竹岡正夫編『国語学史論叢』(笠間書院・1982)

六　場面依存と文法形式—日本語における—

「場面依存と文法形式—国語における—」『表現研究』37号(1983)

七　文末表現の問題

「文末表現の問題」　『日本語学』第一巻第二号（１９８２）

〔二〕日本語の諸問題—語彙・文法・文章

一　日本語にみる自然観

「日本語にみる自然観」　丸山徳次外編『里山学のすすめ』（昭和堂・２００７）

二　語彙・語法にみる時空認識

「語彙・語法にみる時空認識」　中西進編『古代の祭式と思想』（角川選書、角川書店・１９９１）

三　過程（様態・対象）と結果—個別研究を包括する研究、の一つの試み

「過程（様態・対象）と結果—個別研究を包括する研究、の一つの試み」〔一〕〔二〕

『日本言語文化研究』12、21号（２００８、２０１７）

四　日本語助詞の体系

「日本語助詞の体系」　玉村文郎編『日本語学と言語学』（明治書院・２００２）

五　『手爾葉大概抄・手爾葉大概抄之抄』を読む—その構文論的意識について—

「『手爾葉大概抄・手爾葉大概抄之抄』を読む—その構文論的意識について—」

『國語と國文學』72巻11号（１９９５）

六　文章・談話研究の歴史と展望

「文章・談話研究の歴史と展望」

『朝倉日本語講座7　文章・談話』（佐久間まゆみ編、朝倉書店・２００３）

〔三〕日本語のリズムと〈うた〉―音数律論

一　和歌形式生成の論理

「和歌形式生成の論理　序説」『國語國文』41巻4号（1972）

二　「五三七」リズムと三輪歌謡圏

「「五三七」リズムの歴史性社会性―三輪歌謡圏と大伴氏族―」『國語と國文學』49巻5号（1972）

三　音数律論のために―和歌リズムの諸問題―

「音数律論のために―和歌リズムの諸問題―」（一）・（二）『表現研究』21，23号（1975、1976）

四　日本語のリズムと〈うた〉のリズム―「四拍子論」を見直す―

「日本語のリズムと〈うた〉のリズム―「四拍子論」を見直す―」〔一〕・〔二〕『日本言語文化研究』7、8号（2005・7－12）

五　日本語のリズム

「日本語のリズム」『京都教育大学・国文学会誌』44号（2016）

六　「日本語のリズム」に関する課題

「「日本語のリズム」に関する課題」『表現研究』104号（2016）

〔四〕日本語論に関する書評

鈴木　泰著『古代日本語時間表現の形態的研究』

「鈴木　泰著『古代日本語時間表現の形態的研究』」『日本語の研究』6－4（2010）

藤井貞和著『日本語と時間―〈時の文法〉をたどる』
「藤井貞和著『日本語の時間―〈時の文法〉をたどる』」『古代文学研究（第二次）』20号（2011）
根来司著『時枝誠記研究　言語過程説』
「書評・根来司著『時枝誠記研究　言語過程説』」神戸大学『国語年誌』第4号（1985）
山口佳紀著『古代日本文体史論考』
「山口佳紀著『古代日本文体史論考』」『國語學』187号（1996）

あとがき

中学生の頃、教師をしていた従兄弟が柳田国男『なぞとことわざ』という本をプレゼントしてくれた。山間部の田舎に住むものにとって、新刊の本自体、宝物だった。本屋のある町の高校に通うようになって、柳田国男『毎日の言葉』という文庫本を見つけて買った。目が覚める思いで無我夢中で読んだ。生涯日本語について考え、教えることになった原点はここにあったと、今にして思う。

さて、本書の構成は、以下の通りである。

〔一〕章では、日常語の日本語を対象に、日本語とはどういう言語であるかを追究している。一節はその総括を試みたもので、二節～七節は、総括に到るまでに個々のトピックについて深く掘り下げたものである。一節は総論で、二節～七節は各論と言ってもよい。

〔三〕章は、非日常語の日本語を代表する「和歌」の言語、その音数律を追究している。一節で和歌の諸歌体の成立について論じたことに始まり、二節以下日本語の「音数律」美の本質を追い求めていき、至りついた現段階の考えが五節・六節ということになる。この間、ダブった記述が見られるが、展開上そのままとしている。

〔二〕章は、特に章としての一貫性はないが、日本語の仕組みに関して、色々な側面を取り上げ、色々なスタイルで述べてきたものを集めている。語彙に関するもの、語法・文法に関するもの、談話・文章に関するものに渡る。

〔四〕章は、私の日本語論の「立ちどころ」を明らかにもしうるものという観点から、いくつか試みた「書評」のうちから選び出して採録したものである。

若い頃、高校で国語の教員をしていたが、「国語」は言語の教育だというスタンスで、「ことば」の働き（あるいは、力）を学び育てることを重視した。自ずと「文学は言語である」と捉える時枝誠記の言語理論や研究に大きな影響を受け、時枝にのめり込んだが、そのスタンスは研究者になっても継続したと言える。

大学の附属高校勤務のころ、大学に大塚光信先生がおられて、清文堂出版を紹介してくださり、『後拾遺和歌集総索引』(共編著)を出版することができた。一九七六年のことである。その後もことある度に専著の刊行を勧めてくださっていたが、そのお気持ちに添えぬまま二の足を踏み続けていた。やっと重い腰をあげ、本書の出版を清文堂出版に依頼し、承諾を得た頃、二〇一六年三月三日に先生がお亡くなりになっていたことを知ったのである。永年にわたる学恩と叱咤激励に報いられなかったことが悔やまれた。せめても大塚先生と縁の深い清文堂出版で本書をお世話になることができ、墓前に報告できたことは幸いであった。

清文堂出版には、これまでにもその他の出版で折々お世話になっていたが、この度はまた、編集等々前田保雄様には格別なお世話になった。おかげさまで初めて本格的な専著を世に問うことができた。心から感謝申し上げたい。

糸井　通浩

平成二九(二〇一七)年四月一日

【わ行】

【ま行】

【な行】

【は行】

【た行】

【さ行】

主要用語(人名含む)索引

備考：
一、本書利用の便宜を考えて作成した、主要な用語(人名を含む)の索引である。但し、〔四〕章は除く。
一、本文中に記した文献名や作品、書籍などの名はすべて省略した。
一、類似の語や語句は、それらを代表する語・語句のところにまとめて頁を示している。
一、「和歌」「語彙」「文法」「主体」「場面」「音節」「主語」「リズム」「アクセント」「五音句」といった基礎用語的な語は立項していないものが多い。
一、「知覚と観念」といった項を立てた場合、「観念と知覚」の項は立てないで、「観念と知覚」の頁は、「知覚と観念」の項に含めている。

【あ行】

〔著者略歴〕

糸井通浩（いとい・みちひろ）

1938年生、京都府出身。京都大学文学部卒。

日本語学・古典文学専攻。京都教育大学・龍谷大学名誉教授。

主な共編著等：『小倉百人一首の言語空間―和歌表現史論の構想』、『物語の方法―語りの意味論』『国語教育を学ぶ人のために』（以上、世界思想社）、『後拾遺和歌集総索引』、『王朝物語のしぐさとことば』（以上、清文堂出版）、『京都学の企て』、『京都の文学・歴史を歩く』（以上、勉誠出版）、『京都地名語源辞典』、『地名が語る京都の歴史』（以上、東京堂出版）ほか多数。

日本語論の構築

平成29（2017）年7月28日

著　者　　糸　井　通　浩©
発行者　　前　田　博　雄

〒542-0082　大阪市中央区島之内2丁目8番5号
発行所　清文堂出版株式会社
電話　06-6211-6265（代）　FAX　06-6211-6492
http://seibundo-pb.co.jp　振替　00950-6-6238

組版製版印刷：西濃印刷　製本：渋谷文泉閣
ISBN978-4-7924-1439-9　C3081